Gerhard Gamm

Hegel oder die Abenteuer des Geistes

Gerhard Gamm

HEGEL

oder die Abenteuer des Geistes

S. Marix Verlag

Inhalt

Jeder große Gedanke blickt, indem er auf der Höhe seiner Zeit steht, auch in die nächste […]. *Hegel verleugnete die Zukunft, keine Zukunft wird Hegel verleugnen.*

Ernst Bloch

Worauf man hoffen muss

»Es ist weit schwerer«, schreibt Hegel, »die festen Gedanken in Flüssigkeit zu bringen, als das sinnliche Dasein.« Genau darum geht es – bei Hegel und in diesem Buch: die festen, wie in Stein gemeißelten Gedanken in Bewegung zu bringen, sich selbst Zug um Zug aus den eingeschliffenen Denk- und Redegewohnheiten zu lösen. Warum? – Um aus der natürlichen Befangenheit in fixen Gedanken kein Gefängnis zu machen. Es geht nicht darum, in einfachen Worten wiederzugeben, was Hegel gedacht, geschrieben, gelehrt und vor einem zahlreichen Publikum seiner Vorlesungen verteidigt hat. *Nachkäuen* kann jeder, das ist nicht die Sache seiner meist Dialektik genannten Philosophie. Nachkäuen überlässt sie den Kühen, über die Hegel sich spöttisch äußert, sie fänden ihre Erfüllung im »Weideglück«.

›Dialektik‹ beinhaltet kaum mehr als die Aufforderung, das zu tun, was die Menschen – trotz erheblicher Zweifel – auszeichnet: *denken*, nachdenken zu können. Dabei müssen sie sich freilich ein gutes Stück der gedanklichen Führung durch die *Begriffe* anvertrauen, mittels derer sie durch die Welt navigieren und sich selbst zu verstehen suchen.

Dieses Buch spricht nicht *über* Hegel, es spricht *mit* ihm, mit einem Denken, das sich in Vorlesungen und Enzyklopädien, in streng wissenschaftlichen Abhandlungen und vergnüglichen bis sarkastischen Polemiken äußert. Es erhebt sich nicht, wie der üblich-üble Rezensent, über ihn, sondern macht sich seine Methode, die Dialektik, zunutze, um mehr über sein Denken und seine Welt in Erfahrung zu bringen. Es will dem Geheimnis seines Erfolgs auf die Spur kommen.

Unser Porträt seines Denkens richtet sich an alle, die wissen möchten, was es mit der Hegel'schen Philosophie auf sich hat, aus welchen Gründen sie bis in die jüngste Gegenwart – diesseits und jenseits des Atlantiks – so viel Zulauf erhalten hat: Welche Fragen sie diskutiert, welche Sichtweisen und gesellschaftlichen Veränderungen und Ereignisse sie zum Anlass genommen hat, über sich und die Welt nachzudenken. Passagen temperierten Überblicks wechseln mit paradigmatisch angelegten Fallstudien. Über den näheren Inhalt informiert die Einleitung: *Philosophie und Welt. Der Geist der*

Moderne. Sie legt dar, aus welchen Gründen Hegels Philosophie wie nur wenige andere ins Zentrum der gegenwärtigen philosophischen und öffentlichen Debatten gerückt ist.

Diese Philosophie fordert dazu auf, in Anlehnung an seine Gedanken sich seine eigenen Gedanken zu machen. Dazu muss man sich auf die Texte einlassen und »das Widerstreben [des gewöhnlichen Bewusstseins], das Bekannte zu denken«, durchbrechen. Dass Hegel dabei ausgiebig zu Wort kommt, versteht sich von selbst. Die Texte zeigen aber auch, dass sie uns, was ihre Sprache und den Gestus zu denken betrifft, zu einem Teil fremd geworden sind. Sie aufzuschließen verlangt, an ihrer ›Übersetzung‹ zu arbeiten und die Bausteine eines Hintergrundwissens mitzuliefern, das ihr Verständnis befördern könnte. Sie schaffen erst den Raum, um überhaupt auf sie wie auf einen Lockruf aus einer fernen und allzu nahen Welt zu hören. Die größte Schwierigkeit liegt daher in der Wahl des richtigen Abstandes zum Gegenstand: zwischen Fach- und Weltwissen (Weisheit), philosophischer Terminologie und Alltagssprache, zwischen einem stärker narrativen und argumentativen Denkstil das rechte Maß zu finden. Und das liegt in der Dialektik bekanntlich nicht in der Mitte, sondern in den Extremen, die zeigen, wie gut und belastbar das Mittlere und Vermittelnde ist.

Von Georg Wilhelm Friedrich Hegel zu sprechen, heißt nicht, ein Interesse an seiner Person und seinen Lebensumständen zu nehmen, eine *Homestory* zu schreiben – er selbst nennt solcherart »nette« biographische Unternehmung verächtlich die Perspektive des »Kammerdieners«. Es bedeutet, mit seinem Denken, der »Begriffsperson« Hegel, Kontakt aufzunehmen. Und genau darauf muss man hoffen: dass der »lebendige Geist«, wie er schreibt, »der in einer Philosophie wohnt, verlangt, um sie zu enthüllen, durch einen verwandten Geist wiedergeboren zu werden«. Man steht vor der nicht ganz leichten Aufgabe, eine Wiedergeburt zu organisieren. Man muss darauf vertrauen, dass die Stimme oder die Schrift eines anderen unseren Sinn erregt und zu einem neuen Leben erweckt – dem Leben des Geistes, und der steckt voller Abenteuer. Seine Kraftwerke sind die Funken sprühenden Ideen wie Freiheit, Gleichheit, Schönheit, Solidarität, das Gute und das Böse, Edelmut und Niedertracht. Und die sind, ob wir wollen oder nicht, unermüdlich am Werk. »Geist« ist, so

Kants glänzende Formulierung, das durch die »Ideen belebende Prinzip des Gemüths«, er bringt unsere Selbst- und Weltverhältnisse im Horizont der (tragenden) Ideen zur Sprache, auch wenn wir sie unterschiedlich verstehen.

Das hört sich gut an, ist aber ungemein schwierig, ganz wie die Kunst, von der Karl Valentin sagt, sie sei sehr schön, mache aber viel Arbeit. Dabei kann sich die Dialektik nicht mal sicher sein, ob ihre Arbeit, d. i. die »Arbeit des Begriffs«, der richtige und einzige Zugang zu einem umfassenden Verständnis unserer selbst und der Welt, in der wir leben, ist. Sicher ist nur, es handelt sich um kein Glasperlenspiel, auch dann nicht, wenn die Dialektik gleichsam experimentell unsere Gedanken hin und her bewegt und aus dieser Bewegung oder Reibung die Kräfte ständigen Neubeginns zieht.

Denken in diesem Sinn heißt freilich, den inneren Vorbehalt aufzugeben, den wir ständig im Gebrauch von Begriffen, Urteilen und Schlüssen aktivieren. Wir erfahren uns in eine Denkbewegung hineingezogen, die fordert, uns selbst infrage zu stellen: unser existenzielles Bedürfnis nach Halt, nach Standpunkten und »festen Gedanken« einer kritischen Selbstprüfung zu unterziehen – und das für jeden einzelnen Denkschritt.

Sich auf das Denken einzulassen – dieser Erfahrungsprozess heißt Dialektik, er verlangt – als erste und wichtige Voraussetzung – unsere De-zentrierung: Es zuzulassen, aus dem Zentrum unserer selbst vertrieben zu werden, von dem wir – als Einzelne wie als Kollektiv – vorschnell glauben, der Nabel der Welt zu sein. Dialektik ist das Anti-Blasenprogramm par excellence. Ein fortwährendes Aufstechen jener ego- und soziomanisch organisierten »Filterblasen« der religiösen und wissenschaftlichen, politischen und alltagsweltlichen Öffentlichkeiten. Die Dialektik untersucht die hochgradig affektiv besetzten Filter der kleinen und großen Geschichte(n), innerhalb der wir unser Leben und Denken mit anderen teilen. Deren wiederholte Erzählung aber auch leicht alles fernhält, was uns nicht in den Kram passt.

Kurz, Denken im Stil der Dialektik zielt auf den Erwerb einer hohen Kunst, das Machen einer philosophischen, d. i. paradoxen Erfahrung: *sich selbst ent-täuschen zu lernen*. Und zwar in jenem zwei- oder dreifach gepolten Sinn, den wir als Einzelne wie als Kollektive mit dieser Herkulesaufgabe betrauen: dem Versuch, sich Zug um Zug aller Selbsttäuschungen zu entledigen. Aber nicht, weil ein von allen Illusionen und Selbsttäuschungen freies Leben und Denken auf uns wartet; wir endlich den göttlichen Beobachterstandpunkt beziehen und durch ein täuschungsresistentes Manöver namens »Prinzip« absichern könnten, überhaupt nicht. »Sich keine Illusionen zu machen, da beginnen sie erst«, heißt es bei Karl Kraus ganz im Sinne Hegels.

Dennoch lässt sich das große Versprechen der Dialektik darin zusammenfassen, auf diesem steinig-steilen Bildungsweg mit ständig wechselnden Denk- und Beobachtungsplattformen unvergleichlich mehr von der Welt zu sehen und zu lernen als von jeder anderen Warte aus.

Philosophie und Welt. Der Geist der Moderne

Idee [ist] *der Mittelpunkt, der zugleich die Peripherie ist, der Lichtquell, der in all seinen Expansionen nicht außer sich kommt, sondern gegenwärtig und immanent in sich bleibt.*

G. W. F. Hegel

Auf die Frage, warum Hegel lesen, antwortet Judith Butler, eine der »prägenden Stimmen der Gegenwart«, weil man bei diesem Philosophen lernen kann, über die Zeit, in der wir leben, nachzudenken.[1] Slavoy Žižek, geb. 1949, slowenischer Philosoph und radikaler Kulturkritiker aus dem Geist der Psychoanalyse Lacans und des Marxismus, nutzt tausend Seiten, um Hegels Denken zu erläutern und zur »Philosophie für das 21. Jahrhundert« zu erklären.[2] Das Urteil, dass Hegels Denken an Witz, an Einsicht und Umsicht die anderen überragt, fällt ziemlich einhellig aus. Selbst Philosophen wie der berühmte Ideen- und Diskurstheoretiker Michel Foucault, die versuchen, sich von »ihm loszusagen«, werden den Verdacht nicht los, dass er ihnen »insgeheim nachgeschlichen ist«. Sie fragen, »was in unserem Denken gegen Hegel […] noch von Hegel stammt«, ob nicht »noch unser Anrennen gegen ihn seine List ist, hinter der er uns auflauert«.[3]

Warum ist das Interesse an Hegels Philosophie heute so groß? Aus welchem Grund erfährt sein Denken – und nicht nur in der Philosophie – weltweit so viel Aufmerksamkeit und Anerkennung? Warum sollte ausgerechnet der als preußischer Staatsphilosoph verschriene Hegel, der totalitäre Staatsideologe und »Feind der offenen Gesellschaft« (Karl R. Popper) die begrifflichen und zeitdiagnostischen Mittel bereitstellen, der krisengeschüttelten Moderne den Weg zu weisen?

(1) **Die Antwort**, die dieses Buch gibt, ist einfach und lässt sich in einem Satz zusammenfassen. Sie stützt sich auf eine Formel, die Karl Marx – der eifrige Leser und Kritiker Hegels – schon früh zu Papier gebracht hat: »So ergibt sich die Konsequenz, daß das Philosophisch-Werden der Welt zugleich ein Weltlich-Werden der Philosophie […] ist.«[4]

Diese Formel bringt nicht nur Hegels Philosophie auf den Begriff, sie erklärt auch das anhaltende Interesse, das die Philosophie im Auf und Ab der letzten Jahrhunderte immer aufs Neue an seinem Werk nimmt. Sie enthält *in nuce* das Gesamtanliegen seiner Philosophie, sie hilft, die moderne Welt in ihrer Kritik- und Fragwürdigkeit zu verstehen. Kurz und plakativ, aus Hegels Philosophie spricht der *Geist der Moderne*.

Überhaupt werden Geist und Moderne gleichgesetzt. In dieser Gleichsetzung wird das Erreichen eines neuen, welthistorischen Hochplateaus unterstellt, auf dem der Geist (d. i. die Philosophie *und* die moderne Welt) nicht mehr über den Wassern schwebt, sondern im Wissen des Substanziellen seiner Zeit enthalten ist. Die *Welt* und die *Philosophie* werden in die Stellung wechselseitiger Aufklärung gebracht. Die *Philosophie* muss mit der Veränderung der Welt Schritt halten; die *Welt*, die moderne, sieht sich durch das Forschungs- und Deutungsprogramm der Philosophie, die *Ideen*, aufgewertet – und in arge Bedrängnis gebracht. Marx erklärt in einem Brief an seinen Vater (1837), es sei das Anziehende der Philosophie Hegels, »im Wirklichen selbst die Idee zu suchen. Hätten die Götter früher über der Erde gewohnt, so wären sie jetzt das Centrum derselben geworden«.

Die Welt wird philosophisch, die Philosophie weltlich. Schuld daran sind die Ideen, die sich offen und offensiv unter die Belange der Welt geschaltet haben bzw. zu schalten wissen. Man könnte mit Fug und Recht auch vom Wirklich-Werden der Idee und dem Zur-Idee-Werden des Wirklichen sprechen. Hegel spitzt das auf seine Weise zu, wenn er in der Vorrede zu seiner Rechtsphilosophie schreibt: »die Philosophie [gewährt] die Einsicht, daß nichts wirklich ist als die Idee« (7, 25).[5]

Dieser Gipfel spekulativen Denkens mag für philosophisch ungeübte Ohren befremdlich klingen. Für die Allermeisten ist die *Welt* so unphilosophisch wie nur sonstwas und die *Philosophie* von dem, was in und auf der Welt passiert, meilenweit entfernt. Gipfel der Verstiegenheit. Dennoch liegt in dieser kleinen Phrase das Anziehende, das berückend Aktuelle und dauernd Reelle seiner Philosophie.

(2) **Die Verweltlichung der Philosophie** zielt darauf, den Ideen Wirklichkeit zu verschaffen, sie mit dem Esprit zu durchdringen, den sie seit Vorzeiten an den Tag gelegt hat. Dass die neue Zeit das geschafft hat bzw. drauf und dran ist, es zu schaffen, davon handelt Hegels philosophischer Diskurs der Moderne. Umgekehrt erfährt die Philosophie unter dem starken Druck ihrer Verweltlichung einen tiefgreifenden Wandel. Vom Himmel auf die Erde geholt, verstricken sich Idee(n) und Wirklichkeit in heftige Turbulenzen. Der neuzeitliche Wandel ist kein ruhiger Fluss, er wird von Aufständen und Aufruhr, Revolten und Revolutionen angestoßen und begleitet. Die Welt wird nicht mehr unmittelbar theologisch als Schöpfung Gottes verstanden. Sie wird kraft jener Kompetenzen gedeutet, die vom denkenden »Ich« ihren Ausgang nehmen. Die Welt wird auf ihren intern rationalen Gesetzeszusammenhang hin untersucht. Geleistet wird die experimentelle oder auch denkende Befragung durch die *Subjektivität*, d. h. den (theoretischen) *Verstand*, der als Prinzip das Wissen der Wissenschaft zu fundieren sucht. Immer wieder hat man in diesem Sinn von der Verweltlichung und Rationalisierung der Welt gesprochen. »Die Weltlichkeit«, schreibt Hegel, »will weltlich gerichtet werden; der Richter ist der denkende Verstand.« (20, 63)

Die Ideen haben seit den Anfängen der Philosophie in der vorsokratischen Antike im Mittelpunkt gestanden. Sie haben das Interesse der Philosophen ungemein gefesselt, auch deshalb, weil sie aufs Engste mit der Welt: ihrem Schlamassel, ihren verfahrenen Situationen, aber auch den möglichen Auswegen aus den Aporien Pate gestanden haben. Nahezu alles, was Land und Leuten, Gemein- und Gesellschaften wichtig war, hatte und hat mit ihnen zu tun. Wahrheit, Gerechtigkeit und Güte; Freiheit, Gott und Unsterblichkeit; Liebe, Schönheit und Glück; Gleichheit und Brüderlich-/Schwesterlichkeit sind in allem für alles und jedes von durchdringender Bedeutung.

(3) **Die Verweltlichung der Welt** ist fundamental verbunden mit zwei historischen Grundströmungen: (a) mit der neuzeitlichen Hinwendung der Philosophie zur politischen und gesellschaftlichen *Praxis* sowie (b) zur *Subjektivität* des Menschen, d. i., wie Hegel sagt, das »Recht der *Besonderheit* des Subjekts, sich befriedigt zu finden«. Es betrifft sowohl das Streben nach individueller Autonomie als

auch eine nie dagewesene Freiheit, das Leben nach eigener Wahl gestalten zu können. Ein Leben in eigener Regie zu führen, ist das alles überragende Stichwort, freilich im Zusammenhang einer gesellschaftlichen Praxis oder allseitigen Abhängigkeit, die vor der Aufgabe der Einrichtung eines angstfreien und friedlichen Miteinanders des Verschiedenen (von Individuen, Kollektiven, Völkern, Staaten usf.) steht. Hegel, kurz und knapp: »Die Welt ist jetzt prosaisch […] vorhanden«, die »Natur […] entgöttert« (17, 61).

Der Verfolgung von welt- und wissenschaftsimmanenten Interessen korrespondiert ein *Autonomiestreben* des Individuums. Immer schärfer wird im Verlauf der Neuzeit nach Glauben und Wissen unterschieden. Philosophie und Wissenschaft schaffen Freiräume, in denen sie sich unabhängig von Religion und Theologie entfalten. Immer deutlicher zeigt sich auch, dass sich das Individuum von den allgemeinen Ordnungsmächten (des feudalen Staates und der Kirche) zu emanzipieren beginnt. Das vielleicht wichtigste Kennzeichen jener Philosophie in der Zeit nach Bacon (1561–1626) und Descartes (1596–1650) ist ihr *Praxisbezug*; ein theorieimmanenter Bezug, der das Ziel hat, die *Herrschaft* über die natürlichen und sozialen Bedingungen des menschlichen Lebens zu gewinnen. Die praktische, die technisch-praktische Vernunft wird zum ersten Mittel der Emanzipation des menschlichen Daseins aus natürlichen und gesellschaftlichen Zwangsverhältnissen. Ihr Ziel ist die Beherrschung der Natur, der äußeren (›Umwelt‹) wie der inneren (Triebe, Leidenschaften).

(4) **Welche Turbulenzen** das seit den Bauernkriegen, der Entdeckung Amerikas, der Erfindung des Buchdrucks, seit Luther und der Reformation, dem Klimawandel der kleinen Eiszeit, dem wachsenden Welthandel, den Revolutionen in England und anderen Ländern, dem Schaffen einer Öffentlichkeit für neue Ideen ausgelöst hat, wissen wir. Sie führen in jedem Fall dazu, sich genauer mit der *Art und Weise*, der *Struktur* und der *Dauer* der kleinen und großen Umwälzungen zu befassen. Die Philosophie beginnt, wenn auch zögerlich, sich von der Untersuchung des *Seins* auf die Erforschung des *Werdens* und, nicht weniger dramatisch, auf das neue, letztendlich definitive Bezugssystem, das menschliche Subjekt oder

das *allgemeine Bewusstsein* umzustellen. Das im individuellen und allgemeinen Willen verkörperte *Selbstbewusstsein* wird zum Dreh- und Angelpunkt dieser Epoche, es wird, wie Hegel sagt, »Weltbewußtsein«. Die neue, »zweite Weltschöpfung ist die, wo der Geist sich erst als Ich = Ich, als Selbstbewußtsein verstanden hat« (19, 510).

Nicht allein »was ist«, »was es gibt« lautet die (ontologische) Grundfrage, eher »wie es geht«, »wie es weitergeht« ist für die heraufziehende Welt und ihre auf kausale Erklärung und Rechtsgrundsätze erpichte Philosophie von überragendem Interesse. Weltgeschichte statt Heilsgeschichte. Begriffe, die den Prozess und den Transfer, das Selbsttätige und Performative betonen, rücken in den Vordergrund. Anfänge und Übergänge, Wende- und Wandlungsprozesse haben – unter Beteiligung der bürgerlichen Schichten – Konjunktur. Die intellektuellen Eliten in Europa (Ökonomen, Politiker, Pädagogen, Natur- und Sprachwissenschaftler, Rechtsgelehrte, Philosophen) treten in ein Zeitalter ein, in dem mehr und mehr bewusst wird, in welchem Umfang die Welt durch (schöpferische) *Arbeit* und *Organisation*, *Wissenschaft* und *Technik*, *Sprache* und *Kultur* veränderbar ist.

Im Horizont des neu erwachten Selbstbewusstseins dieser Epoche beginnt sich auch die Grundgleichung der Philosophie zu verschieben. Nicht mehr *Sein* und *Denken* heißen die Grundbegriffe, welche die Welt und die Philosophie verklammern: *Sein* und *Selbst* treten an ihre Stelle – in ständiger Begleitung der Frage, welche denn die eigentliche Kategorie des Übergangs von der Sphäre der Idee zur Wirklichkeit ist.

(5) **Die Welt, die mit der Neuzeit heraufkommt**, drängt auch die Philosophie, sich auf den neuesten Stand der Dinge zu bringen, genauer, auf den »der Zeit«, die, wie Hegels Wendung lautet, »da ist«. Sie muss durch anhaltende Offenheit und Erfahrung die Begriffe den richtigen, d. i. sachlich wie zeitlich reflektierten Einsatz lehren. Zur Analyse ihrer Grammatik gesellt sich der Lernprozess ihres richtigen Gebrauchs, inklusive des intelligenten Gefühls für das richtige *timing*. »Für die Wahrheit«, hat Whitehead (1861–1947), britischer Mathematiker und Philosoph, lapidar bemerkt, »ist es wichtig, dass sie zur rechten Zeit kommt.«[6]

Der Anschein wächst, wenig könne dem Walten und Schalten der *Zeit* (noch) Einhalt gebieten, die Zeit übernehme die Regie. Sein und Selbst würden zuletzt von der Zeit überwältigt. Sie stürze alles in den Strudel der Kontingenz, gegen ihr Regime sei kein Kraut gewachsen. Der stupend stupide Verlauf der Zeit führe zu ihrer radikalen Entwertung. Sie mache zuletzt jede dauerhafte Sinnstiftung unmöglich. Bei der Aufgabe, vor der die Philosophie steht, »das *was ist*, zu begreifen« (Hegel), geht es dann nicht (mehr) allein um Sein und Denken bzw. Sein und Selbst, sondern um *Sein* und *Zeit* oder genauer, um das hochexplosive Gemisch von Denken, Sein und Selbst auf der einen und dem *Verhältnis zur Zeit* auf der anderen Seite. In diesem Transformationsprozess spielt die Freiheit des Denkens und Handelns eine bedeutende, Vernunft und Geschichte tragende Rolle. Sie verlangt eine weitere, über die Philosophie der Neuzeit und Kant hinausgehende »Revolution der Denkungsart«, in deren Verlauf der gesamte Begriffsapparat umgebaut werden muss. Und nicht nur das. Für die steile These, »nichts ist wirklich als die Idee«, ist die weltgeschichtliche Institution der Freiheit – ihre Ausbreitung und Vertiefung in allen Belangen des Lebens – die Bedingung, ohne die nichts geht und steht, feststeht. Dass es ausgerechnet die Freiheit ist, von der Hegel sagt, dieser Mittelpunkt des modernen Lebens sei kein Ding, auf das man mit »Stangen und Spießen« losgehen könne, macht die Sache nicht eben einfacher. Auch zeige sie selbst historische Züge, vor allem in der Frage, wer Freiheit wann wo und auf welche gerechtfertigte Weise besitze: Ob und wie sie überhaupt eine Frage des Besitzes sein könne.

(6) **Die Philosophie behelligt die Welt** mit ihren höchstplatzierten Gedanken, den Ideen. *Freiheit*, *Gleichheit* und *Solidarität* – die Stichworte der Französischen Revolution – erstrahlen angesichts einer im Umbruch befindlichen Welt in einem neuen Licht. Sie eröffnen, wohl zum ersten Mal in der Geschichte, den Ideen realistische Chancen, sich nachhaltend *Weltrang* und *Weltgeltung* zu verschaffen: Ihre *Universalität* in einem bis dahin unvorstellbaren Ausmaß Wirklichkeit werden zu lassen.

Die Freiheit ist das Alpha und Omega der *Philosophie*, aber auch einer *Welt*, die sich in Zeiten des Aufbruchs – mit der Universalisierung bürgerlicher Freiheits- und Gleichheitsgrundsätze – eine politisch und rechtlich garantierte Verfassung gibt. Die Welt wird angesteckt durch diesen neuen Gedanken. Hegel selbst greift auf diesen Begriff zurück. Die eher abstrakte, d. i. *schlecht idealistische* Option früherer Zeiten, die Ideen in der Welt heimisch zu machen, verwandelt sich in die *realistische* Aussicht, die Götter, die »früher über der Erde gewohnt«, ins »Centrum derselben« zu stellen. Die Vergötterung der Welt wird zur neuen Heilsgeschichte, der Mensch, wie Hegel nicht ohne Ironie bemerkt, zum »neuen Heiligen« (14, 237).

Das Zeitalter scheint sukzessive bereit zu sein, auch die hohen Ablösesummen von den metaphysischen Ideen – Gott, Seele und Unsterblichkeit – zu zahlen. Beinahe unmerklich beginnen die neuen Ideen inmitten der weltlichen Verhältnisse zu walten und schalten. Dabei geht es der Philosophie – mehr noch als in vergangenen Epochen – nicht allein um die Inhalte (von Politik und Gesellschaft, Wissenschaft und Technik) als darum, der *Form* des Denkens und Handelns mehr Aufmerksamkeit zu zollen. Hegels Objekt der Begierde ist »die *neue Form* der Welt«, sein Programm: Er will sie *begreifen*. Denn das »Werk der modernen Zeit ist, diese Idee [der Wirklichkeit des Geistes im Selbstbewusstsein] zu fassen als Geist, als die sich wissende Idee« (20, 458).

(7) **Der Witz des Ganzen** liegt also nicht allein in den Ideen, sondern darin, dass sie einen ungeheuren Zündstoff bieten, sobald sie mit der Realität der neueren Zeit in Berührung kommen, anders gesagt dort, wo sie dringend zum Zwecke der Regelung gewöhnlicher wie außergewöhnlicher Dinge auf vermehrte Nachfrage stoßen. Und das tun sie in der Moderne ständig. Sie zünden. Man übertreibt daher keineswegs, die Ideen in den Brennpunkt zu rücken. Ideen sind *das* Betriebssystem des Geistes, auf ihm laufen alle Auseinandersetzungen mit der Realität. Freiheit und Gleichheit, individuelle Autonomie und allgemeiner gesellschaftlicher Fortschritt sind großartige *Grundsatz-* und *Gebrauchsartikel* des modernen Lebens, dem außerordentlichen *Bedarf* (der Nachfrage) ebenso verpflichtet wie der ständigen *Reflexion*. Wir stützen uns auf sie in allen, in *wirklich* allen Belangen, sie sind die Wirklichkeit des Geistes im tätigen Leben. Ein Recht auf sie *fordern* wir, weil wir es *haben*; eine Klage

führen wir, weil uns (die) Gleichstellung – legitimiert durch den allgemeinen Willen – *zusteht*. Dass wir an den Ideen, am Goldstandard dieser sozio-physischen wie meta-physischen Größen teilhaben, sie als Grundsatz- und Gebrauchsartikel alltäglich zu nutzen wissen, ist die *Basis* schlechthin unseres *Realitätsglaubens*. Er lässt sich praktisch nicht infrage stellen. Auf der Höhe der modernen Welt kann »ich« – sowohl klein- wie großgeschrieben – endlich begreifen, was es heißt, dass, wie Hegel nicht müde wird zu betonen, »die Idee in der Wirklichkeit enthalten« ist. Wir haben sie planmäßig mit allem, was dazu gehört, in die Institutionen und Intuitionen des modernen Lebens hineingearbeitet. Deshalb müssen sie uns auch nicht fremd bleiben. Wir wachsen mit ihnen auf, wir werden durch sie sozialisiert. Ständig sehen wir uns mit ihren neuen Trainingseinheiten konfrontiert, sie halten uns auf dem Laufenden und in Bewegung. Wir können sie verstehen und erklären, übersetzen und übertragen, wenn auch nicht eins zu eins. Hegel nennt »Geist« (in Form der Begriffe, mit denen wir die Ideen bearbeiten) das *Medium* und *Mittel*, das uns dazu in die Lage versetzt. Geist ist die verkörperte und verständigte Wirksamkeit der Ideen im tag-täglichen Leben.

(8) Das macht auch den **leicht triumphalen Ton** verständlich, mit dem Hegel über die Gleichstellung von Idee und Wirklichkeit, Geist und Moderne spricht. Beide gehören zusammen, auch deshalb, weil beide – was ihre Ausbreitung und Vertiefung betrifft – über ein- und dasselbe Maß definiert werden müssen. Sie stellen die größere Macht dar. Über die »größere Macht« verfügt *das* geistig organisierte Handlungssystem, das es versteht, die schärfsten Gegen-sätze in sich zu vereinen; das befähigt ist, die höchsten Spannungslasten zu tragen und darüber hinaus auch weiß, sie produktiv zu nutzen; das den Extremismus, den diese Welt birgt, genau zu analysieren versteht. Diese Handlungsmacht[7] versetzt uns auch in die Lage, Gründe und Folgen intern aufeinander zu beziehen und die dieser Welt immanenten Kräfte zur Überwindung des Chaos zu mobilisieren. Denn für Hegel gilt: »Je tiefer der Geist in sich gegangen, desto stärker der Gegensatz: die Tiefe ist nach der Größe des Gegensatzes, des Bedürfnisses zu messen; je tiefer er in sich, desto tiefer ist sein Bedürfnis, nach außen zu suchen, sich zu finden, desto breiter sein Reichtum nach außen.« (20, 455)

In Anerkenntnis der Tiefe und Bandbreite der Gegensätze, die unsere Gedanken und Gefühle ebenso durchfurchen (entzweien) wie unsere Interessen und Bedürfnisse, liegt die Größe und Macht des Geistes. Beinahe axiomatisch steht zu lesen: »Das Größere ist die Stärke des Gegensatzes, der Trennung; die größere Macht überwindet die größere Trennung.« (18, 60) Die Rede von der »Macht des Negativen« sagt dasselbe. Der Geist selbst ist das Durchdringende, das *Medium* (Denken) und das, was die *Instrumente*, die Mittel (die Begriffe des Denkens) bereitstellt; um zuletzt auch die *Message*, die Brenn- und Botenstoffe zu liefern, die freilich nicht ohne die engagierte Offenheit der jeweiligen Adressaten aufgenommen und ausgelesen werden können. Unter ihnen sind die Zwiespältigkeiten der Moral und der Politik wohl die größten.

Das Intensive des Geistes findet Beleg und Bewährung nur, wenn es sich extensiv zu äußern, zu moderieren und in einem Äußeren als Pro-visorium einzurichten versteht. Seine größere Macht liegt in der unendlich »auseinandergezogenen« Realität – und von der hat die moderne Welt reichlich zu bieten.

> »[D]ie Größe und Kraft mißt sich wahrhaft erst an der Größe und Kraft des Gegensatzes, aus welchem der Geist sich zur Einheit in sich wieder zusammenbringt; die Intensität und Tiefe der Subjektivität tut sich um so mehr hervor, je unendlicher und ungeheurer die Umstände auseinandergezogen und je zerreißender die Widersprüche sind, unter denen sie dennoch fest in sich selber zu bleiben hat. In dieser Entfaltung allein bewährt sich die Macht der Idee und des Idealen, denn Macht besteht nur darin, sich im Negativen seiner zu erhalten.« (13, 234)

(9) **Der Geist der Moderne** gründet auf diesem Gedanken. Fortan regiert dieser (spekulative) Gedanke die Welt. Es ist derselbe Geist, der die *Philosophie* wie die *Welt* beseelt: sowohl die *Dialektik* und ihr Denken in äußerst bedenklichen Gegensätzen als auch die *Welt* im Aufstieg politischer und gesellschaftlicher Extremwetterlagen. Vom Geist als dem (Vor-)Boten eines »Zeitalters der Extreme« (E. Hobsbawm) zu sprechen, ist daher weniger abwegig als es zunächst scheinen könnte.

Hegel lässt keinen Zweifel aufkommen. »Das Beste in der Welt ist, was der Gedanke hervorbringt«, der *freie Gedanke*, der sein Selbstbewusstsein und Maß darin hat, nicht nur in *Manifesten*, sondern auch in den allgemeinen *Manifestationen* des öffentlichen Lebens präsent, d. h. glaubwürdig verankert zu sein. In der Moderne, so Hegels abschließender Gedanke, »hat die Bildung der Zeit eine andere Wendung genommen, und der Gedanke hat sich an die Spitze alles dessen gestellt, was gelten.« Der Mensch lernt, auf dem Kopf zu gehen, »er stellt sich auf den Gedanken«, nach diesem hat er »die Wirklichkeit [...] erbaut« (12, 529).

Das Problem ist weniger der vermeintliche Idealismus, der da anklingt; klar sein sollte, dass in der Gleichsetzung von Idee und Wirklichkeit, Geist und Moderne das gravierendste Problem in der differenzierten Gleichsetzung von Norm und Wirklichkeit liegt.

Wie dem auch sei, der Zweck der ganzen philosophischen Unternehmung, ihr höchster Gedanke, ist die *Selbsterkenntnis* des Geistes. Hegel vergleicht den Geist mit dem »Maulwurf« (20, 456), der unermüdlich an seiner Selbsterkenntnis arbeitet, anderen Erdgeistern aber das voraus hat, um seine relative Blindheit zu wissen. In der Selbsterkenntnis spiegelt sich – seit eh und je – die Höhenlage philosophischen Denkens in dem, was ihm spezifisch ist: das Denken des Denkens.

Der Geist ist an das Denken endlicher Menschen gebunden, aber eben auch an die weltläufig sich entwickelnden Gestalten eines überindividuellen Wissens, das sich in Traditionen und Sitten, in Recht und Moral ebenso niedergeschlagen hat wie in den »Weltanschauungsweisen« der Kunst (Hegel), den Weltsymbolisierungsweisen der Religion sowie den Selbst- und Weltverständnisweisen der Philosophie: ihrem *Selbst-* und *Weltbegriff.* Es sind nicht nur Welt*zugangs*-, es sich auch Welt*umgangs*weisen.

Kurz, der Geist stellt die »Arbeit aller vorangehenden Generationen des Menschengeschlechts« (20, 465) dar. Darin liegt sein Wissen um sich selbst, er kann sich zuletzt als wahr und wirklich erst im Horizont einer auf Freiheit und Gleichheit vernünftig begründeten Ordnung verstehen. Er ist kein Subjekt, sondern das, was die menschlichen Subjekte, ihre verteilte Intelligenz verschiedenster Art und Größe sich versammeln – und aus-einander gesetzt sein lässt. Geist ist gelingender Streit. Widerstreit. Wieder Streit.

Allein, macht nicht vielleicht die *Zeit*, die neuere und neuste zumal, ihm einen dicken Strich durch die Rechnung? Passen vielleicht die heutige Welt-Zeit und der Geist (der modernen Welt) nicht recht zueinander? Ist ihnen vielleicht ihr relativer Gleichschritt abhanden gekommen? Hat es ihn womöglich doch nicht gegeben?

(10) **Der Moderne gebührt der Vorrang** vor anderen Zeiten, weil der Geist in dem, was ihm wesentlich ist, seinen *Zielkorridor*, seine Erfüllung oder seine Gegenwart findet. Die Moderne sieht und *erkennt* sich endlich in dem, was sie auch *anerkennen* kann. Sie hat endlich – wie der freie Gedanke – ein freies, d. i. selbstkritisches Verhältnis zu sich. Wo nicht, bleibt sie hinter der »Égaliberté« (E. Balibar) aller Menschen, die, angesteckt von diesem Virus, sich rund um den Globus auszubreiten beginnt, zurück. Auch wo die Allgemeinen Menschenrechte die Handschrift der westlichen Welt und ihres imperialen Eroberungswillens tragen, berufen sich Völker, Ethnien und Kollektive zum Schutz der Besonderheit ihres kulturellen Lebens auf sie.

Die globale Welt ist kein *global village* wie Marshall McLuhan in den 60er-Jahren des vergangenen Jahrhunderts mutmaßte. Ungleich soziale, ungleich kulturelle, ungleich mächtige, in einem Wort ungleich-zeitige Verhältnisse stehen der einen globalen Welt entgegen. Die *globale* Welt besitzt zwar im *world-wide-web* eine technische Infrastruktur, ist aber von der Verweltlichung der Ideen wie Freiheit, Gleichheit und Solidarität ein gutes Stück des Weges entfernt. Im Rahmen der Ideenpolitik der westlichen Moderne ist die globale Welt von einem Euro- und Anglozentrismus, einem Individualismus und Liberalismus beseelt, der wenig ungeteilte Zustimmung der abgehängten Völker der Zweiten, Dritten und Vierten Welt[8] aufkommen lässt. Die Welt ist »größer« geworden, genauer, ihre Vielstimmigkeit hat zugenommen. Die Schlussfrage lautet daher: Ist eine umfassend gedachte Welt-Werdung unter den für die Philosophie Hegels verhandelten Grundsatz- und Gebrauchsartikeln weiterhin möglich? Ist sie notwendig und sinnvoll? Und, welche *Methoden*, die mit diesen rund um den Globus verhandelten *Themen* im Zusammenhang stehen, bieten sich an, damit die durch die Ideen aufgewühlten Wellen der Verweltlichung nicht auch die neueste, ins Totale und Totalitäre erweiterte Welt unter sich begraben?

(11) **Der Versuch einer Antwort** erfolgt aufs Ganze gesehen in zwei Teilen, den Teilen **zwei** und **drei** dieses Buches. Der *eine* richtet das Augenmerk stärker auf die Entstehungsgeschichte des großen Gedankens, und zwar entlang der *Phänomenologie des Geistes*, dem nebst der *Wissenschaft der Logik* aufschlussreichsten Buch aus Hegels Feder. Denn diese Entstehungsgeschichte kennt eine Reihe interessanter historischer wie systematischer Entstehungsherde. Diesen Brenn- und Knotenpunkten des Gedankens gehört unser Interesse über den *Anfang des neuen Geistes*.

Der *andere* Teil expliziert Hegels tragende Idee eher systematisch im Zusammenhang seiner *Philosophie des Rechts*, er tut es mittels einer paradigmatischen Lektüre bestimmter Paragraphen dieses bis heute umstrittensten seiner Werke. Der Gedanke der Freiheit und Gleichheit aller Menschen im Gefolge der Französischen Revolution ist allgemein, er wird zur Grundlage des politischen Lebens. Seine Kraft hatte schon Kant begeistert und sein Gemüt mit Zustimmung und »grenzenlosem« Enthusiasmus erfüllt. Freiheit wird zum Schlüsselbegriff der Philosophen der postrevolutionären Zeit. Was Hegel aber – im Unterschied auch zu Hölderlin und Schelling, seinen Zimmerkollegen aus Tagen des Tübinger Stifts – auszeichnet, ist, dass er sich aufmacht, die komplizierten Fragen, welche die Idee der Égaliberté in ihrem Verhältnis zu Gesellschaft und Staat, Recht und Politik, Ethik und Moral aufwirft, im *Detail* wie im *Zusammenhang* zu durchdenken.

Ein kurzer Ausblick auf das vielleicht ungewöhnlichste Buch Hegels, die *Wissenschaft der Logik*, schließt sich an. Er bildet den Übergang zu Teil **vier**, der in seinem Ausblick »die heutige Gegenwärtigkeit des Geistes« thematisiert und entschieden die Frage stellt, ob und wie es heute um das Weltlich-Werden der Philosophie und das Philosophisch-Werden der Welt bestellt ist: In welchen Fragen beide heute so energisch wie weitläufig aufeinander verweisen.

Wichtige Überlegungen zur *Methode* dialektischen Denkens werden in Form von *Exkursen* in den Gang der allgemeinen Interpretation der jeweiligen Werke eingeschoben. Dreh- und Angelpunkt aber bleibt die Frage nach der »neuen Form der Welt« und dem, was die Philosophie Hegels – als Universalwissenschaft des Denkens – dazu beitragen: was man überhaupt von ihr lernen kann.

(12) **Dem besseren Verständnis** kommt ein weiterer Teil zur Hilfe. Dieser ist als **erster** den anderen vorgeschaltet. Er dient dem *warm up*, er sucht eine erste Bekanntschaft mit den Grundgedanken der Hegel'schen Philosophie herzustellen. Als Einführung schlägt dieser Teil den Weg ein, den Hegel selbst den *»gewöhnliche(n) königliche(n)* Weg« in die Philosophie genannt hat. Er führt über das Lesen von »Vorreden und Rezensionen«, um eine »ungefähre Vorstellung von der Sache zu bekommen«; in unserem Fall über die »Einleitung« der *Vorlesungen über die Geschichte der Philosophie*. »Der *letzte königliche* Weg beim Studium« der Philosophie ist für Hegel freilich »das Selbstdenken« (2, 256 f.). Entsprechend enthält diese Einführung längere Textpassagen aus Hegels diesbezüglich einleitenden Vorlesungen, deren aufmerksames Studium sich in jedem Fall lohnt. Es ist ein Vorbereitungskurs – ein Propädeutikum – für alle, die mit dem Verständnis philosophischer Texte, der »Idealisten« zumal, nicht sehr vertraut sind; die sich damit schwer tun, aber dennoch wissen möchten, welche Fragen Hegels Dialektik aufwirft, welche Begriffe sie ins Spiel bringt, um tragende Einsichten in »die neue Form der Welt« zu erhalten. Ein Sachregister, das die zentralen Stellen nennt, bietet Geh-, Steh- und Überbrückungshilfen für den Fall, dass es infolge von Verständnispannen nicht weitergeht.

Hegel hat die in die Philosophie und ihre Geschichte einführenden Vorlesungen vor einem breiten Publikum gehalten. Dabei ist ihr offener wie programmatischer Charakter nicht zu übersehen, aber auch nicht die Lebensnähe in Sprache und Beispiel.[9]

Dieser Einführungsteil endet in unserer Darstellung mit dem, worin für Hegel die eigentliche Aufgabe der Philosophie besteht: »Das *was ist* zu begreifen«, denn das, was ist, ist die *Zeit* oder die *Gegenwart* dessen, was da ist. Die Zeit und alles, was sie an Problemen, Programmen und Projekten mit sich bringt, gelte es in einem weit gespannten Netz von Gedanken zu erfassen. Philosophie, so Hegels großes Wort, sei *»ihre Zeit in Gedanken erfaßt«*.

Erster Teil
Das Leben des Geistes, Macht und Größe

Der Geist, der nicht Idee [ist], *wäre der tote,*
geistlose Geist, ein materielles Objekt.
G. W. F. Hegel

Der gewöhnliche königliche Weg – Zum Einstieg

Nicht, dass Hegel, wie gegen Ende der Einleitung erwähnt, Rezensionen – als den gewöhnlich königlichen Weg in die Philosophie – sonderlich geschätzt hätte, er nennt ihre Verfasser »Totengräber« (2, 560). Sie beerdigen nicht selten Lebendiges, ihr Urteil wird in der Regel von Meinungen getragen, die gang und gäbe sind. Sie nehmen dem Neuen, das meist schwer einzuordnen ist, den Witz; entweder weil sie glauben, dem verehrten (und insgeheim verachteten) Publikum nach dem Munde reden zu müssen – es verträgt das Neue nur in geringen Dosen –, oder ihm, der vermuteten Sinn- und Orientierungskrisen wegen, vor allem »Erbauliches« liefern müssten. »Man fordert von der Philosophie, da die Religion verloren, daß sie sich aufs Erbauen legen und den Pfarrer vertrete.« (2, 558)

Das Erbauliche, gleich welcher Gestalt, hat Hegel gefressen. Bauten wie Tempel und Kathedralen gehören nicht in die Philosophie. Stimmungsaufhellendes hat nichts mit Wissen zu tun. Es entmündigt die Menschen, es trägt den Bazillus des Ressentiments gegen die Philosophie. Es gehört in eine andere Liga, in die der Religionen und Weltanschauungen, der Weisheitslehren und Mysterien, der geheimen und öffentlichen Rat- und Seilgeberschaften samt ihrer evidenzbasierten Medikamentalität. Die neuen Kirchen der Erbaulichkeit stehen auf den Säulen von *PR-Industries*. Sie sind die Superspreader von Sinn und Verstand. Was unmittelbar zur Philosophie als dem glatten Gegenteil von all dem zurückführt. Selten war sie so realistisch wie zu Zeiten des Idealismus.

Denn kaum eine Frage bedrängt die neuere Philosophie, insbesondere die Kant (1724–1804) nachfolgende Generation, so sehr wie die, wer eigentlich die Adressaten, die Zielgruppe, der Leser, die Leserin ihrer Werke sein könnten oder sollten. Ein unübersehbares Zeichen setzt Kant – nebst Sokrates das Urbild eines Philosophen –, wenn er den *Schul-* und den *Weltbegriff* der Philosophie unterscheidet. Während der Schulbegriff auf die wissenschaftliche Begründung des Systems der Erkenntnisse abzielt, verweist der Weltbegriff der Philosophie auf das, »was jedermann notwendig interessiert«. Was in der Folgezeit dazu führt, dass viele Philosophen zweigleisig verfahren, sie schreiben wissenschaftliche Werke, aber auch populäre Schriften, sie halten wissenschaftlich-akademische Vorträge, sie versuchen sich aber auch an ›Übersetzungen‹ in eine öffentliche, allgemein verständliche Sprache.

Johann Gottlieb Fichte (1762–1814) hält daran fest, dass Philosoph nur der ist, dessen »Erkenntniss durchaus frei und vollendet ist«, bei dem das »Ruhende und Unthätige« der theoretischen Wissenschaft »Trieb und Bestimmung eines weltschaffenden Lebens geworden« ist. Das Interesse am Wirklichwerden der Philosophie wie am Philosophischwerden der Welt ist gleichwohl unverkennbar. Sie besteht freilich noch in der »Anwendung« auf ein sittliches Leben. Die Philosophie »angewendet lebt man nur; sie trägt man nicht vor in Reden als einem neuen Bilde«.[1] »Anwendungen« gehören auch hier nicht in die Philosophie, sie sind Teil der Bäderkunde.

Die Arbeitsteilung hat nachhaltige Wirkungen im Bildungsniveau der Völker und Schichten hinterlassen. Karl Marx (1818–1883) weiß die Welt am besten in Szene zu setzen, er kennt seine Adressaten, er *schafft* und *sucht* sie zugleich. Er brilliert in beiden Textsorten. Marx schreibt mit Engels das *Manifest der Kommunistischen Partei* und analysiert im *Kapital*, der Kritik der politischen Ökonomie, die *Manifestation* schlechthin der modernen Welt – den Kapitalismus. Friedrich Nietzsche (1844–1900) steht schon am vorläufigen Endpunkt dieser Zielgruppendiskussion, er gibt eine ebenso verzweifelt wie heiter gestimmte Antwort. Der Untertitel seines *Zarathustras* lautet: *Ein Buch für Alle und Keinen*.

Leserin und Leser wollen wissen, ob das Buch oder der Essay etwas für sie ist – und, womöglich, im Blick auf die Philosophie, noch mehr. Sie wollen von ihr wissen, *wie es ist*, wie es sich tatsächlich in der Sache – der *Philosophie* und der *Welt* – verhält. Das ist ihr berechtigter Anspruch. Hegel streicht die Legitimität dieses Anspruchs an jeder erdenklichen Stelle heraus. Was aber tun, wenn es nicht (so) ist, wie es an sich ist, sondern nur, wie es erscheint (oder sein soll).

In genau diese und keine andere Sackgasse hat uns Kant geführt, der unumstrittene Kopf oder Dreh- und Angelpunkt der neueren Philosophie. Von hier aus und über den Kant nachfolgenden *Deutschen Idealismus* nimmt die moderne Philosophie ihren rasanten Verlauf. Ob Schopenhauer oder (über Hegel vermittelt) Marx, ob Kierkegaard oder (Schopenhauer als Lehrer) Nietzsche, der Neukantianismus und sein prominentester Kritiker (Heidegger) sowieso – sie stecken alle in der von Kant eröffneten Klemme. Es sind, wie erwähnt, deren zwei: Der Weltbegriff der Philosophie darf die Kommunikation mit dem Schulbegriff nicht abreißen lassen. Die Welt, wie sie als gesetzmäßige (determinierte) erscheint, darf ihre Verbindung mit dem Ansich der neuen, der freien Welt nicht kappen.

Hegel selbst schlägt verschiedene Wege ein, seine Didaktik bietet Vorreden an, die im Verständnis- und Schwierigkeitsgrad die eigentlichen Werke leicht übertreffen. Er schreibt auch Bücher wie die *Phänomenologie des Geistes*, die als Ganze es dem einfachen und natürlichen Bewusstsein ermöglichen sollen, sich per Bildung auf *den* Stand des Wissens zu bringen, der eine Teilnahme am philosophischen Diskurs der Moderne – und, d. i., dem *Selbstdenken* – gestattet. Das Problem, Selbstdenken will gelernt sein. Es setzt Übung und Habitualisierung im richtigen Denken voraus. Später wird sich Hegel vielfach polemisch auf das »Selbstdenken« beziehen; nicht weil er es ablehnte, er sieht in der schieren Abweichung von dem, was andere denken, keinen sittlichen Nährwert, beileibe kein Argument, die eigenen Gedanken für die besseren zu halten.

Dass ausgerechnet das erwähnte Buch, die *Phänomenologie des Geistes*, als eines der schwierigsten der gesamten Weltliteratur betrachtet wird, gehört mit zu den zahllosen Komödien der Philosophie über das Tragische ihrer Existenz.

Mindestens nach heutigen Maßstäben sind die zahllosen Vorlesungen bzw. deren Mitschriften über Kunst und Religion, über die Philosophiegeschichte und die Philosophie der Geschichte, die

Hegel über ein Jahrzehnt zwischen 1820 und 1830 an der kurz zuvor gegründeten Universität in Berlin gehalten hat (J. G. Fichte war 1811 ihr erster Rektor), die besten und fasslichsten Einführungen in sein Werk. Innerhalb dieser Vorlesungen wiederum, die viele Bände umfassen, nehmen die Einleitungen, nicht nur ihres Umfangs wegen (selten unter 100 Seiten), einen besonderen Rang ein. Der Text, an den unsere Einführung sich anlehnt, entstammt den *Vorlesungen über die Geschichte der Philosophie*, ergänzt um andere Schriften, die das jeweilige Thema behandeln.

Das geschieht in vier größeren Abteilungen, die zunächst um wichtige Grundbegriffe der Hegel'schen Dialektik kreisen (I.), dann das Zentralmotiv seines Denkens, die Selbsterkenntnis des Geistes, herausstellen (II.), um anschließend das Selbstverständnis der Philosophie in Einheit und Unterschied zu angrenzenden Gebieten wie der Kunst und der Religion, der Weltweisheit und der Popularphilosophie zu beleuchten (III.). Zuletzt werden Hegels Überlegungen zu den äußeren Umständen des Philosophierens in den Blick genommen, auch, um zu zeigen, wie energisch Hegel darauf dringt, dass die Welt nicht ohne die Philosophie und die Philosophie nicht ohne repräsentative Querschnitte der Welt begriffen werden kann (IV.). Auch sie können nur über ihre Einheit und die Unterschiede, die sie machen, gedacht werden. Das (philosophische) Denken ist ein elementarer Bestandteil der Welt; die Welt, ihre Weltlichkeit ist zu einem nicht geringen Teil das performative Produkt der Begriffe, durch die wir sie denken und ergreifen (erhandeln), sie in ihrer Zeit und über sie hinausgehend uns anverwandeln.

I. Philosophie oder der Glaube an die Macht des Geistes – Grundbegriffe

»Was hat man nicht alles Philosophie und Philosophieren genannt? Wir müssen unser Feld bestimmt abgrenzen und, was nicht zur Philosophie gehört, davon ausschließen.« (20, 467 f.)

Mit diesem Versuch, einen vorläufigen Begriff des Philosophierens zu gewinnen, soll unser Streifzug durch das weite Land des Geistes und seiner Abenteuer beginnen.

> »Der *Mut der Wahrheit, Glauben an die Macht des Geistes* ist die erste Bedingung *des philosophischen Studiums*; der Mensch soll sich selbst ehren *und sich des Höchsten würdig achten.* Von der Größe und Macht des Geistes kann er nicht groß genug denken; das verschlossene Wesen des Universums *hat keine Kraft in sich*, welche dem Mute des Erkennens Widerstand leisten könnte; es muß sich vor ihm auftun und seinen Reichtum und seine Tiefen ihm vor Augen legen und zum Genusse bringen.« (10, 404)

Den Mut zu fassen, ist das eine – angesichts der Probleme den Mut nicht sinken zu lassen, das andere. Denn deren Umfänge sind in der Philosophie nicht gering. Eines hat der Biologe und Kybernetiker Gregory Bateson prägnant beschrieben: »Manchmal – in den Wissenschaften oft, in der Kunst immer – weiß man über die Probleme erst nach ihrer Lösung Bescheid.« Also ganz gleich, wie man die Philosophie einschätzt, ob als Wissenschaft oder Kunst, man verstrickt sich von Anfang an in Probleme, die man erst im Verlauf ihrer Diskussion zu verstehen lernt. Die Philosophie kann nicht und schon gar nicht zu Anfang mit fertigen und feststehenden Ergebnissen aufwarten. Das erfordert Geduld, aber auch »Vertrauen und Glauben zu sich selbst«.

Ein anderer viel zitierter Grund, den Mut zu verlieren, besteht in der unübersehbaren Vielzahl und Verschiedenheit der Philosophien. Eine jede behauptet von sich, in der Jagd nach der Wahrheit erfolgreich zu sein, sie erlegen und erledigen zu können. – Wie aber ist friedliche Koexistenz in der Jagd nach der Wahrheit dann möglich? Ist die Wahrheit überhaupt ein Besitz, und wenn ja, woher nimmt sie ihre Bestandsgarantie? Ist sie einfach da, wie die vielbeschworenen Fakten? Also dem Gemachten (da *facere* machen heißt)? Wie kann angesichts der unübersichtlichen Lage überhaupt ein Alleinvertretungsanspruch auf das eigene Philosophieren erhoben werden? Wird durch die Relativität und Beliebigkeit ihrer Ansichten nicht auch der Anspruch, *eine* Philosophie und darüber hinaus, eine *Wissenschaft* zu sein, ad absurdum geführt? »Die Wissenschaft der Philosophie hat aber das Unterscheidende, wenn man will den Nachteil gegen die anderen Wissenschaften, daß sogleich über ihren Begriff, über das, was sie leisten solle und könne, die verschiedensten Ansichten stattfinden.« (18, 16)

(1) *Einen Anfang machen.* Hegel deutet zwei Antworten an, die erst im weiteren Verlauf der Erörterung eingelöst werden. »Wenn es verschiedene Begriffe von der Wissenschaft der Philosophie gibt, so setzt zugleich der *wahrhafte Begriff* [Hervorh. G. G.] allein in Stand, die Werke der Philosophen zu *verstehen*, welche im Sinne desselben gearbeitet haben. Denn bei Gedanken, besonders bei spekulativen, heißt Verstehen [...] etwas anderes als nur den grammatischen Sinn der Worte fassen und sie [...] nur bis in die Region des Vorstellens aufzunehmen.«

Eine erweiterte, die spekulative Denkungsart scheint notwendig zu sein, um sowohl den Gesamtzusammenhang der Sätze als auch ihre Tiefenstruktur, ihre grundlegenden Gesetzmäßigkeiten, zuletzt auch ihre Einbettung in die Zeit, verstehen zu können. *Spekulativ* ist ein Denken, dem es gelingt, in entgegengesetzten Behauptungen ihre Einheit, eine innere Zusammengehörigkeit zu fassen.

> »Es fehlt [...] nicht an bändereichen, wenn man will gelehrten Geschichten der Philosophie, welchen die Erkenntnis des Stoffes selbst, mit welchem sie sich so viel zu tun gemacht haben, abgeht. Die Verfasser [...] lassen sich mit Tieren vergleichen, welche alle Töne einer Musik mit durchgehört haben, an deren Sinn aber das Eine, die Harmonie dieser Töne, nicht gekommen ist. [...] In der Tat aber, wenn der Begriff der Philosophie auf eine nicht willkürliche, sondern wissenschaftliche Weise festgestellt werden soll, so wird eine solche Abhandlung die Wissenschaft der Philosophie selbst; denn bei dieser Wissenschaft ist dies das Eigentümliche, daß ihr Begriff

> nur scheinbar den Anfang macht und nur die ganze Abhandlung dieser Wissenschaft der Erweis, ja, kann man sagen, selbst das Finden ihres Begriffes und dieser wesentlich ein Resultat derselben ist.« (18, 17 f.)

Einerseits müssen wir, wenn wir Philosophie verstehen wollen, ihren »wahrhaften Begriff« voraussetzen – erst von ihm aus erschließt sich, dass Philosophie nicht eine Sammlung beliebiger Ansichten oder eine blühende Summe von Weltweisheiten ist. Andererseits ist es nicht möglich, den ausgeführten Begriff bereits zu Anfang in Anschlag zu bringen – er muss erst ermittelt werden, wir haben ihn noch nicht. Nur seine schrittweise »Entwicklung« [Erklärung] führt zu ihrem wahrhaften, d. h. inhaltlich umfassenden wie methodisch gesicherten Begriff. Wir sehen uns darauf verwiesen, diesen *Zirkel des Verstehens* (zunächst) in Kauf nehmen zu müssen – freilich mit dem Versprechen, dem richtigen Begriff bei seiner weiteren, Schritt für Schritt demonstrierten Gewinnung zusehen zu können.

Zwei Nebeneffekte indes sollten erwähnt werden, einer in der *Sache*, der andere bezüglich der *Methode*. Denn mit der Einsicht in den mit dem Zirkel des Verstehens verbundenen »wahrhaften Begriff« sind wir unversehens in ein, wenn nicht *das* Gravitationsfeld des Philosophierens geraten. Wir haben philosophisch zu denken begonnen, ohne (zunächst) weitere Gedanken an den wahren Anfang des Philosophierens verschwenden zu müssen. Eine Einführung in die Philosophie und ihren wahren Begriff scheint zu entfallen.

Mit dem Zweifel, dem Stellen der Frage, womit denn der Anfang des Philosophierens gemacht werden muss, haben wir bereits begonnen, uns auf diesem einzigartigen Minenfeld namens Philosophie zu bewegen. Das betrifft besonders die Philosophie der neueren Zeit. Andere Zeitalter scheinen sich ihrer Antwort sicherer gewesen zu sein. Hegel konstatiert in seiner *Wissenschaft der Logik* eine grundsätzlich »moderne Verlegenheit um den Anfang«, auch darin, dass aller Anfang in ein undurchdringliches Dunkel gehüllt sei und keine Fantasie dort hineinreiche. Bedenken aber müsse man, dass man mit dem Anfang, den man macht, immer schon angefangen habe. Man greife stets auf Voraussetzungen zurück, die einen wirklichen Neuanfang bei Null und Nichts zweifelhaft machen. Man lebt immer von etwas, für das andere den Boden bereitet, es uns gegeben, geborgt oder geschenkt haben. Hegel nennt Descartes, der den Anfang im »ich denke, ich bin« gesucht und endlich gefunden zu haben glaubte, amüsiert und bewusst doppeldeutig den »Anfänger der Philosophie«. Gescheiter wäre es gewesen, die Voraussetzungen des »cogito sum« zu analysieren, sie liegen schon in der Annahme, den denkbar kürzesten Abstand zwischen Sein und Selbst intuitiv erfassen zu können. Anfänger, Insichgänger, Grillenfänger, könnten die spöttelnden Stichworte lauten, mit denen Hegels Kritik diese Bemühungen bedenkt: einen *archimedischen Punkt* zu finden, von dem aus die Welt bewegt werden könnte, weil in ihm Sein und Denken zusammenfallen.

Wir halten inne und bemerken, dass, wann immer wir nach dem Anfang der Philosophie fragen, wir bereits begonnen haben, zu philosophieren –, aufgrund von Kräften oder Voraussetzungen, die uns im Augenblick der Frage nicht durchsichtig sind. Wir stoßen auf eine kognitive Tätigkeit, die im höchsten Grade verwirrend ist. Es ist, als würde man das Gefühl nicht los, auf Probleme zu stoßen, die (a) gelöst werden müssen (um etwas *von Grund auf* zu verstehen) und (b) jedermann/jedefrau etwas angehen. Man muss eine besondere Schwäche, ein *Faible* für sie haben und ahnt doch, mit einem allgemeinen, der menschlichen Existenz inhärenten Anspruch verbunden, wenn nicht konfrontiert zu sein. Genau das ist die Philosophie. Sie scheint von Anfang an in dieses wahrlich produktive Zwielicht getaucht, aus ihm gibt es kein Entkommen.

Es führt uns – eher beiläufig – aber auch den großen Gegenspieler der Philosophie, den *Eskapismus* in seinen drei maßlosen und übermächtigen Gestalten vor Augen: den *Positivismus*, dem gleichermaßen der *Indifferentismus* und der *Zynismus* entspringen. Aber *nicht* zu sehen, wie sehr diese drei sinisteren Gestalten Fleisch vom Fleisch der Philosophie sind, wäre keine schlechte Definition für erbauliches Denken. *Eskapismus* bedeutet, zu fliehen vor allem, was man nicht sehen will, *Positivismus* ist die blinde Anerkennung des bloß Gegebenen als richtig, *Indifferentismus* die Gleichgültigkeit, das Schulterzucken gegenüber allem Skandalösen, was es gibt, und *Zynismus*: auch das gutzuheißen, was man selbst zutiefst verachtet oder, mit dem, was unverschämt ist, bewusst zu verletzen. Das Alphabet des Lebens bzw. des Geistes ist daher das: von A wie Anfang bis Z wie Zynismus.

Die Frage nach dem Anfang verstrickt uns sofort in zwei weitere Turbulenzen. Anfang ist immer der Anfang von *etwas* – der Erde, dem Rad, der Treppe, dem Tod und dem Teufel sowie den leidlich verbesserten Tieren: den Menschen. Vor wie viel hunderttausend Jahren betrat der *homo sapiens* die Erde? Um mit dieser Frage nach dem *historischen* Anfang sogleich auf die nach dem *systematischen*, d. i. dem *begrifflichen* Anfang zu stoßen: *Was* ist der Mensch? Welche Eigenschaften sind für dieses trübsinnige Lebewesen, das sich kämmt, charakteristisch? Im Unterschied zum Tier? Zum Computer? Zu den Flugwesen göttlicher Botschaften? Erst wenn wir wissen, worum es sich beim Wesen des Menschen handelt, können wir nach seinen Spuren und Zeugnissen in der datierbaren Geschichte suchen.

Die Frage nach dem Anfang der Philosophie hat auch nicht nur die *theoretische* Seite, womit denn der Anfang der Wissenschaft gemacht werden soll. Grundlegender noch ist die *praktische* Frage, was uns denn die »moderne Verlegenheit um den Anfang« in moralisch und politisch-praktischer Hinsicht sagt. Also danach, welche Bedeutung die *Freiheit* (unseres Denkens und Handelns) hat. Kant hatte die Freiheit ausgerechnet dadurch definiert, einen Anfang machen zu können. Aber bevor wir mit Hegel auf diese alles entscheidende Frage – besonders im zweiten, dritten und vierten Teil unseres Essays – einsteigen, müssen weitere Unterscheidungen getroffen werden, um überhaupt auf die Reflexionshöhe dieser Frage zu gelangen.

(2) *Keine Galerie der Meinungen. Über den Mangel der ersten Bildung.* Aufschlussreich ist die gewöhnliche Ansicht von Philosophie auch darin, es mit einem »Vorrat an philosophischen Meinungen« zu tun zu haben, die man – gleich einer Sammlung von Gedanken und Geschichten – vor sich hertragen und nacherzählen könne. Hegel stört es besonders, dass selbst Philosophen diesem (Miss-)Verständnis erliegen und so die Sache der Philosophie zu »müßiger Neugierde« degradieren. Aber dies sei bloß das »Interesse der Gelehrsamkeit […] eine Menge unnützer Sachen zu wissen, d. h. solcher, die sonst keinen Gehalt und kein Interesse in ihnen selbst haben als dies, die Kenntnis derselben zu haben. […] Wenn die […] Philosophie nur eine Galerie von Meinungen – obzwar über Gott, über das Wesen

der natürlichen und geistigen Dinge – aufstellte, so würde sie eine sehr überflüssige und langweilige Wissenschaft sein«.
Man verscherbelte die Philosophie an einen auf soziale Distinktions- und Reputationsgewinne zeitgeistgeilen Gemischtwarenhandel. Dieser aber ist das Geschäftsmodell frei flottierender Meinungsbildung, wie sie uns heute auf jeder Seite entgegenschlägt.

»Eine Meinung ist eine subjektive Vorstellung, ein beliebiger Gedanke, eine Einbildung, die ich so oder so und ein anderer anders haben kann; – eine Meinung ist mein, sie ist nicht ein in sich allgemeiner, an und für sich seiender Gedanke. Die Philosophie aber enthält keine Meinungen; es gibt keine philosophischen Meinungen.« Philosophisches Wissen ist allgemeiner Natur, es zielt als wissenschaftliches immer auf (die) Allgemeinheit, auf das allgemeine Interesse und den Wahrheitsgehalt von Aussagen, denen sich schwer widersprechen lässt. Was damit zu tun hat, dass sich die Philosophie vor allem für die das Wissen und Handeln prägende *Form* interessiert.

»Man hört einem Menschen – und wenn es auch selbst ein Geschichtsschreiber der Philosophie wäre – sogleich den Mangel der ersten Bildung an, wenn er von philosophischen Meinungen spricht. Die Philosophie ist objektive Wissenschaft der Wahrheit, Wissenschaft ihrer Notwendigkeit, begreifendes Erkennen, – kein Meinen und kein Ausspinnen von Meinungen.« (18, 29 f.) Heute besteht der Mangel der ersten Bildung in der Rede von »Menschenbildern« oder »Fakten« oder »Selbstbestimmung«, wenn man das Erste und das Beste für sich meint.

Vom Drängen der Gedanken. Der Gegenstand der Philosophie sind *Gedanken*, freilich nicht beliebige (das sind Meinungen, Vorstellungen, Einbildungen, Ahnungen, Analogien, Erzählungen), sondern den Wesenskern der Sache treffende Gedanken: »an und für sich seiende«, wie Hegel sie nennt. Und selbst die bergen Gefahren, wenn die *Begriffe*, die sie fassen könnten, fehlen. Erst Begriffe bringen die Gedanken zur Geltung und auf den Punkt.

Daher ist es in der Philosophie »nicht [...] so sehr um *Gedanken* zu tun. Wir haben deren genug, gute und schlechte, schöne und kühne. Sondern um *Begriffe*.« Warum? Weil man bei Gedanken glaubt, dass sie »unmittelbar *durch sich selbst* geltend zu machen sind

[…], Begriffe dagegen begreiflich gemacht werden sollen«. Das Problem der Gedanken ist, dass sie dem, der sie hat, allzu schnell und bereitwillig einleuchten – und man es dabei, ohne weitere Prüfung, bewenden lässt.

Begriffe machen es einem nicht so einfach, sie müssen Gedanken durchdringen. Erst in der Durchdringung der Gedanken mit Begriffen entsteht Wissen. Denken bleibt blöde und uninformativ, wenn es nicht in Begriffen geschieht. Und das verlangt eine nicht geringe Disziplin. Die Disziplin im Denken heißt Logik. *Vorstellungen* sind Vorstufen begrifflichen Denkens, sie können als »Metaphern der Gedanken und Begriffe« angesehen werden. Vorstellungen sind Hybride aus sinnlichen (bildlichen) und geistigen (begrifflichen) Materialien. *Metaphern* wiederum sind kurzgeschlossene Vergleiche (13, 517) – wie in der Rede vom »handeln« (mit der Hand) oder der von der »Pandemie des Autoritarismus« (mit der Seuche) oder dem »Löwen als König der Tiere« (mit dem, was stark und majestätisch ist).

Gedanken sind im besten Fall begrifflich unbearbeitete Rohdiamanten. Erst ihre Durchdringung mit Begriffen (geistigen Werkzeugen) zeigt ihren tatsächlichen Wert. Dabei entstehen Aufarbeitungskosten, die sich noch dadurch erhöhen, dass die begriffliche Bearbeitung der Gedanken nach einem sprachlichen Ausdruck, d. h. ihrer zeichenhaften *Darstellung* verlangt. Sie verläuft nicht in allem der grammatischen Ordnung der Begriffe parallel, asynchron ist nicht selten. Diese doppelte Überbrückungsleistung kostet Kraft – und Zeit sowieso. Hegel kürzt diese vermittelnden Gedanken aus seiner Rede, einem »Aphorismus« aus seinem »Wastebook« (1803–1806), heraus, wenn er fortfährt, dadurch erhalte »die Form der Schreibart eine Änderung, eine vielleicht peinliche Anstrengung erforderndes Aussehen, wie bei Plato, Aristoteles« (2, 557 f.), wohlgemerkt, – bei ihm selbst aber auch.

Begriffe müssen – wie Wörter oder andere sprachliche Zeichen – über *ihre* Zusammenhänge ausdifferenziert werden, eine unendlich mühsame Angelegenheit. Hegels Verständnis von Philosophie wurde sprichwörtlich: Philosophisch zu denken bedeute, sich der »Anstrengung des Begriffs« zu unterziehen. Dass man sich damit schwer tut, führt nicht selten zu einer mehr als verkrampften Art der Darstellung. Anders bei Meinungen, sie sind so billig und flüchtig wie das Zeitungspapier, auf dem sie stehen. Sie reden wie der »faselige Augenblicksverstand« (Nietzsche) so vor sich hin. Ihr großes Manko ist das Fehlen einer aufschlussreichen *Idee*. Ohne die spekulative *Idee* wäre die Philosophie »nichts anderes als nur eine Erzählung zufälliger Meinungen« (11,36).

Die *Meinung* hat in der Philosophie seit alters her eine schlechte Presse, vor allem seit Plato ihr – der *doxa* – die Leviten gelesen hat. Hegel kommt in seinem umfangreichen Werk immer wieder auf die für die Philosophie zentrale Unterscheidung von Begreifen, Wissen und Meinen zurück. Sie dreht sich zentral um die Achse *Wahrheit* und *Meinung*: »Wahrheit ist es, vor der die Meinung erbleicht.« (18, 30) Dieser Unterschied ums Ganze ist auch für unsere Studie von eminenter Bedeutung. Sie ist ein Leitfaden zum Verständnis seines Werks, bringt sie sich doch an entscheidenden Schnittstellen seiner Argumentation in Erinnerung. Sie bildet nicht nur den Einstieg in eines seiner interessantesten Bücher – die *Phänomenologie des Geistes*. Das erste Kapitel trägt den seltsamen Titel: *Die sinnliche Gewißheit oder das Diese und das Meinen*. Sie findet sich auch im Ausgang der *Grundlinien der Philosophie des Rechts*, an der Stelle, an der es um die für die moderne Welt so zentrale Institution der *öffentlichen Meinung* geht. Der Genuss ihrer Kostproben ist unser tägliches Brot. Jedesmal kommt ein für die Philosophie wie für die Welt grundlegender Konflikt zum Vorschein.

»Das, was der Meinung gegenübersteht, ist die Wahrheit. […] Wahrheit […] ist auch das Wort, bei dem die den Kopf abwenden, welche nur Meinungen in der Geschichte der Philosophie suchen […].« Die Geschichte des vornehmen wie billigen Nasenrümpfens ist lang, wenn einer auch nur das Wort in den Mund nimmt. Seine Hände in Unschuld waschend, ist *Pontius Pilatus* in der langen Reihe skeptischen Naserümpfens sicher nicht der Erste, der sich auf diese coole, aber unrühmliche Weise rühmt: Was heißt schon Wahrheit? Wer weiß schon, was Wahrheit ist?

(3) *Der Mut der Wahrheit*. Für Hegel in seiner – seit der Aufklärung – durch die Religionskritik unendlich befeuerten Zeit ist es »ein Antagonismus von zweierlei Seiten, welchen die Philosophie hier erfährt. Einerseits erklärt die Frömmigkeit bekanntlich die Ver-

nunft oder das Denken für unfähig, das Wahre zu erkennen; im Gegenteil führe die Vernunft nur auf den Abgrund des Zweifels, […] auf Vernunft und Selbstdenken müsse [daher, G. G.] Verzicht getan« werden. »Dagegen ist es andererseits [im Protestantismus, G. G.] ebenso bekannt, daß die sogenannte Vernunft sich geltend gemacht, den Glauben aus Autorität zu verwerfen.« Verpflichtend für mich sei allein »die eigene Einsicht, die eigene Überzeugung«. Aber »diese Behauptung des Rechts der Vernunft [ist] dahin umgeschlagen, […] daß die Vernunft nichts Wahres erkennen könne.« (18, 31)

Das Resultat ist, dass einerseits »die sogenannte Vernunft« den religiösen Glauben, den Offenbarungsglauben »im Namen und kraft der denkenden Vernunft« bekämpft, um sich andererseits gegen die Vernunft zu kehren und zu behaupten, es sei zuletzt doch bloß »innere Ahnung, das Gefühl«, auf das man sich besinnen und verlassen müsse. Argumentiert man aber auf diese Weise, dann macht man das *Subjektive* zum alleinigen Maßstab dessen, was wahr sein soll. Geltung beanspruchen kann dann nur die eigene Überzeugung oder, wie es heute heißt, die eigene *Spiritualität*; diese aber bestehe zuletzt darin, wie sie »jeder in seiner Subjektivität mit sich selber ausmache«.

»Solche eigene Überzeugung ist nichts anderes als die Meinung, [sie] ist [dann] in der Tat das Letzte, absolut Wesentliche, was die Vernunft, [die] Philosophie zur Erkenntnis […] nach der Seite der Subjektivität« fordert. Aber es macht einen großen »Unterschied, ob die Überzeugung auf Gefühlen, Ahnungen, Anschauungen […], auf subjektiven Gründen […] beruht oder auf dem Gedanken«, ob sie also »aus der Einsicht in den Begriff und die Natur der Sache hervorgeht.« (18, 32)

Hegel schließt seine Überlegungen zu Meinung und Wahrheit mit einem Appell: »Ich appelliere hierbei vorläufig an das alte Vorurteil, daß im Wissen Wahrheit sei, daß man aber vom Wahren nur insofern wisse, als man nachdenke, nicht so, wie man gehe und stehe; daß die Wahrheit nicht erkannt werde im unmittelbaren Wahrnehmen, Anschauen, weder in der äußerlich sinnlichen noch in der intellektuellen Anschauung (denn jede Anschauung ist als Anschauung sinnlich), sondern nur durch die Mühe des Denkens.«

(18, 33) Die Wahrheit fällt uns also nicht in den Schoß. Es bedarf schon einiger Anstrengung, sich nicht durch den Augenschein blenden zu lassen und sich der sozialen oder religiösen oder politischen Autorität zu erwehren, die sich penetrant erbietet, für jede Lebenslage die passende Meinung zu haben. Hegel nennt diese Bemühung *Nachdenken*, die aber, wie er in seiner Antrittsvorlesung in Berlin erklärt, nur durch »fortdauernde Gewöhnung mit dem Wesentlichen« gelingen kann. Man muss regelmäßig üben, dann verbessert sich auch das Verstehen. Dieses ist nämlich nicht nur ein kognitives Geschehen, sondern auch eine (kulturelle) Praxis, ja in seiner Wiederholung ein rituelles Handeln, das auch eine körperliche, beinahe mechanisch zu verstehende Seite hat.

Es ist überdies eine gut beglaubigte Tatsache, dass es verschiedene Philosophien gibt, die Wahrheit hingegen nur *eine* ist. Hegel nennt dies ein »unüberwindliches Gefühl«, er spricht sogar vom »Instinkt der Vernunft«. Selbst die Alltagsintuition teilt diese Auffassung, wenn sie die Wahrheit wie die Freiheit für unteilbar hält. »Also kann auch nur eine Philosophie die wahre sein; und weil sie so verschieden sind«, schließt das gewöhnliche Bewusstsein in Hegels Vorlesung weiter, können

> »die übrigen nur Irrtümer sein; [denn, G. G.] jene *eine* zu sein, versichert, begründet, beweist eine jede von sich.
> Was […] näher über diese Reflexion zu sagen ist, wäre […] zunächst dies, daß, so verschieden die Philosophien wären, sie doch dies Gemeinschaftliche hätten, Philosophie zu sein. Wer also irgendeine Philosophie studierte oder innehätte […], hätte damit doch Philosophie inne. Jenes Ausreden und Räsonnement, das sich an die bloße Verschiedenheit […] hält und aus Ekel oder Bangigkeit vor der Besonderheit, in der ein Allgemeines wirklich ist, nicht diese Allgemeinheit ergreifen oder anerkennen will, [kann man, G. G.] mit einem Kranken vergleichen, dem der Arzt Obst zu essen anrät und dem man Kirschen oder Pflaumen oder Trauben vorsetzt, der aber in einer Pedanterie des Verstandes nicht zugreift, weil keine dieser Früchte Obst sei, sondern die eine Kirschen, die andere Pflaumen oder Trauben.«

Mit diesem Vergleich gibt sich Hegel naturgemäß nicht zufrieden, er kehrt den Spieß um. Für uns *en passant* eine gute Gelegenheit, sich einiger *basics* unseres Denkens und Sprechens zu erinnern. Ein

Allgemeines (Obst) kann seine *unanschauliche* Wirklichkeit nicht anders kundtun, als sich unter der Gestalt des *Besonderen* (Früchte; Kirschen, Trauben) erkennen zu geben. Obst überhaupt gibt es nicht, es *besondert* sich in Früchten, aber auch die gibt es nicht; essen können wir zuletzt nur die *einzelne* Frucht, genauer *die* Pflaume, bei der uns, wenn es schlecht läuft, ein Zacken aus der Krone bricht. Und auch sie, die *einzelne* Frucht, die nicht entkernte Pflaume, ist für unser Denken ein *Allgemeines*, für unser Handeln (»essen«) freilich die Kontaktaufnahme mit einer Wirklichkeit, die *da* ist, die als einzelne *existiert*, aber nur Kraft der allgemeinen Rahmung (Formatierung) der Begriffe, die unser Realitätsverständnis fest im Griff hat. An dieser Wirklichkeit, die es *gibt*, die *da* ist, beißen sich die, die nur ein erkenntnistheoretisches Interesse an der Wirklichkeit nehmen, die Zähne aus, wenn sie nicht begreifen, dass und wie alles Erkennen über das Handeln und das Begreifen des Handelns verläuft. Für das durch das Denken unerreichbare Individuelle/Einzelne (die Pflaume zu einem bestimmten Zeitpunkt mit diesem besonderen Pflaumengeschmack in meinem Mund) hatte die Tradition das Schlagwort: *individuum est ineffabile*. – Anlass für diesen Exkurs ist Hegels obige, geradezu typische Redewendung »aus der Bangigkeit vor der Besonderheit, in der ein Allgemeines wirklich ist«.

Nun zurück: »Es kommt wesentlich darauf an, noch eine tiefere Einsicht [...] zu haben, was es mit dieser Verschiedenheit der philosophischen Systeme für eine Bewandtnis habe. Die philosophische Erkenntnis dessen, was Wahrheit und Philosophie ist, läßt diese Verschiedenheit selbst [...] noch in einem ganz anderen Sinne erkennen als nach dem abstrakten Gegensatze von Wahrheit und Irrtum. [...] Wir müssen dies begreiflich machen, daß diese Mannigfaltigkeit der vielen Philosophien nicht nur der Philosophie selbst – der Möglichkeit der Philosophie – keinen Eintrag tut, sondern daß sie zur Existenz der Wissenschaft der Philosophie schlechterdings notwendig ist [...].

Bei dieser Betrachtung gehen wir freilich davon aus, daß die Philosophie das Ziel habe, die Wahrheit denkend, begreifend zu erfassen, nicht dies zu erkennen, daß nichts zu erkennen sei.«

Hegel glaubt das Provozierende seines Gedankens – von der *einen wahren* Philosophie – durch den Begriff der »Entwicklung«

auffangen zu können. Das Leben des Geistes besteht in seiner »Entwicklung« – und zwar in einem *zeitlichen* wie *begrifflichen*, d. i. sachlichen und logischen Sinn. Es besteht in seiner historischen und vernünftigen Realisierung. Und zwar auf allen Ebenen, auf denen das Leben des Geistes stattfindet – im sozialen und politischen Leben so gut wie dem biologischen. *Leben* ist *Bewegtsein*, es *breitet sich aus*, es legt sich auseinander, es kennt aber auch begriffliche *Stufen* und *Stadien* einer Weiter- und Höherentwicklung. Darüber hinaus ist in »der Bewegung des denkenden Geistes […] wesentlich Zusammenhang«, sie ist *nicht blind*, man kann sie auf vernünftige Weise (re)konstruieren. »Mit diesem Glauben […] müssen wir […] an die (Geschichte der) Philosophie gehen.« (die letzen Zitate: 18, 36–38)

Kurz, das Wahre der *einen* Philosophie liegt im Begriff der logischen wie historischen Entwicklung, d. i. der *Vermittlung* von gleichermaßen die Einheit und die Unterschiede betonenden Systemen der Philosophie. Sie ist nicht, was Philosophiehistoriker leicht aus ihr machen: eine Galerie feststehender Lehrmeinungen (Neoplatonismus, Empirismus, Rationalismus, Relativismus, Agnostizismus, Liberalismus, Feminismus, Postmodernismus usf.), die sich beim gebildeten Publikum schnell in Dogmen, in feste Ansichten von der Welt des Denkens verfangen. Es sind im besten Fall abkürzende, der Vorverständigung dienende Redeweisen; Griffe, an denen man sich für kurze Zeit festhalten kann. Das Denken in Standpunkten und Positionen hat Hegel verworfen, er hat es gehasst, weil es gegen die Natur, d. i. die Moral des Denkens verstößt. Sie besteht – seit Kant – in der Selbstkritik der Vernunft. Keine Philosophie kann dahinter zurück.

In der Philosophie geht es um Denken, um »lebendiges Denken«, das Orte und Zeiten, Vorläuferschaften und ferne Aussichten ebenso kennt wie ihre Texte und zahllosen Kontexte. Ihre Themen sind Gedanken, näher, durch Begriffe bestimmte Gedanken. Diese kennen wir meist mittels der Sätze, in die wir sie kleiden. Sätze lassen sich nur verstehen im Verweis auf andere Sätze, getragen und geordnet durch Begriffe, ihre Zusammensetzung (= Urteile) und Schlüsse, die wir aus der Verbindung oder der Konfrontation unterschiedlicher Urteile ziehen. Das Wissen um Begriffs- und Urteilsbildung sowie Schlussverfahren war traditionell das Thema der Logik. Sätze antworten in der Regel nicht nur auf andere Sätze, sie bilden sich in der Dialektik des Denkens über Gegensätze. Wenig ist einhellig. Das bringt eine Dramatik ins Spiel (»lebendig«), die sich zwangsläufig steigert, wenn bestimmte Sätze als *Grundsätze* ausgezeichnet werden und also für das Leben und Denken der Menschen besondere Bedeutung gewinnen. Grundsätze (Prinzipien) sind *allseits* ausgezeichnete Sätze, ihr Begründungsbedarf ist entsprechend hoch.

Allgemein, die »Bewegung des denkenden Geistes« ist ein Chor unterschiedlicher Stimmen und Philosophie selbst eine vielstimmige Unternehmung, die sich nicht unabhängig von den jeweils epochal konstituierten Wissenssystemen begreifen lässt. Die Philosophie antwortet immer auf Problemlagen der jeweiligen Zeit. Für Hegel birgt die Vielzahl der Stimmen aber eine (bestimmte) »Form«, der man bei genauer Analyse der Gedanken, speziell der favorisierten Ideen samt ihres Gebrauchs, auf die Spur kommen kann. (Die) Vernunft zeigt sich im Dialog der Stimmen und Zeiten – vor allem in der Möglichkeit, sich unvoreingenommen auf die *anderen einzulassen*. Das heißt aber, sich mit ihnen *zusammen-* und *auseinander*zusetzen. Darin kann man ein erstes, noch vorläufiges Verständnis von Dialektik sehen: Es handelt sich um Gedanken (und ihre Vertreter/Repräsentanten), die, wenn sie sich zusammensetzen, in *ein und derselben Hinsicht* auseinandersetzen. Es geht nicht anders, es verhält sich zwangsläufig so: Das *Zusammen*setzen ist notwendig ein *Auseinander*setzen. Räumlich, zeitlich, sachlich und sozial. Sie bedingen sich gegenseitig. Was sie trennt, eint sie. Hegel spricht gar von einer *sich selbst zersetzenden Mitte*. Das ist die Mitte, die wehtut, keine Fiktion wie in der Rede von der politischen Mitte. In ihr nistet der »Schmerz des Negativen« über den Selbstverlust, den man (jedesmalig) durch das Denken erleidet, wenn man sich mit den anderen zusammen-, d. i. auseinandersetzt. Fast reflexhaft wappnet man sich dagegen. Wie zum Beispiel?

Man gibt *der* Wahl den Vorzug, die *keine* ist: die (in einem komplizierten Leben) die Qual der Wahl negiert (ausschließt); die es gestattet, sich in *eine* Identität zu flüchten, von der man glaubt, sie sei die beste, sie passe am besten zum Eigenen. Man wählt *die* Wahl, *nicht* wählen zu müssen: ›Ich will mich der komplexen Gemengelage unterschiedlicher Denk- und Lebensweisen nicht stellen‹, ›Ich will keine Erfahrungen machen, die meinem Selbst- und Weltbild widersprechen‹. Man nimmt diese Haltung selten bewusst ein, handelt aber regelmäßig nach ihr.

Es ist diese Art insgeheimer Identitätspolitik – im Denken wie im Handeln, in der Philosophie wie in der sozialen Praxis – die Hegels Philosophie durchgängig ins Visier nimmt. Sören Kierkegaard (1813–1855), ein Schüler und Kritiker Hegels, hat diese Wahl zweiter Ordnung, die (Qual der) Wahl wählen zu müssen, zur ersten und ausgezeichneten Bedingung der menschlichen Existenz und ihrer Freiheit gemacht. Als mit Vernunft begabtem Lebewesen hat man keine Wahl, außer eben der, diese (in sich reflektierte) Wahl als permanenten Einstieg in ein Leben in Freiheit zu wählen. In der *Rechtsphilosophie* verhandelt Hegel dieses Thema unter dem (verklausulierten) Begriff des freien Willens, der den freien Willen will.

(4) *Grundbegriffe, erste Annäherung.* Entwicklung (Forts.), Vernunft, Verstand, Wille, abstrakt, konkret, Unterschied, Einheit, Idee, Ansichsein, Fürsichsein, Freiheit, Form, Inhalt.

In der *Phänomenologie des Geistes* gibt es einen kurzen und knappen Satz, der wie ein Aphorismus aussieht, aber das Programm *in nuce* enthält, das Hegel in allen Einzelheiten seiner Philosophie auszuführen bemüht ist: »Das Bekannte überhaupt ist darum, weil es *bekannt* ist, nicht *erkannt.*« (3, 35) In dem Text, auf den wir unsere Annäherung an die leitenden Begriffe der Dialektik stützen – die *Vorlesungen über die Geschichte der Philosophie* – heißt es entsprechend: »Es ist aber das Eigentümliche der Philosophie, das zu untersuchen, was man sonst für bekannt hält. Was man unbesehen [...] gebraucht, womit man sich im Leben herumhilft, ist gerade das Unbekannte, wenn man nicht philosophisch gebildet ist.« (18, 39)

Anders gesagt, was die philosophische Unternehmung mehr als alles andere fasziniert, ist die Bekanntschaft mit Gedanken, die uns vertraut sind, von denen wir aber nicht wissen, dass wir sie wissen. Es scheint, dass sich diese Gedanken auf eine offensichtlich geschickte Weise an dem, was wir wissen, zu verbergen wissen und es einige Mühe des Nachdenkens kostet, sie zu Bewusstsein zu bringen. Mit dem gehörigen Ernst eines Augenzwinkerns empfiehlt Hegel deshalb, seine »Logik« »siebenundsiebzigmal durchzuarbeiten« (5, 33). Es verhält sich wie mit unserer Muttersprache, in ihr können wir uns mühelos mit anderen verständigen. Dazu brauchen wir die Regeln der Grammatik, denen wir folgen, nicht explizit zu kennen. Wir stützen unsere Rede vorbewusst auf grammatische Formen, auf gleichsam unsichtbare Geländer, denen entlang sich unsere Gedanken entwickeln. Das Nämliche gilt für unser Denken und seine Bewegung in Begriffen. Wir sprechen daher auch von seiner Grammatik: von der Philosophie als einer Art kognitiver Rückabwicklung der unsere Gedanken steuernden Regeln – dem *Erinnern.* Diese geheimnisvollste aller Fähigkeiten ist für die Philosophie und ihr Selbstverständnis – seit ihren Anfängen in vorsokratischer Zeit – von eminenter Bedeutung.

Hegel spitzt die Vorstellung vom Bekannten, das nicht leicht erkannt werden kann, weiter zu. Im Bekannten steckt etwas, womit man absolut nicht gelernt hat zu rechnen: Es stellt die Dinge auf den Kopf, es muss aber unbedingt beachtet werden, um die Dinge in ihrer ganzen Tragweite – in Vorder- und Rückseite – wirklich zu verstehen. Davor scheuen wir in der Regel wie der Teufel vorm Weihwasser zurück. Es ist die Rückseite, die Kehrseite der Dinge, die uns nicht selten den Spaß verderben. Sie bringen das scheinbar Offensichtliche, die bekannte Vorderseite in Misskredit. Man sagt, dass es *nicht* so sei, wie gedacht oder auf den ersten Blick erscheine. Unsere Sprache gebraucht (das) »nicht«, die Verneinung, offenbar nicht nur, um etwas (anderes) in Abrede zu stellen, sondern auch, um mittels des In-Abrede-Gestellten das Eigentliche, das Positive, das Richtige usf. zu betonen, ohne es sogleich benennen zu können.

Im Erinnern spielt (das) *»nicht mehr«*, also das *Vergangen*sein, eine große Rolle. Es verweist zugleich auf (die) Präsenz, auf die Gegenwart unseres Denkens, die das Vergangene, also das, was *nicht* ist, zu präsentieren oder zu vergegenwärtigen versucht.

Wie wenige andere Philosophen interessiert sich Hegel für die Verneinung, für das »nicht«, für die »Macht des Negativen« im philosophischen *Denken* wie in der *Welt.* Das »nicht« ist ihm überhaupt das Salz in der Suppe unseres Denkens, oder anders, der Vorstellung näher: Hegel kann sich Ordnung *nicht* ohne Unordnung; Moral *nicht* ohne Heuchelei; das Pochen für das Wohl der Menschheit, das er das *Gesetz des Herzens* nennt, *nicht* ohne eine gehörige, ja wahnhafte Portion des Eigendünkels (der Selbstgerechtigkeit, Überheblichkeit, Dummheit) denken. Aber es reicht ihm nicht, diese Betrachtungen im Stile von Lebens- oder Weltweisheiten zu präsentieren, philosophisch wird es erst, wenn sie in entsprechenden Situationen und Geschichten *en detail* wie *im Zusammenhang* (= konkret) gezeigt werden können. Sie sollten sich auch *nicht* widersprechen.

In der Dialektik geht es darum, unsere Gedanken bewusst zu machen und zu begreifen, wie die tiefergelegten Formen (Schemata) unser Denken und Handeln leiten, d. i. sie einerseits bestimmen, festlegen, um ihnen andererseits aber auch ein unbestimmtes Feld, die Basis des Geistes für weiterführende Gedanken zu bereiten. Sie tun beides in einem. Sie *determinieren* unsere Gedanken, sie *inspirieren* sie aber auch. Die Formen legen sie fest, in ihren Bahnen zu denken, sie ermöglichen aber auch, sich kritisch mit ihnen auseinanderzusetzen. Hegel benutzt an einigen Stellen das ungewöhnliche Wort »begeisten«, wobei das Begeistern und das Inspirierende, der *ésprit*, ebenso mitschwingt wie die unheimliche Präsenz eines Gespenstigen und Geisterhaften, die der tätige Geist, von dem Hegel auch als »wackerem Maulwurf« spricht, in Recht und Moral, in den politischen Verfassungen und kulturellen Traditionen hinterlassen hat.

»Geist« ist das Kürzel für diese materielle (verkörperte) wie immaterielle (begriffliche, symbolische, ideelle) Bewegung, aber auch für das Gespenstische, das ihn umweht. Geist heißt auch *Gespenst*. Und das aus gutem Grund. Weil Geist qua *Reflexion* (als Selbst- und Fremdbezug) nicht bloßer Spiegel (*speculum*), nicht bloß sinnlich sichtbares Abbild ist, sondern – wie Schelling ungleich stärker als Hegel herausstellt – »die intellektuelle Welt mit Chimären [erfüllt], gegen welche, weil sie jenseits aller Vernunft liegen, selbst kein Krieg möglich ist«.

Reflexion kann ebenso erhellend wie fadenscheinig sein. Das Inspirierende, das Spontane, das Spekulative, das intellektuell Befeuernde und kreativ Machende steht immer auch im Begriff, weit übers realistische Ziel hinaus, ins Kraut des bloß *Spektakulären* zu schießen. »Das Selbst ist Reflexion, und die Phantasie ist Reflexion, ist Wiedergabe des Selbst, welche die Möglichkeit des Selbst ist. Die Phantasie ist die Möglichkeit der Reflexion, und die Intensität dieses

Mediums ist die Möglichkeit der Intensität des Selbst« wird es kurze Zeit später – in Nachwirkung der Lektüre von Hegel, Schelling und Fichte – bei Sören Kierkegaard heißen.

Woher kommen dieser Geist und das Denken, inklusive des Zwielichts, das er über die Welt und sich selbst so gespenstisch wie rätselhaft verbreitet, auf dessen Licht auch die Philosophie setzt – sowohl als *Medium* und *Mittel* ihres Denkens als auch als *Thema* ihrer Analyse? Wie bewegt und verhält sich das spekulative (begriffliche) Denken zwischen dem Spekulum und dem Spektakel, in dem die (moderne) Welt mit ihren selbsterzeugten Spiegelfechtereien zu versinken droht? Hegel ist der Auffassung, dass man dieses Dunkel schwierigster Fragen nicht mit einem Schlag durchdringen kann. Man muss ein Verständnis der Lichtwege, seiner Brechungen und Längen *entwickeln*, ohne eine Gewissheit vorab, das Rätsel endgültig zu lösen. Hegel verdeutlicht das Problem an einem prominenten Beispiel. Es führt sogleich ins Herz dieser Finsternis.

> »Um zu fassen, was Entwickeln ist, müssen zweierlei […] Zustände unterschieden werden. Der eine ist das, was als Anlage, Vermögen, das Ansichsein, wie ich es nenne (*potentia*, *dýnamis*), bekannt ist. Die zweite Bestimmung ist das Fürsichsein, die Wirklichkeit (*actus*, *enérgeia*). Wir sagen, der Mensch ist vernünftig, hat Vernunft von Natur; so hat er sie nur in der Anlage […]. Der Mensch hat Vernunft, Verstand, Phantasie, Wille, wie er geboren […]. Das Kind ist auch ein Mensch, es hat aber nur das Vermögen, die reale Möglichkeit der Vernunft; es ist so gut, als hätte es [als Kind, G. G.] keine Vernunft, sie existiert noch nicht an ihm; es vermag noch nichts Vernünftiges zu tun, hat kein vernünftiges Bewußtsein. Erst indem [das], was der Mensch so an sich ist, für ihn wird, also die Vernunft für sich, hat dann der Mensch Wirklichkeit nach irgendeiner Seite, – ist wirklich vernünftig […].«

Kant hatte an vergleichbarer Stelle vom *animal rationabile*, dem zur Vernunft begabten, befähigten Menschen und dem *animal rationale*, dem vernünftigen Menschen gesprochen. Hegel baut darauf, dass dieser Weg wegen der *Bildsamkeit* dieses Wesens – Hegel spricht von seiner »plastischen Totalität« – im Leben eines jeden Individuums wieder und wieder begangen werden muss. Vernunft setzt Teilhabe am sozialen Leben voraus, in dem man zur Vernunft kommt. ›Zur Vernunft‹ kann man nur kommen. Zu glauben, man könne sie kapern, sich auf ihr niederlassen, sie als Aufenthaltsort für die eigene Meinung benutzen, wäre verfehlt, es wäre ein guter Indikator für Unvernunft.

> »Was heißt dies näher? Was an sich ist, muß dem Menschen zum Gegenstand werden, zum Bewußtsein kommen; so wird es für den Menschen. Was ihm Gegenstand, ist dasselbe, was er an sich ist; und so wird der Mensch erst für sich selbst, ist verdoppelt, ist erhalten, [dennoch ist der Mensch, G. G.] nicht ein Anderer geworden. […] Der Mensch, der *an sich* vernünftig ist, ist [in seiner Entwicklung, seinem Leben, G. G.] nicht weitergekommen, wenn er [nicht auch, G. G.] *für sich* vernünftig ist. *Das Ansich erhält sich, und doch ist der Unterschied ganz ungeheuer.* [Hervorheb., G. G.] Es kommt kein neuer Inhalt heraus; doch ist diese *Form* [des »für sich«, G. G.] ein ungeheurer Unterschied.«

Die »Bewegung des denkenden Geistes« besteht, wie angedeutet, im Machen von Unterschieden, es ist seine ganz ausgezeichnete Tätigkeit. Hegel spricht auch in diesem Sinn von »Entwickeln«, da geht es weniger um Wachstum oder Reifung im natürlichen oder biopsychologischen Sinn. Das Verständnis einer Sache liegt nicht einfach vor. Um es zu erlangen, muss es über die für die Sache substanziellen (wesentlichen, entscheidenden, grundlegenden, bedeutsamen) Unterscheidungen »entwickelt« werden. Man muss es zeigen, demonstrieren, explizieren, d. i. Schritt für Schritt »auseinanderlegen«, wie Hegel sagt, worum es sich bei der Sache handelt, zunächst nach dem, was die Gattung, den *genus* (Lebewesen), dann die spezifische *Differenz* (vernünftig) betrifft.

Die wesentlichen Unterschiede zu machen, hilft, die Sache klar und deutlich *darzustellen*. Ein Verständnis von etwas zu entwickeln heißt, die Sache über ihre grundlegenden Unterscheidungen kennenzulernen und sie in ihren entscheidenden Bestimmungen zu spiegeln (= reflektieren und substanziieren). Unterschiede sind daher etwas, die etwas *klarmachen*, theoretisch im Sinne des *Verdeutlichens*, wie praktisch beim *Treffen von Absprachen*.

Zwei Kräfte indes sind an dieser exzellenten philosophischen Tätigkeit, dem *Verdeutlichen*, dem »clare et distincte« beteiligt. Sie beziehen sich auf ein Netz mit doppeltem Boden. Verdeutlichen heißt, sowohl *deuten* als auch *vereindeutigen*, also gedankliche Tätigkeiten auszuführen, die sich nicht nur auf recht unterschiedliche Kräfte und Regularien stützen, sie sind in der Regel auch schwer miteinander in Übereinstimmung zu bringen. Zielt die eine auf Überblick und Synthese, auf den die Einheit des Gegenstandes (*ein* Bild, *ein* Thema, *ein* Subjekt, *eine* Erklärung) stiftenden Sinn, so die andere auf Detailierung und Analyse. Die Deutung schießt zielsicher über das Ziel, d. i. die fundierte Erkenntnis der Sache hinaus. Das Vereindeutigen verliert sich zuletzt im Dickicht immer fein- und scharfsinnigerer Unterscheidungen, wenn die Kraft des Vereinheitlichens (= die Deutung) fehlt, es sieht den Wald vor lauter Bäumen nicht mehr. »Worte stimmen ja nie ganz – je präziser sie sich gebärden, umso weniger«, heißt es ganz analog bei Arthur Schnitzler. Leicht zu sehen, dass beide gedanklichen Operationen notwendig aufeinander verwiesen sind, auch oder gerade, weil sie sich in dem, was sie tun, widersprechen.

Beide Forschungsansätze sind *notwendig*, vertreten aber ganz unterschiedliche – konträre – Interessen, sie zielen in entgegengesetzte Richtungen. Ihre Einheit finden sie nur, indem sie sich auf die Anspannung, die zwischen ihnen herrscht, einlassen. *Informativ* werden sie *nur* im kritischen Verkehr miteinander. Berückenderweise liegt in genau dieser Ver-rücktheit die für die Philosophie einzigartige Attraktivität. Kant hat in seiner Definition von Philosophie als »abgemessener Deutlichkeit« ihr ein unübertroffenes Denkmal gesetzt[2] und zugleich die hohe Kunst betont, die im Verdeutlichen liegt, wenn er in der Vorrede zur ersten Auflage der *Kritik der reinen Vernunft* schreibt, dass »manches Buch viel deutlicher geworden [wäre, G. G.], wenn es nicht gar so deutlich hätte werden sollen«. Hegel benutzt für diese Tätigkeit regelmäßig auch den nicht weniger mehrdeutigen Begriff des »Bestimmens«. »Bestimmte Negation« ist gleichsam der Inbegriff seiner Methode. Der Begriff einer Sache wird über die Unterschiede, die ihn tragen, entfaltet oder, wie Hegel auch sagt, expliziert.[3] Er wird über Satz und Gegensatz, über Gegen-Sätze ausgetragen.

> »Auf diesen Unterschied kommt der ganze Unterschied in der Weltgeschichte an. Die Menschen sind alle vernünftig; das Formelle dieser Vernünftigkeit ist, daß der Mensch frei ist; dies ist seine Natur. Doch ist

> bei vielen Völkern Sklaverei gewesen und ist zum Teil noch vorhanden, und die Völker sind damit zufrieden. Der einzige Unterschied zwischen den afrikanischen und asiatischen Völkern und den Griechen, Römern und der modernen Zeit ist nur, daß diese wissen, es für sie ist, daß sie frei sind.«

Sie haben nicht nur das Bewusstsein erreicht, dass sie potenziell, also der Anlage nach frei sind, sie haben auch – weil die Geschichte ins Spiel kommt und einen Fortschritt beinhaltet – eine Realität in Form von Institutionen wie die Meinungsfreiheit und das Recht auf sie geschaffen, welche die Freiheit im Umgang der Menschen untereinander, aber auch mit Blick auf die Regierung garantiert. »Jene [Völker der vormodernen Welt, G. G.] sind es auch [frei], aber sie wissen es nicht, sie existieren nicht als frei. Dies macht die ungeheure Änderung des Zustandes aus. Alles Erkennen, Lernen, Wissenschaft, selbst Handeln beabsichtigt weiter nichts, als das, was innerlich, an sich ist, aus sich herauszuziehen und sich gegenständlich zu werden.«

Freiheit ist also nicht nur eine bloße Idee, die weit entfernt im Ideenhimmel Platons oder als eingeborene Idee in unseren Köpfen herumgeistert. Sie hat im Verlauf der Zeit, d. i. der neueren Geschichte eine äußere, gesellschaftliche und politische Realität gewonnen und ragt in besonderer Weise heraus. Sie hat sich unter die Realgeschichte und die Geschichte(n), die wir über sie erzählen, geschaltet und sich in einer Reihe von mächtigen politischen Institutionen niedergeschlagen. Ihr ist es gelungen, sich in den gesellschaftlichen Verhältnissen, in denen wir leben, einzurichten, oder, wie auch gesagt wird, zu *verkörpern*. Noch immer sprechen wir von den Körperschaften des öffentlichen Rechts. Das Gericht ist das Gerichtsgebäude (aus Backstein, Beton oder Glas) *und* der Ort des Rechts (der Rechtsordnung als dem Gesamt der Gesetze) *sowie* der Rechtsprechung, dem praktizierten Recht. Geist ist in allen, geformter Materie, sozialer Realität und symbolischem Manifest.

Die Idee der Freiheit hat im gesatzten Recht eine ihrer stärksten Stützen, sie ist – mit der Gleichheit – der grandiose Grundsatz- und Gebrauchsartikel des modernen Lebens. Man kann sich auf die Freiheitsrechte, die jedem zustehen, berufen. Hegel kann sich den Geist oder die tonangebenden Ideen wie Freiheit und Gerechtigkeit nicht vorstellen, wenn sie sich nicht auch im öffentlichen Gebrauch »manifestiert« hätten. Mittlerweile gehören die Ideen der Freiheit, Gleichheit und einer gemeinsam entwickelten Verantwortung zum *Establishment* einer allgemein anerkannten gesellschaftlichen und politischen Praxis, um die aber oder gerade wegen ihres »Wie«-Etabliertseins, heftig gestritten wird.

Philosophisch entscheidend ist der Gedanke – die Freiheit hat Fühlung mit der historischen Zeit, die wir in Jahreszahlen und Epochen zu kleiden gewohnt sind, aufgenommen. Sie wird näher definiert durch die *Aufgaben*, die die jeweilige Zeit sich gesellschaftlich und politisch, wirtschaftlich und kulturell zu lösen gestellt hat. Der Idee der Freiheit ist irgendwie die Überbrückung zur Realität gelungen. Sie ist Wirklichkeit geworden, sie entfaltet ihre »geistige« Wirksamkeit in Form von staatlichen Gesetzen und sozialen Gepflogenheiten.[4] Sie gehört auch zu dem auf den politischen Liberalismus und Besitzindividualismus getrimmten Habitus des modernen (westlichen) Menschen. Idee und Wirklichkeit sind eins, auch wenn wir gewohnt sind, sie laufend zu trennen. Nichts ist (uns) so wahr wie gewiss als dieser Umstand. Idee und Wirklichkeit, Vernunft und Geschichte, Gedanke und Welt stehen sich nicht (mehr) unvermittelt oder fremd gegenüber. Sie leben aus oder von ein und derselben Substanz. Das Notwendige der Freiheit hat sich beim Zufälligen der historischen Zeit untergehakt. Die Zeitlosigkeit der grundlegenden Ideen stellt sich als je mit der Zeit und ihren historischen Kontingenzen vermittelt heraus.

Kurz, für Hegel ist es außerordentlich wichtig, das Vernünftige nicht ohne die nähere Charakteristik der Freiheit denken zu können. Vernunft ohne Freiheit, Freiheit ohne Vernunft kann es nicht geben. Von Vernunft zu reden, ohne dass »frei« die allgemeine und notwendige Bestimmung ist, wäre Nonsens, es wäre wie eine Rede vom Kreis, der nicht »rund« zu sein brauchte: Es wäre ein »hölzernes Eisen«, ein Widerspruch in sich. Hegel sieht in diesem Verständnis von *vernünftiger Freiheit* die entscheidende Errungenschaft der *modernen Welt*, inklusive der *Philosophie*, die sich um das rechte Verständnis dieses Sachverhalts bemüht; die einerseits dieser Welt im Aufstieg des *per se* freien Individuums entsprungen ist, um ihrerseits den leitenden Gedanken dieser Welt auf den Begriff zu bringen.

Verhältnisse vernünftiger Freiheit einzurichten, ist für uns *Aufgabe* und *Maßgabe* zugleich. – Ob freilich diese Unterstellung einer vernünftigen Freiheit nur die Macht und Arroganz der westlichen Welt spiegelt und alle anderen Völker, Kulturen, Religionen, Ethnien, die nicht von dieser Erfahrung des liberalistischen, individualistischen und wissenschaflich-technischen »Fortschritts« durchdrungen sind, abwertet –, diese Frage gehört bis heute ins Repertoire jeder Hegel-kritischen Betrachtung.

Hegel versucht mit einem Beispiel, das leicht mehr Verwirrung als Aufklärung stiftet, das formale Verhältnis von *Ansichsein* und *Fürsichsein* weiter zu klären.

> »In die Existenz treten ist Veränderung und in demselben eins und dasselbe bleiben. Das Ansich regiert den Verlauf. Die Pflanze verliert sich nicht in bloße ungemessene Veränderung. So im Keim der Pflanze. Es ist dem Keime nichts anzusehen. Er hat den Trieb, sich zu entwickeln; er kann es nicht aushalten, nur an sich zu sein. […] Der Trieb setzt in die Existenz heraus. Es kommt vielfaches hervor; das ist aber alles im Keime schon enthalten, freilich nicht entwickelt, sondern eingehüllt und ideell. Die Vollendung dieses Heraussetzens tritt ein, es setzt sich ein Ziel. Das höchste Außersichkommen, das vorherbestimmte Ende ist die Frucht, d. h. die Hervorbringung des Keims, die Rückkehr zum ersten Zustande. Der Keim will sich selbst hervorbringen, zu sich selbst zurückkehren. Was darin ist, wird auseinandergesetzt und nimmt sich dann wieder in die Einheit zurück, wovon es ausgegangen. Bei den natürlichen Dingen ist es freilich der Fall, daß das Subjekt, was angefangen hat, und das Existierende, welches den Schluß macht – Frucht, Samen –, zweierlei Individuen sind. Die Verdoppelung hat das scheinbare Resultat, in zwei Individuen zu zerfallen; dem Inhalte nach sind sie dasselbe. Ebenso im animalischen Leben: Eltern und Kinder sind verschiedene Individuen, obgleich von derselben Natur.
> Im Geiste ist es anders. Er ist Bewußtsein, frei, darum, daß in ihm Anfang und Ende zusammenfällt.« (die letzten Zitate: 18, 39 ff.)

Der Geist entwickelt sich *nicht* wie eine Pflanze aus sich heraus, in deren genetischem Programm alle Informationen für die weitere Entwicklung, ihr Wachstum, ihre Blüte und Frucht enthalten ist. Auch wenn das immer wieder behauptet wird. *Im Geist ist es anders.* Die Entwicklung des Menschen, der Geschöpfe und Schöpfer des Geistes ist *nicht* in der Weise der Natur im Vorhinein festgelegt. Freiheit und Vernunft bilden seine »zweite Natur«, sie überstrahlt die erste – im andauernden Zwielicht. Seine »Entwicklung« besteht nicht aus einem organanalogen Reifungs-, sondern einem *soziomoralischen* Lernprozess, dessen Zielkorridore Selbstthematisierung, Selbsterkenntnis und Selbstbestimmung sind. Sie entfaltet sich wesentlich über die durch Zeit und Raum, Kasten und Klassen, Gemeinschaften und Gesellschaften, Ethnien und Völker bedingte Interaktion mit anderen Menschen, die uns über Erziehung und Bildung, Sprache und Mitgefühl, Wissenschaft und Technik ins Leben verhelfen; beginnend mit der Geburt, die selbst eine gestufte (phasische) und gemischte (bio-psycho-soziale) Geschichte hat. Möglich ist das, weil »Bildsamkeit«, wie Fichte sagt, die eigentliche Bestimmung dieser »endlichen«, aber dennoch »vernünftigen Naturen« ist.

(5) *Im Geist ist es anders.* Der lebendige Geist kennt offensichtlich ganz eigene Entwicklungspfade und -gesetze. Ihnen werden wir in weiteren Kapiteln nachgehen. Seine »Natur« oder das Milieu, in dem er sich bewegt, und die Vehikel, die er zum Bestehen seiner Abenteuer nutzt, sind vorrangig solche, für die das Frei- und Vernünftig-Sein – im Denken wie im Handeln – eine bedeutende, das ist *aufklärende* und *aufklärungskritische* Rolle spielen. Hegel nennt den Geist auch den »Werkmeister« einer »Arbeit von Jahrtausenden […], dessen denkende Natur es ist, das, *was er ist*, zu seinem Bewusstsein zu bringen und, indem dies so Gegenstand geworden, [hat er sich, G. G.] zugleich schon darüber erhoben und [ist] eine höhere Stufe in sich« (8, 58). Diese »höhere Stufe in sich« ist die der Selbstreflexion und, wenn dazu befähigt, des Selbstbewusstseins. Geist ist nicht nur der Geist oder die Intelligenz des einzelnen Menschen, sondern auch das, was uns mit allen anderen vergleichbaren Wesen einer sozialen Schicht oder Klasse, einer Gesellschaft oder eines Staats und seiner Repräsentanten verbindet. Geist ist verteilte Intelligenz – über Arbeit und Interaktion, Handel und Wandel organisiertes Bewusstsein. Im »Werkmeister« spielen die vielen, unterschiedlich denkenden, fühlenden und handelnden Naturen zusammen. Im Verlauf der Neuzeit, könnte man sagen, wandelt sich freilich der Werkmeister zum Weltmeister – ein großer Schritt. Die Werkmeisterei begibt sich auf den Weg zur Weltmeisterschaft –

Geist im empathischen Sinn wird zum Weltgeist. Man ahnt, welche Verwicklungen das mit anderen Teilen der Welt heraufbeschwören wird, die das über »frei« und »vernünftig« definierte Ich- und Welt-Sein in unserem Sinn nicht kennen.

Von der wetterwendischen Intelligenz der Gefühle. Im Zusammenhang von subjektiver Meinung und Religion, von Bildung und Humanität war am Rande auch vom Gefühl die Rede. Es könnte der Eindruck entstehen, die Philosophie vernachlässige das Gefühl, sie interessiere sich allein für das Denken, maximal für das Handeln. Sie übergehe die Anschauung, das Begehren, das Sinnliche, die Fantasie, überhaupt die Emotion und vieles mehr, das aber doch auch zum Menschen zähle. Sie setze das Denken, das Nachdenken, das begreifende Denken oder Erkennen absolut, mindestens an die erste Stelle. Das ist nicht ganz falsch. Aber es ist schwer, der Philosophie in diesem Punkt zu widersprechen. Ihr Begriff von Geist, Intelligenz und Denken ist freilich nicht so einfältig wie das, was heute meist unter ihn fällt. Sie hat etwas anderes im Sinn.

Sie verwandelt bzw. übersetzt, wie Hegel treffend sagt, Gefühle in Gedanken, sie schlägt sie nicht aus oder in den Wind; sie will, wie von allem anderen, wissen, woran man mit ihnen ist: Wie man sie sich erklären, wie man sie notfalls auch bändigen, wenn nicht zivilisieren und kultivieren kann. Auch ihr *An-sich* entwickelt sich im Verlauf ihrer Sozialisationsgeschichte zu einem vielfach vermittelten *Für-uns*. Die Philosophie präsentiert sie und fragt aber auch, wie weit sie repräsentativ für ein gedeihliches Zusammenleben der Vielen sind, sie lässt sie nicht einfach – nur weil sie da sind – so durchgehen. Sie bringt sie, wenn nötig (und es ist nötig) auf den Begriff, um den Stellenwert abzuschätzen, den sie in unserem kommunikativen und argumentativen Leben spielen. Neben ihrer Übersetzung in Gedanken stellt sich der Philosophie die Aufgabe, sinnliche Eindrücke und Erlebnisse, Empfindungen und Einbildungen an den ihnen gebührenden Platz zu stellen –, freilich erst nachdem es das Spezifische ihrer Vermögen, ihre Stärken und Schwächen für das soziale Miteinander herausgearbeitet hat. Weder ist das bloße Vorkommen eines Gefühls schon ein Ausweis seiner Güte, noch ein Beleg seiner wahren Stärke, wenn es uns rasend macht oder die Plötzlichkeit seines Überfalls uns das Bewusstsein raubt. Allgemeine Aussagen über das Gefühl schließen auch die Gefühle ein, die, wie Angst oder Schrecken, selten ganz oben auf unserer Wunschliste stehen.

In bloßen Gefühlen bleiben wir an sie gebunden, wir sind nicht frei. Streng genommen wissen wir nicht mal von ihnen, bevor wir sie – aus einer gewissen, durch Erziehung und Bildung geprägten, Distanz – wahrgenommen und sie, wie vage auch immer, als dieses oder jenes im Unterschied zu anderen beschrieben und verstanden haben. Erst in der Distanz, die aus der Betrachtung und Erläuterung, dem Nachdenken und Vergleichen, entspringt, kommen sie uns als bestimmte (oder vorgestellte) zu Bewusstsein. Dann gelingt es vielleicht, sich ein Stück weit über sie zu verständigen und uns aus der unmittelbaren Abhängigkeit von ihnen zu lösen.

Dem philosophischen Denken geht es nicht in erster Linie um die schiere Existenz und die Stärke von Gefühlen, sondern eher um das *soziale Drama*, das aus ihrem Verkehr und den wechselnden Stellungen gegeneinander aus ihnen für uns und andere erwächst.

Für Hegels Philosophie ist das Ab- oder Wegrücken*können* von den Gefühlen gleichsam der Beginn unserer Menschwerdung, im onto- wie phylogenetischen Sinn. »Wenn es aber richtig ist (und es wird wohl richtig sein), daß der *Mensch* durchs Denken sich vom *Tiere* unterscheidet, so ist alles Menschliche dadurch und allein dadurch menschlich, daß es durch das Denken bewirkt wird.« (8, 42 f.) Das wertet die Gefühle und die Fantasie nicht ab, es verweist auf den Unterschied und Eigensinn der Kräfte, den es trotz allem zu wahren gilt. Erst das vielfach vermittelte Gefühl gibt dem Gefühlsleben eine pointiert humane Note. Ihr geformtes Verhalten mit Miene, Geste, Takt und Diplomatie, mit Abstandshaltern wie Spiel, Humor und Ironie ermöglicht ein zivilisiertes Miteinander in Gemeinschaft und Gesellschaft. Das spricht (a) nicht gegen die Ex- und Implosion von Gefühlen (»pure Emotion«), es besagt nur, dass ein Ex-statischsein kein gedeihlicher (verallgemeinerbarer) Dauerzustand ist. Es zeigt (b) den Geist in Bestform, gerade darin, wo er das mit Haken und Ösen versehene Zusammenspiel (»Ineinander«) von Gefühlen und Gedanken freizügig und mit Bedacht ihres Eigensinns im sozialen Leben zu managen versteht.

Die Menschwerdung betrifft indes nicht nur seine Biologie und Anthropologie, sie bestimmt auch seine soziale Existenz. Nur unter

Menschen wird der Mensch ein Mensch, hatte Fichte gesagt, unsere Natur liegt uns – von Natur aus – nur in *Andeutungen* vor. Sie betrifft in gleicher Weise seine kommunikative, über Freiheit, Gleichheit und Solidarität gebildete, d. i. seine zweite, im eigentlichen Sinn humane Natur.

> »Indem jener [der gesunde Menschenverstand, G. G.] sich auf das Gefühl, sein inwendiges Orakel, beruft, ist er gegen den, der nicht übereinstimmt, fertig; er muss erklären, daß er dem weiter nichts zu sagen habe, der nicht dasselbe in sich finde und fühle; – mit anderen Worten, er tritt die Wurzel der Humanität mit Füßen. Denn die Natur dieser ist, auf die Übereinkunft mit anderen zu dringen, und ihre Existenz nur in der zustande gebrachten Gemeinsamkeit der Bewußtsein[e]. Das Widermenschliche, das Tierische besteht darin, im Gefühle stehenzubleiben und nur durch dieses sich mitteilen zu können.« (3, 64 f.)

Es bringt die wetterwendische Intelligenz der Gefühle nicht wirklich zum Ausdruck.

Immer auf Achse. Hegel fasst die Grundstruktur oder besser, die Arbeitsweise des Geistes wie folgt zusammen. Er bedient sich, z. B. in der Rede vom *Beisichsein*, einer Sprache, die uns einerseits seltsam vertraut klingt. Sie beinhaltet anderenteils auch Momente, die unserem auf Psychologie und Biographie, Authentizität und Intimität versessenen Zeitalter zutiefst widerstreben: Sich im Beisichsein seiner selbst realistischerweise nur über die mühsame Auseinandersetzung mit *anderen* und *anderem* vergewissern und verwirklichen zu können. Die Anderen werden zu dem Weg, auf dem man sich selbst zu verstehen und zu verständigen lernt. Alle Vorstellungen, man könne sich selbst erkennen, indem man sich auf sich selbst konzentriert und gegen andere abschließt, sind irrig. Erst die Auseinandersetzung mit anderen, in der man sich offen und selbstkritisch aufs Spiel setzt, schafft die Möglichkeit der Selbsterkenntnis. Was natürlich leichter gesagt als getan ist. Aber diese Trivialität ist die Ausgangslage.

> »Dies Beisichsein des Geistes, dies Zusichselbstkommen desselben kann als sein höchstes, absolutes Ziel ausgesprochen werden. Nur dies will er, und nichts anderes. Alles, was im Himmel und auf Erden geschieht

[…], das Leben Gottes und alles, was zeitlich getan wird, strebt nur danach hin, daß der Geist sich erkenne, sich sich selber gegenständlich [zum Thema, G. G.] mache, sich finde, für sich selber werde, sich mit sich zusammenschließe. Er ist Verdoppelung, Entfremdung, aber […] um zu sich selbst kommen zu können. Nur dies ist Freiheit; frei ist, was [zuletzt, G. G.] nicht auf ein Anderes sich bezieht, nicht von ihm abhängig ist. Der Geist, indem er zu sich selbst kommt, erreicht dies, [ein] freier zu sein […]. Damit ist das Interesse der Idee, der Philosophie zugleich ausgesprochen.« (18, 41 f.)

(6) *Konkret, abstrakt. Von der Notwendigkeit und Freiheit, Unterschiede zu machen.*

»Es ist ein gewöhnliches Vorurteil, die philosophische Wissenschaft habe es nur mit Abstraktionen, leeren Allgemeinheiten zu tun; die Anschauung, unser empirisches Selbstbewußtsein, unser Selbstgefühl, das Gefühl des Lebens sei dagegen das in sich Konkrete, in sich Bestimmte […]. In der Tat steht die Philosophie im Gebiete des Gedankens« – der Gedanke ist der ausgezeichnete Gegenstand der Philosophie – »sie hat es damit mit Allgemeinheiten zu tun, ihr Inhalt ist abstrakt, aber nur der Form, dem Elemente nach [worin er sich bewegt, G. G.]; in sich selbst ist […] die Idee [der Gegenstand schlechthin der Philosophie, G. G.] wesentlich konkret, die Einheit von unterschiedenen Bestimmungen. Es ist hierin, daß sich die Vernunfterkenntnis von der bloßen Verstandeserkenntnis unterscheidet, und es ist das Geschäft des Philosophierens gegen den Verstand, zu zeigen, daß das Wahre, die Idee nicht in leeren Allgemeinheiten besteht, sondern in einem Allgemeinen, das in sich selbst das Besondere, das Bestimmte ist. Ist das Wahre abstrakt, so ist es unwahr. Die gesunde Menschenvernunft geht auf das Konkrete […] die Reflexion des Verstandes ist abstrakte Theorie, unwahr, nur im Kopfe richtig, – auch unter anderem nicht praktisch. Die Philosophie ist dem Abstrakten am feindlichsten, [sie] führt zum Konkreten zurück.« (18, 43) Für sie ist einzig das Konkrete das Wahre.

Konkret heißt, etwas steht im Zusammenhang mit anderem. *Abstrakt* bedeutet isoliert, zusammenhanglos, leer, nichtssagend. Was nicht im Zusammenhang steht, kann man nicht verstehen. Man kennt weder Motive und Gründe, die zu einer Tat oder einem Ereignis geführt haben. Fakten sind blind, nur ihr Verständnis macht sehend, ihr Begriff wissend.[5] Dazu gehört auch der (konkrete) Anlass oder die Situation, die an einer besonderen Raum-Zeit-Stelle zu einem bestimmten Handeln, einem Ereignis oder einer Entdeckung geführt haben. ›Konkret‹ heißt für Hegel in erster Linie nicht: anschaulich, gegenständlich, sinnlich, wie das Alltagsverständnis glaubt; vielmehr handelt es sich bei dem, was konkret ist, um das Bewusstsein, es mit einem Netz pragmatischer Beziehungen und Knoten zu tun zu haben. Denn das, was thematisch ist, muss über viele Vermittlungsschritte oder gedankliche Brücken erschlossen, dargestellt und beurteilt werden. Erst dann entwickelt sich sein Verständnis. Das Konkrete ist das Bestimmte oder das, was über die je gemachten Unterschiede beschrieben und begriffen wird. Das Wahre ist das Ganze aller auf ihre Bedeutung reflektierten Beziehungen.

Den Unterschied selbst kann man nicht beobachten, er ist kein Ding oder Ereignis, sondern ein Gedanke oder Begriff, den man per Anschauung nicht lokalisieren kann. Das Blatt Papier, auf das ich schreibe, unterscheidet sich vom Bleistift, den ich benutze. Papier und Bleistift sind mannigfach unterschieden. Aber wo liegen die Unterschiede, wenn ich den Stift auf das Papier lege? Auf dem Papier? Am Stift? Sie finden sich weder am Papier noch am Bleistift. Der Unterschied liegt auch nicht im Raum zwischen ihnen oder in der Zeit. Er liegt auch nicht allein in mir als »empirischem Selbstbewusstsein«, obwohl ich ihn mache. Der Unterschied ist ein Gedanke, der über weitere abstrakte Begriffe (wie Einheit) seine nähere Bestimmung erfährt. Nur der Gedanke kann Unterschiede machen, nur der Geist Werke produzieren (9, 512). Und genau daran nimmt die Philosophie als Wissenschaft das größte Interesse. Das Unbestimmte, Ungefähre, Undeutliche, Unbegriffene ist ihr ein Graus. Es fordert die Philosophie heraus, es nicht im Unklaren zu belassen, vor allem nicht im Blick auf die Erkenntnis der Idee, dem *Thema* schlechthin der Philosophie. Das Wahre ist das Konkrete, insofern es über die gemachten Unterschiede dargestellt (Netzwerk) und im Zusammenhang auf vernünftige Weise begriffen wird (Kraftwerk). Das Wahre ist das Ganze aller Beziehungen.

Vernunft und Verstand. Hegel trifft hinsichtlich der Arbeitsweise des Geistes (mit Kant) eine folgenschwere Entscheidung, er unterscheidet *Vernunft* und *Verstand*: Eine Erkenntnis der Vernunft, die die Idee(n) und ihre Selbstkritik zum Thema hat und eine des Verstandes, deren Hauptaufgabe in der *Reflexion*, d. h. dem Überblick und Ordnung schaffenden Gebrauch der Kategorien besteht. *Kategorien* sind Verstandesbegriffe oder für unser Weltbild grundlegende Unterschiede machende Hinsichtnahmen. Sie antworten auf Fragen: Ist etwas *möglich*, *wirklich* oder *notwendig* (Modalität) oder, ist etwas *eines*, *vieles* oder *alles* (Quantität)? Verstandesbegriffe sind die leitenden Angestellten des Geistes. Ihr Gebrauch demonstriert und fabriziert die »Einheit von Sein und Selbst«. Sie sagen, *wie* zu denken sei, sie sagen aber nichts über die Zielgrößen und -korridore, auf die hin die Orientierung des Geistes erfolgen soll. Kategorienfehler – Wunsch und Prognose zu verwechseln – macht man, über den Sachgehalt von Ideen streitet man.

Ideen oder Vernunftbegriffe sind da von ganz anderer Statur, sie sind die geschäftsführenden Direktoren des Geistes. Sie verströmen ein ganz anderes, weitaus mächtigeres *Pathos*: Ideen wie Wahrheit, Freiheit, Gerechtigkeit, Schönheit, Güte, Gott und Unsterblichkeit sind so etwas wie die Luft zum Atmen, sie werden auch mit dem Licht der Sonne in Verbindung gebracht. Sie sind weniger eingeborene Ideen denn großartige Grundsatz- und Bedarfsartikel des sozialen Verkehrs: Jeder braucht sie, keinem gehören sie; zwielichtig bis dorthinaus sind sie – und, nichts geht ohne sie. Die Leidenschaft, die sie entfesseln, steht dem, was sie an Einsicht und Umsicht, zuletzt auch an Rücksicht ermöglichen, in nichts nach. Ihr Witz und ihre Selbstwidersprüchlichkeit sind grenzenlos. Sie sind feiertags- und alltagstauglich in einem, von unschätzbarem Wert und stinken – als vorgeschützte – nicht eben selten zum Himmel. Ihr *Logos* stellt Fragen von erheblichem Wert, kurz, sie bilden die letzten Horizonte unserer Selbst- und Weltverständigung überhaupt – und es ist verdammt schwer, mit ihnen klarzukommen.

Diese zwielichtigen Gestalten werfen gleichwohl das einzige Licht in die Tunnel unserer Existenz. Ihre weltläufige Intelligenz kommt erst zum Vorschein, wenn man sie im Zusammenhang mit einem bestimmten Inhalt, d. h. mit einem historisch situierten Thema oder Gebrauch betrachtet. *Wir lernen sie erst über unseren Umgang mit ihnen kennen.* Die Umstände, in denen wir ihnen begegnen, klären uns über sie auf. Und das womöglich in jedem Zeitalter oder jeder mittelfristigen Perspektive neu. Man muss die Ideen in ihrer wechselseitigen »Entwicklung« – qua *geschichtlichem* Verlauf und *begrifflicher* Analyse – entfalten. In einer unvermittelten, die Umstände nicht berücksichtigenden Indienstnahme richten sie leicht Unheil an.

Heute in der Philosophie von Ideen zu reden, ist verpönt. Man glaubt ihre Probleme unter anderen Bezeichnungen besser thematisieren und therapieren zu können, man behandelt sie wie hässlichen Aussatz, es riecht nach Metaphysik, nicht nach Wissenschaft. Vornehm und seiner Rede unendlich gewiss handelt es sich im neueren Sprachgebrauch um *Theorien*. »Wahrheitstheorien« und »Theorien der Gerechtigkeit« sind in aller Munde und werden miteinander verglichen. Nicht ohne Grund hat eine *Theory of Justice* (John Rawls, 1921–2002) alle anderen Diskurse über Gerechtigkeit bzw. Fairness ins Hintertreffen gebracht. Im besten Fall ist vom »Begriff« der Gerechtigkeit die Rede. Beliebt ist auch die Rede von einem »Wert« – unter Rückgriff auf die dem Positivismus des 19. Jahrhunderts verfallene wissenschaftliche Unterscheidung von Werten und Tatsachen. Letztere ist eine des Verstandes, der klar und deutlich, aber eine Spur zu selbstsicher, zwischen diesen Dingen zu unterscheiden weiß. Unverdient hoch im Kurs steht (bei den Theoretikern) auch die Rede von »Narrativen«. Für den Philosophen ist das Denken wie für den Maulwurf das Graben. Auch beim Erzählen muss man denken, ansonsten läuft man Gefahr, sein Menschsein zu ruinieren.

Der Verstand *unterscheidet* – in Absprache mit der Erfahrung. »Die Tätigkeit des Scheidens ist die Kraft und Arbeit des *Verstandes*, der verwundersamsten und größten oder vielmehr der absoluten Macht.« (3, 36) Die Vernunft steht vor anderen Problemen, sie muss versuchen, die Sache rund zu machen, d. h. ihre diskursive Schließung hinzukriegen, um den Gedanken in seiner Entwicklung (Ableitung, Begründung, Darlegung, Explikation) vom Ansich zum Fürsich als *einen* in sich kohärenten durchsichtig zu machen, d. i. zu begreifen. Das geht nicht ohne innere Widersprüche, also nicht ohne Aussagen, die in sich selbst *anti-nomisch* (ein Gesetz [*nómos*, »Sitte, Ordnung, Rechtsvorschrift«] steht einem anderen Gesetz entgegen) verfasst sind.

Philosophie als Wissenschaft betreiben zu wollen, erhebt den Anspruch, auch in diesen fragwürdigen Dingen wie den Ideen sicheres Wissen erlangen zu können. Man kann Philosophie daher als Unternehmen ansehen, das an den Grenzen des Wissens angesiedelt ist und sich in fast allen Teilen damit beschäftigt, sich über die Wissensgrenzen und ihre Sicherung (mit Gründen) Klarheit zu verschaffen: genau zu bestimmen, bis wohin etwas legitimerweise gewusst werden kann. In diesen Grenzregionen gerät der Verstand, der ohne Beistand vonseiten der Erfahrung auskommen muss, in Schwierigkeiten.

> »Zur weiteren Erläuterung dieses Begriffs des Konkreten können wir nun zunächst sinnliche Dinge als Beispiele des Konkreten anführen. Obgleich die Blume vielfache Qualitäten hat, als Geruch, Geschmack, Gestalt, Farbe usf., so ist sie doch *eine*. Es darf nichts fehlen von diesen Qualitäten an diesem Blatte dieser Blume; jeder einzelne Teil des Blattes hat alle Eigenschaften, welche das ganze Blatt [hat]. Ebenso enthält das Gold in jedem seiner Punkte alle seine Qualitäten ungetrennt und ungeteilt. Beim Sinnlichen lassen wir dies gelten, daß solches Verschiedenes zusammen ist; aber beim Geistigen wird das Unterschiedene vornehmlich als entgegengesetzt gefaßt. Wir finden es nicht widersprechend […], daß Geruch und Geschmack der Blume, obgleich andere gegeneinander, dennoch schlechthin in Einem sind […]. Nur der Verstand, das verständige Denken findet Anderes als unverträglich nebeneinander. Die Materie z. B. ist zusammengesetzt, oder der Raum ist kontinuierlich und ununterbrochen; dann können wir ebenso Punkte im Raum annehmen. Die Materie ist zusammenhängend; man kann sie auch zerschlagen und so immer weiter ins Unendliche teilen; man sagt dann, die Materie bestehe aus Atomen, Punktualitäten, sei also nicht kontinuierlich. So hat man die beiden Bestimmungen, Kontinuität und Punktualität in-einem. Beide nimmt der Verstand als sich gegenseitig ausschließend: Entweder ist die Materie schlechthin kontinuierlich oder punktuell. Sie hat aber in der Tat beide Bestimmungen.«

Der Verstand unterscheidet, er grenzt entlang seiner Stammbegriffe Eigenschaften quantitativ oder qualitativ gegeneinander ab; er verliert aber darüber den Gesichtspunkt, wie sie denn zusammengehören, aus den Augen. Die Vernunft beugt sich über die Unterscheidungen, die der Verstand fast automatisch trifft. Der Verstand denkt zu statisch, Hegel spricht auch vom »tabellarischen Verstand«. Ihm fehlt die Beweglichkeit wie der auf »Synthese«, »Einheit«, »Zusammen« getrimmte Sinn der Vernunft und ihrer Frage, vor welchem geistigen Hintergrund denn die Unterscheidungen getroffen werden. Von ihr heißt es, sie sei »in sich rund«. Die Vernunft ist dynamisch in der Abwägung widerstreitender Ansprüche und versucht dennoch (gleichzeitig), die Sache rund zu kriegen. Denn nur so kann überhaupt von ihr, *der* Sache als *einer* und *ganzer*, wenngleich *widersprüchlicher* gesprochen werden. Nur so können auch die Gegensätze miteinander versöhnt werden. Hegel erläutert das an zwei Beispielen.

> »Oder wir sagen vom Menschen, er habe Freiheit; die andere Bestimmung ist die Notwendigkeit. ›Wenn der Geist frei ist, so ist er nicht der Notwendigkeit unterworfen‹; und *vice versa*: ›sein Wollen, Denken ist durch Notwendigkeit bestimmt, also nicht frei.‹ ›Eins‹, sagt man, ›schließt das andere aus.‹« So argumentiert das Verstandesdenken.
> »Hier nehmen wir die Unterschiede als sich ausschließend, als nicht ein Konkretes bildend. Das Wahre, der Geist ist konkret, und seine Bestimmungen Freiheit und Notwendigkeit [erst recht]. So ist die höhere Einsicht, daß der Geist in seiner Notwendigkeit frei ist und nur in ihr seine Freiheit findet, wie seine Notwendigkeit nur in seiner Freiheit ruht. Es wird uns hier schwerer, die Einheit zu setzen.«

Sie (die Einheit) besteht darin, das Bestimm- und das Unbestimmbare der Freiheit gleichermaßen im Blick zu behalten. Es ist, als stünde Hegel bass erstaunt vor dem Umstand, dass es womöglich zwischen dem Bestimmten und Unbestimmten keine höhere positive Einheit geben könnte, zumindest keine, die man mit einem neuen positiv bestimmten Begriff bezeichnen könnte; dass an dieser Stelle abgebrochen werden müsste: Es womöglich darum gehe, diese oder jene Bestimmtheit zu ergreifen oder den Abschluss der Analyse darin zu sehen, den Horizont auf eine neue, ungewöhnliche Weise für das Handeln zu lichten.

> »Es gibt nun auch Existenzen, die einseitig der Notwendigkeit angehören; das sind die natürlichen Dinge. Die Natur ist darum abstrakt, kommt nicht zur wahrhaften Existenz; – nicht daß das Abstrakte gar nicht existiere. Rot ist z. B. eine abstrakte sinnliche Vorstellung; und wenn das gewöhnliche Bewußtsein vom Roten spricht, meint es nicht, daß es mit Abstraktem zu tun habe. Aber eine Rose, die rot ist, ist ein konkretes Rot, an dem sich vielerlei so Abstraktes unterscheiden und isolieren läßt. Die Freiheit kann auch abstrakte Freiheit ohne Notwendigkeit sein; diese falsche Freiheit ist die Willkür, und sie ist eben damit

> das Gegenteil ihrer selber, die bewußtlose Gebundenheit, leere Meinung von Freiheit – bloß formelle Freiheit.«

Die Freiheit muss sich als notwendig erweisen. Ohne frei zu sein, gibt es für uns, auf der Höhe der modernen Welt, kein richtiges Denken, erst recht kein richtiges Leben im falschen.

Wichtig also, neben dem Gebrauch von *abstrakt* und *konkret* in den unterschiedlichen Kontexten auch den von Vernunft und Verstand, Freiheit und Notwendigkeit, Einheit und Unterschied als zentrale Achsen (Anliegen) der Dialektik im Auge zu behalten. Form und Inhalt/Materie (Methode und Thema), Prozess und Resultat kommen als weitere hinzu.

> »Die Frucht der Entwicklung ist ein Resultat der Bewegung. Insofern es aber nur Resultat einer Stufe ist, so ist es, als das Letzte dieser Stufe, dann zugleich der Anfangspunkt und das Erste einer anderen Entwicklungsstufe. Goethe sagt daher mit Recht irgendwo: ›Das Gebildete wird immer selbst wieder zu Stoff.‹ Die Materie, die gebildet ist, Form hat, ist wieder Materie für eine neue Form. Der Geist geht in sich und macht sich zum Gegenstande; und die Richtung seines Denkens darauf gibt ihm Form und Bestimmung des Gedankens. Diesen Begriff, in dem er sich erfaßt hat und der er ist, diese seine Bildung, dies sein Sein, von neuem von ihm abgetrennt, macht er sich wieder zum Objekte, wendet von neuem seine Tätigkeit darauf. So formiert dies Tun das vorher Formierte weiter, gibt ihm mehr Bestimmungen, macht es bestimmter in sich ausgebildeter und tiefer. Diese Bewegung ist als konkret eine Reihe von Entwicklungen, die nicht als gerade Linie ins abstrakt Unendliche hinaus, sondern als ein Kreis, als Rückkehr in sich selbst vorgestellt werden muß. Dieser Kreis hat zur Peripherie eine große Menge von Kreisen; das Ganze ist eine große, sich in sich zurückbeugende Folge von Entwicklungen.« (die letzten Zitate: 18, 43–46)

Hegel sinnt darauf, dass dieser Kreis sich schließt. Aber die Schließung kann nur im Sinn einer erweiterten, auf Vollendung drängenden Freiheit erfolgen. Der Drang, sich zu befreien, erlahmt nicht, er entsteht immer neu. Hegel hat gute, *vernünftige* wie *historische* Gründe, dass der Gedanke einer Freiheit – die notwendig ist, und einer Notwendigkeit, die frei macht – ohne Alternative ist. Von hier aus ist es nicht mehr weit, die Philosophie und zumal die Dialektik, als *begreifendes Denken* zu beschreiben, für das die Erkenntnis des Wahren in seiner »Entwicklung« liegt, also im Prozess der diskursiven (in sich stimmigen) Erörterung der Sache und ihrer (auf Sprache gestützten) Darstellung vonstattengeht. Für »Entwicklung« im Sinne des begrifflichen Denkens wäre wohl der lateinische Begriff der *explicatio* die richtige Wahl, den Hegel gleichbedeutend mit Entwicklung verwendet. *Demonstrieren* (*quod erat demonstrandum*) träfe – mit mehr Gewicht auf dem Anschaulichen – es auch nicht schlecht, besonders dann, wenn man seine weitere (soziale und politische) Bedeutung mitaktivierte, den in der Demonstration liegenden *Protest* gegen das scheinbar Offensichtliche, das gleichwohl das Unrichtige und Unrechte ist. Hegel selbst spricht von »Demonstration«, er bindet die »Tiefe des Geistes« daran, »sie lang und breit zu demonstrieren«, was heißt, »sich zu erklären« und, nicht weniger wichtig, »sich für sie einzusetzen«. Keine Demonstration ohne Einsatz für das Demonstrationsziel.

Wenn der renommierte zeitgenössische Philosoph Robert Brandom (geb. 1950) sein Hauptwerk unter den Titel: *Making it explicit* (Es explizit machen, es klar und deutlich sagen)[6] stellt, dann deckt er eine, nämlich die Philosophie und ihre Begriffe betreffende Seite von »Entwicklung« (einer schrittweisen Darstellung, Verdeutlichung, Beweisführung, Verständigung) sehr gut ab; die andere, die Welt betreffende, die auf die historische und soziokulturelle Entwicklung bezogene Bedeutungsstrategie aber weniger. Er blendet sie weitgehend aus. Aus einer falsch verstandenen Strenge schwächt er das – ganz im Sinne Hegels – Erhellende seiner Argumentation (im Sinne einer »normativen Pragmatik«) unnötig ab.

Überdies sollte auch nicht der Aspekt des *zeitlich gestuften* Verlaufs unterschlagen werden. Die Messlatte liegt aber noch höher. Verlangt wird nicht nur, die Sache über die sie erfassenden Momente *auseinanderzulegen*. Gefordert wird auch, der Gegenbewegung, dem »Gegenstoß« des Gedankens Beachtung zu schenken: Der Gedanke muss sich seines Verlaufs (und Vollzugs) *erinnern*. Er muss neben dem Auseinandernehmen (Dekonstruieren) auch dem Ineinanderfalten (dem Instruieren und Instituieren) der unterdessen veränderten (»herabgesetzten«) Momente Rechnung tragen, d. h. sie nicht nur sammeln und gleich Ausstellungsstücken (unverbunden) nebeneinander präsentieren. Es gilt die in ihrem Eigensinn ausdifferenzierten Elemente wieder in einer (neuen) Einheit: *einem* Gedanken, *einem* Sprachbild, *einer* Sache, *einem* Sujet zusammenzuführen. Die neue Ordnung der Stücke muss überdies der Leitidee gerecht werden, die das Arbeitsprogramm und das methodische Prozedere insgesamt regieren: in jedem Schritt größere Freiheitsgewinne zu erzielen.

Die schönste Überleitung zum nächsten Gedanken – eine erweiterte Erörterung der Ideen – schreibt Hegel selbst: »Nachdem ich auf diese Weise die Natur des Konkreten überhaupt erläutert [habe], so setze ich über seine Bedeutung nun hinzu, daß das Wahre, so in sich selbst bestimmt, den Trieb hat, sich zu entwickeln. Nur das Lebendige, das Geistige rührt sich in sich [...]. Die Idee ist so – konkret an sich und sich entwickelnd – [...] eine Totalität, welche einen Reichtum von Stufen und Momenten in sich enthält.«

(7) *Philosophie als Erkenntnis der Entwicklung des Konkreten. Ideen.* Das Wahre scheint demnach einen ganz eigenen Auftrieb zu besitzen, es will ans Licht kommen, es will konkret, d. i. handlungsmächtig werden, sich Stufe um Stufe entfalten. Woher könnte dieser Drang stammen, der, bei aller Skepsis gegenüber der Vernunft, selbst von ihren großen Verächtern, den Romantikern z. B., mit verhaltener Zustimmung bedacht wird?

Es könnte sein, dass für uns an allem, was ist, etwas anhaftet, das unerfüllt bleibt; etwas, das uns kränkt, dass wir uns partout mit dem, was irgend nicht richtig läuft, schwer abfinden, keinen Frieden schließen können. Es sitzt wie ein Stachel fest und in allem. Immer will etwas über das Bestehende, Festliegende, Geordnete und Alltägliche hinaus. Ein Grund könnte darin liegen, dass wir die Welt und uns selbst – ob wir wollen oder nicht – im Licht der Ideen begreifen. Sie sind ja, auch Kant zufolge, »das belebende Prinzip des Gemüths«. Zuletzt kann überhaupt nur das, was durch die Ideen bestimmt ist, als echte, wirkliche Erfahrung gelten.

Wir kommen mit ihnen zur Welt, aber nur über die, die sie uns einpflanzen. Mehr wissen wir nicht, wir kennen die pränatalen Lagerstätten nicht. Es genügt aber, sie überall im Gebrauch oder am Werk zu sehen, um ihnen und ihrer Grammatik nicht ausweichen zu können.

Der britische Philosoph, Logiker und Mathematiker Alfred N. Whitehead versteht jede Idee »als eine Prophezeiung, die an ihrer eigenen Erfüllung arbeitet«. Vermutlich, weil jede (große) Idee eine Kluft aufreißt, die auf der einen Seite darin besteht, eine allgemeine und notwendige *Sinnbedingung* unseres Denkens und Handelns zu sein, um sogleich auf der anderen Seite immer auch als *Norm*, als *Maß*, als *Korrekturmodus* in Erscheinung zu treten. Von »frei« oder »gerecht« zu sprechen, fädelt von Anfang an einen Riss in uns ein, in unsere Probleme, Projekte und Programme. Wir können in Verwendung von Prädikaten wie »frei« und »gerecht« unmöglich das Unfreie und Ungerechte, das dabei mit aufgerufen wird, nicht wahrhaben wollen, es begegnet uns auf Schritt und Tritt. Wir nehmen es sehr genau wahr, sowohl bei uns selbst und mehr noch bei den anderen. So dumm oder stumm kann niemand sich stellen, das nicht zu sehen, auch wenn in der Ausbildung von Dummstellreflexen jede Menge ungeahnter Möglichkeiten liegen. Unser Sinn für Ungerechtigkeit ist weit besser ausgebildet als der für Gerechtigkeit.

Ideen wie Freiheit und Gerechtigkeit sind *grundlegend* für unser Selbst- und Weltverständnis, auch für die sozialen Systeme, in denen wir leben – sie bilden die Basis des sozialen Verkehrs. Gleichzeitig nutzen wir Prädikate wie »frei« und »gerecht« auch ständig als Maßstab, mit denen wir ein Urteil, eine Handlung, ein politisches Regime beurteilen. In ihrem kritischen Bezug fordern sie wie selbstverständlich auch ihre Verwirklichung heraus. Wann immer man sich auf sie bezieht oder beruft, fällt der Ruf nach ihnen auf uns selbst und ihre Nutzer zurück, man sieht sich – unaufgefordert – zur Mitarbeit in ihrem Sinn aufgefordert. Ihr Medium ist genau dies *Provokant-Sein*, im positiven, vor allem aber negativen Sinn: es beim Unrechten nicht bewenden zu lassen.

Ideen ermöglichen und *untermauern* unser Verständnis der Welt, Ideen *unterminieren* es auch, weil sie sich – aufgrund ihres Überschusses an allgemeiner Bedeutung – je kritisch auf die immer auch defizitär bleibende Realität beziehen. Sie lassen uns, mehr als uns lieb ist, an der Gerechtigkeit zweifeln. Sie enthalten ganz offensichtlich ein *utopisches* Moment, also etwas, das – wir wissen nicht wie sehr und wie weit – uns nach- und vorausgeht, in jedem Fall aber über das Bestehende hinausreicht: Eine Welt jenseits der existierenden, die gleichwohl von den Ideen, diesen Kraft- und Netzwerken des Geistes, befeuert, befördert *und* beurteilt wird. – In der modernen, der realistischen Welt wird diese Seite, die *utopische*, regelmäßig mit dem innerweltlichen Versprechen verbunden, Einrichtungen schaffen zu können, die ein freies und gerechtes, ein schönes und erfülltes Leben (für alle) gestatten zu führen.

> »Die Philosophie ist nun für sich das Erkennen dieser Entwicklung und ist als begreifendes Denken selbst diese denkende Entwicklung [Erklärung, Erwägung, Explikation, G. G.]. Je weiter diese Entwicklung [als begriffliche Ausdifferenzierung, als Machen von Unterschieden, G. G.] gediehen, desto vollkommener ist die Philosophie. [...]
> Indem das Hinausgehen der philosophischen Idee in ihrer Entwicklung nicht [nur, G. G.] eine Veränderung, ein Werden zu einem Anderen, sondern ebenso ein Insichhineingehen, ein Sichinsichvertiefen ist, so macht das Fortschreiten die vorher allgemeine unbestimmtere Idee in sich bestimmter; weitere Entwicklung der Idee oder ihre größere Bestimmtheit ist ein und dasselbe.« (16, 46 f.)

Inneres und Äußeres. Leicht führt die Rede von innen und außen, innerlich und äußerlich, vertiefen und verbreitern in die Irre, meist dann, wenn ›äußerlich‹ im Sinne von »oberflächlich«, »nicht zur Sache gehörig«, »mehr Schein als Sein«, also *pejorativ* eingefärbt ist. Für Hegels Denken gilt das nur zu einem Teil. Ohne den Weg über das Andere, das Äußere, das Scheinbare, den Buchstaben zu nehmen, weiß man nicht recht über das Innere des Geistes Bescheid. Auf der anderen Seite sagt auch die bloße Kenntnis des Äußeren, z. B. das Verhalten eines Menschen, wenig bis nichts über dessen Erfahrung. Welche Erfahrung er macht, ist nicht in gleicher Weise zu beobachten wie sein in der Regel nach einem sozialen Skript geschriebenes Verhalten. Regelmäßig existiert da eine mentale Reserve.

Das Innere kann aber nur über das Äußere zur Sprache gebracht, das Äußere nur über seine Interpretation »innerlich«, d. i. intelligibel, geistig, verständlich gemacht werden. Da geht zwangsläufig einiges verloren, anderes kommt unwillkürlich hinzu. Anders gesagt, die allgemeine Kenntnis des Inneren ist keine Garantie für die richtige Einschätzung des Äußeren; ganz gleich, ob es sich dabei um die *black box* einer Sache, einer Person oder Institution handelt. Für den Geist ist die äußere Seite seines Redens und Handelns, seiner

Interaktion und Institution in allen Belangen des öffentlichen Lebens unendlich wichtig, auch und gerade, weil sie immer auch immense Rückwirkungen auf das Innere hat.[7] Sie allein bietet die Möglichkeit, überhaupt Einlass ins Innere zu finden. Eine Gewähr indes, sicheren Aufschluss über die innere Maschinerie zu erhalten, ist es nicht. Sich (ins Innere) zu vertiefen, ist das eine – zu seinem adäquaten Ausdruck und Verständnis zu kommen, aber etwas (ganz) anderes. Das Vertiefen in die Sache hilft wenig, wenn nicht die Tiefe der Erfahrung an die Oberfläche gelangt: sich bestimmt zu äußern und zur Geltung zu bringen weiß. Niemals ist das eine zu erreichen, ohne das andere zu Rate zu ziehen. Aber keines ist mit Sicherheit aus dem anderen abzuleiten.

> »Hier ist das Extensivste auch das Intensivste. Die Extension als Entwicklung ist nicht eine Zerstreuung und Auseinanderfallen, sondern ebenso ein Zusammenhalt, der eben umso kräftiger und intensiver, als die Ausdehnung, das Zusammengehaltene reicher und weiter ist.
> Dies sind die abstrakten Sätze über die Natur der Idee und ihrer Entwicklung. So ist die gebildete Philosophie in ihr selber beschaffen; es ist *eine* Idee im Ganzen und in allen ihren Gliedern, wie in einem lebendigen Individuum *ein* Leben, *ein* Puls durch alle Glieder schlägt. Alle in ihr hervortretenden Teile und die Systematisation derselben geht aus der einen Idee hervor; alle diese Besonderen sind nur Spiegel und Abbilder dieser einen Lebendigkeit; sie haben ihre Wirklichkeit nur in dieser Einheit, und ihre Unterschiede, ihre verschiedenen Bestimmtheiten zusammen sind selbst nur der Ausdruck und die in der Idee enthaltene Form. So ist die Idee der Mittelpunkt, der zugleich die Peripherie ist, der Lichtquell, der in allen seinen Expansionen nicht außer sich kommt, sondern gegenwärtig und immanent in sich bleibt; – so ist sie das System der Notwendigkeit und ihrer eigenen Notwendigkeit, die damit ebenso ihre Freiheit ist.« (18, 47)

II. Das höchste Ziel, erkenne dich selbst

Dass der Geist nach Selbsterkenntnis strebt, hat wenig Neuigkeitswert. Was aber für die neuere Philosophie im Ausgang von Kant ins Zentrum rückt, ist die überaus brennende Frage, *wie* sie denn zu bewerkstelligen sei: *Wie* Selbstbewusstsein und, weitergehend, Selbsterkenntnis eigentlich möglich sein soll? Ob nicht die Frage von Anfang an eine Antwort unmöglich macht? Diese Skepsis wird für ein knappes halbes Jahrhundert nach Kants großen ›Kritiken‹ zum Aufmerksamkeitsbeschleuniger für die Philosophie – auf allen Ebenen des Übergangs zur modernen Welt. Die Frage nach dem *Logos* wird in einer Radikalität und Tiefe durchdacht, wie das seit der Blütezeit der griechischen Antike nicht mehr der Fall gewesen ist. Wie sich in den weiteren Teilen des Buches zeigen wird, zieht sie die ganze moderne Welt buchstäblich in ihren Bann.[8]

> »Es ist oben über das Wesen des Geistes angeführt worden, daß sein Sein seine Tat ist. Die Natur *ist*, wie sie *ist*, und ihre Veränderungen sind deswegen nur Wiederholungen, ihre Bewegung nur ein Kreislauf. Näher ist seine [des Geistes, G. G.] Tat die, sich zu wissen. Ich bin, unmittelbar; aber so bin ich nur als lebendiger Organismus; als Geist bin ich nur, insofern ich mich weiß. *Gnothi seauton*, wisse Dich, die Inschrift über dem Tempel des wissenden Gottes zu Delphi, ist das absolute Gebot, welches die Natur des Geistes ausdrückt. Das Bewußtsein aber enthält wesentlich dieses, daß ich für mich, mir Gegenstand bin. Mit diesem absoluten Urteil, der Unterscheidung meiner von mir selbst, macht sich der Geist zum Dasein, setzt sich als sich selbst äußerlich; er setzt sich in die Äußerlichkeit, welches eben die allgemeine, unterscheidende Weise der Existenz der Natur ist. Die eine der Weisen der Äußerlichkeit aber ist die Zeit, welche Form sowohl in der Philosophie der Natur als des endlichen Geistes ihre nähere Erörterung zu erhalten hat.« (18, 51)

Das spezifische Sein des Geistes ist seine Tat, allgemeiner, sein Handeln oder das, was ihm, im Sich-selbst-zu-wissen aufgetragen ist; dies nicht in der unmittelbaren Weise der *intellektuellen Anschauung*[9], wie sie Fichte (1762–1814) und Schelling (1775–1854) favorisieren, sondern im Umweg über das, was *anders* ist als man selbst. *Man selbst* ist ein im Gebrauch der Begriffe auf die Intelligibilität (Geistigkeit) des freien Denkens abgestelltes Tun.

Selbsterkenntnis heißt zunächst, mich auf die Auseinandersetzung (Vermittlung) meiner selbst mit einem anderen, objektiven, äußerlichen, mir fremden (»entfremdeten«) Dasein einlassen zu müssen. Nur indem ich mir gegenständlich werde, das heißt, meine Erwartungen in Gesten verkörpere, meine Absichten in Form von Sätzen, Symbolen oder Handlungen zum Ausdruck bringe, gewinne ich eine äußere, sicht- und hörbare, d. i. auch für andere nachvollziehbare sinnliche Realität. Nur indem ich mir Gegenstand werde oder mich von mir – qua Erkenntnissubjekt und Objekt – unterscheide, kann ich etwas über mich erfahren: mir meiner bewusst werden und *zugleich* wissen, dass der Unterschied *nichtig* ist. Es handelt sich ja in beiden Fällen um mich. Ich bin Subjekt und Objekt zugleich. Ich bin *Subjekt*, das erkennt, das eine Aussage über sich trifft; aber eben auch *Objekt*, der Satzgegenstand, über den eine Aussage getroffen wird. Indem das Selbst-bewusstsein »*nur sich selbst* als sich selbst von sich unterscheidet, so ist ihm der Unterschied unmittelbar als ein Anderssein aufgehoben.« (3, 138) Für Hegel liegt in dem Wissen um diese Nichtigkeit des Unterschieds, den wir ständig zwischen »ich« und »mich« zu machen gezwungen sind, das, was der »absolute Unterschied« bezeichnet.

Das Selbsttätige der Natur ist *mechanisch*, *elektromagnetisch*, *physiologisch* usf., das Selbsttätige des Geistes ist es *selbst*, ein durch freies Denken und Wollen bewirktes, sowohl inspiriertes (unbestimmtes) wie determiniertes (bestimmtes) Tun, das sich selbst rückbezüglich in den Blick zu nehmen versteht und dabei von allem *abzusehen* weiß – außer von der Bezugnahme seiner selbst auf sich (negative Selbstbezüglichkeit).

Zwei Überlegungen sollen hier – bevor sie in den späteren Teilen vertieft werden – angerissen werden. Zunächst, (1) wie ist Selbsterkenntnis überhaupt möglich und (2) was macht sie in dem Maße spezifisch, dass sie vornehmlich den Menschen oder den »endlichen vernünftigen Naturen«, wie Fichte sie nennt, zukommt.

(1) *Ich kann über mich nachdenken.* Wenn ich über mich nachdenke, dann denke ich z. B. an die schlechten Eigenschaften, die ich habe oder an eine Situation, die meine besseren Seiten hervorgekehrt hat. Das macht, was die Inhalte betrifft, die Psychologie

oder auch die Soziologie. Die Philosophie hat ein anderes Interesse. Sie ist fasziniert von der Einsicht, dass gerade dann, wenn ich *meine* Eigenschaften betrachte, ich *mich selbst* als den Betrachter dieser Szene nicht betrachte, mich also verfehle. Auch weiß ich nicht, wie denn Eigenschaften wie schüchtern oder langweilig, manieriert oder tiefstapelnd an mir befestigt sind oder mir innewohnen. Das stellen wir zurück.

Als Betrachter der Szene habe ich mich in der Reflexion auf meine Eigenschaften in einen *unbestimmten* Hintergrund entzogen (zurückgezogen), von dem aus ich meine Eigenschaften (qua Erkenntnisobjekte) in den Blick nehme. Von diesem *Entzug* meiner *selbst* in Betrachtung der Eigenschaften weiß ich zwar noch – ich kann mich erinnern –, kann es aber nicht ändern. Ich weiß einfach nicht, was es mit dem »ich denke« oder dem »er«, »sie« oder »es denkt« auf sich hat. Das besondere Sein, was *mich* brennend interessiert, *mein Selbst* (das urteilt), hat sich (a) ins Unerreichbare verflüchtigt und bleibt (b) doch irgendwie im Blick, den ich auf mich (qua Eigenschaftsbündel) richte, präsent.

Der zeitgenössische, für seinen philosophischen Witz bekannte Thomas Nagel hat genau das im Sinn, wenn er von einem »view from nowhere«, einem *Blick von nirgendwoher* auf sich, spricht. Der bleibt aber nur solange eine wirksame Größe, als sich unsere Aufmerksamkeit nicht auf ihn richtet. Tut sie das, dann entsteht unter dem gerichteten Blick wie von selbst wieder ein mit unserem Selbst ungleiches Ding.

Nagel gelangt damit genau an den Punkt, den Kant in der *Kritik der reinen Vernunft* (1781) als den »höchsten« bezeichnet. Er bildet die Grenze dessen, was wir über uns wissen können. Die Kalamität, in die wir geraten, ist dann die, dass das »ich denke« der unerreichbare, d. i. *unbestimmbare Grund* von all dem *bestimmten Wissen* ist, das wir haben. Ausgerechnet der höchste Punkt der menschlichen Selbstreflexion (oder seines Selbstbewusstseins), also die Instanz, auf die sich unsere Urteile stützen, bleibt notwendig im Dunkeln. Sie kann nicht erkannt werden, steht aber zur Aufklärung von allem Übrigen als *Vehicel*, wie Kant sagt, zur Verfügung.

Hegel – wie Kant und alle seine Nachfolger – will sich damit nicht abfinden, wir kommen darauf zurück. Zurück bleibt der

Begriff für das Ich oder das, was seine Betrachtung veranlasst: *Spontaneität.* Es ist das mit vielen kritischen Titeln, Thesen und Temperamenten bedachte Zauberwort der *Philosophie*, desgleichen der Psychologie, der Soziologie und des Alltags, dessen Weisen des Gebrauchs aber allesamt in den trüben Gewässern der Ideologie der Moderne fischen. Kant immerhin gestand sich ein: Dieses Vermögen, »Vorstellungen selbst hervorzubringen«, ist »keiner Erkenntnis seiner Natur fähig«.

Hegel verwendet den Begriff der Spontaneität eher sparsam, eigentlich gar nicht. Gleichwohl ist er in den seine Philosophie tragenden Säulen – Begriff, Freiheit und Subjektivität – unmittelbar präsent.

(2) *Der formale Unterschied* zwischen der Erkenntnis von (äußeren) Gegenständen und der unserer selbst ist einer ums Ganze, auch wenn sie auf Schritt und Tritt aufeinander bezogen sind und sie, um sich wirklich verständlich zu machen, immer wieder auf Begriffe zurückgreifen müssen, die wir auch in Bezug auf herkömmliche Gegenstände nutzen. Dieser Unterschied hat in erster Linie mit der eigenwilligen Arbeitsweise (Form) des Geistes zu tun. Sie beruht einerseits auf grundsätzlich anderen Voraussetzungen als denen der gewöhnlichen Gegenstandserkenntnis. Sie trägt dem Umstand Rechnung, dass wir selbst keine Dinge unter anderen Dingen sind und uns selbst und andere auch nicht als Dinge wahrnehmen. Wir sind *unserer selbst* bewusste, *uns* und *andere* begreifende, befühlende und (verantwortlich) befehligende Dinge, man könnte sagen, Undinge. Wir *können* etwas, was ein gewöhnliches Ding, z. B. ein Hammer, nicht kann. Kein Hammer kann sich selbst behämmern, sich als Hammer benutzen, noch weniger das, was man alles mit ihm anstellen kann, begreifen: ein Gebrauchsding in unzähligen und unsinnigen Anwendungen sein. Ihm fehlt die Einsicht in die Als-Struktur eines Bewusstseins und die ihm damit offenstehenden Anwendungs- und Artikulationsmöglichkeiten, die er nach passend oder unpassend, nach gut oder schlecht zu beurteilen sich *herausgefordert* sieht.

Auch im Verhältnis zum Tier scheint da eine Trennungslinie zu verlaufen, wo dieses, wie Plessner sagt, nicht wie der Mensch, der über sich steht, unter sich fallen kann. Kein Tier kann sein Tier-Sein im Unterschied zu sich oder in dem, was es heißt, kein Mensch, kein Roboter, kein Alien, kein natürliches Artefakt zu sein, darstellen und in kulturell weltläufig sicht- und hörbarer, handwerklich oder technischer Form (Zusammenarbeit) darüber berichten. Noch weniger kann es sie beurteilen, um darüber hinaus, wie Hegel sagt, »im Urteil zu sich zu erwachen« und die Verantwortung für die Manifeste und Manifestationen, Samples und Exempel zu übernehmen, welche (un)vorhersehbar die Spuren seiner Schöpfung hinterlassen. Der Geist ist dazu in der Lage, weil er *Begriffe* hat, die er auf zwei-, drei- oder mehrfache Art und Weise zu gebrauchen versteht. Er kann sie – qua verkörperter Form – als (Be)*Griffe* benutzen, auch er hat seine Klauen.

Sie machen es einerseits möglich, über die Welt in zupackender (bestimmter, identifizierender, instrumenteller) Form zu verfügen. Im Gebrauch der Begriffe sind die mit Geist begabten Wesen aber nicht nur durch ein plan- und zweckmäßiges Tun (z. B. die Arbeit) miteinander verbunden. Sie haben sich im Verlauf der abendländischen Geschichte auch politische und rechtliche Verhältnisse erstritten, die es ermöglichen, sich wieder aus dem Zugriff der instrumentellen Vernunft, d. i. der des Verstandes, zu lösen. Verstand ist auf instrumentelle, z. B. technische Verfahren geeichte und beschränkte Vernunft. Geist als Verhältnis zu sich selbst ist *Einblicknahme* in diese Verhältnisse, aber auch *das, was* diese Verhältnisse als *mixtum compositum* (Vermittlung) aus Immateriellem und Materiellem, aus Intelligiblem und Phänomenalem, aus Praxis und Poiesis, Edelmut und Niedertracht, aus blinden Schicksalsmächten und überlegen(d) en Handlungsmächten *fundiert*.

Ein Grund ist eben der genannte, wir selbst sind keine beliebig manipulierbaren Sachen, wir sehen uns in der Regel selbst nicht als Sache, sondern wie Aristoteles als vernünftige Lebewesen, d. h. von Logos und Pathos durchdrungene menschliche Subjekte, die als politische Beobachter und Teilhaber, als Sprecher und solche, *über* die in Form von Themen, Thesen und Titeln gesprochen wird, urteilen. Wir sind nicht nur Teilnehmer einer gesellschaftlichen Praxis, wir sind auch – Selbst und Andere bedenkende – Zeugen einer durch bestimmte Ereignisse strukturierten Geschichte und geschichtlichen Struktur, die Hegel »konkrete« bzw. »sittliche Totalität« oder *Geist* nennt. Darin ist unser vielfaches Beteiligtsein von Anfang an eingeschlossen. In seiner *Kritik der Hegelschen Rechtsphilosophie* fasst Marx den Hegel'schen Gedanken brillant zusammen: »Der Mensch, das ist *die Welt* des Menschen, Staat, Sozietät.« Das Lebenselixier der Menschen ist die *Welt*, nicht die Umwelt der Tiere oder anderer autopoetischer Systeme. Wir agieren nicht nur als Zeitgenossen, sondern mehr noch als Zeitzeugen. Zeitgenossen ohne Zeitzeugenschaft zu denken, ist vormodern. Unser gemein- und gesellschaftlicher Existenzmodus erreicht erst in Übernahme selbstbewusster *Zeitzeugenschaft* das ihm angemessene Format. Es speist sich aus dem nach Hegel höchsten Vermögen (dem Medium und dem Mittel sowie der Moral) des Geistes: dem *erinnernden* Denken. Es urteilt und (be)zeugt das, was im Licht der Ideen oder Inbegriffe geschehen ist. Die Zeitzeugenschaft erinnert an die Verantwortung, die uns daraus erwächst, dass wir in »Verhältnissen« leben, die zu einem Gutteil das Produkt unserer Tätigkeiten sind. Zum erkennenden Wesen gesellt sich das in der Neuzeit herausgeforderte, d. i. Farbe bekennende Wesen.

Was im Allgemeinen, Besonderen und Einzelnen verbindet diese Wesen in ihrer Eigen*art* wie ihrem Eigen*sinn*? Die Antwort, die sich in der Heraufkunft der Neuzeit immer deutlicher abzeichnet, ist: *Subjektivität.* Sie ist – neben Freiheit und Vernunft (Begriff) – der dritte große Grundsatz- und Gebrauchsartikel spekulativen Denkens. »Geist« ist das, was diese drei Säulen des sozialen Lebens mit Leben erfüllt, sie trennt und verbindet, mit einem Wort, »begeistet«. Das Weltlich-Werden der Philosophie und das Philosophisch-Werden der Welt vollziehen sich im Namen dieses begrifflichen Dreigestirns. Es revolutioniert nach Hegel unser Verständnis von Moderne und Welt. Selbsterkenntnis muss sich, was ihre Inhalte betrifft, dieser Zeit aussetzen. Nur in ihr kann sich Selbsterkenntnis – qua Vermittlung über ihr Anderssein entwickeln und, auf Zeitpunkte (Ereignisse) oder Zeitlänge (Dauer) berechnet, bewahren und bewähren, aber auch mit jenem *Geist* erfüllen, von dem wir als »spirit«, »ésprit«, als »spiritus rector« und »ingenium« sprechen.

Die verschiedenen Aspekte zusammenfassend schreibt Hegel:

> »Dies Dasein und damit In-der-Zeit-Sein ist ein Moment nicht nur des einzelnen Bewußtseins überhaupt, das als solches wesentlich endlich ist, sondern auch der Entwicklung der philosophischen Idee im Elemente des Denkens. Denn die Idee, in ihrer Ruhe gedacht, ist wohl zeitlos; sie in ihrer Ruhe [...] ist gleichbedeutend mit der inneren Anschauung derselben. Aber die Idee ist als konkret, als Einheit Unterschiedener [...], wesentlich nicht Ruhe und ihr Dasein wesentlich nicht Anschauung, sondern als Unterscheidung in sich und damit [...] tritt sie in ihr selbst ins Dasein und in die Äußerlichkeit im Elemente des Denkens; und so erscheint im Denken die reine Philosophie als eine in der Zeit fortschreitende Existenz. Dies Element des Denkens selbst aber ist abstrakt, ist die Tätigkeit eines einzelnen Bewußtseins. Der Geist ist aber nicht nur als einzelnes, endliches Bewußtsein, sondern als in sich allgemeiner, konkreter Geist. Diese konkrete Allgemeinheit aber befaßt alle die entwickelten Weisen und Seiten, in denen er sich der Idee gemäß Gegenstand ist und wird. So ist sein denkendes Sich-Erfassen zugleich die von der entwickelten, totalen Wirklichkeit erfüllte Fortschreitung – eine Fortschreitung, die nicht [nur, G. G.] das Denken eines Individuums durchläuft und sich in einem einzelnen Bewußtsein darstellt, sondern der als in dem Reichtum seiner Gestaltung, in der Weltgeschichte sich darstellende allgemeine Geist.« (18, 51 ff.)

Eine der Weisen der Äußerlichkeit ist die *Zeit* oder das, wer oder was besonders unter ihr leidet. Der Geist muss sich, weil er auch äußerlich gebunden und tätig ist, auf die endliche *Welt* qua irdischem und planetarischem Dasein einlassen, sich, wie wir wissen, durch Hand- und Kopfarbeit in ihr behaupten. An und in der Welt macht der Geist einerseits die Erfahrung, *anders* zu sein als sie in ihrer – äußerlich über Raum und Zeit – ausgebreiteten Form. Andererseits gleicht sie ihm in mehr als nur einer Hinsicht. Die Welt bietet dem Geist (un)endlich Gelegenheit, sich durch sein Tätigsein – seine Mittel und Zwecke planvoll einsetzendes Tun – bei ihr unterzuhaken. Sie bietet ihm nicht nur die Möglichkeit, sich an sie anzulehnen, er kann sie sich auch mit allem, was ihm zu Buche steht, aneignen und sich inmitten ihrer und mittels seiner Weltausstellungen und -auslegungen behaupten, d. i. verkörpern. Geist von ihrem (Welt) Geist. Wir gehen durch die Stadt und sehen eine im großen Stil durch Geistes- und Arbeitskraft umgestaltete Natur, vom Asphalt der Bürgersteige bis zum Beton, zum Stahl und Glas der Wolkenkratzer in ihrer skulpturalen Form. »Die Entwicklung des Geistes ist Herausgehen, Sichauseinanderlegen, und zugleich Zusichselbstkommen« (18, 41). Der Geist spiegelt und erkennt sich in dem, was er ist und geschaffen hat. Er begreift seine Macht und Gegenwart in der (Un)Wirtlichkeit unserer Städte. Die Materie selbst erklärt die Form, die er ihr durch Arbeit und die anderen intelligenten Kräfte der Gestaltung verliehen hat.

Das gilt für die »Entwicklung« in Form der begrifflichen Unterscheidungspraxis wie für den »Werkmeister« und seine koordinierte Arbeit im planvollen, zweckmäßigen Umgestalten der Welt. Die »Entwicklung des Geistes« besteht im *Gedanken* (Manifesten) und ihren (werk-tätigenden) *Manifestationen*. Es ist nicht so, »daß der Gedanke noch Gedanke bliebe, wenn er nicht manifestiert wäre; sondern Manifestieren ist selbst sein Sein.« (18, 110)

Der Geist ist kein Subjekt, er beschreibt eine *Struktur* (= Schleife), eine *Funktion* (= Aufgabe) und einen geschichtlichen *Verlauf* (= eine selbsttätig rückgekoppelte Bewegung). Er kann sich aber auch in einem »Volk« oder »Netzwerk«, einer »Öffentlichkeit« oder einem »welthistorischen Individuum« (wie Sokrates oder Napoleon) auf eine bestimmte Art und Weise mit unterschiedlicher Dauer (historisch-apriorisch) manifestieren. Er ist ein Meister in der Kunst, sich niederzulassen und sich zu verpuppen. Geist ist also eine gedankliche Schleife oder Methode, die durchlaufen werden muss, will man etwas von Grund auf begreifen. Er kennt, erkennt und anerkennt sich in und über die erinnerte Gründungsgeschichte seiner Niederlassungen.

Geist ist Geist (weltläufig verteilte Intelligenz) und – in den Grenzen von Wissenschaft und Technologie bearbeitende und bearbeitete – Natur. Geist ist Geist und im System der Arbeit und der Bedürfnisse institutionalisierte Form, er zeigt sich beispielsweise in den Körperschaften des öffentlichen Rechts. Geist ist man selbst und man anders. Geist ist Bezugnahme auf sich selbst und auf andere, Selbst- und Fremdbezug. Das Andere des Geistes steht sowohl im Gegensatz zu ihm, es ist aber auch der notwendige Transformationsraum, das Medium, wenn es darum geht, aus einem mit Vernunft begabten Lebewesen ein vernünftiges zu machen. Geist ist in diesem Sinn ein unbegrenzt *Allgemeines, in allem* und *über alles*, das sich darauf versteht, sich in bestimmten Bewusstseins- und Weltgestalten, Denk- und Lebensformen, Narrativen und Kooperativen zu verkörpern, d. i. zu *besonderen*, um sich – bei Kontaktaufnahme mit der Realität – zu *vereinzeln*. Handeln kann man immer nur in *einer* und einer *bestimmten*, sich freilich auf (allgemeine) Medien und Mittel, Generatoren und Transformatoren stützenden Weise.

Hegel fasst diese Überlegungen nochmal zusammen: »In dieser Entwicklung geschieht es daher, daß eine Form, eine Stufe der Idee in einem Volke zum Bewußtsein kommt, so daß *dieses* Volk und *diese* Zeit nur *diese* Form ausdrückt, innerhalb welcher es sich sein Universum ausbildet und seinen Zustand ausarbeitet, die höhere Stufe dagegen Jahrhunderte nachher in einem anderen Volke sich auftut.« Hegel nimmt die eingangs gestellte Frage nach der Einheit und Verschiedenheit der Philosophie(n) auf, er zeigt einen Weg, wie er gedenkt, sie zu beantworten:

> »Wenn wir nun so diese Bestimmungen von konkret und Entwicklung festhalten, so […] ist mit einem Male das Gerede von der Verschiedenheit der Philosophien, als ob das Mannigfaltige ein Stehendes, Festes, außereinander Bleibendes sei, niedergeschlagen und an seinen Ort gestellt, – das Gerede, an welchem das Vornehmtun gegen Philosophie eine selbst unüberwindliche Waffe gegen sie zu besitzen glaubt […] zugleich selbst über das ganz Wenige ganz unwissend ist, was es besitzt und zu wissen hat, […] hier Mannigfaltigkeit, Verschiedenheit. Dies ist eine Kategorie, die doch jeder versteht, er […] ist damit bekannt und meint, sie als eine völlig verstandene handhaben und gebrauchen zu können; es verstehe sich von selbst, daß er wisse, was das ist. Die aber die Mannigfaltigkeit für eine absolut feste Bestimmung halten, kennen ihre Natur und die Dialektik derselben nicht. Die Mannigfaltigkeit ist im Flusse, sie muß wesentlich als in der Bewegung der Entwicklung gefaßt werden, – ein vorübergehendes Moment. *Die konkrete Idee der Philosophie ist die Tätigkeit der Entwicklung, die Unterschiede, die sie an sich enthält, herauszusetzen.* [Hervorheb., G. G.] Diese Unterschiede sind Gedanken überhaupt, denn wir sprechen hier von der Entwicklung im Denken. Die Unterschiede, die in der Idee liegen, werden als Gedanken gesetzt; das ist das erste. Das zweite ist, daß diese Unterschiede zum Bestehen kommen müssen, der eine hier, der andere da. Daß sie dies vermögen, dazu müssen sie Ganze, Totalität sein, die Totalität der Idee in ihnen enthalten. Nur das Konkrete ist das Wirkliche, welches

> die Unterschiede trägt; so sind die Unterschiede als ganze Gestalten.« (18, 52 ff.)

Anders gesagt, die begrifflichen Zusammenhänge, in die unsere Denk- und Sprechakte eingebettet sind, werden nicht nur von Stufe zu Stufe komplexer und vielschichtiger – mit der Ausdifferenzierung wächst auch (qualitativ) die Einsicht in die *Relativität* aller Bedeutungskontexte. Ein Begriff, eine Idee gilt danach für umso konkreter (die Wirklichkeit erfassender), je mehr er seine »Relativität« an ihm (oder im Umgang mit ihm) selbst darzustellen vermag.

Die Dialektik stellt die Dinge auf den Kopf und behauptet, es ginge nicht anders: Je reflektierter der Geist seine Relativität zu erkennen und anzuerkennen (= zu begreifen) bereit ist, desto größer ist nicht nur die Selbsterkenntnis, sondern auch seine Macht und innere Stärke (= Selbstbewusstsein). Je konkreter eine Philosophie denkt und ihre Relativität zu erkennen gibt, desto nachhaltiger ist auch der Beweis ihrer Größe. Oder, nur wer Einsicht in die Relativität seiner Gedanken nimmt, beweist mit dem »Mut der Wahrheit« eben das, was Hegel »Geist« nennt. Eine Philosophie gibt erst dann ein gutes Beispiel ihrer Güte, wenn sie in Explikation des ganzen Erfahrungsraums ihrer Idee (Totalität) selbstbewusst auch ihre Relativität darzustellen versteht. Die Abhängigkeit von der Zeit, in der sie entstanden ist und sich Ausdruck verschafft, ist so eine.[10] Wenngleich nicht die einzige.

Bevor wir auf das dauerhaft angespannte Verhältnis von Philosophie und Zeit und Hegels Pointe, *Philosophie als Erkenntnis ihrer Zeit*, zu sprechen kommen – gleichsam zur Entspannung –, Hegels Einordnung der Philosophie auf dem weiten Feld des Wissens um Gott und die Welt. Da diese Passagen wenige Verständnisschwierigkeiten bieten, kommt Hegel selbst umfänglich zu Wort.

III. Die neue Weltkarte, Verhältnis zu angrenzenden Gebieten

Alte Karten taugen nicht, eine neue Welt zu erforschen.
Albert Einstein

Wie angesprochen, geht es in diesem Kapitel um die Gleichheit und die Unterschiede der Philosophie zu den anderen »Gebieten«, d. h. den angrenzenden *Denk-* und *Lebensformen* des Geistes. Hegel fasst seine Überlegungen zu *konkret* und *abstrakt* im Kontext der historischen und begrifflichen »Entwicklung« – der *geschichtlichen* Verlaufs- und der *begrifflichen* Argumentationsform – zusammen. Er räumt dabei mit einem alt-ehrwürdigen und besonders hartnäckigen Vorurteil auf, das als kulturkritisches Motiv die Heraufkunft der modernen Welt unablässig begleitet: Das *Spätere* sei *per se* das Schlechtere, das Schwächere, Flachere, Nichtssagendere. Es sei in jedem Fall der Fülle und Stärke, der Robustheit und Instinktsicherheit des früheren (»natürlichen« oder »naturnahen«) Lebens und Denkens nicht gewachsen, von der Blässe des Gedankens angekränkelt, sei es dem Niedergang geweiht.

(1) *Zur Geschichte der Philosophie.* »Man kann meinen, daß die Philosophie in den Stufen der Idee eine andere Ordnung haben müsse als die Ordnung, in welcher in der Zeit diese Begriffe hervorgegangen sind. Im Ganzen ist die Ordnung dieselbe. Ein Unterschied ist aber hierbei noch zu bemerken.«

Man könnte denken, das Erste, das Kind sei das Konkrete; der Erwachsene besitze nicht mehr diese Totalität, er müsse sich beschränken, er lebte ein auf wenige Funktionen reduziertes Leben. Das Gefühl sei um vieles konkreter als das Denken, dies sei die Tätigkeit der Abstraktion und des Allgemeinen. Hegel beharrt darauf, dass es sich umgekehrt verhält. Verglichen mit dem Natürlichen oder dem Unmittelbaren des Gefühls lebt der Erwachsene abstrakt, seine Aufgaben, z. B. die Familie zu ernähren, sind von allgemeiner Natur. Diese aber zielen auf äußerst differenzierte, die konkreten Lebensaufgaben betreffende Gedanken und Sorgen. Sie schlagen nicht, wie Hegel sagt, »ins Blaue«, ihr Grad an Zivilisiert- und Kultiviertheit ist beträchtlich höher. Sie wissen um die feinen Unterscheide, sie können sie handhaben, sie wissen, wie es in der Welt zugeht. Hegel überträgt das auf die Philosophie und ihre Geschichte.

> »Dieses angewendet auf die verschiedenen Gestaltungen der Philosophie, folgt daraus erstens, daß die ersten Philosophien die ärmsten und abstraktesten sind; die Idee ist bei ihnen am wenigsten bestimmt, sie halten sich nur in Allgemeinheiten [Unverbindlichkeiten, Vagheiten, Andeutungen], sind nicht erfüllt [differenziert, vermittelt mit dem Allgemeinen, G. G.]. Dies muß man wissen, um nicht hinter den alten Philosophien mehr zu suchen, als man darin zu finden berechtigt ist. Wir dürfen daher nicht Bestimmungen von ihnen fordern, die einem tieferen Bewußtsein zukommen. So hat man z. B. [gefragt, G. G.], ob die Philosophie des Thales eigentlich Theismus oder Atheismus gewesen sei, ob er einen persönlichen Gott oder bloß ein unpersönliches allgemeines Wesen behauptet habe. Hier kommt es auf die Bestimmung der Subjektivität der höchsten Idee, den Begriff der Persönlichkeit Gottes an. Solche Subjektivität, wie wir sie fassen, ist ein viel, viel reicherer, intensiverer und darum viel späterer Begriff, der in der älteren Zeit überhaupt nicht zu suchen ist. In der Phantasie und Vorstellung hatten die griechischen Götter wohl Persönlichkeit, wie der eine Gott in der jüdischen Religion; aber es ist ein ganz anderes, was Vorstellung der Phantasie oder was Erfassen des reinen Gedankens und des Begriffs ist. Legen wir unsere Vorstellung zugrunde, so kann, nach dieser tieferen Vorstellung gemessen, eine alte Philosophie dann als Atheismus allerdings mit Recht ausgesprochen werden. Ebenso ist dieser Ausspruch aber auch falsch, da die Gedanken als Gedanken des Anfangs noch nicht die Entwicklung haben konnten, zu der wir gekommen sind.«

Wir stoßen auf einen Grundgedanken der Dialektik, wenn Hegel unmittelbar, beinahe abrupt, fortfährt: »Tiefe scheint auf Intension zu deuten, aber je intensiver der Geist ist, desto extensiver ist er, desto mehr hat er sich ausgebreitet. Das Größere ist hier die Stärke des Gegensatzes, der Trennung; die größere Macht überwindet die größere Trennung.« (18, 60) Dieser Gedanke führt ins Herz der spekulativen Philosophie, wie Hegel sein Unternehmen auch umschreibt. »Spekulativ« ist der Begriff für die eigentliche Handlung des Denkens im Sinn der Dialektik: »für das Fassen des Entgegengesetzten in seiner Einheit«.

Es gibt keine Tiefe des Geistes, wenn er sich nicht traut, sie lang und breit zu demonstrieren, sich zu erklären und sich für sie einzusetzen; der inneren Tiefe und der Energie, die sich damit verbindet, in einer äußeren Form, in einem Text oder Bild, einem Musikstück, einem Werkzeug oder einer politischen Verfassung weit- und weltläufigen Ausdruck zu verleihen. Sie muss sich mit ihnen gemein machen. Und, die größere Macht hat, wer oder was die größten Gegensätze oder Feindschaften noch dazu bringt, miteinander zu kommunizieren. Hegel überträgt, man könnte sagen, diese metaphysisch ontologischen Gesetzmäßigkeiten – und ihre Betrachtung unter zwei Aspekten – auf die Philosophie.

> »An diese Folge schließt sich […] an, daß […] die späteste, jüngste, neueste Philosophie die entwickeltste, reichste und tiefste ist. In ihr muß alles, was zunächst als ein Vergangenes erscheint, aufbewahrt und enthalten, sie muß selbst ein Spiegel der ganzen Geschichte sein. Das Anfängliche ist das Abstrakteste, weil es das Anfängliche ist, sich noch nicht fortbewegt hat; die letzte Gestalt […] ist die konkreteste […], die weiter gebildete Philosophie einer späteren Zeit [ist] wesentlich Resultat der vorhergehenden Arbeiten des denkenden Geistes […].«

Angesichts dieser Folgerung darf man sich nicht scheuen, »zu sagen, daß die Idee, wie sie in der *neuesten* Philosophie gefaßt und dargestellt ist, die entwickeltste, reichste, tiefste ist.« Hegel erinnert deswegen daran, »weil neue, neueste, allerneueste Philosophie ein sehr geläufiger Spitzname [Schimpfwort, G. G.] geworden ist.« (18, 61) Er fährt fort:

> »Wir müssen nicht glauben, die Fragen unseres Bewußtseins, die Interessen der jetzigen Welt bei den Alten beantwortet zu finden. Solche Fragen setzen gewisse Bildung des Gedankens voraus. Jede Philosophie eben darum, weil sie die Darstellung einer besonderen Entwicklungsstufe ist, gehört ihrer Zeit an und ist in ihrer Beschränktheit befangen. […] Der Einzelne mag sich aufspreizen, wie er will, er geht nicht über sie hinaus, denn er gehört dem einen allgemeinen Geiste an, der seine Substanz und Wesen ist; wie sollte er aus diesem herauskommen? Derselbe allgemeine Geist ist es, der von der Philosophie denkend erfaßt wird; sie ist sein Denken seiner selbst und ist somit sein bestimmter substantieller Inhalt. Jede Philosophie ist Philosophie ihrer Zeit, sie ist Glied in der ganzen Kette der geistigen Entwicklung; sie kann also nur Befriedigung für die Interessen gewähren, die ihrer Zeit angemessen sind. Aus diesem Grunde aber befriedigt den Geist, in dem nun ein tiefer

> bestimmter Begriff lebt, eine frühere Philosophie nicht […]. Deswegen leben wohl die platonische, aristotelische usf. Philosophie, alle Philosophien zwar immer und gegenwärtig noch in ihren Prinzipien; aber es […] kann deswegen heutigentages keine Platoniker, Aristoteliker, Stoiker, Epikureer mehr geben. Sie wiedererwecken hieße, den gebildeteren, tiefer in sich gegangenen Geist auf eine frühere Stufe zurückbringen wollen […] Mumien, unter das Lebendige gebracht, können [es] unter diesem nicht aushalten. […] Man muß wissen, was man in den alten Philosophen oder in der Philosophie jeder anderen bestimmten Zeit zu suchen hat […]. In dem Geiste der neueren Zeit schlummern tiefere Ideen, die, um sich wach zu wissen, eines anderen Umgebung und Gegenwart bedürfen als jene abstrakten, unklaren, grauen Gedanken der alten Zeit. In Platon z. B. finden die Fragen über die Natur der Freiheit, den Ursprung des Übels […] nicht ihre philosophische Erledigung. […] Die Selbständigkeit des Ich in sich, sein Fürsichsein war ihm fremd. […] Der Athener wußte sich frei, ein römischer Bürger, ein *ingenuus* war frei. Daß aber der Mensch an und für sich frei sei, seiner Substanz nach, als Mensch frei geboren – das wußte weder Platon noch Aristoteles, weder Cicero noch die römischen Rechtslehrer, obgleich dieser Begriff allein die Quelle des Rechts ist. Erst in […] der christlichen Religion kam die Lehre auf, daß vor Gott alle Menschen frei, […] sie vor Gott gleich […] sind. Diese Bestimmungen machen die Freiheit unabhängig von Geburt, Stand, Bildung usf. und es ist ungeheuer viel, was damit vorgerückt worden ist; aber sie sind noch verschieden von dem, daß es den *Begriff des Menschen ausmacht, ein Freies zu sein* [Hervorh. G. G.]. Das Gefühl dieser Bestimmung hat Jahrhunderte, Jahrtausende lang getrieben, die ungeheuersten Umwälzungen […] hervorgebracht; der Begriff, die Erkenntnis, daß der Mensch von Natur frei ist, dies Wissen seiner selbst ist nicht alt.« (18, 64–69)

Anders gesagt, es ist Hauptmerkmal eines wahrhaft *historischen Denkens*, dass man *nicht* in die Vergangenheit zurück kann, diese hat uns nichts mehr zu sagen. Nach Hegel ist es unmöglich, den substanziellen historischen Umbruch (seine »ungeheuersten Umwälzungen«), »dass der Mensch von sich aus frei ist«, zu ignorieren oder zu glauben, die neue Welt auch nur ansatzweise in der Geographie der alten begreifen zu können. In einer weiteren Überlegung sucht Hegel das Verhältnis zu den damals sich immer stärker entwickelnden Wissenschaften zu klären.

(2) *Zur wissenschaftlichen Bildung.*

> »Was die besonderen Wissenschaften [Mathematik, Physik, Chemie, Botanik, Staatswissenschaft, Nationalökonomie usf., G. G.] betrifft, so ist zwar die Erkenntnis und das Denken ihr Element, wie das Element der Philosophie. Aber ihre Gegenstände sind zunächst die endlichen Gegenstände und die [Gesetzmäßigkeiten der, G. G.] Erscheinung. Eine Sammlung von Kenntnissen über diesen Inhalt ist [...] von der Philosophie ausgeschlossen; weder dieser Inhalt noch solche Form geht diese an. Wenn sie aber systematische Wissenschaften sind und allgemeine Grundsätze und Gesetze enthalten und davon ausgehen, so beziehen sich solche auf einen beschränkten Kreis von Gegenständen.« (18, 76)

Die neueren, auf Erfahrung und Methode gegründeten Wissenschaften befassen sich immer nur mit einem kleinen Ausschnitt der Realität. Sie stellen fachspezifische Fragen, für die sie wiederum spezielle Methoden entwickelt haben. Durch das Elektronenmikroskop kann man zwar das einzelne Virus beobachten, nicht aber seine weltweite Verbreitung. Virologen sind daher nicht per se Epidemiologen, diese brauchen die ausgefeilten Methoden der Statistik sowie gut belegte Kenntnisse über die Sitten und Gebräuche, also das Sozialverhalten von Land und Leuten, über das noch am ehesten Soziologen und Kulturwissenschaftler verfügen. Die Krankenpflege und deren Finanzierung stehen nochmals auf einem anderen Blatt. Genauso wie das (geltende) Recht, das bei einer weltweit grassierenden Seuche in wichtigen Grundsätzen außer Kraft gesetzt werden muss.

»Die letzten Gründe sind wie die Gegenstände selbst vorausgesetzt, es sei daß die äußere Erfahrung oder die Empfindung des Herzens, der natürliche oder gebildete Sinn von Recht und Pflicht die Quelle ausmacht, aus der sie geschöpft werden. In ihrer Methode setzen sie [die Wissenschaften] die Logik, die Bestimmungen und Grundsätze des Denkens überhaupt voraus.« Um letzteren geht es in der Philosophie. Gleichzeitig schätzt Hegel die Erfahrung und die Erfahrungswissenschaften über die Maßen. »Es ist also die *Erfahrung* die Wissenschaft der Welt geworden, denn die Erfahrung ist einerseits die Wahrnehmung, aber auch das Auffinden des Gesetzes«, indem das Gegebene in seiner Vielfalt auf das Einfache seiner Gesetzmäßigkeit zurückgeführt wird (12, 521).

Wohlgemerkt, jede gesetzmäßige Erklärung ist eine ungeheure Abstraktion, eine Idealisierung und Reduktion von dem, wie es konkret, anschaulich und im Zusammenhang zugeht und wir es erleben. Darüber hinaus erinnert Hegel an nationale Eigentümlichkeiten nicht nur in den »Erfahrungswissenschaften«, auch in der Philosophie. »Die Erfahrungswissenschaft hat daher bei ihnen [den Franzosen und Deutschen, G. G.], gemeinschaftlich mit den protestantischen Engländern, und bei den Italienern vorzugsweise schnellen Eingang gefunden.« (12, 521 f.) Im Verhältnis zu diesen Wissenschaften positioniert sich die Philosophie wie folgt:

> »Die Denkformen, ferner die Gesichtspunkte und Grundsätze, welche in den Wissenschaften gelten und den letzten Halt ihres übrigen Stoffes ausmachen, sind ihnen jedoch nicht eigentümlich, sondern mit der Bildung einer Zeit und eines Volkes überhaupt gemeinschaftlich. Die Bildung besteht überhaupt in den allgemeinen Vorstellungen und Zwecken, in dem Umfang der bestimmten geistigen Mächte, welche das Bewußtsein und das Leben regieren. *Unser Bewußtsein hat diese Vorstellungen, läßt sie als letzte Bestimmungen gelten, läuft an ihnen als seinen leitenden Verknüpfungen fort; aber es weiß sie nicht, es macht sie selbst nicht zu Gegenständen und Interessen seiner Betrachtung*« [Hervorh. G. G.].

Das macht hauptberuflich die Philosophie. Im 20. Jahrhundert hatte insbesondere die Wissenschafts- und Erkenntnistheorie – als Teilgebiet der Philosophie – diese Aufgabe übernommen. Im letzten Drittel gewinnt die Ethik stärker an Boden.

»Um ein abstraktes Beispiel zu geben, […] jedes Bewußtsein [hat und gebraucht] die ganz abstrakte Denkbestimmung: *Sein.* ›Die Sonne *ist* am Himmel, die Traube *ist* reif‹ usf. ins Unendliche«. Im Alltag wie in den Wissenschaften macht man sich in der Regel über das »ist« keinen Kopf, in der abendländischen Philosophie – seit ihren Anfängen bei Parmenides – dagegen schon, heute mehr denn je. Was sagt »ist« über uns und die Welt? Wie sollen wir es verstehen? Welche Bedeutung kommt ihm im Kontext unseres Denkens und Handelns zu? Heute unterscheidet man recht prosaisch einen drei- oder auch vierfachen Gebrauch, ganz im Unterschied z. B. zu Heidegger, der aus der Substanziierung von »ist« (»Sein«) bzw. der *Differenz* zwischen dem gewöhnlich »Seienden« und dem »Sein« die Formel für eine weltrettende Ansicht (»Andacht«) macht.[11]

»Ist« verwendet man üblicherweise im Sinne der Zuschreibung eines *Prädikats* (»ist groß«), der Behauptung einer *Existenz* (»Gott ist«), aber auch um eine *Gleichheit* (»a = a«) festzustellen. Für Hegel ist »Sein« die ärmste und abstrakteste aller Bestimmungen, man kann auch sagen, »Nichts«. »Sein« ist *nicht* wirklich informativ, zu allgemein, *nichtssagend.* Die Thematisierung von »sein« und »seiend« geht auf Aristoteles zurück. Seine Metaphysik zielte auf die Wissenschaft vom »Seienden als Seienden«, die sich nicht mit einem bestimmten Bereich dessen, »was ist«, beschäftigt, sondern mit dem Seienden, sofern es *überhaupt* ist.

Hegel fasst auf sehr anschauliche Weise zusammen, wie das *Bewusstsein* und das, was es weiß, beschaffen ist: Wie es arbeitet und seine Unterscheidungen trifft, aber auch die paradigmatischen Linien herausstreicht, die wichtig für eine zeitnahe Beobachtung, Erfahrung und Wertschätzung sind.

> »All sein Wissen und Vorstellen ist von solcher Metaphysik durchwebt und regiert; sie ist das Netz, in welches all der konkrete Stoff gefaßt ist, der den Menschen in seinem Tun und Treiben beschäftigt. Aber dieses Gewebe und dessen Knoten sind in unserem gewöhnlichen Bewußtsein in den vielschichtigen Stoff versenkt; dieser [Stoff] enthält unsere gewußten Interessen und Gegenstände, die wir vor uns haben; jene allgemeinen Fäden werden [üblicherweise, G. G.] nicht herausgehoben und für sich zu den Gegenständen unserer Reflexion gemacht.« (18, 77)

Und genau das ist die Aufgabe der Philosophie: die allgemeinen Fäden, entlang derer wir denken, aus dem Inhalt, aus dem Stoff auf die richtige Weise herauszuziehen und sie selbst qua Explikation, Evaluation und Exposition – im Zusammenhang – zum Thema der philosophischen Reflexion zu machen. Diese Arbeit nennt Hegel *Metaphysik.* Sie ist der zeit- wie unzeitgemäße Ort, an dem die Philosophie zuhause ist.

Metaphysik ist also das, was insgeheim die Strippen zieht; das, an dem wir hängen, wann immer wir denken, aber auch die philosophische Disziplin, die das thematisiert, sie ist *Medium* und *Thema* zugleich. Was präreflexiv die Strippen zieht, ist, mit anderen Worten, die Logik oder die bewegliche und kontextualisierende Ordnung unseres Denkens entlang der Grundbegriffe (Kategorien) als der Einheit von Sein und Selbst. In der *Phänomenologie des Geistes* spricht Hegel ganz allgemein von der »Arbeit des Begriffs«. Diese Arbeit zielt auf das *Selbsttätige* des begrifflichen Denkens, das uns wie ein Navigationssystem dabei hilft, durch unbekannte Gewässer zu navigieren, von dem wir, wie zu Anfang gesagt, aber nicht wissen, dass wir es kennen. Es klärt sich erst über seinen wissenschaftlich reflektierten Gebrauch. Erst dann sieht man besser. Die Metaphysik interessiert sich für das geheime Leben der Stammbegriffe und Ideen, sie arbeitet – wie die Molekulargenetik an der Entschlüsselung des Genoms – an der Dekodierung des Denkens oder der ihm eigenen Grammatik. Auf ihr beruht unser Denken und Sprechen, aber auch unser Handeln. Sie zeigt uns, *wie* der Geist, dieser »wackere Maulwurf« in Nachtschicht für Nachtschicht sein zutage liegendes Werk vollbringt. In unserer Behandlung der Wissenschaft der Logik kommt dieser Gesichtspunkt ausführlich zur Sprache.

Dabei interessiert sich Hegel, wie erwähnt, sehr für die *nationalen* Eigentümlichkeiten der Philosophie, aber auch für die Benutzung dieses Namens im Zusammenhang der »allgemeinen wissenschaftlichen Bildung«. Letztere rechnen »wir Deutsche nur selten zur Philosophie«. Ein *Studium generale* ist nicht Philosophie, auch wenn sie sich nicht selten und aus guten Gründen zu einer derartigen Organisation von Veranstaltungen aufgefordert sieht. Letzte Spuren dieser Vorstellung von Philosophie finden wir universitär aber bis heute in der Bezeichnung der geistes- und sozialwissenschaftlichen Fächer als philosophische Fakultät. Die Engländer zur Zeit Hegels sind, was den Namen betrifft, der Philosophie freundlicher gestimmt. Von der Naturwissenschaft bis zur Nationalökonomie wurden diese Fächer Philosophie genannt.

Ein Unterschied ums Ganze aber scheint nun darin zu liegen, dass die Angelsachsen eher behaupten, Philosophie sei *Erfahrungswissenschaft* und sie als solche auch verstehen wollen, während die Deutschen eher darauf pochen, Philosophie sei *reine Vernunftwissenschaft* und sie als solche auch haben wollen. Hegel versucht eine Vermittlung von Vernunft und Erfahrung, Geist und Geschichte, von Gedanke und Welt. Er stellt den Begriff der Erfahrung ins Zentrum. Sein erstes bedeutendes Werk, die *Phänomenologie des Geistes*, stellt er unter die Aufgabe, eine Erfahrungsgeschichte von

Bewusstseins- und Weltgestalten zu schreiben. Auch sein großes Interesse an Politik, Geschichte und Kunst zeugt davon. Gleichwohl neigt sich die Nadel seiner Philosophie dem Vernunftpol zu. Hegel weiß beide Seiten auf geschickte Weise zu vermitteln, um dennoch am Vorrang der Frage einer vernünftig organisierten Freiheit in der Welt, wie sie ist, festzuhalten.

Es ist eine interessante, aber auch weitläufige, durch viele Beispiele anschaulich belegte Geschichte, die Hegel unter dem Stichwort der »Vermischung von Philosophie und allgemeiner Bildung« erzählt – von dem Zeitpunkt an, wo in einem Volk »der Geist sich auf allgemeine Gegenstände wirft« und »die natürlichen Dinge unter allgemeine Verstandesbestimmungen bringt« und nach den allgemeinen ursächlichen Erklärungen der Dinge sucht oder auch über die allgemeinen Grundsätze des Sittlichen, des Willens und der politischen Verfassung nachdenkt.[12]

Es dauert eine geraume Weile – Hegel sagt, der Geist nimmt sich Zeit – bis sich, am Rand der modernen Welt, die Philosophie einerseits von den mächtig aufstrebenden *Wissenschaften*, andererseits von der *Weltweisheit* trennt – aber im vollen Bewusstsein der notwendigen Überschneidungsbereiche mit beiden so unterschiedlichen Weltsichten. Die Philosophie hält Anteile an beiden, sie profitiert von beiden und entwickelt gleichwohl ein eigenständiges Profil, d. i. ein vernünftig begründetes Unterschiedsbewusstsein. Sie erweitert ihre frühere Weltzugangsweise um eine ungleich mächtigere Weltumgangsreflexion.

> »Dieses Wissen [der positiven Wissenschaften wie der Jurisprudenz, des Staats- und Zivilrechts, Hugo Grotius schreibt ein Völkerrecht usf., G. G.] war so Wissen von Endlichem, die Welt [qua Recht, Politik] der Inhalt des Wissens. Indem dieser Inhalt aus der menschlichen Vernunft durch Selbstsehen kam, so sind die Menschen selbsttätig gewesen. Dieses Selbstdenken ist geehrt und menschliche Weisheit, Weltweisheit genannt worden, da sie Irdisches zum Gegenstande hatte und auch in der Welt selbst entstanden war. Dieses war die Bedeutung der Philosophie gewesen. Man hat so recht, die Philosophie Weltweisheit zu nennen.« (18, 81)

Kant, Hegel und das ganze Zeitalter der klassischen deutschen Philosophie stellen höhere Ansprüche. Zu groß ist die Gefahr, vermittels der Präsentation von Weltweisheit(en) und klugen Sprüchen in bloße Weltanschauung abzugleiten. Diese zieht aus dem vielschichtigen Stoff der Interessen und Gegenstände *nicht* – im strengen Bewusstsein der Wissenschaft – »jene allgemeinen Fäden«, Formen und verallgemeinerungsfähige Gedanken heraus, die sie uns wirklich – im Zusammenhang ihres tätigen Gebrauchs (»konkret«) wie ihrer historischen Entwicklung – verstehen lassen. Philosophie als Wissenschaft, könnte man sagen, bringt einen, den notwendigen Zusammenhang in die weite Welt der Weltweisheit. Sie sucht in dem, worin sich die Weisheitslehren widersprechen, selbst noch eine Erklärung zu finden. Ansonsten blieben sie Meinungen, der Beliebigkeit subjektiver Erfahrung und zufälliger Einsicht anheim gestellt. Anders gesagt, Philosophie als Wissenschaft nimmt ihren Arbeits- qua Wissensauftrag ernst. Nur ein auf seine Allgemeingültigkeit setzendes Wissen hat uns (allen) was zu sagen. Allein das Wissen, hinter das wir nicht zurück können und auch nicht zurück wollen, zieht die Aufmerksamkeit der Philosophie in besonderem Maße auf sich. Wenn also das Wahre das Ganze ist, dann überzeugt eine Bestenliste der Weltweisheiten nur, wenn sie erstens auch im Blick auf die Erörterung des *Zusammenhangs* zu beeindrucken weiß und zweitens hinsichtlich der *Zeit* einem *gegenwärtigen* Orientierungsbedürfnis entgegenkommt. Gegenüber den empirischen Wissenschaften – es gibt sie nur im Plural – ist Misstrauen angebracht, wenn eine glaubt, eines ihrer zugegeben höchst aufschlussreichen Resultate über einen schmalen Ausschnitt der Realität zu verallgemeinern und in den Rang eines das Ganze umfassende Wahren zu erheben.

(3) *Zu Religion und Kunst.* Die Abgrenzung zur Religion sowie zum Mythos und zur Mythologie, aber auch zur Kunst, liegt Hegel am Herzen, er verwendet viele Bögen dafür. Die Gefahr, sie mit der Philosophie in einen Topf zu werfen, ist so groß wie die Versuchung, zu behaupten, sie hätten rein gar nichts miteinander gemein.

> »Wie nämlich das erste Gebiet mit der Philosophie durch die formelle, selbständige Erkenntnis überhaupt verwandt war, so ist die Religion durch den Inhalt zwar das Gegenteil dieser ersten Weise und Sphäre, aber durch denselben eben mit der Philosophie verwandt. Ihr Gegenstand ist nicht das Irdische, Weltliche, sondern das Unendliche. Mit der Kunst und vornehmlich mit der Religion hat die Philosophie es gemein,

die ganz allgemeinen Gegenstände zum Inhalt zu haben. Sie sind die Weisen, in welchen die höchste Idee für das nicht philosophische, [sondern, G. G.] fürs empfindende, anschauende, vorstellende Bewußtsein vorhanden ist; und indem der Zeit nach im Gange der Bildung die Erscheinung der Religion dem Hervortreten der Philosophie vorangeht, so ist dieses Verhältnis wesentlich zu erwähnen. Und es hat sich die Bestimmung für den Anfang der Geschichte der Philosophie daran zu knüpfen, indem eben zu zeigen ist, inwiefern von ihr das Religiöse *auszuschließen* und mit ihm *nicht* der Anfang zu machen ist [Hervorh. G. G.].«

Gedanken sind die Problemmaterie, das Betätigungsfeld der Philosophie. *In* ihnen wird *über* das ganz Allgemeine, das Wesen der Dinge *nachgedacht*, was natürlich dadurch, dass die Gedanken in *sprachlicher Form* geäußert werden, den Problemdruck hinsichtlich einer genauen Analyse deutlich erhöht. *Denken* umfasst bei Hegel auch andere kognitive Tätigkeiten wie Vorstellen, Symbolisieren, Erinnern, Rechnen, Vermutungen anstellen und Analogien bilden, aber auch, sich etwas ausdenken, was nicht ist – das weite Feld der Vorstellungs- oder Einbildungskraft. Freilich genießt das (reine) Denken entlang der Begriffe in ihrer (onto-)logischen Gestalt höchste Priorität.

Auch die Religion und ihre Bindung an die *Vorstellung* rechnet Hegel zum absoluten Geist – ganz wie die Kunst, die in Hegels Auffassung – noch stärker als die Religion – an die *anschauliche* und *sinnliche* Seite unserer Erfahrung appelliert. Das letzte Bezugssystem für die Philosophie wie für die Religion und die Kunst ist die *Idee*, der sie auf verschiedene, d. i. je spezifische Weise Ausdruck verleihen. Am nachdrücklichsten kommt das in Hegels Definition der *Kunst* als dem *sinnlichen Scheinen der Idee* zur Sprache.

Die *Vorstellung* ist darum das Medium und Mittel, die Message und Moral der religiösen Gedankenwelt, weil sie einerseits *Symbole* (Kreuz), *Rituale* (Eucharistiefeier) und *Narrative* (biblische Erzählungen) nutzt, um ihre Einrichtung, d. i. die religiöse Praxis mit dem Unendlichen, mit Sinn und ewigem Leben zu erfüllen; andererseits in Gestalt eines theologisch fundierten Systems des Glaubens auch auf diskursiv geordnete Überzeugungen und Ansichten zurückgreift und also im besten Sinne Weltanschauung ist. Gleichwohl bleibt sie an eine auf göttliche Autorität gestützte Offenbarung rückgebunden (Re-ligio).

Kunst hingegen ist (das) Inne- und Anhalten der Zeit im Medium des sinnlichen Scheinens der Idee. Sie zeigt sich in Architektur, Plastik, Malerei und Theater ebenso wie in Literatur und Musik. Während die *Religion* das Innehalten der Zeit in Gestalt gemeinsamer Andacht und anderer kultischer Elemente ist, bei denen auch Zeremonien helfen, eine Gemeinschaft der Gläubigen zu stiften, ist die *Philosophie* das Innehalten der Zeit im Medium der begrifflichen Bearbeitung der Idee. Kurz, das umfassende Thema der spekulativen Philosophie ist die Idee.

Hegel entwickelt diese Kunst, Religion und Philosophie betreffenden Gedanken in einer breit und tief gestaffelten Form, die bis heute in Erstaunen versetzt. Seine Vorlesungen zur Geschichte der *Philosophie*, der *Ästhetik* umfassen je drei, zur *Religion* zwei Bände.

Zum *absoluten* Geist rechnet Hegel Kunst, Religion und Philosophie deshalb, weil sie das, was der *subjektive* und der *objektive* Geist auf dem Weg zu einem Wesen der subjektiven wie objektiven Freiheit, in der Sache erarbeitet haben, sich nochmals in Form der *Anschauung* (Kunst), der *Vorstellung* (Religion) und des *Begriffs* (Philosophie) zu vergegenwärtigen und zu fassen sucht. Als *subjektiver Geist* arbeitet er sich zum Bewusstsein seiner selbst und einer (Handlungs-)Freiheit im Umgang mit sich durch. Im Mittelpunkt steht der endliche Geist (der Mensch), dessen Analyse Hegel auf die Disziplinen Anthropologie, Phänomenologie und Psychologie verteilt. Gegenstand der Anthropologie ist die Seele. Bewusstsein und Geist bilden die Themen der beiden anderen philosophischen Disziplinen. In der Stufenfolge dieser Emanzipationsgeschichte des Geistes ist der *objektive Geist* die nächsthöhere Gestalt. Seine Verfassung zeigt sich in den Institutionen des Staats und der Gesellschaft. Darum geht es in der Rechtsphilosophie.

(4) *Zur Populärphilosophie.* Der folgende Text spricht in seiner Systematik für sich, er bedarf keiner weiteren Rahmung. Unter Rückgriff auf seine Methode des Denkens, d. i. die intelligente Praxis, Unterschiede zu machen, benutzt er abermals das Formular, das dem spekulativen Denken zugrunde liegt. Er zeigt die eigentliche Tätigkeit des Philosophierens über die Einheit und den Unterschied im Vergleich zu den populären Weisen des Philosophierens.

»Von den zwei mit der Philosophie verwandten Sphären hatte die eine (die besonderen Wissenschaften), um zur Philosophie gezählt zu werden, für uns den Mangel gehabt, daß sie, als Selbstsehen, Selbstdenken im endlichen Stoffe versenkt, als Regsamkeit, das Endliche zu erkennen, nicht den Inhalt, nur das formelle, subjektive Moment, – die zweite Sphäre, die Religion, daß sie nur den Inhalt, das objektive Moment mit der Philosophie gemein hatte, das Selbstdenken nicht wesentliches Moment, sondern der Gegenstand in bildlicher Form oder geschichtlich ist. Die Philosophie fordert die Einheit, Durchdringung beider Momente; sie vereinigt diese beiden Seiten in eins: den Sonntag des Lebens, wo der Mensch demütig auf sich selbst verzichtet, und den Werktag, wo der Mensch auf seinen Beinen steht, Herr ist und nach seinen Interessen handelt. Ein Drittes scheint beide Momente [auch, G. G.] zu vereinen; das ist die *Popularphilosophie.* Sie hat es mit allgemeinen Gegenständen zu tun, philosophiert über Gott und Welt; und dann ist das Denken auch tätig, solche Gegenstände zu erkennen. Doch auch diese Philosophie müssen wir noch auf die Seite stellen. Die Schriften des Cicero können hierher gerechnet werden. Es ist ein Philosophieren, das seine Stelle hat, es wird Vortreffliches gesagt. Er hat vielfache Erfahrungen des Lebens gemacht und seines Gemütes, daraus sich das Wahrhafte genommen, nachdem er gesehen, wie es zugeht in der Welt. Mit gebildetem Geiste drückt er sich über die größten Angelegenheiten des Menschen aus; er wird so sehr beliebt sein. Schwärmer, Mystiker werden nach einer anderen Seite hierher gerechnet werden können. Ihre tiefe Andacht sprechen sie aus, haben hier in den höheren Regionen Erfahrungen gemacht; den höchsten Inhalt werden sie ausdrücken können, die Darstellung wird anziehend sein. So die Schriften eines Pascal; in seinen *Pensées* finden sich die tiefsten Blicke. Dieser Philosophie klebt aber noch ein Mangel in Ansehung der Philosophie an. Das Letzte, woran appelliert wird (wie auch in neueren Zeiten), ist, daß den Menschen dies von Natur eingepflanzt sei. […] Jetzt wird vom Moralinstinkt geredet, man nennt es […] Gefühl. So soll jetzt die Religion nicht auf Objektivem beruhen, sondern auf religiösem Gefühl; das unmittelbare Bewußtsein des Menschen von Gott sei der letzte Grund. Cicero [hingegen, G. G.] gebraucht häufig den *consensus gentium* [das natürliche Volksempfinden, den gesunden Menschenverstand, G. G.]; diese Berufung wird in der neueren Manier mehr oder weniger weggelassen, da das Subjekt auf sich beruhen soll. Die Empfindung [die Intuition, die Evidenz, das unausweichliche Bauchgefühl, die lebenslange Erfahrung usf. G. G.] wird zuerst in Anspruch genommen, dann kommen Gründe, Räsonnement darüber; diese können aber selbst nur an Unmittelbares appellieren. Selbstdenken wird hier freilich gefordert, auch der Inhalt ist aus dem Selbst geschöpft; aber wir müssen diese Weise gleichfalls aus der Philosophie ausschließen. Denn die Quelle, woraus der Inhalt geschöpft wird, ist von gleicher Art wie bei jenen ersten Sphären. Bei der ersten ist die Quelle die Natur; bei der zweiten [ist] die Quelle […] Herz, Triebe, Anlagen, unser natürliches Sein, mein Gefühl für Recht, von Gott.« (18, 113 ff.)

Diese Tendenz hat sich im Verlauf der modernen Welt nochmals verstärkt. Heute werden auf diesem Felde der Philosophie als Weltweisheit und Populärphilosophie meist *Romane* und/oder *Biographien* geschrieben, um Philosophie und Verwandtes an den Mann, die Frau und weitere (soziale) Geschlechter zu bringen. Dem mühseligen Geschäft, wie denn die klugen, auf *Lebenskunst* und *Wohlgefühl* getrimmten Aussagen über dieses oder jenes Schicksal zueinander passen könnten, mag man sich selten unterziehen. Man müsste über die Verallgemeinerbarkeit oder die Dekontextualisierung der Überlegungen nachdenken. Selbst der Essay, einst als durchgängig kritische Note zur allgemeinen Lage der Politik oder Kultur geschätzt, verkommt regelmäßig zur Selbstinszenierung oder – im besten Fall – zur Darstellung des Unbehagens, das man selbst wiederum an dieser Art Selbstdarstellung nimmt.

Eine weitere Anmerkung zu Hegels Systematik der Philosophie in ihrer historischen Entwicklung ist hier angebracht. Dazu zitiere ich aus Elmar Holensteins wunderbarem *Philosophie-Atlas: Orte und Wege des Denkens* mittels einer längeren Passage: einer »Pilotstudie«, die nicht nur die Dringlichkeit der »Zeitachse« herausstellt, sondern auch dem »geographischen Raum« für die (Geschichte der) Philosophie die Aufmerksamkeit schenkt, die dieser verdient. Neben der Abgrenzung zu anderen Gebieten geht es vor allem um die Erweiterung des Blicks auf frühe Hochkulturen, die Hegel und der Zeit um 1800 noch verschlossen waren.

»Für viele Philosophen beginnt ihre Disziplin in der ›Achsenzeit‹ um die Mitte des letzten Jahrtausends vor dem Wechsel der Zeitrechnung. Die damals erfolgte Entwicklung bezeichnen sie als einen Übergang *vom Mythos zum Logos*, von Erzählungen zu Begründungen oder, wie man es auch formulieren könnte, von der *narratio* zur *ratio*. Aus der Vorachsenzeit ist jedoch ebensoviel Spruchweisheit wie Mythologie überliefert. Ciceros Sicht der damaligen Entwicklung als eine *von der Weisheit zur Philosophie* ist daher vorzuziehen. […]

In bezug auf die Ägypter meinte Hegel [...], daß sie noch nicht in der Lage waren, über ihre ›stummen Kunstwerke‹ hinaus ›ein Nationalwerk der Sprache‹ hervorzubringen. Hegel konnte zu seiner Zeit die Weisheitsliteratur und die Dichtung im alten Kemet/Ägypten noch nicht kennen. ›Das älteste Buch der Menschheit‹, die ›Lehre des Ptahhotep‹, verfaßt wahrscheinlich im -24. Jahrhundert in Memphis, war noch nicht wiederentdeckt, ebensowenig der ›Sonnenhymnos‹ des Akhenaton aus dem -14. Jahrhundert. Hegel konnte noch nicht wissen, daß die früheste bekannte ›Entgötterung‹ oder, nach einer neueren Ausdrucksweise, ›Entmythologisierung‹ der Natur dadurch, daß sie als eine Schöpfung Gottes erklärt wird, keine originelle Leistung der jüdischen Bibel ist, sondern – ein bis zwei Jahrtausende früher – ausgerechnet den afrikanischen Ägyptern zuzuschreiben ist, bei denen Hegel ›ein eisernes Band um die Stirne des Geistes gewunden‹ zu sehen vermeinte. Die Archäologie hat seit Hegels Tod (1831) so viele literarische Dokumente ans Tageslicht gebracht und den zeitlichen Horizont der Frühgeschichte der Menschheit derart ausgeweitet, daß die ganze Vorgeschichte der Philosophie neu zu konzipieren ist. [...] Man kann sich nach wie vor an das Kriterium von Kant und Hegel halten, will man die ›eigentliche‹ oder ›wissenschaftlich betriebene‹ Philosophie von ›bloßer‹ Weisheit abheben (theoretische Annahmen, die zur Lösung empirischer und praktischer Probleme gemacht werden, argumentativ und mit Hilfe von abstrakten Begriffen und Regeln klären). Mit diesem Kriterium sind die geographischen Grenzen der Philosophie jedoch nicht mehr dort zu ziehen, wo der Einflußbereich der von den Hellenen eingeleiteten philosophischen Bewegung endete. Der Forschungsstand ist heute ein anderer als in den Jahrzehnten unmittelbar vor und nach 1800. Zu viele der wahrhaft großen Philosophen außerhalb Europas waren Kant und Hegel wohl noch nicht einmal dem Namen nach vertraut, [...]. Von der Mehrzahl dieser Gelehrten sind Texte überhaupt erst im Verlauf des 20. Jahrhunderts in europäischen Sprachen zugänglich gemacht worden.«[13]

So richtig diese Feststellungen über den Forschungsstand zu den Orten, Zeiten und Wegen der »Philosophie« um 1800 auch sind, sie gelangen nicht eigentlich ins Zentrum der Hegel'schen Philosophie. Sie verfehlen sein systematisches Interesse, das im folgenden Kapitel beschrieben wird. Man muss es um die Stichworte Zeit, Freiheit und Erkenntnis gruppieren.

IV. Philosophie als Erkenntnis ihrer Zeit

Hier geht es, wie Hegel sagt, um das Verhältnis, das »eine Philosophie zu ihren geschichtlichen Umgebungen hat«. Von den philosophischen, ästhetischen und religiösen, aber auch von ihren populären Kontexten war zuletzt die Rede.

(1) *Geschichtliche Umgebungen*. Die Philosophie emanzipiert sich im Verlauf der (europäischen) Neuzeit von der Religion. Sie wird selbstständig, sie lernt, ihre letzten Antworten nicht mehr dem Offenbarungsglauben – in unseren Breiten, nicht mehr der/den christlichen Religionen – zu entlehnen. Sie besinnt sich auf sich selbst, sie stellt sich auf eigene Füße, also auf das, was ein begreifendes Denken zu erfassen in der Lage ist. Vernunft und Erfahrung treten an die Stelle des Glaubens. Die Philosophie sucht nach innerweltlichen Begründungsstrategien für ein Wissen, das ohne Anleihen bei der Religion und der Theologie, der Mystik und Mythologie auskommen muss. Die Zuversicht ist groß, die haltgebenden Antworten der sozialen Welt und der neueren geschichtlichen Entwicklung der Völker und Staaten selbst entnehmen zu können. Die historische Emanzipation des menschlichen Subjekts aus der Vormundschaft der christlichen Kirche, des Feudalismus und Absolutismus kommt ihr dabei sehr entgegen.

Das Streben nach gesellschaftlicher, nach politischer und wirtschaftlicher Freiheit und Gleichheit zwingt die Philosophie, den alten Denk- und Handlungssicherheiten, Zeremonien und Ritualen der Macht zu misstrauen. Die Philosophie sieht aber auch, in welchem Umfang und welcher Intensität ihr Denken mit dem Schicksal des Gesellschaftlich-Geschichtlichen (der »Völker«) verbunden bleibt. Dazu zählen auch die beginnende Industrialisierung und die Mobilisierung der Wissenschaften.

Der Gedanke drängt sich auf, dass sich das Gesellschaftlich-Geschichtliche und die philosophische Reflexion in einer Art Parallelaktion entwickelten; als gäbe es da eine Affinität und dauernde Affäre zwischen beiden Entwicklungsreihen; als wiesen sie mehr als bloß äußerliche Korrespondenzen auf. Hegel ist der Auffassung, dass beide Entwicklungsstränge bestimmten, parallel laufenden Gesetzmäßigkeiten unterliegen. Sie muss daher nicht mit so vagen und minderen Kategorien wie dem »Einfluss« arbeiten. Die historische Zeit tritt auf den Plan, es ist, als ob eine bestimmte Zeit gleich einer mächtigen Welle nicht nur durch die Gesellschaften, die Nationalstaaten, Hegel sagt, die »Völker«, hindurchfließen würde; auch die »Gedanken« könnten unmöglich von dem absehen, was innerhalb der Geschichte der Völker an mächtigen Entwicklungskräften am Werk ist. Durch das Ganze einer bestimmten Zeit verlaufe ein einheitlicher Grundton (ein mächtiger, ein an und für sich seiender Gedanke), der sich in den je unterschiedlichen Teilbereichen des sozialen Lebens auf je spezifische Weise manifestiere.

> »Die Geschichte der Philosophie hat diese Wissenschaft in der Gestalt der Zeit und der Individualitäten, von welchen ein Gebilde derselben ausgegangen, darzustellen. Solche Darstellung hat aber die äußere Geschichte der Zeit von sich auszuschließen und nur an den allgemeinen Charakter des Volks und der Zeit und den allgemeinen Zustand zu erinnern. In der Tat stellt aber die Geschichte der Philosophie selbst diesen Charakter, und zwar die höchste Spitze desselben dar. Sie steht im innigsten Zusammenhange mit ihm, und die bestimmte Gestalt der Philosophie, die einer Zeit angehört, ist selbst nur eine Seite, ein Moment desselben. [...] Man sagt gewöhnlich, daß die politischen Verhältnisse, die Religion usf. zu betrachten seien, weil sie großen Einfluß auf die Philosophie der Zeit gehabt haben und diese ebenso einen Einfluß auf jene ausübe. Wenn man sich aber mit solchen Kategorien wie ›großer Einfluß‹ begnügt, so stellt man beides in einen äußerlichen Zusammenhang und geht von dem Gesichtspunkte aus, daß beide für sich selbständig sind. Hier müssen wir dies Verhältnis jedoch nach einer anderen Kategorie betrachten, nicht nach dem Einfluß, der Wirkung aufeinander. Die wesentliche Kategorie ist die Einheit aller dieser verschiedenen Gestaltungen, daß *ein* [Hervorh. G. G.] Geist nur ist, der sich in verschiedenen Momenten manifestiert und ausprägt.« (18, 70)

Es gibt nach Hegel auch äußere geschichtliche Bedingungen zum Philosophieren. Ein gewisses Maß an geistiger Übung und Bildung ist ebenso nötig wie Zeit und Muße, um sich auf Fragen dieser Abstraktionshöhe überhaupt einzulassen. Das ist das eine. Durch die »Eiswüste der Abstraktion« (Walter Benjamnin) zurückzufinden, das andere, eine Aufgabe, vor der die Philosophie immer aufs Neue steht.

»Erst nachdem für die Not des Lebens gesorgt ist«, sagt Aristoteles, »hat man zu philosophieren angefangen« (Metaphysik I, 2). Die »Philosophie [ist] ein freies, nicht selbstsüchtiges Tun […], Leidenschaften müssen abgerieben, das Bewußtsein so weit fortgerückt sein, um an *allgemeine Gegenstände* zu denken. Die Philosophie kann man daher eine Art von Luxus nennen, […] die nicht der äußeren Notwendigkeit als solcher angehören. Insofern ist die Philosophie allerdings entbehrlich.« (18, 70)

(2) *Bedürfnis zum Philosophieren.*

> »Sosehr die Philosophie auch, als Denken, Begreifen des Geistes einer Zeit, apriorisch ist, so wesentlich ist sie auch Resultat; der Gedanke ist resultierend, hervorgebracht, er ist die Lebendigkeit, Tätigkeit, sich hervorzubringen. Diese Tätigkeit enthält das wesentliche Moment einer Negation: Hervorbringen ist auch Vernichten; die Philosophie, damit sie sich hervorbringe, hat das Natürliche zu ihrem Ausgangspunkte. Die Philosophie tritt zu einer Zeit auf, wo der Geist eines Volkes sich aus der gleichgültigen Dumpfheit des ersten Naturlebens herausgearbeitet hat, ebenso als aus dem Standpunkt des leidenschaftlichen Interesses, so daß diese Richtung aufs Einzelne sich abgearbeitet hat; der Geist geht über seine natürliche Gestalt hinaus, er geht von seiner realen Sittlichkeit, Kraft des Lebens zum Reflektieren, Begreifen über. Die Folge davon ist, daß er diese substantielle Weise der Existenz, diese Sittlichkeit, diesen Glauben angreift, wankend macht; und damit tritt die Periode des Verderbens ein. Der weitere Fortgang ist dann, daß der Gedanke sich in sich sammelt. Man kann sagen, wo ein Volk aus seinem konkreten Leben überhaupt heraus ist, Trennung und Unterschied der Stände entstanden ist und das Volk sich seinem Untergange nähert, wo ein Bruch eingetreten ist zwischen dem inneren Streben und der äußeren Wirklichkeit, die bisherige Gestalt der Religion usw. nicht mehr genügt, der Geist Gleichgültigkeit an seiner lebendigen Existenz kundgibt oder unbefriedigt in derselben weilt, ein sittliches Leben sich auflöst, – erst dann wird philosophiert. Der Geist flüchtet in die Räume des Gedankens, und gegen die wirkliche Welt bildet er sich ein Reich des Gedankens.« (18, 71)

Es entbehrt nicht einer reizvollen Note, dass Hegel um die Jahrhundertwende, also vor der Zeit der Restauration, dem Wiener Kongress (1814) und den Karlsbader Beschlüssen (1819, »Demagogenverfolgung«), dem Bedürfnis der Philosophie noch eine andere Betonung gegeben hat. »Wenn die Macht der Vereinigung aus dem Leben der

Menschen verschwindet und die Gegensätze ihre lebendige Beziehung und Wechselwirkung verloren haben und Selbstständigkeit gewinnen, entsteht das Bedürfnis der Philosophie.« (2, 22) Sie entsteht in der Krise, sie ist Ausdruck der Krise. Sie weiß das entfremdete Leben in den grellsten Farben zu schildern. Sie ist in der Analyse und Diagnose der politisch wie gesellschaftlich unhaltbaren Zustände maßgeblich beteiligt – wie Sokrates, der durch sein Reden und Verhalten die Sittlichkeit der antiken Polis unterminiert und dadurch – als »welthistorisches Individuum« – zum »Erfinder« einer neuen, auf die Subjektivität zugeschnittenen Moral wird.

> »Die Philosophie ist dann die Versöhnung des Verderbens, das der Gedanke angefangen hat. Die Philosophie fängt an mit dem Untergange einer reellen Welt; wenn sie auftritt mit ihren Abstraktionen, grau in grau malend, so ist die Frische der Jugend, der Lebendigkeit schon fort, und es ist ihre Versöhnung eine Versöhnung nicht in der Wirklichkeit, sondern in der ideellen Welt. Die Philosophen in Griechenland haben sich von den Staatsgeschäften zurückgezogen; sie sind Müßiggänger gewesen, wie das Volk sie nannte, und haben sich in die Gedankenwelt zurückgezogen.« (18, 71 f.)

(3) *Philosophie als Gedanke ihrer Zeit.* Hegel schildert dann, seine Sicht bekräftigend, in welcher Weise die Philosophie, der Geist mit der Welt, d. i. mit der geschichtlichen Zeit verbunden ist. Er hebt dabei auf die fortgeschrittene Zeit ab, die ein Individuum, eine Kultur, ein Volk, »bestimmte geistige Mächte« benötigt, um sich, seine Interessen und Gedanken zu bündeln und in den je erbrachten großen Leistungen einer Zivilisation sichtbar zu machen.

> »Aber es kommt die Zeit nicht nur überhaupt, daß überhaupt philosophiert wird, sondern in einem Volke ist es eine bestimmte Philosophie, die sich auf tut, und diese Bestimmtheit des Standpunkts des Gedankens ist dieselbe Bestimmtheit, welche alle anderen geschichtlichen Seiten des Volksgeistes durchdringt, im innigsten Zusammenhange mit ihnen ist und ihre Grundlage ausmacht. Die bestimmte Gestalt einer Philosophie also ist gleichzeitig mit einer bestimmten Gestalt der Völker, unter welchen sie auftritt, mit ihrer Verfassung und Regierungsform, ihrer Sittlichkeit, geselligem Leben, Geschicklichkeiten, Gewohnheiten und Bequemlichkeiten desselben, mit ihren Versuchen und Arbeiten in

> Kunst und Wissenschaft, mit ihren Religionen, den Kriegsschicksalen und äußerlichen Verhältnissen überhaupt, mit dem Untergang der Staaten, in denen dies bestimmte Prinzip sich geltend gemacht hatte, und mit der Entstehung und dem Emporkommen neuer, worin ein höheres Prinzip seine Erzeugung und Entwicklung findet. Der Geist hat das Prinzip der bestimmten Stufe seines Selbstbewußtseins, die er erreicht hat, jedesmal in den ganzen Reichtum seiner Vielseitigkeit ausgearbeitet und ausgebreitet. Dieser reiche Geist eines Volkes ist eine Organisation – ein Dom, der Gewölbe, Gänge, Säulenreihen, Hallen, vielfache Abteilungen hat, welches alles aus einem Ganzen, einem Zwecke hervorgegangen. Von diesen mannigfaltigen Seiten ist die Philosophie eine Form, und welche? Sie ist die höchste Blüte, – sie der Begriff der ganzen Gestalt des Geistes, das Bewußtsein und das geistige Wesen des ganzen Zustandes, der Geist der Zeit, als sich denkender Geist vorhanden. Das vielgestaltete Ganze spiegelt in ihr als dem einfachen Brennpunkte, dem sich wissenden Begriffe desselben, sich ab.«

Von besonderem Interesse sind für Hegel die Unterschiede, die sich im Verlauf der Geschichte zwischen dem »Geist der Zeit« und seinen politischen, gesellschaftlichen und kulturellen Ausdrucks- und Lebensformen ergeben haben.

> »Die Philosophie, die innerhalb des Christentums notwendig ist, konnte nicht in Rom stattfinden, da alle Seiten des Ganzen nur Ausdruck einer und derselben Bestimmtheit sind. Das Verhältnis der politischen Geschichte, Staatsverfassungen, Kunst, Religion zur Philosophie ist deswegen nicht dieses, daß sie Ursachen der Philosophie wären oder umgekehrt diese der Grund von jenen; sondern sie haben vielmehr alle zusammen eine und dieselbe gemeinschaftliche Wurzel – den Geist der Zeit. Es ist ein bestimmtes Wesen, Charakter, welcher alle Seiten durchdringt und sich in dem Politischen und in dem Anderen als in verschiedenen Elementen darstellt; es ist ein Zustand, der in allen seinen Teilen in sich zusammenhängt und dessen verschiedene Seiten, so mannigfaltig und zufällig sie aussehen mögen, sosehr sie sich auch zu widersprechen scheinen, nichts der Grundlage Heterogenes in sich enthalten. Diese bestimmte Stufe ist aus einer vorhergehenden hervorgegangen. Es aber aufzuzeigen, wie der Geist einer Zeit seine ganze Wirklichkeit und ihr Schicksal nach seinem Prinzipe ausprägt, – diesen ganzen Bau begreifend darzustellen, das bleibt uns auf der Seite liegen; es wäre der Gegenstand der philosophischen Weltgeschichte überhaupt. Aber uns gehen die Gestaltungen nur an, welche das Prinzip des Geistes in einem mit der Philosophie verwandten geistigen Elemente ausprägen.«

Was bedeutet das für die Philosophie und ihre Stellung in der Welt? Wenn Hegel jetzt in dürren, aber selten klaren Worten den inneren Zusammenhang der Grundbegriffe seiner Philosophie zum Besten gibt – den von Philosophie und Welt, Inhalt und Form, Individualität und Allgemeinheit in Bezug auf die Zeit und die Wirklichkeit des Geistes – dann fehlt diesem begrifflichen Zusammenhang nur noch die Laterne, ihm ein Licht aufzusetzen, die es braucht, um wirklich zu leuchten – d. i. die *Freiheit*, aber damit rückt Hegel erst im übernächsten Abschnitt heraus.

> »Eine Folge davon ist, daß die Philosophie ganz identisch ist mit ihrer Zeit. Sie steht daher nicht über ihrer Zeit, sie ist Wissen des Substantiellen ihrer Zeit. Ebensowenig steht ein Individuum, als Sohn seiner Zeit, über seiner Zeit; das Substantielle derselben, welches sein eigenes Wesen, manifestiert er nur in seiner Form; niemand kann über seine Zeit wahrhaft hinaus, sowenig wie aus seiner Haut. Die Philosophie steht jedoch andererseits der Form nach über ihrer Zeit, indem sie als das Denken dessen, was der substantielle Geist derselben ist, ihn sich zum Gegenstande macht. Insofern sie im Geiste ihrer Zeit ist, ist er ihr bestimmter weltlicher Inhalt; zugleich ist sie aber als Wissen auch darüber hinaus, stellt ihn sich gegenüber; aber dies ist nur formell, denn sie hat wahrhaft keinen anderen Inhalt. Dies Wissen selbst ist allerdings die Wirklichkeit des Geistes, das Selbstwissen des Geistes; so ist der formelle Unterschied auch ein realer, wirklicher Unterschied. Dies Wissen ist es dann, was eine neue Form der Entwicklung hervorbringt; die neuen Formen sind nur Weisen des Wissens. Durch das Wissen setzt der Geist einen Unterschied zwischen das Wissen und das, was ist; dies enthält wieder einen neuen Unterschied, und so kommt eine neue Philosophie hervor.« (die letzten Zitate: 18, 73 ff.)

Kurz, Geist ist überhaupt nur, wenn er Unterstützung durch die gesellschaftlich-geschichtliche Welt erfährt; die Welt nur, wenn sie sich auf ihn verlassen kann. Dieses wechselseitige Bedingtsein bringt beide erst auf ein strukturell vergleichbares Niveau, das die neuere Zeit, die moderne Welt usf. darstellt. Geist und Welt sind eins – so abgrundtief sie auch als verschieden sich wissen. Der Geist der Moderne ist »der Mut der Wahrheit«. Er hinge vollständig in der Luft, wenn er nicht durch die Welt, zuletzt durch ihre auf Freiheit, Gleichheit und Solidarität gegründeten Institutionen eine Heimstatt hätte.

(4) *Die Freiheit des Denkens als Bedingung des Anfangs der Philosophie.* Hegel geht weiter davon aus, dass der Anfang der Philosophie dort gemacht werden muss, wo »das Seiende« oder »das, was ist« zuerst in *allgemeiner* Weise aufgefasst wird, »wo das Denken des Denkens hervortritt. Wo ist nun dies geschehen? Wo hat dies begonnen? Das ist das *Historische* [Hervorh. G. G.] der Frage.« Sie lässt sich nur beantworten, wenn man das *Systematische*, das nach dem Prinzip, dem Grundsatz der Entwicklung und seiner Betrachtung fragt, in diesem Fall nach der Freiheit, schon weiß und zugrundelegt.

> »Das Denken muß für sich sein, in seiner Freiheit zur Existenz kommen, sich vom Natürlichen losreißen und aus dem Versenktsein in die Anschauung heraustreten. Das Denken muß als freies in sich gehen; es ist damit Bewußtsein der Freiheit gesetzt. Der eigentliche Anfang der Philosophie ist da zu machen, wo das Absolute nicht als Vorstellung mehr ist, sondern der freie Gedanke nicht bloß das Absolute denkt, [sondern] die Idee desselben erfaßt: d. h. das Sein (was auch der Gedanke selbst sein kann), welches er als das Wesen der Dinge erkennt, [...] das immanente Wesen von Allem, – wenn es auch sonst als ein äußeres Sein wäre, es doch als Gedanken erfaßt. So ist das einfache, unsinnliche Wesen, welches die Juden als Gott gedacht haben [...], nicht ein Gegenstand der Philosophie, sondern z. B. die Sätze: das Wesen oder Prinzip der Dinge ist das Wasser, oder das Feuer, oder der Gedanke. Diese allgemeine Bestimmung, das Denken, das sich selbst setzt, ist abstrakte Bestimmtheit. Sie ist der Anfang der Philosophie; dieser ist zugleich ein Geschichtliches, die konkrete Gestalt eines Volkes, deren Prinzip dies ausmacht, was wir gesagt haben. Ein Volk, das dieses Bewußtsein der Freiheit hat, gründet sein Dasein auf dieses Prinzip. Die Gesetzgebung, der ganze Zustand des Volkes hat seinen Grund allein im Begriffe, den der Geist sich von sich macht, in den Kategorien, die er hat. Sagen wir, zum Hervortreten der Philosophie gehört Bewußtsein der Freiheit, so muß dem Volke, wo Philosophie beginnt, dies Prinzip zugrunde liegen; nach der praktischen Seite hängt damit zusammen, daß wirkliche Freiheit, politische Freiheit aufblühe. Diese beginnt nur da, wo das Individuum für sich als Individuum sich weiß, als Allgemeines, als Wesentliches, welches als Individuum einen unendlichen Wert hat, oder wo das Subjekt das Bewußtsein der Persönlichkeit erlangt hat, also schlechthin für sich gelten will. Darin ist das freie Denken des Gegenstandes enthalten – des absoluten, des allgemeinen, wesentlichen Gegenstandes. *Denken heißt, etwas in die Form der Allgemeinheit bringen; sich denken heißt, sich in sich als Allge-*

meines wissen, sich die Bestimmung des Allgemeinen geben, sich auf sich beziehen. Darin ist das Element der praktischen Freiheit enthalten [weil solcherart Bezugnahme ein *Tun* ist; ergänzt und hervorgeh. G. G.]. Das philosophische Denken hat sogleich diesen Zusammenhang, daß der Gedanke als Denken einen allgemeinen Gegenstand vor sich hat, daß er das Allgemeine zu seinem Gegenstande macht oder das Gegenständliche sich als das Allgemeine bestimmt. Die Einzelheit der natürlichen Dinge, die im sinnlichen Bewußtsein sind, bestimmt er als ein Allgemeines, als einen Gedanken, als einen objektiven Gedanken, – das Objektive, aber als Gedanken. Zweitens gehört dazu, daß ich dies Allgemeine jetzt erkenne, bestimme, weiß. Ein wissendes, erkennendes Verhältnis zu dem Allgemeinen tritt nur ein, insofern ich mich für mich halte, erhalte. Insofern das Gegenständliche mir gegenüber als Gegenständliches bleibt und ich es zugleich denke, so ist es das Meinige; und obgleich es mein Denken ist, so gilt es mir doch als das absolut Allgemeine; ich habe mich darin, bin in diesem Objektiven, Unendlichen erhalten, habe Bewußtsein darüber und bleibe auf dem Standpunkt der Gegenständlichkeit stehen. Dies ist der allgemeine Zusammenhang der politischen Freiheit mit dem Hervortreten der Freiheit des Gedankens. In der Geschichte tritt daher die Philosophie nur da auf, wo und insofern freie Verfassungen sich bilden. Der Geist muß sich trennen von seinem natürlichen Wollen, Versenktsein in den Stoff. Die Gestalt, mit der der Weltgeist anfängt, die der Stufe jener Trennung vorausgeht, ist die Stufe der Einheit des Geistes mit der Natur, welche, als unmittelbar, nicht das Wahrhafte ist. Das ist das orientalische Wesen überhaupt. Die Philosophie beginnt in der griechischen Welt.« (18, 115–117)

Eine erste Einführung in Hegels Philosophie könnte hiermit ihr Bewenden haben. Sie bliebe aber eine Antwort auf die grundlegende Frage nach ihrer Höchstplatzierung der Form des Wissens und der Bildung schuldig, die alle anderen Wissensdomänen grundiert. Die vorläufige, in den weiteren Kapiteln des Buches ausgeführte Antwort lautet: Eine Philosophie als Wissenschaft ist deshalb das größte Anliegen; sie liegt aus dem Grund im vorrangigen Interesse der Menschen und ihres Gemeinwohls, weil man einem Menschen, der frei ist, es nicht verdenken kann, dass er das, was er sieht oder tut oder tun soll, auch verstehen will. Dann kann er sich, und nur dann – um an den Anfang zurückzugehen – als des Höchsten würdig erachten. »Der Mensch ist nicht frei, wenn er nicht denkt.« (12, 521) Er denkt nicht, wenn er nicht frei ist.

Zweiter Teil
Der Anfang des neuen Geistes

Die »Idee sinkt zur Erbaulichkeit und selbst zur Fadheit herab, wenn der Ernst, der Schmerz, die Geduld und die Arbeit des Negativen darin fehlt […], *der es kein Ernst mit dem Anderssein und der Entfremdung sowie dem Überwinden der Entfremdung ist.«*
G. W. F. Hegel

Phänomenologie des Geistes – Zum Einstieg

Die *Phänomenologie des Geistes* ist ein Buch. Für manche die Bibel. Obwohl sie ihr nahekommt, überbietet sie, wegen der Selbstkritik, die sie übt, das Buch aller Bücher um Längen. Die *Phänomenologie des Geistes* ist Titel, Thema und Methode, sie ist als Buch ein Stück sichtbare Materie, aber auch der Geist, der aus dieser backsteinschweren Materie spricht. Obwohl das Buch auch als Einführung für Leser gedacht ist, die sich mit der Philosophie bekannt machen wollen, müssen sie das Wissen, was Philosophieren bedeutet, schon mitbringen. Das macht es besonders schwierig, man muss das Buch im Detail wie im Ganzen verstanden haben, um überhaupt nur gewillt zu sein, es zu lesen.

Die *Phänomenologie des Geistes* ist ein Buch mit sieben Siegeln. Man kann es von vorn wie von hinten sich vornehmen (zu lesen). In jedem Fall ist das Buch für jeden, der auch nur Weniges von der Materie, der Welt des Geistes, versteht, ein ebenso faszinierender wie ärgerlicher Reisebegleiter. Es führt uns einen Reichtum dramatischer Szenen vor Augen, um zuletzt in der totalen Armut absoluten Wissens zu enden: die Einsicht in sein verlegenes Ende sowie die Notwendigkeit eines neuen Beginns.

Hegel selbst hat dies Jahre später, beim Umbau seiner Philosophie in ein (enzyklopädisches) System irgendwie geahnt und nicht übel reagiert: »eigentümliches Buch, nicht umarbeiten«. Bei seiner Lektüre kann man schon verstehen, dass man den Geist ein Unding genannt hat, ein absolut notwendiges Unding, ein Ding der Unmöglichkeit in jedwedem Sinn, ohne das zu leben zwar möglich, aber sinnlos ist. Kurz und gut, das Buch ist ein Witz. Es schickt uns in die »Eiswüste der Abstraktion«, mit der einfachen Begründung, nur das Konkrete sei das Wahre.

Worum geht es in der *Phänomenologie des Geistes* (1807)? In diesem Buch macht Hegel die *Erscheinungsweisen* (die Phänomene, die äußeren Gestalten) in der Art und Weise zum Thema, wie der Geist *sich zeigt.* Das Buch interessiert sich stärker noch für den *Logos* der Phänomene: die Rede, den Geist, der in ihnen steckt. Die Logik erschließt den Witz der Phänomene, ihre Bedeutung und Geltung. Ansonsten blieben sie ein ausgetrocknetes Land. Sie liegt den Gestalten – den Bewusstseins- und Weltgestalten, wie Hegel sie nennt – zugrunde, sie gibt ihnen ihre Zeit und Raum überdauernde Struktur.

Hegel subsumiert ganz unterschiedliche Erscheinungsweisen des Geistes unter diesen Begriff. Da werden zu einem Teil philosophische Standpunkte wie »Stoizismus«, »Skeptizismus« oder die »moralische Weltanschauung« angesprochen; zum anderen ein seltsamer Reigen aus überzeitlichen wie zeittypischen Selbst- und Weltgestalten: »Herr und Knecht«, das »unglückliche Bewußtsein«, die »schöne Seele«, die »Ritter der Tugend«, das »geistige Tierreich«. Aber auch kultur- und welthistorische Ereignisse kommen ins Spiel – die »griechische Tragödie«, die »Aufklärung«, die als »reine Einsicht« lächerlich gemacht wird, die »Französische Revolution« und andere mehr. In diesen Bewusstseins- und Weltgestalten schildert Hegel paradigmatische Konfliktlagen der philosophischen Diskussion von damals wie heute: Wie ist es möglich, die Dinge und uns selbst zu erkennen? Welche Bedeutung hat in diesem Zusammenhang die Sprache? Was sollen wir unter einem Menschen und seinem Selbstbewusstsein verstehen? Welche Rolle spielen da die anderen Menschen? Worin unterscheiden sich Natur- und Sittengesetz? In welchem Verhältnis stehen Individuum und Gesellschaft? Wie wird die Welt des mittelalterlichen Glaubens vom Geist der Aufklärung angesteckt? Wo liegen dessen Grenzen? Welche Bedeutung gewinnt die Französische Revolution für die neuere Geschichte?

Die *Phänomenologie des Geistes* ist die Wissenschaft von der Erfahrung des Bewusstseins. *Erfahrung* deshalb, weil diese Art des Wissens sowohl die (subjektive) Erlebnis- wie (objektive) Ereignisseite umfasst. Sie umspannt auch die Seite der Erkenntnis und den Bezug, den diese auf sich und das, was sie qua Selbstreflexion leistet, nimmt. *Erfahrung* ist, wie es an anderer Stelle heißt, »die Wissenschaft der Welt« (12, 521) geworden, sie verbindet das Individuelle mit dem Allgemeinen, das Prozesshafte mit dem Resultat. Bei ihr geht es sowohl um »die Wahrnehmung, aber auch das Auffinden des Gesetzes«; sie verschränkt das wiederholte, gewohnheitsmäßige Üben mit jedem Neueinsatz der Reflexion. Und darin ist diese Wissenschaft unerbittlich, sie will herausfinden, was das heißt: eine Erfahrung zu machen? Welche Voraussetzungen dieses Tun in sich schließt.

»Die Wissenschaft dieses Wegs ist Wissenschaft der *Erfahrung*, die das Bewußtsein macht« (3, 38). Zuletzt weiß und begreift das Bewusstsein nichts als das, »was in seiner Erfahrung ist«. Die Erfahrung wiederum organisiert sich in den Bewusstseins- und Weltgestalten, die sich im Verlauf der individuellen wie kollektiven Bildungsgeschichte der Menschen herauskristallisiert haben. Diese beginnt für Hegel lange vor Christi Geburt und nimmt ihr vorläufiges Ende, da Jena von den Franzosen besetzt wird.

Dieses fast 600 Seiten umfassende Buch stellt, wie vermutlich Hegel selbst in einer Verlagsanzeige schreibt, das »werdende Wissen« dar. Es fasst die verschiedenen Gestalten des Geistes als Stationen eines Weges, auf dem aus bloßer (sinnlicher, zufälliger, subjektiver) Gewissheit wirkliches Wissen wird. Dazu muss die Philosophie »ihren Namen der *Liebe zum Wissen* ablegen«, um »wirkliches Wissen« (3, 14), d. i. eine *Wissenschaft des Wahren* zu werden. Hegel glaubt, dies könne nur in Form eines wissenschaftlichen Systems geschehen. Unser Einführungsteil, *Das Leben des Geistes*, diente dazu, dem Leser diesen Gedanken einer Philosophie als Wissenschaft des Wahren nahezubringen; auch, um zu zeigen, worin sich Hegels Wissenschaftsverständnis von dem heute üblichen unterscheidet.

Die verschiedenen Stadien dieser Wissenschaft tragen in Hegels Buch, das sich mit dem *Geist*, dem Sinn und Verstand der Phänomene beschäftigt, die Überschriften »Bewusstsein«, »Selbstbewusstsein«, »Vernunft«, »Geist« und enden mit dem »absoluten Wissen«. Sie bringen eine wissenschaftliche Ordnung in das Chaos der Erscheinungen des Geistes, aber so, dass die nächst höhere Gestalt des Wissens die Wahrheit der vorangegangenen darstellt, d. h.

diskutiert. Die letzte Wahrheit finden sie in der Wissenschaft als dem Resultat des Ganzen, welches aber nicht(s) ohne seine »Ausführung« – die Darstellung der Sache in ihrer sukzessiven Verfertigung oder in ihrem »Werden« – ist (3, 13). Die *Darstellung* übernimmt in der Hegel'schen Philosophie die Rolle, die Beweis und Beleg in den heutigen Naturwissenschaften haben. Der Weg, auf dem die Wahrheit gesucht und gefunden wird, liegt in den Schritten sukzessiver Begründung und, in stärkerer Betonung der Praxis, in seiner *Bewährung*.

»Freiheit« und »Vernunft« lauten die Schlüsselbegriffe der Philosophie und des Zeitalters insgesamt. Wie Fichte und Schelling, mit denen er sich in der Zeit vor Erscheinen der *Phänomenologie des Geistes* intensiv auseinandersetzt, verfolgt auch Hegel die Absicht, die Kritik der (reinen) Vernunft, die Kant zur Leitidee der Philosophie erklärt hatte, zu vollenden. Sie verteidigen die Vernunft, aber vor allem durch die Kritik, die sie an ihr üben. Sie sagen *nicht*, dies oder jenes sei in einem positiven Sinn vernünftig. Sie zeigen die Vernunft eher im Begriff und Begehren ihrer unvermeidlichen Wiederkehr, also nur in der negativ bleibenden Erfahrung, dass sie *nicht* totzukriegen, aber auch nicht einfach zu definieren ist. Sie fordert unser Nachdenken stets aufs Neue heraus. Sie wächst ständig oder lästigerweise nach – und zwar in genau dem Zwielicht, das Kants Selbstkritik der Vernunft hinterlassen hat. In der *durch* die Kritik organisierten Wiederauferstehung liegt das eigentliche Abenteuer des Geistes. Und die Regeneration durch radikale Selbstkritik macht die Vernunft für den Geist so unwiderstehlich.

Um dieses Programm einer Selbstkritik der Vernunft durchzuführen, mussten freilich die Grundbegriffe der Philosophie mit der (historischen) Zeit, in der sie entstanden waren, in eine neue Beziehung gesetzt werden. Nicht nur muss im Rahmen des Systems vom Zusammenhang der Grundbegriffe untereinander Rechenschaft abgelegt werden; mehr noch muss die Rolle der *Zeit* bedacht werden, die sich in den grundlegenden Begriffen der Philosophie sedimentiert hat. *Denkform* und *Zeitbezug* stehen nicht in einem äußerlichen oder gleichgültigen Verhältnis. Der »Zeitkern«, das Sedimentgestein der Begriffe, muss aufgeklärt werden, wenn die Philosophie zum Begriff der Vernunft, der »*da* ist«, oder zum wirklichen Dasein der Vernunft gelangen will. Hegel musste daher auch, um sein eigenes Denken im Verhältnis zu seiner Zeit transparent zu machen, sich umfassend mit Staat und Gesellschaft, Kunst und Religion, Geschichte und Ökonomie auseinandersetzen. Sie sind die zeitgeschichtlichen Gestalten, in denen sich das moderne Leben theoretisch wie praktisch abspielt.

Das geschieht in den Jahren vor Erscheinen der *Phänomenologie*, d. h. in der Jenaer Zeit, paradigmatisch im Blick auf die Philosophie in zwei Schriften: 1801 in der Schrift *Differenz des Fichte'schen und Schelling'schen Systems der Philosophie*, 1802/03 mit *Glauben und Wissen oder die Reflexionsphilosophie der Subjektivität in der Vollständigkeit ihrer Formen als Kantische, Jakobische und Fichtesche Philosophie*.

Noch in den Jenaer Jahren (ab 1800) werden die Grundlagen seines späteren Systems erarbeitet, das gilt sowohl für die Logik und Metaphysik als auch für die Natur- und Geistesphilosophie. Mit Beendigung der letzten Manuskriptseiten der *Phänomenologie des Geistes* verlässt Hegel 1806 am Vorabend der Schlacht Jena. Wie Hegel in einem Brief an Niethammer schreibt, sah er Napoleon durch die Stadt reiten, mit der »wunderbaren Empfindung, ein solches Individuum zu sehen, das hier auf einen Punkt konzentriert, auf einem Pferde sitzend, über die Welt übergreift und sie beherrscht«[1].

Was die Lektüre der *Phänomenologie des Geistes* ungemein beflügelt, ist das insgeheime Versprechen, im oder am Übergang zur modernen Welt den Ansteckungsherden und -gefahren des neuen Gedankens auf die Spur zu kommen, seine Macht und Größe ebenso zu begreifen wie die Fallen, die sie stellt; aber auch die Möglichkeiten, sich aus ihnen zu befreien: endlich die Entfremdung abzuschütteln, die die alte (wie die neue) Welt nachdrücklich belastet. Die *Phänomenologie* ist eine Art Werkstattbericht aus der Zeit des Umbaus hin zu einer neuen Welt. Nicht mehr, aber auch nicht weniger. Sie legt es immer wieder nahe, sie lesen zu müssen, weil sie suggeriert, die Betriebsgeheimnisse dieses großen, neuen Gezeitenkraftwerks entschlüsseln zu können. Und das auf einem gedanklichen Niveau, das hinsichtlich seiner argumentativen Strenge und sprachlichen Ausdruckskraft seinesgleichen sucht.

In den folgenden Kapiteln werden bestimmte Stationen, d. h. Entwicklungsschwellen des Gedankens, insbesondere des »Selbstbewusstseins« und der »Welt des sich entfremdenden Geistes« herausgestellt und zum Anlass genommen, sich einen Weg durch das Labyrinth des Geistes, dem es um seine Selbstaufklärung geht, zu bahnen. Den Anfang macht eine Reflexion auf »Die neue Zeit«. Sie gibt (a) einen ersten Einblick in die historische und systematische Diskussionslage der Zeit um 1800; sie beschreibt (b) die Grundlinien, entlang der das Verständnis der *Phänomenologie des Geistes* insgesamt entwickelt wird. Es ist der Geist des Anbruchs einer neuen Zeit, der in diesem Werk Regie führt, er ist auch in der Sprache und dem Pathos, das diese Zeit entwickelt, unverkennbar (V.). Dieser Geist beseelt auch das Kapitel, das mit »Selbstbewusstsein« überschrieben ist. Es hat im Verlauf der letzten Jahrhunderte nicht nur eine wechselvolle Interpretationsgeschichte erlebt; diesem kurzen Text mit seinen Überlegungen zu »Herrschaft und Knechtschaft« ist beinahe mühelos der Aufstieg zum Klassiker gelungen. *Selbstbewusstsein* ist das übergreifende Thema, das auf dem Weg einer Voraussetzungsanalyse des Bewusstseins erschlossen und ermittelt wird. Hegel spricht auch von den »näheren Umständen«, die man beachten muss, will man solche mit Bewusstsein, Wahrnehmungs- und Verstandesleistungen erbrachte Phänomene (des Wissens) begreifen. Man könnte auch sagen, es geht um die Einbettung des Bewusstseins in seine logischen, sozialen und metaphysischen Verhältnisse, die wir im vernünftigen Gebrauch von »Bewusstsein« notwendig voraussetzen müssen. Diese Art der Analyse zeigt – gleichsam rückwärtig im Setzen von Voraussetzungen – eine außerordentlich interessante Entstehungs- und Einrichtungsgeschichte des Selbstbewusstseins, die aber, weil wir es mit einem lebendigen, durch Körper und Geist beseelten Wesen (einem werdenden Selbst) zu tun haben, zu einer Lern- und Bildungsgeschichte wird, die auch ganz wesentlich die Anderen berücksichtigen muss (VI.).

V. Die neue Zeit

»Es ist übrigens nicht schwer zu sehen«, schreibt Hegel in der *Vorrede* zur *Phänomenologie des Geistes*, dass »unsere Zeit eine Zeit der Geburt und des Übergangs zu einer neuen Periode ist. Der Geist hat mit der bisherigen Welt seines Daseins und Vorstellens gebrochen und steht im Begriffe, es in die Vergangenheit hinab zu versenken.« Zwar sei der Geist »in immer fortschreitender Bewegung begriffen«, gleichwohl handle es sich um einen »qualitativen Sprung«, der, gleich einem »Blitz, in einem Male das Gebilde der neuen Welt hinstellt«. (3, 18 f.) Eine *neue Zeit* bricht an. »Der Anfang des neuen Geistes«, schreibt Hegel weiter, »ist das Produkt einer weitläufigen Umwälzung von mannigfachen Bildungsformen, der Preis eines vielfach verschlungenen Weges und ebenso vielfacher Anstrengung und Bemühung.« (3, 19)

(1) *Zwei Völker.* Die *Geburtsstätte* dieser neuen Zeit sieht Hegel in Frankreich und Deutschland, der *Übergang* weist vier bzw. fünf entscheidende Hinsichtnahmen auf: räumliche und zeitliche, sachliche und soziale – ergänzt durch eine Auskunft über die Form der Philosophie und der Welt. Sie erläutern sich näher, wenn er schreibt:

> »Kantische, Fichtesche und Schellingsche Philosophie. In diesen Philosophien ist die Revolution als in der Form des Gedankens niedergelegt und ausgesprochen, zu welcher der Geist in der letzten Zeit in Deutschland fortgeschritten ist; [...] an dieser großen Epoche der Weltgeschichte [...] haben nur [...] zwei Völker teilgenommen, das deutsche und das französische Volk, so sehr sie entgegengesetzt sind [...]. In Deutschland ist dies Prinzip als Gedanke, Geist, Begriff, in Frankreich in die Wirklichkeit hinausgestürmt.« (20, 314)

Was bei den Deutschen »ruhige Theorie« geblieben, das wollten die Franzosen »praktisch ausführen«. Wer, wie Hegel, am Verhältnis von Philosophie und Welt, Gedanke und Wirklichkeit ein so elementares Interesse nimmt, den lässt die historisch wie praktische Frage natürlich nicht los: Warum nur sind »die Franzosen und nicht auch die Deutschen auf das Realisieren [des Freiheitsprinzips] losgegangen?« (12, 525)

(2) *Philosophie und Politik.* Hegel nimmt an, dass die neuere Geschichte der Freiheit auf zwei Wegen gebahnt wurde. Der eine, der deutsche, ging von der *Reformation* aus, in der Luther die Freiheit des Christenmenschen in den Mittelpunkt seiner Kritik an der Kirche gerückt hat. Er befreit die Religion von äußerer Autorität, was die Ausbildung der ›deutschen‹ Tugend, der »Innerlichkeit«, ungemein beförderte. In Kants Philosophie findet diese Entwicklung ihren Höhepunkt, sie befreit die Menschen von allen überlieferten Glaubenssätzen. Das Verhältnis, das die Menschen zu sich selbst und zur Welt entwickeln, soll ein freies, ein selbstbestimmtes und vernünftiges sein.

Der andere Pfad ist der der *Politik*, er hatte bei unseren linksrheinischen Nachbarn zur Revolution geführt, die trotz großer Verwerfungen in der Folgezeit (»Robespierre«, »Jakobinertum«, »Thermidor«) eine Situation geschaffen hatte, in der die Freiheit des Menschen in einer äußeren politisch und rechtlich institutionalisierten Form Gestalt annehmen konnte. Was die Deutschen in Gedanken, insbesondere in der Philosophie, vergegenwärtigt hatten, leisteten die Franzosen in der politischen Praxis. Der Geist des *Aufbruchs* in eine neue Zeit aber spiegelte sich in beiden Unternehmungen. Beide Revolutionen erschüttern die alte Weltordnung in ihren Grundfesten. Das Bewusstsein vom Anbruch einer neuen Zeit war allgegenwärtig. Symbolisch findet es 1789, im Jahr der Revolution, in den Gewehrschüssen der Offiziere auf die Kirchturmuhr von Paris seinen unübertroffenen Ausdruck. Der Umsturz der alten heilsgeschichtlichen Zeit kommt einer zweiten Geburt des Menschengeschlechts gleich. Der Mensch, das *zoon politikon ēchon*, wird gleichsam wiedergeboren aus sich selbst, d. h. aus der Theorie und Praxis einer freiheitlichen Ordnung, die an einem vernünftig begründeten Dasein ihr eigentliches Maß gewinnt.

Dasjenige, was sich in der *Denkform* und der *Deutung der Zeit*, die *da* ist, d. h. in den gesellschaftlichen und politischen Institutionen Bahn gebrochen hat, ist das welthistorische Bewusstsein universeller Freiheit. Denkform und Lebensform, philosophische Spekulation und gesellschaftliche Praxis, Vernunft und Geschichte scheinen mit der nachrevolutionären Zeit auf einen gemeinsamen (Höchst-) Stand gebracht, mindestens in ein prekäres Korrespondenzverhältnis gesetzt, das beide *nur* über ihre wechselseitige Analyse verständlich macht.

Die *Freiheitsidee* bildet die Klammer der neuen Zeit. Das, was die (historische) Zeit und den (philosophischen) Begriff verklammert, ist die politisch praktische Freiheit. In ihrem – zunächst euro- und anglozentristisch – instituierten Horizont einer Welt vollzieht sich ihr Übergang in der Parallelität zweier Revolutionen, der *französischen*, die im Zeichen der Universalisierung bürgerlicher Freiheits- und Gleichheitsgrundsätze den politischen und gesellschaftlichen Rahmen des Ancien Régime umwälzt, und – nicht weniger bedeutsam: der *kantischen* »Revolution der Denkungsart«, welche die Vernunft endlicher Menschen zur einzig legitimen Autorität in Sachen des Erkennens und Handelns erklärt. Sie tut es theoretisch, indem sie die Ordnung und das Verständnis des Seins, d. i. der gegenständlichen, durch Raum und Zeit bestimmten Welt, radikal auf die Ordnung des (allgemeinen) Bewusstseins umstellt. Sie entwirft eine Praxis, die die Vernunft zum alleinigen Garanten der Selbstbestimmung oder der Autonomie des Menschen macht. Hegel geht es in der *Phänomenologie des Geistes* darum, in großen Zügen zu begreifen, wie es zu diesem »qualitativen Sprung« gekommen ist und welche politisch- und moralisch-praktischen Auswirkungen und Folgen er hat.

(3) *Die Gesichtspunkte der Analyse*. Gliedert man das gerade bereitete Feld nach den damals *handelsüblichen Kategorien*, ergibt sich – sehr gedrängt – folgende Lage. Die *Zeit*, von der Hegel spricht, der *Zeitsinn* deutet auf die Jetztzeit, die Zeit, in der Hegel und seine politisch und philosophisch ambitionierten Zeitgenossen leben, die Zeit um 1800, im Übergang zur modernen Welt. Der *Raumsinn* findet seine Erfüllung mit Blick auf die Landkarte: Diesseits und jenseits des Rheins. Über das Nähere – die sozialen Subjektivitäten, die beteiligten Völker, Deutsche und Franzosen – gibt der *Sozialsinn* Auskunft. Dies wiederum im Blick auf die *Sache*, d. h. die (weltgeschichtlich instituierte) Freiheit, die sich auf grundlegende Weise nach Denken und Sein, nach Begriff und Sache teilt, mit anderen Worten: sich in Denk- und Lebensformen verkörpert. Was freilich nicht geschieht ohne Vermittlung eines *Selbstsinns*, der qua »Geist«

als dem nicht aufgehenden, unableitbar dummen Rest weder der einen noch der anderen Hinsichtnahme zugeschlagen werden kann, aber wie Pech und Schwefel an einer jeden klebt.

Der Geist kann seine Allpräsenz, seine Denk- und Gesellschaftsform untermauernde wie unterminierende »Arbeit« nicht und niemals verleugnen. Er ist der »wackere Maulwurf«, er gibt keine Ruhe. Ihm obliegt überdies die schwierige Aufgabe, *nachträglich* bzw. im Blick auf die *Gegenwart* (seine paradoxe Selbstpräsenz) festzustellen, *dass* und *wie* der Blitz der neuen Zeit einschlagen konnte.

Hegel reagiert mit seiner Rede vom Anfang des neuen Geistes, näher, der neuen Zeit, auf die gerade erwähnte mindestens vier- bzw. fünffache Faltung. Sie wird im Folgenden weiter erläutert. Sie zielt in einer ersten Hinsichtnahme auf die *Zeit* und ihre Ekstasen – Tempora, *Temporalität*. Die Tempora (wie Präsens oder Futur II) bilden eine der Hauptachsen, die unsere Denk- und Lebensform – quantitativ wie qualitativ – in unsere durch zeitliche Ordnung geprägte Selbst- und Welterfahrung einzieht. Auf den Zeitsinn des Neuen wird später Bezug genommen, seine Semantik bildet ja das allgemeine Thema, das zunächst im Zentrum steht, es soll insbesondere über den Sozial- und Sachsinn näher bestimmt werden.

Die Faltung betrifft auch den (geopolitischen) *Raum*, heute nicht nur in der Zeit- und Raumgenossenschaft des deutsch-französischen Verhältnisses, sondern im Stadt-, Land- und Weltbewusstsein allgemein. Stets ist der Raum-Gesichtspunkt von großem Interesse, gleichgültig ob es sich um die Erschließung oder Eroberung von Neuland oder die Schaffung einer neuen Raumordnung handelt. Er wurde lange Zeit sträflich vernachlässigt. Auch an die Eröffnung neuer Spielräume ist zu denken. Zur Temporalität gesellt sich stets die *Territorialität* als nächst grundlegende Hinsichtnahme von Neuem. Nicht nur im »Raum der Gründe« werden neue Grenzverläufe kritisch beäugt, mehr noch machen friedliche oder gewaltsame Verschiebungen territorialer Grenzen allen Beteiligten zu schaffen. Wem gehören Weltklimazonen, Weltraum und Weltmeere? In welchem Abstand zu nationalen Territorien oder militärischen Bündnissen? Bis in welche (Bohrungs-)Tiefen reichen die Ansprüche und Rechte auf lebens- und wirtschaftsnotwendige Ressourcen? Auch wenn Raumfragen nicht die Rolle spielen, die Welt – als umkämpfte

Raumordnung von Völkern, Bündnissen und Blöcken – steht Hegels historisch und politisch geschultem Blick in allem lebhaft vor Augen.

Was die *Sache*, die *Causa*, angeht, sieht sich das Verständnis des Neuen auf das berühmt-berüchtigte »Prädikat über allen Prädikaten«, auf *frei* (sein) verwiesen, auf ein für den endlichen menschlichen *Verstand* zutiefst *befremdliches* Sein: auf das schlicht Unverständliche einer »Kausalität durch Freiheit«, wie Kant es ausgedrückt hat. Der *Sachsinn* lässt sich nur aufklären über die *Ur-Sache* – und das ist systematisch und historisch die Freiheit –, über Ur-Heber und Ur-Heberschaften, ganz gleich, welchen weiteren Verständigungsnovellen von Ursachen und Gründen, Funktionen und Strukturen, Aufpropfungen und Ansteckungen, Netz- und Wurzelwerken man folgt. Ein wirklich Neues als ein radikal, d. i. spontan Anderes, ist, wie man sagen könnte, gebunden an das *Unverständliche* (oder *Unbestimmbare, Unsichere, Unverfügbare, Unabdingbare* usf.) einer Sache, die ihren letzten abgründigen Grund in der *Freiheit* hat. Es »gibt« nichts Neues, das nicht im Unverständigen und Unverständlichen der Freiheit seine Causa hat. *Ein Anfang in Freiheit ist einer in Unverständlichkeit.* Er ist so besehen, wie Friedrich Schlegel schreibt, »das Köstlichste, was der Mensch hat, die innere Zufriedenheit selbst hängt […] zuletzt an einem solchen Punkte, der im Dunkeln gelassen werden muss, dafür aber […] das Ganze trägt«. Dass seine Inanspruchnahme nicht ohne Risiken ist, ist eine nicht wegzudiskutierende Kehrseite.

Diese Dialektik spiegelt sich bereits in dem alltäglichen, unscheinbaren Versatzstück der Rede, das wir ständig im Munde führen: »von Neuem«. Es verbindet das *anfängliche*, auf Aus- und Aufbruch gestimmte Neue mit dem *wiederholt* Neuen (der gleichen Aufgabe, Situation usf.). Dialektik von Geist und Moderne in höchster Potenz. In ein und derselben Hinsicht trägt sich seine Bedeutung wechselseitig in das ein, worin sie sich widersprechen: ein »von Neuem«, das in seinem auf Wiederholung getrimmten Sein ständig auf das radikal Anfängliche des Unverstandenen und nicht explizit Gemachten (im Neuen) rekurrieren muss. Das »von Neuem« ist der unbestreitbare energetische wie methodische Kern der Dialektik. Es verschmilzt das Initiative mit dem Iterativen, die Stiftung mit Wiederholung und Haftung.

Diese gespenstige, d. i. *unverständige*, aber *vernünftige* Anlage des Neuen trifft mitten ins Kontor des *Sozialsinns*: auf jene *freie Radikale*, die sämtlich unsere Kommunikationen tragen. Ihre Realität und Gebrauchsmöglichkeit gründen in sozialen Verbindlichkeiten, die wir über Anerkennungs- und Aberkennungsprozesse, über Versprechen und Verträge, Vereinbarungen und Abkommen mühsam zu regeln gelernt haben. Hegels Definition des *Sozialsinns* besteht in der Einsicht, dass sich die Menschen in allem, was die Erhaltung und Erleichterung ihres Lebens betrifft, die Sorge um dasselbe *teilen* (müssen). Sie teilen sie miteinander, indem sie die Aufgaben, die ihnen das Leben stellt, *aufteilen*. Sie teilen sie untereinander, indem sie das, was sie zum Leben brauchen, per Arbeit und Kommunikation auf verschiedene Schultern und Tätigkeiten *verteilen*.

(4) *Die auseinandergezogene Welt. Nenner und Teiler.* »Teilen« in des Wortes vielfacher Verwendung wird zum Gebot eines ganzen Zeitalters. Es beginnt mit der schnell wachsenden Arbeitsteilung, der verstärkten Teilung von privatem und öffentlichem Haushalt, von Arbeit und Leben (Wohnen), dem Teilen von Tisch und Bett und geht über die Frage der gerechten Verteilung des gesellschaftlichen Reichtums und die Praktiken/Institutionen der Gewaltenteilung und politischen *Teilhabe* bis hin zu den sozial gestaffelten Erfahrungen der *Anteilnahme* mit und von Menschen, die uns *näher* stehen oder *ferner* liegen. Dem christlichen Gebot der Nächstenliebe stellt sich angesichts einer kolonial organisierten Welt die drängende Frage eines *Ob* und *Wie* der Fernstenliebe.

Das Teilen betrifft naturgemäß auch das *Urteilen* und seine Komposita als den Medien und Mitteln des sozialen Verkehrs. Dem *Mitteilen* und seiner Codierung wächst eine immer größere Bedeutung zu. Das *divide et impera*, das »Teile und Herrsche« nicht zu vergessen, dessen Regierungszeit niemals abzulaufen scheint und sich in demokratisch gestimmten Zeiten nochmals multipliziert.

Von den Göttern und den Monarchen bis hin zu den (Universal-) Genies wird den All- und Alleinherrschaften sukzessive der Kredit und damit die Macht entzogen. Dem neuzeitlichen Grundgesetz nach müssen alle – manche mehr, andere weniger – lernen, ihre Macht zu teilen. Der vertikalen Staffelung von oben nach unten wird – zumindest im Prinzip – eine horizontale von hier nach da zur Seite gestellt: Die Macht und der Einfluss der Letzteren wachsen. Die Welt, die heraufzieht, wird nicht nur flächiger, sie rückt in jeder Beziehung das Verhältnis von *Ich* und *Anderen* – als prinzipiell *freie* und *gleiche* – ins Zentrum. Dies bringt einerseits eine allseitige Abhängigkeit mit sich, andererseits einen schlecht unendlichen Reichtum ungeahnt neuer Lebensmöglichkeiten. Kurz, das *Miteinander wird wichtig* und damit, wie die großen Güter – Zeit und Raum, Geld und Gesundheit, Wissen und Macht, Bildung und Achtung, Rechte und Pflichten – gerecht unter Freien und Gleichen verteilt werden sollen. Das Miteinander ist auf dem Hochplateau modernen Lebens immer auch ein *Gegeneinander*, das im gleichgültigen *Nebeneinander* zwielichtige Ruhezonen friedfertiger Koexistenz zu schätzen lernt.

»Differenzierung« ist das Zauberwort der neuen Zeit, es betrifft das weltläufige *Denken* und *Handeln* gleichermaßen. Es sichert die Zuwächse an Rationalität, die die moderne Welt ob ihrer Produktivität über alles verehrt. Hegel verwendet häufig den Begriff des Bestimmens in genau dem angesprochenen Sinn: Bestimmen heißt Unterscheiden. Von ihm geht die größte Kraft aus. »Die Tätigkeit des Scheidens ist die Kraft und Arbeit des *Verstandes*, der verwundersamsten und größten oder vielmehr der absoluten Macht.« (3, 36) Jeder Rationalitätsgewinn basiert auf dieser absoluten Macht: durch weitere Ausdifferenzierung (der Arbeit und Wissenschaft, der Kunst und Technik) neue Problemlösungskapazitäten freizusetzen. Gleichzeitig ist der Verstand das schlechthin »Geistlose« und der Vernunft in allen entscheidenden Dingen des modernen Lebens unterlegen.

Im Unterschied zu vielen anderen Philosophen und Wissenschaftlern des 19. und 20. Jahrhunderts verliert Hegel die Frage nach dem *Wie* des *»Zusammen«* (der Einheit, der Vernunft, der Übereinkunft, dem Gemeinsamen) des *Unterschiedenen* nicht aus dem Auge. Darin liegt seine Größe, seine Gegenwart und Zukunft. Das Zusammensein von Selbst und Anderen wie deren Zusammenhalt erklärt sich zum Programm, Problem und Projekt der Moderne. Es schließt selbstredend die Frage nach dem Zusammen-Aushalten und -Haushalten mit ein. In Parallelität zu dieser Entwicklung der

Welt verändert sich auch die Logik des Denkens (der Philosophie): Die Einheit ist Einheit und Unterschied, die Vernunft ist Vernunft (Sinn) und Verstand (Rationalität). Die Einheit (eines Gedankens) kann zuletzt nur als Einheit von Einheit und Unterschied begriffen werden.[2] Dialektisch zu denken spielt so von Anfang an ein selbst- und vernunftkritisches Moment in sich ein. Es revoltiert gegen sich selbst.

Anders gesagt, im Bewusstsein der Differenz unterschiedlicher Lebens- und Denkweisen der neuen Zeit stellt ein jeder Zusammenhalt zwei folgenschwere Fragen, *wie* man ihn *zusammenhält* und *ob* man das Zusammen *aushält*: Wie man das zusammenhält, was man kaum zusammen aushält? Zumal unter Bedingungen eines regelmäßig klammen Haushalts? Beides will gelernt sein. Nirgends kann man dieser theoretischen wie praktischen Frage ausweichen. Die Macht und Größe des Geistes, die Produktivität unserer Lebens- und Denkform hängt daran. – Dieser Problemknoten des Geistes zeigt sich in der Philosophie und der Welt gleichermaßen: Eine *Philosophie*, die dies in Begriffen oder einem auf Égaliberté geeichten Denken zu leisten verspricht, und eine *Welt*, die lernen muss, diese auf allen Ebenen konfligierende Erfahrung (einer allseitigen Abhängigkeit in Konkurrenz und Kooperation) zu organisieren. Der Geist schlägt in beiden den gleichen Grundton des »Teile und verteile fair« an, so unterschiedlich er auch schwingt, in der Philosophie als *Verhaltensweise* des Geistes, in der Welt, in der er um seine, über Arbeit und Kommunikation vermittelte *Weltlichkeit* ringt.[3] Die auseinanderbrechende oder vielfach »entzweite« Welt beginnt in der nach Aufgaben und Arbeiten, Rechten und Pflichten »auseinandergezogenen« Ordnung (Hegel) eine neue, der verweltlichten Welt angemessene Problemlösungsstrategie zu entwickeln.

(5) *Geist. Von der Werkmeisterei zur Weltmeisterschaft.* Hegel macht mit anderen Philosophen, Ökonomen, Pädagogen, Sprach- und Kulturwissenschaftlern explizit das, was heutzutage allzu leichtfertig »Intersubjektivität« genannt wird. Er macht das »*Ich*, das *Wir*, und *Wir*, das *Ich* ist« zur grundlegenden Bedingung nicht nur für das *Erkennen*, sondern auch für das *Handeln*. Allmählich dämmert es, dass es nicht selbstverständlich ist, was es heißt, dass

(die) Menschen existieren können. Was das menschliche Leben über weite Strecken informiert und garantiert, ist ein Komplex seiner eigenen – wirtschaftlichen, intellektuellen, künstlerischen und technischen – Leistungen. Sie bilden die *äußeren* Bedingungen der Möglichkeit menschlichen Daseins.

Den intellektuellen Eliten Europas entgeht aber auch das nicht: Sie sehen, dass nicht nur die *äußeren* Bedingungen der Möglichkeit des Daseins zur Aufklärung von »Ich« und »Wir« hinzugezogen und erklärt werden müssen. Das Nämliche gilt auch für die *inneren* (geistigen) Bedingungen, die mit der Entwicklung und Einrichtung (der Vermögen, Kompetenzen, Urteilsformen) von Selbst und Selbsterkenntnis, von Bewusstsein und Selbstbewusstsein einhergehen. Sie sind am schwersten zu erkennen – gerade weil sie laufend und stillschweigend in Anspruch genommen werden. Sie sind uns nicht nur beängstigend nah auf den Leib geschrieben, sie gehen uns regelrecht auf den Geist – kaum, dass wir von ihnen abrücken können. Es könnte sein, dass es sich mit dem Selbst und den es betreffenden Dingen eines friedlichen und freiheitlichen Zusammenlebens grundsätzlich anders verhält als mit den herkömmlichen, die sich mittels technisch-praktischer Modelle zuverlässig klären lassen. Sie müssen in jedem Fall, wie es damals hieß, eigens »deduziert«, abgeleitet, hergeleitet, gerechtfertigt werden – eine umständliche und womöglich selbstwidersprüchliche Prozedur gerade für das, was den Menschen am Herzen liegt. Diese Voraussetzungen dürfen keineswegs als bekannt, wie Hegel sagt, »geschenkt« werden, nur weil ihr Gebrauch im alltäglichen wie wissenschaftlichen Umgang keine größeren Schwierigkeiten bereitet. Fichte macht da einen entscheidenden Schritt über Kant hinaus.

Dieser hatte das Augenmerk der Philosophie im großen Stil (»Kopernikanische Wende«) auf diese Art und Weise der Erfahrungsanalyse umgestellt. Er hat diese Umstellung »transzendental« genannt. Es geht dabei nicht um die (direkte, konfrontative) Erfahrungsanalyse der Gegenstände – das machen in der Regel die Wissenschaften –, sondern um die *allgemeinen* und *notwendigen Voraussetzungen* der Erfahrungsanalyse der Gegenstände aufseiten des Subjekts oder des allgemeinen Bewusstseins. Letzteres wiederum wird von Kant als gut und übersichtlich gefüllter Container von menschlichen

Vermögen begriffen. Hegel nennt das kantische Konstrukt spöttisch einen »Seelensack«.

Es ist eines, die vom Geist *angesteckten* (»begeisteten«, inspirierten) und *umgearbeiteten* (»bestimmten«, determinierten) Gegenstände zu erfassen; ein anderes aber, *ihm selbst* in seiner dem Bewusstsein abgewandten Tätigkeit: seiner geistigen Performance auf die Spur zu kommen, und nicht nur auf die Spur, sondern seinem (flüchtigen) Sein auch noch eine angemessene *Darstellung* zu geben. In der philosophischen Sprache der damaligen Zeit – hier als Beispiel Fichte – hieß das: »Die Aufgabe ist zu zeigen, wie das Selbstbewusstseyn möglich sey.«

Man kann zum besseren Verständnis die Sache auch von der anderen Seite her aufrollen. Wenn Marx davon spricht, »die Industrie« sei das *»aufgeschlagene* Buch der *menschlichen Wesenskräfte«*[4], dann stellt Hegel die Frage, wie das denn möglich und überhaupt zu erkennen sei: Wie nicht nur die erkenntnistheoretischen Voraussetzungen des Erkennens menschlicher Wesenskräfte eingeholt werden können, sondern auch die sozialphilosophischen, die, zu einem bestimmten historischen Zeitpunkt, die *Form* der Arbeit, das Herstellen und Handeln bedingt und befördert haben. Auch sie müssen, um die Marx'sche Behauptung einzulösen, in ihrer Universalität im Blick auf die neue, die Industriearbeit ›deduziert‹ werden.

Für Hegel ist das hochgradig vernetzte Aufeinanderangewiesen-Sein im Verkehr der Menschen untereinander die *Basis* und gleichzeitig der *Beleg* dafür, dass »der Begriff *des Geistes* für uns vorhanden« ist. Denn in seinem Sinn ist zuletzt alles mit allem verbunden. Der Geist in diesem emphatischen Sinn öffnet uns gleichsam das *Tor zur* (neuen) *Welt*. Denn beim Geist geht es nicht allein um »Gestalten nur des Bewußtseins«, sondern auch um »Gestalten einer Welt« (3, 326). Sie verstehen es, im Schaffensprozess ihrer »Weltlichkeit« sie selbst zu reflektieren.

Fichtes Bemerkung über die Bildsamkeit des Menschen erhellt das, was das Zusammenspiel von Ich und Wir weiter bedeutet, mit einem Schlag, wenn er den Umstand der zweiten, der *sozialen* Geburt des Menschen als Tat-sache auffasst: Der Mensch werde nur unter Menschen ein Mensch.[5] In Hegels entwicklungslogischem Denken hat das Bewusstsein, das bei der einfachen Beziehung (Reflexion) von Bewusstsein und Gegenstand stehenbleibt, »erst in dem Selbstbewußtsein [dieser Situation, G. G.] als dem Begriff des Geistes, seinen Wendepunkt«. Ein Bewusstsein hat tatsächlich nur ein Bewusstsein von sich und seinem Gegenstand, wenn es Selbstbewusstsein hat, wenn es sich selbst in der Reflexion eines Bewusstseins auf seinen Gegenstand bemerkt. Genauer noch heißt es bei Hegel: »Was für das Bewußtsein weiter wird, ist die Erfahrung, was der Geist ist, diese absolute Substanz, welche in der vollkommenen Freiheit und Selbständigkeit ihres Gegensatzes, nämlich verschiedener für sich seiender Selbstbewußtsein[e],die Einheit derselben ist« (3,145).

(6) *Am Rand der Gegenwart.* Um diese Bildungsgeschichte des Bewusstseins zum Selbstbewusstsein geht es im nächsten Kapitel. Eine Schwierigkeit liegt, wie erwähnt, in der für das Erkennen schier unerträglichen Nähe, die ein jeder, eine jede und ein jedes zu sich hat; aber auch in den diesbezüglichen Medien und Mitteln der Erkenntnis, die man braucht, um dem höchsten Anliegen des Geistes, seiner Selbsterkenntnis, Genüge zu tun. Nietzsche hat es ein paar Jahrzehnte später auf den denkbar kürzesten Nenner gebracht: Allzu nah ist allzu fern.

Der *Sozialsinn* (das Ich, das Wir und das Wir, das Ich ist) und der *Sachsinn* (Égaliberté) müssen sich da, wie Hegel zeigt, vor allem im Blick auf die politischen und gesellschaftlichen Errungenschaften der modernen Welt, wechselseitig erläutern. Ohne den Sachsinn freier Radikale kein über Verbindlichkeiten geregelter Sozialsinn. Kurz, Neues zwischen einem unbestimmt aus Freiheit geschöpften Neuen (qua »ganz anderem«) und einer quantitativ kalkulierten Neuerung, zwischen Revolution und Reform, Praxis und Poiesis, Kreation und Innovation, Emanzipation und Institution, Vernunft und Verstand, Gerechtigkeit und Recht: einer nie dagewesenen Spieleröffnung und der Modifikation einer bekannten – in diesen Turbulenzen gründet der Sozialsinn, die *Soziabilität* von ich selbst und wir selbst und den anderen, die gleichfalls die Erfahrung, ein Ich und ein Wir zu sein, machen.

Nun lässt sich mit Blick auf den Sozialsinn einer globalen, ungleichzeitigen Moderne nicht mehr auf zwei Völker qua Macht und Souveränität verkörpernde nationalstaatliche Subjekte rekurrieren.

Netzwerke, Rhizome, Global Players sind an ihre Stelle getreten – soziale Subjektivtäten, überindividuelle Agenturen, kurz- oder langfristige Handlungsbereitschaften, die nur wenig gemein haben mit dem, was ehemals (das) »Subjekt« genannt worden ist: *Kollektive Subjektivitäten* wie soziale Systeme, Öffentlichkeiten, Verbände, Parteien, Kartelle, NGOs, scientific communities, Bürgerinitiativen, Religionsgemeinschaften, zerfallende Nationalstaaten und überstaatliche Bündnisse sind in großer Vielfalt und von zeitlich mehr oder weniger begrenzter Dauer an deren Stelle getreten, eben das, was heute so missverständlich wie nur etwas »globale Welt« heißt.

(7) *Ein dummer Rest.* Es bleibt ein *Rückstand*, der nie aufgehende Rest jenes Unwesens oder absolut notwendigen Undings, das Hegel »Geist« genannt hat, ein universelles Medium, das, heute, nach (der) Abdankung des Subjekts, wieder an Zulauf gewinnt und unter dem Namen (Kollektivsingular) eines Selbst bzw. *Selbstsinns* nur eine, wenngleich nicht unwichtige Seite abdeckt, und mit *Reflexivität* – als einem Grundbaustein – nur unzureichend beschrieben wird. Denn der (den) »Geist« betreffende Selbstsinn funktioniert nur auf Basis einer Verfassung, die zu ihrem Verständnis das Hinzuziehen weiterer Charakteristika – *Referenzialität*, *Repräsentationalität* (institutionalisierte Macht) und *Responsibilität* – erforderlich macht. Von einem Selbst lässt sich nur sprechen *mit Bezug auf* »Es«: auf das Universum der Personalpronomen, auf ein ich, du, er, sie, es –, auf wir, ihr, sie (Referenzialität) und eine diesen Bezug *vorstellende, um- und richtigstellende* Tätigkeit, die *dargestellt* oder *simuliert* (verstellt) werden muss (Repräsentationalität), für die – bis heute – eine Person oder Institution, eine Agentur oder ein irgendwie gearteter Repräsentant oder Simulator *verantwortlich* zeichnet (Responsibilität). Erst alle drei *vermitteln* eine vorläufige Vorstellung von dem, was (der) Geist und (die) Idee im Spiegel seiner bzw. ihrer ausführenden Organe, der Begriffe, heißt. Begriffe sind gleichsam die Institutionen und Institute des Geistes, in denen er zeigt, worum es ihm geht. Im Verein mit den *Ideen*, d. i. den Inbegriffen, sind letztere die leitenden Angestellten der Hegel'schen Philosophie.

Man kann Geist vielleicht abkürzend als *Medium* (»worin alle die Bestimmtheiten sind«) und *Mittel* (»wodurch alle die

Bestimmtheiten erfasst werden«) sowie als *Message* (was diesen Bestimmtheiten die Richtung weist) verstehen. Das, was er (in ihr und durch sie) sagt und sendet, freilich nicht unabhängig von uns als *geistigen*, d. i. verantwortlichen Wesen, die sich dazu befehligt sehen, auf die Botschaft bestimmterweise zu reagieren. Man kann nicht nicht kommunizieren, man kann nicht nicht verantworten oder, wie es der Volksmund sagt, keine Antwort ist auch eine.

(8) *Die Rede von der neuen Zeit* sollte der Möglichkeit nach alle relevanten Hinsichtnahmen im Auge behalten. Gleichwohl kommt sie um weitere, zeitnahe Fragen der Gewichtung oder der Präferenz einzelner Aspekte nicht herum; auch nicht darum, zunächst Zuflucht bei gängigen Charakterisierungen der *neuen Zeit* zu suchen und sie als eine fortwährende Zeit des *Umbruchs* oder *Übergangs*, als Zeit einer zweiten, postindustriellen Revolution zu verstehen, für die – im Blick auf heute – technologisch die *Digitalisierung*, welthistorisch die *Globalisierung*, kulturell und politisch die *Ungleichzeitigkeit* (die Dis-Simultanisierung) bezeichnend ist. Diese setze sich – unter dem durch soziale Entropie bedingten Druck der Verhältnisse – bis in die Tiefenschichten des persönlichen und sozialen Zusammenlebens fort, die sozialontologisch, um nur eine Zeitdiagnose aufzugreifen, eine »Gesellschaft der Singularitäten« (A. Reckwitz) hervorbrächte. Im Gebrauch der Phrase von der *neuen Zeit* sehen wir uns – neben der horizontalen Betrachtung – auch mit einer *vertikalen*, weit in die Geschichte hinabreichenden Staffelung konfrontiert.

Das Medium des Denkens, das uns dabei bewegt, ist die *neue Zeit*. Sie fordert uns heraus, sie zwingt uns geradezu, über sie und uns nachzudenken. Denken tun wir in Begriffen, die wir über Urteile und Schlüsse weiter zu klären versuchen. Umgekehrt wird durch die Begriffe, die wir zur näheren Bestimmung der neuen Zeit bemühen, auch die neue Zeit bewegt und – in bestimmten Diagnosen, Prognosen, Berichten, Dokumentationen, Kommentaren vorläufig zum Stehen gebracht. Die soziale Welt ist zu einem nicht geringen Teil das performative Produkt der Begriffe, durch die wir sie denken. Begriffe sind Medien, *über* die wir *in* und *mittels* unserer Symbolsysteme am allgemeinen (in unserem Fall eurozentristischen) Denken und Handeln, Wünschen und Wollen partizipieren.

Sicher müsste an dieser Stelle einiges mehr über das Verhältnis der neuen Zeit und der Begriffe in und mittels derer wir sie denken und wahrnehmen, abbilden und umbilden, gesagt werden – zumal wenn die Aufgabe der Philosophie darin besteht, »zu begreifen, was ist« –, gleichwohl möchte ich die Frage, worin denn *das Herausfordernde* der neuen Zeit – im Blick auf den Sozial- wie den Sachsinn – bestehen könnte (zumal wenn ein Unverständliches Regie führt), zurückstellen.

Wenn das Neue der neuen Zeit in der *Herausforderung durch das Unverstandene/Unverständliche* gesucht werden muss, scheint es angebracht (und auch leichter), sich zunächst auf das *Schwerverständliche*, d. i. das *Selbstverständliche* der neuen Zeit zu beziehen, um von dort aus weiteren Einblick in die Semantik der neuen Zeit und der *Praxis*, in der sie zu Hause ist (ihren tragenden Grund im weit verbreiteten Gebrauch von Denk- und Lebensformen hat), zu gewinnen. Die Frage nach dem Neuen der neuen Zeit rückt ins Zentrum unserer Aufmerksamkeit. Sie wurde auf den letzten Seiten sehr abstrakt, um nicht zu sagen, kryptisch angesprochen. Sie wird im Verlauf des Buchs, insbesondere den folgenden Kapiteln, Schritt für Schritt geklärt.

(9) *Wie es weiter geht.* Das Interesse des nächsten Kapitels *Ein neuer Begriff der Subjektivität*, richtet sich auf den Grundlegungsdiskurs, den Hegel über das Selbstbewusstsein, seine Genese, seine Sozialisations- und Bildungsgeschichte führt: Wie überhaupt und unter welchen näheren Umständen Selbstbewusstsein möglich wird? Wie erwirbt das Bewusstsein seinen Selbst-, Sach- und Sozialsinn in einer *Welt*, die durch ein neues Zusammenspiel von Ich und Wir, Individuellem und Allgemeinem, Begierde und Willentlichem, Empirischem und Metaphysischem bestimmt ist und diese als Eckpfeiler seiner Existenz im gewöhnlichen Verhalten auch anerkennt. Wie die Biologie die physische Geburt des Menschenkindes erklärt, so sucht die Philosophie die »geistige« Geburt einer *endlichen*, aber *vernünftigen* Natur aufzuklären; also das, was notwendig ist, damit dieses mit Natur- oder Triebbedürfnissen ausgestattete Lebewesen seine geistige, d. i. selbstbezügliche, soziale und freiheitsliebende, auf Gleichheit und Gerechtigkeit bedachte zweite Natur erwirbt. Die näheren

Umstände des »amphibischen Wesens«, von dem Hegel spricht, bedürfen zu Anfang des neuen Geistes dringend der Klärung (VI.).

Das Kapitel über *Die neue verweltlichte Welt* zeigt das Zusammenspiel von Sozial-, Sach- und Selbstsinn auf der Höhe der Zeit, das heißt, der »Welt des sich entfremdeten Geistes«: der Epoche und des Begriffs der Aufklärung und ihres Zweifrontenkriegs (a) des Kampfes mit dem Aberglauben und (b) ihrer Wahrheit, indem sie die Auswirkungen ihres vernünftigen Handelns erfährt – den Terror und Schrecken, die im Gefolge der Französischen Revolution »die Vernunft« ins Zwielicht rücken. (Der) Geist besteht nicht nur aus seiner begrifflichen Entwicklungsgeschichte, er ist auch ein Einrichtungshaus von Wissens- und Weltgestalten/-beständen, das – in der Zeit nach 1800 – lernen muss, sich wegen und trotz der Dynamisierung auf allen Gebieten zu stabilisieren. Das, was im Fluss ist und bleibt – die Kämpfe um Freiheit und Gerechtigkeit – müssen durch weltläufige Bestandsgarantien einer auf Recht und Ordnung gegründeten Verfassung rückversichert werden (VII.).

Dienen die zuletzt genannten Kapitel in erster Linie der knappen Wiedergabe des Inhalts, stellen die folgenden eher den Problemzusammenhang und das Neue, was das Buch hinsichtlich Philosophie und Welt bietet, heraus. *Die Erneuerung der Philosophie* gibt sowohl Hinweise, wie der Ausgang dieser Bildungsgeschichte des Geistes, der in dem missverständlichen Begriff eines »absoluten Wissens« terminiert, verstanden werden muss; er zeigt aber auch, wie sich im Verlauf des Nachdenkens über die Phänomenologie, d. i. die Entwicklungs- und Einrichtungsgeschichte des Geistes (in der verweltlichten Welt), sich die Philosophie selbst verändert hat (VIII.).

Dieses Umdenken rührt auch ans Herzstück der Dialektik oder die treibende Kraft, den Motor, von Hegels Philosophie. Es betrifft die dem Geist angemessene Methode. Einen prägnanten Ausdruck findet sie, wenn es heißt: »Die Methode ist […] nicht äußerliche Form, sondern die Seele und der Begriff des Inhalts.« (8, 392) Hegel entwickelt einen Begriff der Methode (oder Wissenschaft), der den widersprüchlichen Strebungen der modernen Welt gerecht werden muss. Er sieht ihn in dem, was er den *absoluten Unterschied* nennt. Sachverhalte, die, wie Freiheit und Notwendigkeit, Unabhängigkeit und Zwang im Grundsatz unterschieden sind, müssen dennoch als zusammengehörig betrachtet werden. Auch der geistige Betrieb, das Betreiben und Bestreben der neuen Welt, das wir zuvor in die unscheinbare Floskel unserer alltäglichen Rede des »von Neuem« gekleidet hatten, sollte sich in der Methode philosophischen Denkens wiederfinden (IX.).

Aufs Ganze gesehen, zeigen sich an der neuen Welt und ihrer Philosophie die Grundzüge einer auf das Intramundane (auf Innerweltlichkeit) abgestellten Metaphysik und Geschichte. Ihr Zauberwort lautet »von Neuem«. Seine Anfänge beleuchtet unser letztes Kapitel zur *Phänomenologie des Geistes*. Es fasst in einem großen Bogen die Ergebnisse unserer Diskussion zusammen (X.). Es zieht einige für die neuere Philosophie und Welt bedeutsame Konsequenzen und zeigt, in welchen Kreisen die Abenteuerlust des Geistes ihre Schau-, Spiel- und Arbeitsplätze, aber auch ihre Grenzen findet. Es zeigt als Höhepunkt, dass das Weltlich-Werden der Philosophie und das Philosophisch-Werden der Welt zugleich die Philosophie antreibt, philosophischer zu werden: der Philosophie weiter auf den Grund zu gehen, wie die Welt weltlicher zu machen und sie mit ihrer Intramundanität zu konfrontieren, was womöglich heißt, sie mit ihrem Sinnverlust zu versöhnen.

VI. Ein neuer Begriff der Subjektivität

Wie angedeutet beinhaltet die *Phänomenologie des Geistes* eine aufsteigend geordnete Reihe von Bewusstseins- und Weltgestalten. Sie beginnt mit Bewusstsein und Selbstbewusstsein, beobachtender und handelnder Vernunft und führt über den sittlichen, den gebildeten und moralischen Geist bis zur Religion und Kunst, um beim absoluten Wissen als der Reflexion auf den Bildungsweg der Wissenschaft der Selbst- und Welterfahrung zu enden.

Selbst und Andere

(1) *Vom Bewusstsein zum Selbstbewusstsein.* Mit der »sinnlichen Gewissheit« startet der eigentliche Argumentationsgang, der ein »natürliches Bewusstsein« vorstellt, das glaubt, auf den konkreten Gegenstand, wie er sich unseren Sinnen in seiner reich gegliederten Gestalt darbietet, einen unmittelbaren Zugriff zu haben. Allerdings feststellen muss, dass ein »Dieses-da« nicht auf direktem Wege erfahren werden kann, genauso wenig wie ein »ich«, »hier« oder »jetzt«. Nichts von alldem ist uns anschaulich gegeben. Immer erscheint das sinnlich Gegebene durch unsere Wahrnehmung und Sprache, durch unser Bewusstsein vermittelt. Das natürliche Bewusstsein *meint* nur, einen direkten und individuellen Zugang zu haben, aber die Sprache, die es zur Hilfe nimmt, zeigt, dass sich in ihr nur Aussagen allgemeiner Natur machen lassen.[6] Der Gegenstand, der ihm vor Augen steht und den es zu erfassen sucht, ist ein komplexes Ding mit vielen Eigenschaften.

Die sinnliche Gewissheit sieht sich angesichts des Arguments, sich im Sprechen und Denken immer schon in allgemeinen Medien zu bewegen, gezwungen, zum wahrnehmenden Bewusstsein überzugehen. Denn dieses – als die Wahrheit der ersten Stufe – nimmt (nun) an, ein weit genug gefächertes Vermögen zu benutzen, um *einen* (geschlossenen) Gegenstand mit vielen, auch unterschiedlichen Eigenschaften erklären zu können. Es muss zusehen, wie es abermals scheitert. Der Gegenstand der Wahrnehmung bzw. des wahrnehmenden Bewusstseins laboriert an Problemen, die erst mit dem verständigen Denken und seinen unbedingt allgemeinen

Voraussetzungen und Gesetzmäßigkeiten gelöst werden können. Aber auch in diesem Bezug auf den Gegenstand lagern Voraussetzungen, die dem verständigen Denken verschlossen bleiben. Die formalen Verstandesgesetze scheitern zunächst als eine hinter den Sinnesdaten liegende »verkehrte« Welt, um dann zu sehen, dass das Bewusstsein sie und das Ansich der Dinge als sein eigenes Produkt erkennt und anerkennt. Mit der Erfahrung des Selbstbezugs, der in jedem Bezug auf einen Gegenstand im- oder explizit enthalten ist, ist der Übergang zum *Selbstbewusstsein* – dem Thema dieses Kapitels – gemacht, das wir uns vorgesetzt haben, ausführlicher zu behandeln. Selbstbewusstsein ist, wie in der Einleitung und im ersten Teil angedeutet, ein, wenn nicht das große Abenteuer des Geistes.

Hegels Analyse der *sinnlichen Gewissheit*, der *Wahrnehmung* und des *Verstandes*, mit der das Buch startet, führt bis an den Rand des Bewusstseins, da sich unweigerlich die Frage des Selbstbewusstseins aufdrängt: Muss nicht ein Bewusstsein, das verständig über Gegenstände zu urteilen weiß, und (die sichtbare) Welt der Erscheinung in Form von allgemeinen Gesetzeszusammenhängen zu fassen und zu operationalisieren versteht, auch ein Verständnis darüber entwickeln, was es selbst denn tut? Welche Rolle *es selbst* spielt? Was es mit dieser Bezugnahme eines Bewusstseins auf einen Gegenstand eigentlich auf sich hat? Wie denn da ein falscher von einem wahren, ein legitimer von einem illegitimen Bezug unterschieden werden kann; besonders dann, wenn dieses Bewusstsein behauptet, allgemeine und notwendige, d. i. wahre Erkenntnisse über den gesamten Erfahrungsprozess und also auch über das, was sich zwischen Bewusstsein und Gegenstand abspielt, zu besitzen?

Wesen, von denen wir glauben, sie hätten Selbstbewusstsein, sind offensichtlich in der Lage, das Verhältnis von Bewusstsein und Gegenstand nochmals ins Auge zu fassen. Wir sagen, sie können es wiederholt und in Abwandlungen *thematisieren*.

In diesem Kapitel geht es fundamental um ein (zunächst) an der *Selbsterhaltung* interessiertes Wesen, ein *Selbst-bewusstsein*, das im Kampf auf Leben und Tod sich mit einigen grundlegenden Eigentümlichkeiten konfrontiert sieht, die es über sich und seinesgleichen lernen muss; insbesondere solche Erfahrungen, die Aufschluss darüber geben, worin es sich selbst – als *sinnliches* (der Begierde verfallenes) und *geistiges* (zum überlegten Streben genötigtes) Wesen – von den übrigen, d. i. herkömmlichen Gegenständen und ihren (mechanischen, organischen und kybernetischen) Gesetzmäßigkeiten unterscheidet. Es muss lernen, sich in einer Welt zu behaupten, die nicht nur verlangt, sich der (inneren und äußeren) Natur, wie Bacon sagt, gehorsam zu zeigen, um sie auf diese Weise umso sicherer zu beherrschen, sondern auch, um sich im Umgang und Verkehr mit seinesgleichen zurechtzufinden. Die Natur, glaubt man, kann man sich vergleichsweise leicht unterwerfen, die anderen Menschen aber nicht, vor allem dann nicht, wenn sie, wie an der Schwelle zur Welt des 17. und 18. Jahrhunderts, beginnen, sich selbst als freie und gleiche, vernünftige und souveräne Handlungsmächte zu begreifen. Von ihnen ist jedes Selbstbewusstsein in extremer Weise abhängig. Zuletzt wird es ein *wirkliches Selbstbewusstsein* nur dann, wenn es sich im Ringen um *seine* Selbstständigkeit auf die Anderen einlässt.

Und nicht nur das. Womöglich lässt sich von (einem) Selbstbewusstsein im ganzen Umfang des Begriffs nur dann sprechen, wenn es sich im welt- und weitläufigen Umgang mit den anderen auch praktisch bewährt. Denn völlig zurecht, könnte man sagen, mischt sich die Alltagserfahrung ein, die daran erinnert, Selbstbewusstsein nicht nur kognitiv, sondern auch im Sinne von Selbstsicherheit und Selbstvertrauen verstehen zu müssen.

(2) *Wie ist Selbstbewusstsein möglich.* Näher interessiert uns, was Hegel – im Blick auf Selbstbewusstsein – ein wenig kryptisch, aber zielsicher mit »die Wahrheit der Gewissheit seiner selbst« umschreibt. Er schlägt mit dieser Formulierung den Weg ein, der jeglichem Wissen in der Neuzeit vorgeschrieben ist: Es muss von dem, was bloß (subjektiv) *gewiss* ist, zu dem, was allgemein (objektiv) *wahr* ist, gelangen.

Hegel zerlegt seine Überlegung in zwei Schritte. Einen ersten, dem es um die *Selbstständigkeit* und *Unselbstständigkeit* eben dieses Selbstbewusstseins als der Personifikation unserer selbst geht. Deren Analyse findet ihren vorläufigen Abschluss im berühmt-berüchtigten Herrschaft/Knechtschaftskapitel. In einem zweiten Schritt zieht Hegel die *Lehre* daraus – er spricht von Wahrheit. Die Wahrheit des

Selbstbewusstseins ist die *Freiheit.* Sie zeigt sich zunächst in ihren abstrakten, noch unvollkommenen Gestalten: dem (frühen) *Stoizismus* und *Skeptizismus*, aber auch dem *unglücklichen Bewusstsein*, das sich darum bekümmert zeigt, dass sein wirkliches Tun unter der Hand zu einem »Tun von Nichts« wird, weil es in der »rastlosen Bewegung« eines »von *Einzelheit* überhaupt *wegsehenden* Denkens des Stoizismus« und dem »nur *unruhigen* Denken des Skeptizismus« (3, 168) hin und her gerissen wird und so »statt eines Wesentlichen das Niedrigste, statt eines Allgemeinen das Einzelne ist, so sehen wir nur eine auf sich und ihr kleines Tun beschränkte und sich bebrütende, ebenso unglückliche als ärmliche Persönlichkeit« (3, 174). Diesem stoischen und skeptischen »Bewußtsein kann daher nur das *Grab* eines Lebens zur Gegenwart kommen« (3, 169).

Diese Themen behandelt Hegel im Anschluss an das Herrschaft/Knechtschaftskapitel, das mit »Freiheit des Selbstbewußtseins« überschrieben ist. Stoizismus und Skeptizismus laborieren zuletzt an demselben Problem. Sie ziehen sich (in sich) zurück und glauben, sich durch Verhärtung und Abschottung gegenüber der inneren Natur und/oder dem Freiheitswillen der Anderen wappnen zu können, um sich selbst so die eigene Freiheit (des Denkens und Handelns) zu beweisen.

Hegel interessiert sich für die fundamentalen Bedingungen sowohl der Struktur- wie der Entstehungs- und Fortsetzungsgeschichte der »Wahrheit der Gewißheit seiner selbst«, freilich unter der für die *neue Zeit* charakteristischen Annahme, dass »ein Selbst zu sein« sich *nicht von selbst* versteht. Weder die göttliche Vorsehung noch die Evolution und ein durch den genetischen Code gesteuertes Programm haben den planmäßigen Verlauf der Selbstwerdung so eingerichtet. Auch scheint das sonderbare Vermögen namens »intellektuelle Anschauung«, das Fichte und Schelling – in Analogie zum (sehenden) Verstand Gottes – ins Spiel gebracht haben, nicht dazu angetan, die Probleme der ›geistigen‹ Bezugnahme auf sich selbst zu lösen.

Hegel will es genau wissen. Seine Analyse »der näheren Umstände«, wie es bei ihm heißt, reicht weiter: Welche Voraussetzungen genau müssen erfüllt sein, dass Lebewesen dieser Art (Menschen) ein Bewusstsein von sich entwickeln, das sich sowohl von den Tieren (qua Gattung = Lebewesen), aber auch von *anderen* Wesen *derselben* Gattung (*vernünftiger* Lebewesen) unterscheidet? Selbstbewusstsein hat offenbar nur, wer die Erfahrung macht und sich ein Leben lang daran erinnert, dass die anderen grundsätzlich von mir *unterschiedene* Wesen sind – ich bin nicht der oder die andere –, um doch augenblicklich des »Faktums der Vernunft« (Kant) innezuwerden: Alle Menschen sind Wesen derselben Art und Weise wie ich. Es sind nicht andere als ich. Auch wenn sie eine Sprache sprechen, die ich nicht verstehe; eine Hautfarbe tragen, die mir nicht gefällt; an Götter glauben, die ich nicht verehre; ein Geschlecht haben, das ich nicht schätze. Wir – sie und ich – gleichen uns dennoch unbedingt darin, *endliche*, sinnliche (gierige, begierige und neugierige), aber *vernünftige* Naturen zu sein. Das Sein und Werden dieser Lebewesen definiert sich über das, was nur schlecht zusammenpasst: Ein »Sein wie kein anderer« und ein »Sein wie alle anderen« zu sein.

Wollte man die Frage nach der besonderen Existenzweise des Selbstbewusstseins als Tor zur Welt (= des Geistes) in eine heute gebräuchliche Sprache übertragen, hieße das: Wie wird aus einem lebendigen, seinen elementaren Triebbedürfnissen (Begierden) gehorchenden Wesen ein Selbst(bewusstsein), eine soziale und symbolische Institution (in einem Fall = Person), die selbstständig und unselbstständig ist und dies auch bei sich und anderen im Prinzip zu unterscheiden weiß: die individuell (jemand) und allgemein (niemand) ist? Ein endliches Wesen, dessen Selbstreferenz sowohl durch eine unendliche Nähe (Authentizität/Intimität) als auch durch eine unendliche Distanz (Reflexivität/Anonymität) zu sich gekennzeichnet ist? Wie lernt dieses irdisch bedingte, endliche Wesen überhaupt, was es heißt, unendlich zu sein? Sich selbst qua Freiheit in seiner natürlichen Existenz unbedingt zu vergewissern und überschreiten zu können? Unter welchen Umständen wird ihm die/seine Unendlichkeit/Unbedingtheit eingefädelt? Wie lernt es in den Weisen seines je schon unmittelbar praktizierten Selbst- und Fremdbezugs sich selbst, d. h. seine ganz und gar ungewöhnliche Identität kennen: »ein Unterscheiden des Ununterschiedenen«, wie Hegel sagt, zu sein? Kognitiv wie affektiv, metaphysisch wie transsubjektiv, dazu in der Lage zu sein, die Bewährungsproben, die das Leben mit sich bringt, zu bestehen, insbesondere die, in denen dieses Lebewesen, mit Hegel gesprochen, »ebensowohl Gegenstand wie Ich«, »Mittel« und »Zweck an sich selbst« ist? Also auch jene elementare Operation, in der es lernen muss, dass etwas (ein Zeichen) *für* etwas anderes *steht*: ein Symbol *für* ein Ding, das Ich *für* eine unbezwingbare Intelligibilität der Person? Also ein Zeichen als Platzhalter und Platzanweiser für *etwas*, das sich *nicht* als »etwas«, also ein Ding unter Dingen versteht und begreifen lässt? Im doppelten Doppelsinn jener Dialektik von Selbst und anderem Selbst, die Hegel auch die »Bewegung des Anerkennens« nennt, tauchen all diese Fragen auf.

Auf eine grundsätzliche Weise besteht mit der Heraufkunft der Neuzeit die Annahme einer *Gleichheit* zwischen den Menschen (ein Sein wie alle anderen), die, genau wie ihre *Verschiedenheit* (ein Sein wie kein anderer), dann zum anstrengenden Thema aller individuellen und soziokulturellen Lernprozesse wird – bis heute. Und, es macht die Sache keineswegs einfacher, dass (das) Selbstbewusstsein auf verschiedenen Bedeutungsniveaus angesprochen wird; dass es als *einzelne* Person (»Ich«) sich gleich mehrfach mit dem *allgemeinen* Selbstbewusstsein (»Wir«) überlappt; das wiederum, nach einer Seite, alle, die menschliches Antlitz tragen, umfasst (die Menschen, die Menschheit), nach der anderen aber auch unterschiedliche Kollektive wie Völker und Staaten, Klassen und Kasten, Gesellschaften und Gemeinschaften in Betracht ziehen muss. Die Entstehungs- und Einrichtungsgeschichte des Selbstbewusstseins wandelt sich zu einer Sozialisations- und Bildungsgeschichte, die von den je versammelten Kollektiven der Menschen in eigener Regie übernommen werden muss. Kurz, es geht um die, wie Hegel schreibt, »vielseitige und vieldeutige Verschränkung der Momente von Selbst und Anderen«. – Im Verlauf dieser mit Vor- und Rückgriffen arbeitenden Analyse entwickelt Hegel modellhaft den Gedanken, wie ein Selbstbewusstsein sich zu erfassen und auszubilden lernt.

Besondere Aufmerksamkeit verdienen zunächst die näheren Umstände der *sozialen* Geburt des Selbst, insbesondere die *Form* der Interaktion, durch die ein (idealtypisch vorgestelltes) endliches und verständiges Bewusstsein zunächst versucht, die *Gewissheit* seiner selbst zu erlangen, d. i. diese Gewissheit zu einer Wahrheit zu erheben, die auch die anderen anerkennen/akzeptieren müssen. Eine andere Frage läuft mit, *wie* die Anderen bei dieser Gelegenheit in die Trieb- und Denkökonomie eines jeden einzelnen Lebens eingefädelt werden? Aufschlussreich sind neben den *Medien, in denen* das passiert, auch die *Mittel, durch die* das Selbst versucht, seiner Herr zu werden, um zuletzt auch die *Message* oder *Moral* nicht zu unterschlagen, *die daraus zu ziehen* ist: wie ein Selbstbewusstsein dahin gelangt, sich auf seine Selbsterfahrung zu stützen, das heißt, selbstbewusst im Sinne von selbstständig, selbstsicher und sich selbst vertrauend zu agieren.

(3) *Vom Unterschied, der den Unterschied macht.* Bevor wir näher auf die großartige Eröffnungsszene des Selbstbewusstseins eingehen – auf Hegels These, es erreiche »*seine Befriedigung nur in einem anderen Selbstbewußtsein*« (3, 144) – und uns anbei das mächtige Bild vor Augen führen, das zeigt, dass die eigene Wahrheitsgewissheit nur im Feuer eines Kampfes auf Leben und Tod geschmiedet werden kann, ist es hilfreich, sich auf die Grammatik des Selbst zu besinnen, wie sie sich im Verlauf des Übergangs vom Bewusstsein zum Selbstbewusstsein ergeben hatte. Worin liegt philosophisch – nicht psychologisch oder biologisch – das Besondere, das Typische als das höchst Spezifische von dem, was jede/r/s ihre/seine/diverse *Subjektivität* (»Ich« oder »Identität«) nennt? Im Kontext der Dialektik verkörpert das Selbstbewusstsein die »Macht des Negativen« oder, wie es auch heißt, sie ist absolute, sich auf sich beziehende (selbstbezügliche) Negativität. Was heißt das? Und, inwiefern bildet diese logische Struktur das eigentliche Kraftzentrum der Dialektik? Hegel schreibt: Das Bewusstsein »ist *für sich selbst*, es ist *Unterscheiden des Ununterschiedenen* oder *Selbstbewußtsein*. Ich *unterscheide mich von mir selbst*, und *es ist darin unmittelbar für mich, daß dies Unterschiedene nicht unterschieden ist*. Ich, das Gleichnamige, stoße mich von mir selbst ab; aber dies Unterschiedene, Ungleich-Gesetzte ist unmittelbar, indem es unterschieden ist, kein Unterschied für mich.« (3, 134 f.)

In ein und derselben Hinsicht bin ich mir meiner selbst bewusst, nur indem ich mich von mir unterscheide, mich wie einen gewöhnlichen Gegenstand betrachte, d. h. objektiviere und zugleich meine Vergegenständlichung einklammere, weil ich weiß, dass ich kein gewöhnliches Ding unter anderen gewöhnlichen Dingen bin.

In der Sprache der Vorstellungstheorie: Das Subjekt macht aus sich ein Objekt, wenn es sich wie einen Gegenstand denkt – oder entlang des prädikativen Satzschemas urteilt; in dieser Verkehrung in ein Objekt aber gerade nicht das begreifen kann, was es von allen anderen Gegenständen unterscheidet. Unter der Form des Objekts hat es seinen Begriff, ein ich selbst (ein Subjekt) zu sein, verloren.

Doch diese Bewegung der Vermittlung meines Selbst mit einem ihm objektiven oder »entfremdeten« Dasein kann ich ihm nicht ersparen: Nur indem ich mir gegenständlich werde, das heißt, mich in Handlungen verkörpere oder meinen Absichten in Form von Sätzen Ausdruck verleihe, gewinne ich eine äußere, auch für andere nachvollziehbare Realität. Nur indem ich mir Gegenstand werde oder mich von mir unterscheide, kann ich mir meiner bewusst werden und *zugleich* wissen, dass der Unterschied, wie Hegel sagt, *nichtig* ist. Indem das Selbstbewusstsein »*nur sich selbst* als sich selbst von sich unterscheidet, so ist ihm der Unterschied unmittelbar als ein Anderssein aufgehoben« (3, 138).

Der Unterschied ist – wie es in der Dialektik heißt – in ein und derselben Hinsicht *gesetzt* und *aufgehoben*, oder der Unterschied ist ein *absoluter*. Sein Gegensatz ist der *relative* Unterschied. Dieser beschreibt, was gemeinhin unter einem Unterschied verstanden wird: Etwas unterscheidet sich im Blick auf äußere, an einem Gegenstand (Identität) prädizierbare Eigenschaften – der Bleistift, der rot und nicht braun ist. Wie Hegel sagt, geht der relative Unterschied nicht in die Identitätsbestimmung des Gegenstandes ein, dem Gegenstand werden äußerlich Prädikate zugeschrieben, die sich voneinander unterscheiden. Im absoluten Unterschied fallen Identität und Unterschied zusammen. In ein und derselben Hinsicht unterschieden, sind die Momente zugleich identisch.

Anders gesagt, Reflexivität oder selbstbezügliche Negativität zielen auf denselben Denkprozess: auf die Erfahrung, dass es kein positiv identifizierbares (Wesens-)Merkmal gibt, das die Subjektivität des menschlichen Selbstbewusstseins auszeichnet. *Niemand weiß, was ein Mensch ist.* Jedes Prädikat, das ihm zugeschrieben werden kann, muss zuletzt von seiner Subjektivität negiert oder überschritten werden; nicht allein, weil sie sich nicht durch eine Summe von Prädikaten ausschöpfen lässt, sondern auch, weil sie nur diese (reine)

Beziehung auf sich, die immer wieder oder stets neu aktualisierbare Möglichkeit darstellt, sich auf sich zurückbeugen zu können (Reflexion); sie ist nichts außer dem. Oder, indem sie sich auf sich bezieht, bestreitet sie, wie Hegel sagt, dass sie je durch ein Prädikat der Sprache identifiziert werden kann. Das Subjekt oder der Sprecher hat sich im Prozess der Prädikation immer schon in den Horizont einer vom einzelnen Urteil unerreichbaren Realität entzogen.

Das reine Selbstverhältnis der Subjektivität ist eine unendliche Leere oder, modern gesprochen: sie verweist auf die Unmöglichkeit einer *signifikanten* (das Selbst auszeichnenden) Repräsentation. Man muss das Subjekt (sich selbst) mit dem Ding identifizieren – wie Hegel den Geist mit dem »Knochen« –, um sich dem Schock auszusetzen und den unendlichen Abstand bemessen zu lernen, der in jeder Identifikation von Ding und Selbst, Subjekt und Prädikat liegt. Aber auch, um die negative Kraft der Subjektivität zu entbinden, die aus ihrer radikalen Unvereinbarkeit mit den Strategien der Repräsentierung und dinglichen Positivierung erwachsen.

Diese Unmöglichkeit einer positiven Repräsentation oder Wesensbestimmung des Selbst ist kein Mangel, kein Defizit, kein nichts, was ihm fehlt. Sie enthält die Markierung für ein Unbestimmbares, ein *Nicht nichts*, das, obgleich *kein* Etwas, dennoch als ein Positives begriffen werden muss. Erst ihre Unbestimmtheit versetzt Wesen wie die Menschen in die Lage, frei und verantwortlich handeln zu können. In der Positivierung dieses Unbestimmten liegt der Ausgang des Selbstbewusstseins aus seiner selbstverschuldeten Unmündigkeit. Und genau diese Art und Weise ein Selbst zu sein, muss jeder Mensch lernen.

(4) *Interaktivität. Die vielseitige und vieldeutige Verschränkung von Selbst und Anderen.* Vielleicht sollte man zur Verdeutlichung der Fragestellung auf Kant rekurrieren. Angesichts der »Beobachter und Denker von unendlich verschiedener Art« hatte Kant erklärt, dass für die »Klasse der Denker« (also aller nach Aufklärung und Mündigkeit strebenden Bürger:innen) drei Maximen »zu unwandelbaren Geboten« gemacht werden können: *Selbst* denken; Sich (in der Mitteilung mit Menschen) in die Stelle jedes *Anderen* zu denken; Jederzeit *mit sich selbst einstimmig* zu denken.

Kant setzt das »sich in die Stelle jedes *Anderen* zu denken« als anthropologische Konstante: als jedem Menschen von Natur aus innewohnende Möglichkeit voraus. Fichte, Hegel und die Folgen geben sich damit nicht zufrieden, sie sehen einen Dogmatismus am Werk. Sie haken nach. Ihre revolutionäre Leitfrage lautet: *Wie ist das möglich? Wie ist Selbstbewusstsein möglich?* Und – in diesem Zusammenhang – *Selbsterkenntnis*? Kant bricht die Analyse, *wie* es denn – im Allgemeinen und Besonderen – möglich ist, sich per Mitteilung in die Stelle jedes Anderen zu setzen, zu früh ab. Vielleicht lässt sich ja auf der Basis des (neuzeitlich engmaschiger, wichtiger und vielfältiger werdenden) sozialen Verkehrs zwischen den Individuen mehr über ihre Innen- und Außeneinrichtung, d. i. die Institution des Selbstbewusstseins erfahren? Wodurch gelingt uns dieses Kunststück, uns in die Stelle eines anderen hineinzuversetzen? Und zwar so, dass genauer begriffen wird, wie ein *allgemeines* Bewusstsein (das fähig ist, sich in die Lage des Anderen zu versetzen) dazu disponiert, ein zugleich in hohem Maße *individuiertes* Bewusstsein (ich selbst im Unterschied zu anderen) auszubilden?

Wollte man vorab die Problemstellung und zugleich die *Lösung* in vereinfachter Form präsentieren, müsste man sagen: Es ist unsere *Interaktion* mit Anderen, die uns von Anfang an dazu verhilft und beflügelt, uns wahrnehmen zu können als wären wir die Anderen. Wir werden zu dem, was wir sind, nur in und durch die Beziehung zu anderen: lebensgeschichtlich wie begrifflich, theoretisch wie praktisch. Unserer biologischen und ökonomischen, sprachlichen und affektiven Abhängigkeit von anderen können wir nicht aus dem Wege gehen. Sie allein, nicht die Spiegelneurone, öffnen das Tor zum Verständnis der anderen.

In seinen zentralen Partien ist (das) Selbstbewusstsein ein soziales Wesen, das zwar auf organischer (vegetabilischer und animalischer) Basis sein Leben fristet. Es bildet sich aber heraus über den sozialen Verkehr mit anderem Selbstbewusstsein. Zuletzt ist die Selbstverwirklichung oder die Wahrheit und Gewissheit des eigenen Denkens und Handelns an das Wahr- und Wirklichsein der Anderen gebunden. Umgekehrt gilt das Gleiche. »Wem ich vertraue, dessen Gewißheit seiner selbst, ist mir die Gewißheit meiner selbst.« (3, 406) Für Hegel bedeutet das, nach den grundlegenden

Voraussetzungen zu fahnden: Wie werden die *Maßgaben* der anderen das Zusammenleben betreffend in uns eingefädelt? Immer geht es um *Maß* und *Gaben*, um Aufgaben, die *gelöst* und um Maßgaben, die, z. B. wie für Geborgtes und Geschenktes, *eingelöst* werden wollen (aber davon ahnen Ego und Alter Ego auf dieser Erfahrungsstufe noch nichts). Und, welche Maßgaben genau sind es, die helfen, ein Selbst-bewusstsein zu erlangen? Wenn – so Hegels Modellrechnung weiter – zwei lebendige, mit Bewusstsein agierende Wesen sich (zunächst) ihre Selbst-ständigkeit zu beweisen suchen?

Hegels Antwort: Sie führen den Beweis, indem sie um ihre Selbstständigkeit kämpfen – und zwar (zuletzt) in einem Kampf um »Leben und Tod«. Auf diesen Kampf müssen sie sich einlassen. Ihn müssen sie »bestehen«, in ihm müssen sie sich zu bewähren wissen. Diesen Kampf begreift Hegel als eine »Bewegung des Anerkennens«, nicht als ›Kampf um Anerkennung‹ wie es immer wieder falsch verstanden wird. Wir lernen unter dem Druck der Abhängigkeit von anderen, uns mit ihnen und ihren Reaktionen auseinanderzusetzen. Auf dieser Stufe der Entwicklung des Selbstbewusstseins und des Geistes zeigt Hegel, dass ein Versuch, die Anerkennung mit aller Macht (= Gewalt) zu erzwingen, keine ist, sondern nur die Unterwerfung unter einen anderen, fremden Willen, der stärker ist als der eigene. Aber wir greifen vor.

Hegels Interesse gilt zunächst unserem Selbstverhältnis, das wir über den Niederschlag erschließen, den die sozialen Beziehungen mit den Anderen, die für uns bedeutsam (signifikant) sind, hinterlassen haben; individuell wie in den zahllosen Kollektiven, in denen »wir« – klein und groß geschrieben – unterwegs sind. Modelllernen in Aktion. Wir begreifen die Stellung, die wir zu uns selbst einnehmen über weitgehend präreflexive Prozesse der Hineinnahme (Verinnerlichung) von dem, wie der und die Anderen sich uns gegenüber verhalten: was wir an oder in ihm sehen; wie er mit uns und wir mit ihm anschauend, sprechend, arbeitend, spielend, essend usf. kommunizieren (verkehren). Indem wir uns von Anfang an zustimmend oder ablehnend oder desinteressiert auf seine Reaktionen beziehen und uns einen Reim darauf machen, lernen wir – wie von selbst – durch die Augen des anderen auf uns (als anderen) zu schauen.[7] Sein Blick auf die Welt und unser Situiertsein in seinen Augen wird uns unmerklich nähergebracht. Diese Stelle des oder der Anderen bleibt, obwohl vakant, ein Leben lang erhalten. Sie gehört zum Erfahrungs- und Bildungsraum, in dem sich das Leben des Geistes für uns abspielt.

Das scheint trivial zu sein, ist aber angesichts der herrschenden Denkgewohnheiten schwer zu fassen. Selbst und andere Selbste verkehren miteinander und (erst) über den Verkehr lernen sie sich kennen; aber *nicht* so, als würden sie sich als fix und fertige einander in ihren Fix- und Fertigkeiten offenbaren, ganz im Gegenteil. Sie fangen unter Abstraktion von allem Vorwissen gleichsam bei null an. Sie lernen *sich* allein – sich selbst und den/die Anderen – vermittels der (spärlichen) Hinweise kennen, die sie in den Augenblicken des Verkehrs tauschen bzw. ihm bewusst oder unbewusst entnehmen – aber in Form von Verallgemeinerungen und Modellen, die weit übers Ziel hinausschießen. – Lernen besteht gleichzeitig in der kritischen Umkehr oder darin, die (vorschnellen) Verallgemeinerungen: die Modelle und Bilder (Sinnbilder), die Selbst- und Weltanschauungen, die weit über die aktuelle Szene hinausgehen, wieder zurückzunehmen. Da muss der Antrieb der größten Sinnsuchmaschine – ungleich größer als Google – eingeschränkt werden, um, wie Hegel sagt, wirkliches Wissen zu generieren.

Kurz, für die spekulative Dialektik ist zunächst interessant, was *zwischen* Ego und Alter Ego passiert. Die *Interaktion* selbst wird zum in- und extensiven Thema (Begründungsrahmen) der Philosophie. Die Subjekte und ihre eigensinnigen Vorhaben treten hinter das, was sich *zwischen* Selbst und anderem Selbst, *zwischen* Selbstständigkeit und Unselbstständigkeit, *zwischen* Herr und Knecht, aber auch – auf Seite des Denkens – *zwischen* Satzsubjekt und Prädikat ereignet, zurück. *Was und wie es zwischen ihnen läuft*, wirkt nachhaltig auf das, was sich im Resultat zu erkennen gibt. Aber *wie* der Zugriff oder Bezug auf das, was zwischen ihnen passiert, von der einen oder der anderen Seite erfolgt, *was* genau ihm entnommen wird, bleibt unklar. Das weiß keiner so recht, meist belehrt erst ein Konflikt oder Missverständnis darüber.

Das *Zwischen* tritt ins *Zentrum der Aufmerksamkeit*. Man sieht im *Selbstbewusstsein* ein neues Vernunftregime im Entstehen begriffen, es ist das des *modernen* Geistes. Sein Name lautet »Vermittlung«, genauer, »die Vermittlung des Sichanderswerdens mit sich selbst« (3, 23). Vernünftig ist, was sich *zwischen* Selbst und Anderem als Realität herauskristallisiert, was in seiner Inter-aktion, seinem Inter-esse und seinem Inter-net (inklusive seiner Pausenzeiten, den Inter-mezzi), d. i. seiner vielfachen und vieldeutigen Beziehung auf sich wie auf andere(s) begriffen wird. Es besteht zuletzt aus den zahllosen Perspektiven, die das »System der Personalpronomen« (Habermas) bietet. Wir, ich und du; er, sie und es; wir und ihr sowie alle anderen – aus ihren zahllosen *Interaktionen* sowie den die Kulturhöhe bestimmenden *Institutionen* und *Intuitionen* besteht die transsubjektive Wirklichkeit des Geistes, die Hegel »sittliche Totalität« nennt. Das Interesse der Philosophie verlagert sich weg von den Subjekten auf die Vermittlungsprozesse, hier zunächst auf die einfache oder idealtypische Interaktion zwischen Selbst und anderem Selbst, die Hegel im Weiteren als *Kampf* beschreibt; dann aber auch in spezielleren Formen wie der *Arbeit* und *Bildung*, der *Kommunikation* und *Anerkennung* zur Sprache bringt.

Hegels »Revolution der Denkungsart« besteht darin, Vernunft oder allgemeiner: (den) Geist über das, was er denkt und tut (= ist), in seinen vermittelnden Tätigkeiten neu zu denken. Geistiges ist weder Subjekt noch Objekt, es ist beides. Geist ist (negative) Handlungsmacht oder die Wirklichkeit des Vermittelns selber. Es sind »geistige Mächte«, die, wie Hegel sagt, »das Bewußtsein und das Leben regieren«. Das Handeln und Erkennen des selbstbewussten Lebens steht inmitten der Subjekt und Objekt übersetzenden und übergreifenden Vermittlungsbezüge. Anders gesagt, die »Revolution« liegt in der unscheinbaren Ersetzung von »und« durch »zwischen«, was eine Präzisierung bedeutet. Aus dem indifferenten »und« wird ein Differenz und Identität reflektierendes Spannungsmeter. Seine überragende Wahrheit liegt darin, dass keine Seite das, was *zwischen* dem Selbst und dem oder den Anderen läuft; was zwischen mir und dir, uns und euch verhandelt wird, auf seine Seite ziehen oder in seinen Wahrheitsbesitz bringen kann. Keiner Partei gelingt es, sich in den alleinigen Besitz der Wahrheit zu bringen, ohne das Inter-esse des Geistes zu zerstören. Es würde den über jede Person und Institution, jeden Satz und Gegen-Satz hinausgehenden Wahrheitswillen negieren.

»Vermittlung« auch in dem Sinne, Ideelles und Reelles, Sinnliches und Spirituelles, Wissen und Handeln usf. miteinander zu verknüpfen. »Vermittlung« übernimmt die Rolle dessen, was in der Metaphysik vor Hegel (zureichender) »Grund« genannt worden ist. Hegel spielt mit dem Doppelsinn des Begriffs: »Grund« im Sinne des Bodens, auf dem man fest und sicher steht sowie dem der Rechtfertigung/Begründung, die man für etwas gibt. Aber in welcher Bedeutung auch immer, den Grund ereilt das ihm durch die Dialektik vorbestimmte Schicksal: *zugrunde zu gehen*. Jeder Grund ist ein Abgrund. Gründe haben nur die Funktion eines momentanen Reflexionsstopps, sie sind Konzentrationspunkte des Gedankens. Im Prozess des Zugrundegehens aller Gründe (die glaubten, sich als absolut geltende befestigen zu können) entwickelt sich zugleich das, was man die *Infrastruktur des Selbstbewusstseins* bzw. des *Geistes* nennen könnte. Vermittlung selbst wird eine Art geistiger – Subjekt und Substanz in die Mangel nehmender – Grund. »Der Geist ist […] das sich selbst tragende, absolute reale Wesen.« (3, 325)

(5) *Selbstbewusst denken, praktische Implikationen.* Um die beiden anderen »unwandelbaren Gebote« Kants für die »Klasse der Denker« nicht hinterrücks fallenzulassen, eine nicht unwichtige Nachbemerkung. Sie zeigt, man lernt Kants drei Gebote in ihrer Tragweite überhaupt erst verstehen, wenn man sie in den von Hegel erklärten Hintergrund stellt. *Selbstdenken*, selbstständig (mündig) denken können und müssen wir erst dann, wenn uns klar wird, dass andere – tat-sächlich, man mag es nicht glauben – anders denken (könnten) als wir selbst; wenn wir gleichsam hautnah erfahren, dass sich die Selbstständigkeit unseres Denkens erst unter dem Druck der Auseinandersetzung (dem Kampf) mit anderen herausgebildet hat und bewährt; wenn uns diese Erfahrung womöglich auch dazu bewegt, zu überlegen, was wohl den anderen veranlasst haben könnte, anders zu denken (zu fühlen, zu wissen, zu wünschen, zu begehren) als wir. Man sieht, dass sich ein Denkraum von ganz ungewöhnlichen Ausmaßen öffnet. Man versteht aber auch die enormen Kosten, die anfallen, wenn es heißt, dabei von sich selbst absehen zu müssen. Um auch nur in die Nähe *seiner* selbst

zu gelangen, ist es daher notwendig, radikal die Ferne in dem, was Hegel die *Abstraktion von sich* nennt, zu suchen.

Selbstdenken, selbstbewusst denken erschließt sich erst über eine Erfahrung, die das Tor zu uns selbst und zur Welt über die Erfahrung der/des Anderen – über den Kampf (eine kulturelle Praxis) mit ihnen – *aufstößt*: Dass sie womöglich anders sind und denken könnten als wir. Vertrackt ist diese Situation, weil sich unser Denken, das dem ihren in Vielem gleicht, regelmäßig infrage gestellt sieht. Es ist, als ob Kant ihre Konsequenz – die De-zentrierung des Selbst, das Selbst aus seiner zentralen Stelle zu rücken – geahnt, aber zu ziehen sich gescheut hat. In jedem Fall schiebt er mit der dritten Maxime, ›jederzeit mit sich einstimmig zu denken‹, dem drohenden Selbstverlust einen Riegel vor – als ahnte er die Gefahr, sich im Blick oder Bann des Anderen zu verlieren. Es ist, als fürchte er sich vor dem Anderswerden, als könne er ein lebendiges Anders*sein* nicht als Anders*werden*, als Prozess – als »Vermittlung des Sichanderswerdens mit sich selbst« –, als einzig *realistische* Chance begreifen, überhaupt Erfahrungen zu machen. Eine gewisse Kohärenz in dem, wie man denkt und handelt, muss sein. Ein Leben als Wetterhahn hat auch keinen Charakter, er steht einem seiner selbst bewussten Wesen nicht gut zu Gesicht. Die Einstimmigkeit mit sich in einem langwierigen Prozess erst *erhandeln* zu müssen – dieser Gedanke bleibt Kant fremd; wie der andere, der dazugehört. Die Rede vom Individuum meint wohl Unteilbarkeit, aber nicht schon (die) harmonische Einheit von oder in dem, was da geteilt wird.

Begreift man die Trias der »unwandelbaren Gebote« nicht als Prozess, zeigt sich alsbald das argumentative Elend (Dilemma) unzähliger Debatten, die, als Auswege gesucht, gefunden und gehypt, nur das Unheil vergrößern, das sie abzuschaffen vermeinen: Entweder (wieder) Zuflucht beim Selbstdenken im Umkreis eines geschlossenen identitären Selbst- und Weltbildes zu suchen oder – opportunistisch – das Fähnlein nach dem Wind des je angesagten Anderen zu hängen.

Selbstbewusst zu denken ist ein Drahtseilakt. Es bindet sich gleich mehrfach – und von Anfang an – an das *Handeln*. Auf diesem schwankenden Terrain sich gleichwohl sicher zu bewegen, ist der *Top Act* schlechthin im Projekt der Moderne – und damit ein für jedes selbstbewusste Lebewesen unbedingtes Gebot. Er fordert ein lebenslanges Lernen auf allen Ebenen des sozialen Verkehrs. Das ist trivial, schwieriger indes gestaltet sich die Suche nach möglichen Wegen, diese verfahrene Situation zu bewältigen, einen Habitus zu finden, der keiner sein darf. Sind es zu Zeiten des Hellenismus die Stoiker und Skeptiker, die, wie Hegel glaubt, einseitig, unpolitisch, mit Rückzug aufs Private (Unfreie) reagieren, könnte man im Blick auf die »heutige Gegenwärtigkeit des Geistes« das doppelte Übel in einer selbstverordnet identitären Blindheit oder einer wahllosen Liebe zu den modisch je angesagten Differenzen sehen.

(6) *Ich, das Wir, und das Wir, das Ich ist.* »Das Selbstbewußtsein ist *an* und *für sich*, indem und dadurch, daß es für ein Anderes an und für sich ist; d. h. es ist nur als ein Anerkanntes.« (3, 145)

Eine erste Frage, die dieses Kapitel aufwirft, ist die, wie das Bewusstsein, das seiner gewiss ist, über die soziale, symbolische und metaphysische Institution der Sonderrolle: ein Mensch, kein Ding, kein Tier, kein Roboter, kein Alien zu sein, *bewusst* wird. Wie wird ein mehr oder weniger unbeschriebenes Blatt, ein im bloßen Selbstgefühl der Begierde befangenes Wesen zu einem *Jemand*, das heißt zu einem, der Selbstständigkeit beweist: zu einer festen Größe, an der man im sozialen Verkehr der Menschen nicht vorbei kommt; der ein gewisses Standing hat; der gegenüber den Anderen eine relative Unabhängigkeit in Urteil und Handlung an den Tag legt? Nur dasjenige Bewusstsein erreicht die Wahrheit der Gewissheit seiner selbst, das dies auch in der äußeren Realität, also im Verhältnis zur Natur sowie im Verkehr mit den anderen Menschen unter Beweis stellen kann. Darüber hinaus muss – im Prinzip – jeder Einzelne diesen Beweis antreten, auch das hat sich über Jahrtausende nicht von selbst verstanden. Auf der Höhe der modernen Welt, die ein wirkliches Selbstbewusstsein von sich erlangt hat, aber sehr wohl. *Hier* und *jetzt* ist es die Basisbedingung seiner *Existenz* und *Exzellenz* als eines geistigen Wesens: Aus einem unbeschriebenen Blatt (einem Niemand) muss *ein jeder* Einzelne ein Jemand werden können, den man auch im allgemeinen Betrieb des Lebens nicht übersehen kann. Das aber kann er nur, wenn er im Verlauf seiner Lebensgeschichte – paradox genug – wieder die »Zauberkraft« erwirbt, ein Niemand, ein Nichts, ein Nobody zu sein. Er darf – per definitionem – nicht nur (ein) Objekt oder ein sperriges Hindernis sein, das den anderen im Weg steht. Er muss sich – im Betrieb seines sozialen Lebens auch als Handlungsmacht durch ein *flexible response* auszuzeichnen wissen. Bis er dahin gelangt, ist es nötig, viele Erfahrungs- und Bewährungsstufen zu erklimmen.

An dieser Stelle der *Phänomenologie*, dem Hauptübergang zum Selbstbewusstsein als dem Tor zur (neuen) Welt, geht es zunächst um eine grundsätzliche Bewährungsprobe hinsichtlich seiner *geistigen*, d. i. *sinnlichen* wie *sinnbegabten* Existenz. Um den Beweis für seine selbstbewusste Existenz (Selbsterhaltung, Selbstständigkeit) und Exzellenz (Freiheit, Bildung, Selbstbestimmung) anzutreten, müssen die anderen – unbedingt oder mit aller Macht – davon überzeugt werden, dass man jederzeit mit ihm rechnen muss. Bloß eine Nummer, ein bedeutungs- und gesichtsloses Individuum zu sein, reicht nicht. Schopenhauer spricht despektierlich über den Menschen als »Dutzendware der Natur«. Im Dutzend billiger, im Dutzend zählt er nicht, da kann man alleweil willkürlich mit ihm verfahren.

Hegel glaubt, in der Moderne ist dem Menschen ein anderes *historisches* Schicksal beschieden. Ein anderer Geist, der Geist 2.0, wie zu handeln und zu denken, habe sich breitgemacht. Dieser habe im Verlauf der Neuzeit das allgemeine Bewusstsein infiziert. Dem menschlichen Selbst soll nicht nur als soziale Macht und intelligente Marke Beachtung geschenkt werden. Es verlangt, um seiner selbst willen *geachtet* zu werden. Das Gebot seiner individuellen Achtung ist allgemein. Ansonsten machte die Rede von Selbstständigkeit und weiter, von Selbstbestimmung, von Recht und Moral keinen Sinn. Wer selbstständig ist, muss eine Bewährungsprobe seiner *Existenz* und dann auch seiner *Exzellenz* liefern, er muss die anderen im Sinne seiner äußeren, d. i. *physischen* wie *metaphysischen* Realität (der Freiheit) zu überzeugen wissen, um zu sehen, wie zuletzt – in Einheit und Unterschied – Existenz und Exzellenz in dem, was wir *Person* nennen, zusammenfallen. Es versteht sich keineswegs von selbst, dass dieses Wesen, bei der Herkunft und Geschichte, die es hat, selbstständig und selbstbestimmt leben kann. Es muss die Anderen *praktisch* – durch sein Verhalten – von seiner Unumgänglichkeit überzeugen. Und die (bis hierhin, diesem historischen Zeitpunkt) überzeugendste Strategie ist die, so zu verfahren, wie es das Bewusstsein im Umgang mit den gewöhnlichen Gegenständen (immer) gemacht hat. Es hat versucht sie, in welcher Form auch immer, sich passend zu machen.

Als lebendiges, seine Triebnatur befriedigendes Wesen hatte das Bewusstsein die Erfahrung gemacht, dass es seine Selbstbestätigung am besten dadurch erwirkt, dass es sich die sinnliche Welt – das Objekt seiner Begierden – *unterwirft*, sie einerseits auflöst, »verflüssigt«, bzw. »verzehrt« und/oder sie sonstwie für die Befriedigung seiner Begierden *instrumentalisiert*. In jedem Fall gilt es, seine Selbsterhaltung, sein »Bestehen«, wie Hegel sagt, unbedingt zu sichern. Dabei muss es freilich die (bittere) Erfahrung machen, dass der Umgang im Verkehr mit Wesen, die gestrickt sind wie es selbst, so einfach nicht ist. Was das eine tut, sieht es auch das andere machen. Das »einseitige Tun wäre unnütz; weil, was geschehen soll, nur durch beide zustande kommen kann.« (3, 147, 146)

Allein diese auf Gleichheit von Selbst und Anderem gestellte Seite des Selbstbewusstseins unterschlägt, was an Ungleichem in dieser Gleichung steckt. Das Ungleiche zersetzt die Mitte, die das Selbstbewusstsein bildet, weil die ungleichen Teile von Selbst und Anderem nicht zu Wort und schon gar nicht zu ihrem Recht kommen. Das Ungleiche zersetzt die Mitte, worin die beiden glauben, sich einig zu sein. Widerstand regt sich, er führt, wie Hegel schreibt, in einen Kampf auf Biegen und Brechen, auf »Leben und Tod«. Was für den Beobachter dieser Szene schon klar ist, muss dennoch, um für das Selbst eine Erfahrung der Wahrheit der Gewissheit zu sein, selbst gemacht, d. i. am eigenen Leib erfahren werden.

In dieser Erfahrung, die das Bewusstsein mit seinem Verhalten macht, zeigt sich, dass eine wirkliche und dauerhafte Befriedigung des begehrenden Selbst (das nicht nur die dumpfe, animalische Begierde kennt), nur im Verkehr mit seinesgleichen, d. i. einem anderen lebendigen, sich gleichfalls durch den Genuss hindurch erhaltenden und behauptenden Gegenüber möglich ist. Wir brauchen die anderen nicht nur zur Erhaltung und Befriedigung unserer Bedürfnisse, wir brauchen sie auch, um die Erfahrung zu machen, *etwas Besonderes zu sein*.

Für diese Erfahrung schickt Hegel das Bewusstsein gleichsam in einen ersten Probelauf: ob es mit den Erfahrungen, die es im Umgang mit den Gegenständen der natürlichen Welt – dem Fressen und Gefressenwerden, dem Verdingen und Verdinglichen – gemacht hat, auch in einer Welt erfolgreich ist, die mit seinesgleichen bevölkert ist: wo auch andere Selbstbewusstseine auftreten, die dieselben Ansprüche hegen wie es selbst. – Wie aber beweist sich ein Selbst, das *mehr* ist als der schiere Kampf ums Überleben? Dem es nicht allein um die unmittelbare Befriedigung seiner Begierden geht? Das zuletzt auch auf die Wahrnehmung und Beachtung von gleich ihm ausgelegten Wesen angewiesen ist? Das weder *biologisch* noch *ökonomisch* oder *sozial* ohne die Aufmerksamkeit, Anteilnahme und Achtung der anderen leben kann?

Es versucht, dies dem anderen auf die Weise zu demonstrieren, die es per Erfahrung gelernt hat. Hegel fasst die Aufgabe, die es zu bewältigen hat, wie folgt zusammen: »Jedes ist wohl seiner selbst gewiss, aber nicht des anderen, und darum hat seine eigene Gewissheit von sich noch keine Wahrheit; denn seine Wahrheit wäre nur, dass sein eigenes Fürsichsein sich ihm als selbständiger Gegenstand, oder, was dasselbe ist, dieser Gegenstand sich als diese reine Gewissheit seiner selbst dargestellt hätte.« (3, 148)

An dieser Nahtstelle des Denkens ist es tunlich, unsere Ergebnisse in einem zurück- und einem vorausblickenden Satz zu sichern. Geht es in der einen Hinsicht um die *soziale* Geburt des Selbstsinns aus dem Geist von Selbst und Anderem, dann in der folgenden um die *metaphysische* Geburt des Selbst aus dem Geist der neuen Zeit, d. i. der Freiheit und Gleichheit aller Menschen. Existenz und Exzellenz spielen in beiden Einrichtungsgeschichten eine bedeutende Rolle.

Traumatische Existenz

Kein Weg führt zunächst daran vorbei, gegenüber dem Anderen uneingeschränkte Handlungsmacht zu demonstrieren, man nimmt es rücksichtslos in Besitz. Ein wirklicher Beweis besteht in einem Tun, in einer Tat-sache, Hegel spricht auch von seiner »Darstellung« oder »Bewährung«. Eine solche Probe aufs Exempel überzeugt nur, wenn man es ernst meint und zuletzt bereit ist, dafür alles zu riskieren, zur Not auch sein Leben aufs Spiel zu setzen. Ein durchs *Denken* geführter Beweis – *quod erat demonstrandum* – besteht in logisch kontrollierten Schritten oder, wie es früher in der Philosophie auch geheißen hatte, der logischen Determination aller am Beweis beteiligten Verfahren und Variablen. Ein wirklicher, durchs *Handeln* geführter Beweis, besteht in der Demonstration uneingeschränkter Macht, sie liegt in der Herrschaft, die alles, was sich als Hindernis vor ihm auftürmt, aus dem Weg räumt oder sich unterwirft. Dabei geht es um eine extrem primitive, aber grundlegende Voraussetzung, *in der Tat* seine Selbstständigkeit, d. i. seine Unabhängigkeit von allem, selbst gegenüber seinem instinktiven Streben nach Selbsterhaltung, zu beweisen.

(7) *Die überwältigende Wahrheit des Todes.* Hegel benutzt andernorts auch den Begriff der »Abstraktion von allem«, wobei er das Absehenkönnen vom (eigenen) Leben ausdrücklich einschließt. Die Rede von *selbstständig* hat zuletzt – in Hegels idealtypischer Rekonstruktion dieser Urszene – nur dann ein *fundamentum inconcussum veritatis* – einen unerschütterlichen Grund der Wahrheit – wenn man seine Selbstständigkeit durch »das Daransetzen des Lebens« glaubhaft zu machen versteht. Die radikalste Form der Selbstdemonstration nimmt die Negation beider, meinen Tod, aber auch den des Anderen, in Kauf.

In der Weise des bloßen *Selbstgefühls* ist sich das Selbst animalischen Begehrens zwar seiner selbst gewiss. Der dumpfen Selbstgewissheit aber fehlt die Wahrheit, es fehlt die objektive oder allgemeine Seite: d. i. die durch Kampf, Sieg oder die stumme Ergebung des Anderen *glaubwürdig* gemachte Anerkennung. Die »Gewissheit ihrer selbst *für sich zu sein*« muss sich »zur Wahrheit an dem Anderen, und an ihnen selbst erheben« (3, 149). Die subjektive Gewissheit geht zugrunde, sie geht zurück in den Grund einer erst intersubjektiv verbindlich gemachten Wahrheit. Sie teile ich aufgrund der mit anderen gemachten Erfahrung, ohne freilich davon ausgehen zu dürfen, dass es nur *eine* von allen Beteiligten *in gleicher Weise* geteilte Erfahrung sei.[8]

Das Selbst muss, wenn es einen Anspruch auf *seine* Wahrheit und Wirklichkeit (Bedeutsamkeit) erhebt, diesen Signifikanztest ganz eigener Art bestehen. Das, was sich nur in mir, meinem Inneren abspielt oder nur mir zu gehören scheint, ist nicht wahr, es ist allenfalls gewiss. Auf einer Wahrheit (nur) für sich zu bestehen (»meine Wahrheit«), ist kindisch, sie offenbart, wie Hegel andernorts schreibt, den schreienden »Mangel der ersten Bildung«. Es ist wie im Fall der Meinung im Unterschied zur Wahrheit. »Was ich nur *meine*, ist *mein*, gehört mir als diesem besonderen Individuum an; wenn aber die Sprache nur allgemeines ausdrückt, so kann ich nicht sagen, was ich nur *meine*.« (8, 74) Gelernt werden muss: ein Leben in Freiheit – zumal im Umgang mit Unseresgleichen – beruht zuletzt nicht darauf, über den anderen zu verfügen. Eher muss man lernen, ihn *en passant* uns gewogen zu machen, ohne ihn zu instrumentalisieren.

Die spezielle Leistung, die das Bestehen dieser eigenwilligen Probe erfordert, ist nicht allein kognitiver und affektiver Natur – die unzähligen, kreuz und quer laufenden Schleifen des Bezugs auf sich selbst und die Anderen haben auch keinen festen Anfangs- oder Endpunkt. Gleichwohl ist ihnen ein Nullpunkt darin beschieden, ihn je *für sich* als soziales Wesen ergreifen zu müssen. Es handelt sich um das, wie man sagen könnte, *lebenspraktische* Anforderungsprofil, das mit dieser Bewährungsprobe demonstriert werden muss. Es zerfällt – und das ist für diese Probe aufs Exempel meiner Existenz und Exzellenz das entscheidende Gütekriterium (Validität)[9] – in einen sozialen oder besser, *sozialpragmatischen* und einen strikt *praktischen*, d. i. *metaphysischen* Aspekt. Der sozialpragmatische ist der des *Überlebens* – man muss irgendwie zurechtkommen; der metaphysische ist der des *Mehr-als-Leben* im Sinne der *Freiheit.*[10] Auf diesen – den letzten Aspekt – kommt es besonders an, er ist – neben der Gleichheit und Solidarität – der für die *neue Zeit* herausragende: Wie selbstständig und *selbstbestimmt* leben unter Freien und Gleichen? *Wie werden, was ich bin*, unter den spezifischen Bedingungen der neuen Zeit. Programmatisch erklärt Hegel:

> »Die *Darstellung* seiner aber als der reinen Abstraktion des Selbstbewußtseins besteht darin, sich als reine Negation seiner gegenständlichen Weise zu zeigen, oder es zu zeigen, an kein bestimmtes *Dasein* geknüpft […], nicht an das Leben geknüpft zu sein. Diese Darstellung ist das *gedoppelte* Tun: Tun des Anderen und Tun durch sich selbst. Insofern es Tun des *Anderen* ist, geht also jeder auf den Tod des Anderen. Darin

> aber ist auch das zweite, das *Tun durch sich selbst*, vorhanden; denn jenes schließt das Daransetzen des eigenen Lebens in sich. Das Verhältnis beider Selbstbewußtsein[e] ist also so bestimmt, daß sie sich selbst und einander durch den Kampf auf Leben und Tod *bewähren*. – Sie müssen in diesen Kampf gehen, denn sie müssen die Gewißheit ihrer selbst, *für sich zu sein*, zur Wahrheit an dem Anderen und an ihnen selbst erheben. Und es ist allein das Daransetzen des Lebens, wodurch die Freiheit, wodurch es bewährt wird, daß dem Selbstbewußtsein nicht […] die *unmittelbare* Weise, wie es auftritt, nicht sein Versenktsein in die Ausbreitung des Lebens das Wesen, – sondern daß an ihm nichts vorhanden, was für es nicht verschwindendes Moment wäre, daß es nur reines *Fürsichsein* ist. Das Individuum, welches das Leben nicht gewagt hat […] hat die Wahrheit dieses Anerkanntseins als eines selbständigen Selbstbewußtseins nicht erreicht. Ebenso muß jedes auf den Tod des Anderen gehen, wie es sein Leben daransetzt; denn das Andere gilt ihm nicht mehr als es selbst; sein Wesen stellt sich ihm als ein Anderes dar, es ist außer sich, es muß sein Außersichsein aufheben; das Andere ist mannigfaltig befangenes und seiendes Bewußtsein; es muß sein Anderssein als reines Fürsichsein oder als absolute Negation anschauen.« (3, 148 f.)

Der Lernprozess, in den das Selbst sich im Beweis seiner Selbstständigkeit als eines ersten Schritts seiner Selbstverwirklichung verwickelt findet, liegt, vom *Resultat* her gedacht, darin, dass es lernen muss, was es heißt, nicht bloß eine körperliche (»gegenständliche«), sondern auch eine geistige, eine intelligible oder symbolische: durch *nichts* mehr an die Natur gebundene »vernünftige Natur« zu sein. Die über jede Natur und Gesetzmäßigkeit hinausgehende Freiheit besteht – was ihren letzten Grund angeht – in der Möglichkeit des Selbst, sich angesichts des Todes zu bewähren: zu zeigen, dass es selbst die radikalste Form seiner Negation, den Tod, nicht fürchtet. Es muss eine Einsicht gewinnen in die letzten, das sind die *praktischen*, den Umgang mit Leben und Tod betreffenden Voraussetzungen. Diese haben vorrangig mit der Freiheit und Gleichheit sowohl der eigenen wie der fremden Existenz zu tun, das heißt mit der Einsicht, welch außergewöhnliche, das bloße Leben transzendierende Dinge bei diesem Kampf auf dem Spiel stehen. Sie lenken unsere Aufmerksamkeit auf das *Besondere* an diesen, mittels negativer Selbstbezüglichkeit agierenden Kreaturen. Dazu muss man beim Erlernen von dem, was Freiheit bedeutet, des Unterschieds gewahr bleiben, es angesichts der anderen menschlichen Wesen mit keinem

»gemeinen Gegenstand« zu tun zu haben. Das eigene, aber auch das fremde Selbst ist *kein* Etwas, das man wie einen Gegenstand der gewöhnlichen Welt vermessen, erwerben und veräußern oder sonstwie unter seine Kontrolle bringen kann. Widerspenstig bis dorthinaus weiß ein jedes sich immer seiner Haut zu erwehren. Das Selbst muss lernen, dass »Freiheit« eine Problemmaterie *sui generis* ist, man kann sie nicht fassen wie den Stier bei den Hörnern, auch wenn die Bedingungen, sie zu verwirklichen, ganz und gar irdische, z. B. gesellschaftliche sind. Ein ›Freiheitsbeweis‹ liegt darin, um sie zu kämpfen und sich auf diese Weise von allen Abhängigkeiten zu befreien.

(8) *Todesfurcht, Herrschaft und gehemmte Begierde*. Der Verlauf und das vorläufige Ende der berühmten Geschichte von der »Bewegung des Anerkennens« sind bekannt: Aus dem »Kampf auf Leben und Tod« geht der Herr als Sieger hervor, er legt den Besiegten, den Knecht, »an die Kette« und zwingt ihn, für seinen Genuss zu arbeiten. Das Selbst, das sich nicht wirklich getraut hat, sein Leben für die Freiheit oder zum Beweis seiner Selbstständigkeit in die Waagschale zu werfen, wird durch ein anderes Selbst an die Kette gelegt. Es ist »seine Kette, von der er im Kampf nicht abstrahieren konnte und darum sich als unselbständig, seine Selbständigkeit in der Dingheit zu haben, erwies.« (3, 151)

Aber auch die Herrschaft, welche die Anerkennung erzwingen wollte, ist keine, sie hatte gleichfalls nicht mit dem Doppelsinn der Dialektik des Selbstbewusstseins gerechnet. Sie muss einsehen, dass zuletzt »ihr Wesen das Verkehrte dessen ist, was sie sein will«. Der Knecht rettet sich, weil er feige das Leben unter der Kette der Herrschaft dem Tod vorgezogen hat. Für ihn wird die Unterwerfung der erste Schritt seiner Selbstermächtigung: den Emanzipationsprozess der Gattung aus unbeherrschter Natur und unbegriffener Herrschaft einzuleiten.

Anders gesagt, mit der Unterwerfung des Knechts, den der Herr für sich arbeiten lässt, sind je zwei Niederlagen oder Ohnmachten verbunden, mit denen man im Voraus nicht rechnen konnte. Die Anerkennung, die der Knecht dem Herrn zuteilwerden lässt, ist keine, jedenfalls keine unter Ebenbürtigen, d. h. unter Gleich-Mächtigen und Gleich-Würdigen (gleicher Reputation). Der Herr kann nur auf den Knecht als einen von ihm unterworfenen Gegenspieler: auf einen von ihm in Besitz genommenen *Gegenstand* herabblicken, ein (erster) Freiheitsbeweis zählt mehr als feige am Leben zu hängen. »Es ist dadurch ein einseitiges und ungleiches Anerkennen entstanden.« (3, 152)

Aber auch nach der objektiven Seite ist sein Sieg ein schaler Gewinn, er ist ein flüchtiger, er verzehrt sich mit jedem Genuss. Zum Genuss verurteilt, hat der Herr nichts, was darüber hinaus Bestand haben könnte, er bleibt überdies abhängig von dem, was der Knecht ihm durch seine Arbeit an Genuss bereitet. Er steht im Begriff, sich zu Tode zu futtern und zu langweilen. Der Knecht hingegen erlebt einen ganz unerwarteten Aufstieg, er hat die »Wahrheit der reinen Negativität« an ihm selbst erfahren. »Dies Bewußtsein hat nämlich nicht um dieses oder jenes, noch für diesen oder jenen Augenblick Angst gehabt, sondern um sein ganzes Wesen; denn es hat die Furcht des Todes, des absoluten Herrn, empfunden. Es ist darin innerlich aufgelöst worden, hat durchaus in sich selbst erzittert, und alles Fixe hat an ihm gebebt.« (3, 153)

Von der Herrschaft für den Genuss des Herrn zu arbeiten gezwungen, bringt diese Dienstleistung eine neue Wirklichkeit und Selbstständigkeit, d. h. ein neues Selbstbewusstsein hervor. Der Knecht *arbeitet* »seine Anhänglichkeit an natürliches Dasein [...] hinweg«, er lernt sich zurückzunehmen, »durch die Arbeit kommt das Bewußtsein zu sich selbst«. Durch die Bearbeitung des Gegenstands erwirbt der Knecht nicht nur eine Befriedigung ganz eigener Art, er erfährt eine *Aufwertung* seiner selbst: eine Selbstständigkeit, die weit über die des Herrn hinausgeht. Er erwirbt Kenntnisse, nicht nur solche, die der Arbeit entspringen, er übt sich, wie Hegel auch sagt, in »zwecktätiger Vernunft«. Die Befriedigung des Herrn ist in Hegels Verständnis selbst nur

> »ein Verschwinden, denn es fehlt ihr die *gegenständliche* Seite oder das *Bestehen*. Die Arbeit hingegen ist *gehemmte* Begierde, *aufgehaltenes* Verschwinden, oder sie *bildet*. Die negative Beziehung auf den Gegenstand wird zur *Form* desselben und zu einem *Bleibenden*, weil eben dem Arbeitenden der Gegenstand Selbständigkeit hat. Die *negative* Mitte oder das formierende *Tun* ist zugleich *die Einzelheit* oder das reine Fürsichsein des Bewußtseins, welches nun in der Arbeit außer es in das Element

> des Bleibens tritt; das arbeitende Bewußtsein kommt also hierdurch zur Anschauung des selbständigen Seins *als seiner selbst.*« (3, 153 f.)

Arbeit bildet, sie macht selbstbewusst, sie zwingt zur Auseinandersetzung mit der körperlichen und der sozialen Natur (Realität).

(9) *Die Selbsterzeugung des Menschen.* Man kann schon verstehen, dass diese Kurzgeschichte – über Selbstständigkeit und Unselbstständigkeit, Herr und Knecht, Arbeit und Bildung sowie die Freiheit als den Königsweg in die Weltgeschichte weisende Perspektive – wie ein Fanal gewirkt hat, zumal in einer Zeit, die neben der Industrialisierung der Arbeit, dem Aufstieg des Besitzindividualismus, der Ausdifferenzierung der Wissenschaften auch die Religions- und Herrschaftskritik in einem Atem nennt. So konnte dieser schmale Text leicht als Gründungsdokument einer neuen, an der umfassenden Emanzipation des Menschen interessierten Welt gelesen werden.

Karl Marx (1818–1883) hat die *Phänomenologie des Geistes* »die wahre Geburtsstätte und das Geheimnis der Hegelschen Philosophie« genannt und, mit starkem Fichte'schen Akzent, das »Große« der *Phänomenologie* in dem Gedanken der »Selbsterzeugung des Menschen« gesehen: Hegel begreift den »wahren, weil wirklichen Menschen als Resultat seiner *eigenen Arbeit*«. Das Wesen des Geistes werde in der Arbeit erkannt, wenngleich zu sehr in Form der geistigen. Aber Hegels Analyse zeige auch, dass und wie man sich der Ketten fremder Herrschaft durch Arbeit und eine entsprechende Organisation entledigen kann. Die Arbeit besitzt auf den unterschiedlichen Ebenen der Analyse ein Aufklärungspotential, das unweigerlich den wahren Weg in die »Assoziation freier Produzenten« (Marx) weise. Das »arbeitende Bewußtsein kommt [...] zur Anschauung des selbständigen Seins *als seiner* selbst.«

Ganz gleich wie man das sieht, die Arbeit enthält ein Auf- und Ausstiegspotenzial sondergleichen, es hält in einem ersten Schritt den Schlüssel zum Verständnis des lebendigen und freien Selbstbewusstseins in der Hand. Selbsterkenntnis ist die eine, Selbsterzeugung und Selbstbefreiung die andere Seite. ›Selbstbewusstsein‹ gibt aber auch den Blick hinter die Kulissen frei, auf das, was zur Selbstermächtigung *disponiert*: die geschichtlichen (kapitalistischen) und zivilisatorischen Voraussetzungen, auf denen die Arbeit, »die Subjektivität des lebendigen Arbeitsvermögens« (Marx) beruht. Sie ermöglichen es auch, das ideologische Bewusstsein zu durchschauen, das aus dieser Situation (z. B. der Produktionsverhältnisse) erwächst. *Herrschaft*, *Todesfurcht* und *gehemmte Begierde* bilden einen einzigartigen Strom von Turbulenzen, mit und in denen das Selbst zu leben, zu denken und zu handeln lernt.

(10) *Was von Interesse ist.* Womit nun sind »die Bienenkörbe der Erkenntnis« (Nietzsche), was die Institution, d. h. die Einsetzung und Einrichtung des Selbstbewusstseins betrifft, zu füllen?

1. Das große Thema dieser wenigen Seiten ist der Entstehungs- und Ausbildungsprozess von dem, was jeder – philosophisch – sein Ich oder sein Selbstbewusstsein nennt, seine gleichermaßen *individuelle*, *spezielle* und *universelle* Existenz. Hegel spielt in seine Analyse vier Hinsichtnahmen ein, ohne die man, was Selbstbewusstsein heißt, nicht verstehen kann. Es sind dies die *soziale* (Herr und Knecht, Gleichheit und Ungleichheit), die *metaphysische* (Seins- oder Weltangst und Freiheit) sowie die *symbolische* (Sprache, Arbeit, Bildung und sonstige Transferleistungen). Sie sind für jede Selbstkonstitution von grundlegender Bedeutung. Auf ihr lastet zudem die *Zeit*, die es kostet, bis sie – die Zentralstation einer verteilten und versammelten Intelligenz – eingerichtet ist. Sie findet ihren Witz zuletzt darin, im Durchgang durch die (historische) Zeit diese »aufzuheben« zu müssen.

Erst im Zusammenspiel dieser Hinsichten lässt sich überhaupt verstehen, welche Ansprüche an die Erklärung oder Herleitung des Selbst gestellt werden (müssen); vor allem dann, wenn es darum geht, für das einzeln vereinzelt in der Welt hockende Wesen namens Ich ein gründliches Verständnis seiner selbst im *modern design* von *frei*, *gleich* und *gemeinsam* zu entwickeln. Was selbstredend für das allgemeine Selbstbewusstsein gilt, das es dahin bringt, im Blick auf ein »Wir« eine Selbstbezüglichkeit im größeren Stil der Zusammengehörigkeit – aufgrund von Interessen, Sprache, Territorium oder was auch immer – zu organisieren. Das »Wir« macht die Sache erst komplex, auch, weil in der neuen Zeit das »Ihr« in Anzahl und Unterschied beständig wächst.

2. Geht es im Vorfeld jenes Kampfes um die mit dem allgemeinen (naturphilosophischen) Begriff des Lebens (und der Begierde) verbundenen Voraussetzungen, um »das *Bestehen der selbständigen* Gestalten« sowie die »*Unterwerfung* jenes Bestehens unter die Unendlichkeit des Unterschieds« (3, 141), also darum, das Leben als Prozess der Produktion und der Negation, als Gestaltung und Aufhebung der Gestaltung zu begreifen, in dem sich ein Identisches (die Art, die Gattung, das organische Leben) durchhält (sowie um die Probleme, die sich durch die »Aufhebung des selbständigen Gegenstands«, d. h. der Begierde, ergeben), so geht es in den folgenden Passagen darum, zu sehen, welche allgemeinen (elementaren) Voraussetzungen die Produktion und Reproduktion des spezifisch menschlichen Lebens hat: in dem (idealtypisch dargestellt) ein Selbstbewusstsein für ein anderes ist und »*seine Befriedigung nur in einem anderen Selbstbewußtsein*« (3, 144) erreicht.

3. Die Selbstinstitution des selbstständigen Bewusstseins geschieht im Horizont einer (geistigen) Welt, die wesentlich durch intersubjektive Prozesse eines Ringens um Selbstständigkeit bestimmt ist. Es gibt kein Selbst unabhängig von seiner sozialen und symbolischen Institution. Ein Selbst entfaltet sich nur in Interaktion mit anderen, aber nicht wie eine Pflanze, deren Keim bereits alle relevanten Informationen zu ihrer Entwicklung enthält. Seine Selbstständigkeit ist in ihren situativ bestimmten Vollzügen wandelbar, offen und d. h. nicht selten fragil. Die Notwendigkeit, sich stabilisieren zu müssen, hört nicht auf, das durch Selbstbezug gekennzeichnete Wesen stellt sie vor immer neue Aufgaben. So tendieren die Prozesse gegenseitigen Anerkennens dazu, Asymmetrien hervorzurufen, die aufgrund ihrer Negativität, ihres Unerwünschtseins z. B., dazu nötigen, sie aufzuheben. Das geht selten ohne schwere und wiederholte Kämpfe: eine Praxis, die ein selbstständig werdendes Bewusstsein durchzustehen und zu gestalten hat.

4. Der erste Anlauf, Selbstständigkeit dadurch zu erringen, dass man den anderen sich unterwirft und ihm die Rolle eines Unterlegenen, eines Knechts oder, wie Hegel auch sagt, den Rang eines »gemeinen Gegenstandes« zuweist, scheitert grandios. Zum Schluss haben Herr und Knecht, selbstständiges und unselbstständiges Bewusstsein die Seiten gewechselt: Der Knecht steht – für den Augenblick

dieser Betrachtung – auf der Seite der »wahren Selbständigkeit«, sie hat nicht nur die »Wahrheit der reinen Negativität und des Für-sich-Seins in der Tat an ihr selbst […] erfahren, […] das absolute Flüssigwerden alles Bestehens« (3, 153 f.); der Knecht kommt dadurch, dass er arbeitet und die Arbeit außer ihm in das »Element des Bleibens tritt« (3, 154), zu sich selbst. Dem Herrn, der sich zwar im »unvermischten Selbstgefühl« befriedigt findet, fehlt die »gegenständliche Seite oder das Bestehen« (3, 153), seine Selbstständigkeit ist Schein, er zeigt sich auf doppelte Weise abhängig vom Knecht, sowohl von dessen Arbeit als auch darin, dass das Anerkennen, das er durch den Knecht erfährt, kein Anerkennen ist, es ist keines unter Gleichen (Ebenbürtigen).

5. Die Selbstständigkeit hat offenbar zwei Seiten, eine *gegenständliche* und eine *intelligible*: Eine, die das Selbst durch Arbeit und Interaktion an die äußere Welt bindet und eine andere, die gänzlich davon zu abstrahieren weiß. Tritt der Mensch in dem einen Moment durch das Arbeiten »in das Element des Bleibens« und kommt angesichts des Gegenstands, den er geschaffen, »hierdurch zur Anschauung des selbständigen Seins *als seiner selbst*«, so tritt er in dem anderen – in der »Bewegung des Anerkennens« – in ein Medium, das wie kein anderes sein Leben als *geistiges*, als psycho-soziales, symbolisches und metaphysisches Wesen bestimmt: die innere *und* die äußere Freiheit. Die Bewegungsgesetze dieses Mediums sind so anders als alles, was das Bewusstsein bis zu diesem Punkt kennengelernt hat. Diese Setzungen (Satzungen, Gesetze) sind von grundlegend anderer, d. i. *praktischer* Natur, sie sind am schwierigsten zu durchschauen und zu begreifen oder, wie Hegel auch sagt, zu »bestehen«.

Wer wirklich selbstständig sein will, muss zeigen, dass er selbst den Tod nicht fürchtet, er muss, wie Hegel sagt, die Furcht des Todes, des »absoluten Herrn«, erfahren haben oder, wie es in der *Rechtsphilosophie* heißt, er muss sehen, dass es in seiner *Macht* steht, *von allem abstrahieren* zu können, selbst von seinem Leben. Er muss lernen, dass das hervorragende Medium sozialer Prozesse *nicht* die *Poiesis*, das Herstellen (von Produkten), sondern die *Praxis* oder das Handeln ist. In der Praxis geht es vorrangig um das öffentliche Bereden und Beratschlagen, um Unterscheiden und Entscheiden, Regieren und Opponieren. Dieses Tun dient in aufgeklärten Zeiten der friedlichen und freiheitlichen Regelung im Miteinander des Verschiedenen. Sich und die anderen zu behandeln wie ein Ding oder einen Sklaven, wäre ein Rückfall in gegenständliche Denkweisen. Es wäre ein Rückfall in eine Welt, die nur die körperlichen Begierden, den natürlichen Kreislauf des Lebens aus Fressen und Gefressenwerden kennt. Kurz und plakativ, dass man sich im Leben *bewähren* muss, hat *zwei* gänzlich verschiedene Seiten, eine, die im *Freiheitsmedium wechselseitigen Anerkennens* stattfindet und eine andere, die in der Bewährung durch ein *technisch-instrumentelles Tun* ihre Bestätigung findet. Praxis ist beides, Praxis und Poiesis.

Hegels Geniestreich besteht darin, diesen radikalen Unterschied, der in jeder Praxis liegt, immer auch als eine vermittelte, durch Arbeit und Kommunikation, Technik und Wissenschaft instituierte, informierte und in-determinierte Einheit zu betrachten. Die spekulative Dialektik streicht in ihren Analysen den erheblichen Anteil heraus, den die Subjektivität, genauer das Selbstbewusstsein, auch bei der Innenausstattung dessen, was uns *objektiv* gegenübersteht, hat. Sie zeigt aber auch, dass und wie – auch in einer weitläufig »auseinandergezogenen« Welt – Kräfte des Vereinheitlichens am Werk sind.

6. Die Selbstständigkeit zeigt sich im Verlauf ihrer Entstehung – sie bleibt aber auch ein *lebenslanger Lern- und Bildungsprozess*, individuell wie kulturell. Dass es sich dabei ebenso um ein *Resultat* wie um einen *Prozess* handelt, darauf liegt der größte Nachdruck. Sie reflektiert sich methodisch im Doppelsinn der *Darstellung* qua Ausführung und Resultat – im »Bestehen« der Bewährungsprobe, was den Verlauf und den Bestand, das Performen und das Stabilisieren betrifft.

Für die innere, genauer, die intelligible und soziale Welt des Selbstständigseins gibt es vermutlich nur wenige Bilder, die diese soziale Haltung so gut zur Anschauung bringen wie die aus dem Umkreis des *Stehens*. Die Selbstständigkeit bleibt gebunden an eine Praxis, in der sie sich performativ immer aufs Neue hervorbringen und beweisen muss, dabei Stufe um Stufe die Widerstände überwindend, die sich ihr in den Weg stellen. Wer selbstständig ist, muss lernen, frei und unabhängig von äußeren und inneren Zwängen »für sich« zu stehen. Autonomie ist nicht nur eine Bedingung menschlichen Handelns (wie bei Kant), sondern auch eine menschliche

Leistung, die »in der Tat«, im Denken und Sprechen, in Arbeit und Kommunikation wieder und wieder vollbracht werden will. Man hat keinen freien Willen, es sei denn, man will und beweist ihn. Neben der Abwesenheit interner und externer Zwänge, der Spontaneität und dem positiven Aussein auf ein Bestimmtes (Intentionalität) steht die durch den Begriff unendlich erhellte Einsicht, dass das, was erstrebt wird, auch das Richtige ist. Diese ist für den Begriff der Freiheit des Willens schlechthin zentral. Als Fluchtpunkt: Nur so steht man nicht unter der Bedingung entfremdeten Daseins, man kann sich mit sich selbst versöhnen oder mindestens glauben, mit sich einstimmig zu sein.

7. Von überragender Bedeutung ist das Feld, auf dem die Selbstständigkeit geschaffen und erprobt wird. Es ist das Feld der kognitiven und affektiven, d. i. intelligiblen und phänomenalen Kämpfe, auf dem Logos und Pathos über die trianguläre Struktur aus *Herrschaft*, *Todesfurcht* und *gehemmter Begierde* (Arbeit) bestimmt werden. Ihre schicksalhaften Erfahrungen diffundieren in das ganze spätere Leben.

Die soziale Institution des Selbst wirft bei näherer Betrachtung einen ungewohnten, vielleicht erschreckenden Blick in den Unterbau des werdenden Selbst. Im Angesicht des Todes macht das (geknechtete) Selbst die Erfahrung totaler *Auflösung*. »Dies Bewußtsein hat nämlich nicht um dieses oder jenes, noch für diesen oder jenen Augenblick Angst gehabt, sondern um sein ganzes Wesen [...]; es hat die Furcht des Todes, des absoluten Herrn, empfunden. Es ist darin innerlich aufgelöst worden, hat durchaus in sich selbst erzittert und alles Fixe hat an ihm gebebt.« (3, 153) Die Präsenz des *Todes* begründet unterhalb aller Identitäten das »absolute Flüssigwerden allen Bestehens«. Die Todesdrohung verflüssigt das Selbst, deren traumatische Erfahrung wird zur *dezentrierenden Mitte* der Subjektivität. Sie zersetzt laufend die Mitte, die sie auszubilden und zu stabilisieren verspricht.

Diese umkämpfte Mitte einer selbstbewussten Subjektivität wiederholt sich – im Durchgang durch die *Phänomenologie des Geistes* – in den unterschiedlichen Bewusstseins- und Weltgestalten ein ums andere Mal. Sie zeigt ihr wahres und wirkliches Gesicht vor allem in den höchst platzierten Formen des Handelns – dem Verzeihen und

Versprechen – durch die Hegel die »hohe Natur des absoluten Geistes« charakterisiert. Er hat im offenen System eines gegenseitigen Anerkennens sein Telos, ein praktisches Differenzial, über das die Handlungsmächte in Grundsatz und Gebrauch allezeit verfügen, ohne gewinnbringende Resultate garantieren zu können.

Man darf nicht übersehen, dass die Todesfurcht neben der Arbeit als gehemmter Begierde auch die absolute Bedingung für die Ausbildung und Aufrechterhaltung sozialer Herrschaft ist. Diese Angst gründet auf der – im Verlauf der Ausbildung von »Ich« und »Wir« – immer wieder aktualisierbaren Drohung mit dem Tod durch körperliche Gewalt und sozialen Zwang. Es handelt sich weniger um eine einmalige, die Todesangst induzierende Auflösungssituation, über die die Herrschaft im Selbst aufgerichtet wird, sondern um eine ständig latente Gegenwart. Die Angst, in bedrohlichen Situationen sein Leben zu verlieren, wird man nicht einfach los. Sie kann sich hinter vielen Gefühlen und Gedanken, Erfahrungen und Situationen verstecken. Individuell wie kollektiv. Man denke an die Rolle der Angst im Vorfeld der Ausbildung von Zwängen oder wahnhafter Überzeugungen; aber auch an Probleme, die das Selbstbewusstsein sich auflösender Nationalstaaten in Europa heute – und seit Längerem – zeigt.

Anders gesagt, die vielseitig und vieldeutig verschränkte Geburt des Selbst ist eine *traumatische* Erfahrung, ihre Präsenz (Anwesenheit, Macht, Fülle) ist ein Leben lang aktuell. Selbst wenn sie im normalen Leben unserer Erfahrung entzogen bleibt oder mit Erfolg verdrängt wird, ist es möglich, dass sie uns bei Gelegenheit unversehens überfällt. Ohne die abgründige Erfahrung tödlicher Angst fände auch (die) Herrschaft keinen Anhalt, um sich am bzw. im psycho-sozialen Körper eines durch sein Begehren getriebenen Selbst festzusetzen. Die mit der Todesangst verbundene traumatische Erfahrung vergisst sich nicht – nicht bei Lebewesen, die sich – wie für die gesamte abendländische Philosophie – in einem wesentlichen Zug über die Ausbildung von Gedächtnis und die Notwendigkeit der *Erinnerung* definiert. Der Anfang – die Angst in Verbindung mit Herrschaft und gehemmter Begierde – ist (wie der in der Philosophie) »die in allen Entwicklungen gegenwärtige und sich erhaltende Grundlage« (5, 71).

Die Verinnerlichung der Herrschaft schafft erst die für das Selbst konstitutiven Arbeits- und Lebensbedingungen. Sie besteht in der durch Arbeit qua Bildung erworbenen Macht, über sich als innere und äußere Natur zu herrschen. Was immer »der Knecht thut, ist eigentlich Thun des Herrn«. Der Knecht richtet das Gesetz des Herrn in sich auf, er wird Herr seiner selbst durch äußeren Zwang und Disziplinierung, er glaubt (zuletzt), es sei das eigene »Gesetz« – in Form des *Gewissens* auf der einen, in Gestalt des *Habitus* auf der anderen Seite. Es bedarf des Durchgangs durch die gesamte *Phänomenologie des Geistes*, bis das Selbst dieses Schicksal in seiner Zwiespältigkeit durchschaut und lernt, die Freiheit als Freiheit und Notwendigkeit, als Befreiung und Ordnung, als Offenheit und Verbindlichkeit zu begreifen. Keine bestimmte Gestalt des Lebens und des Bewusstseins (»Identität«) ist je die wahre.

Die Furcht des Todes steckt uns lebenslang in den Knochen. Die Erfahrung der Freiheit wird nicht nur im Angesicht des Todes gemacht und erworben; ohne eine gewisse Furcht funktioniert womöglich auch der Gebrauch der Freiheit nicht. Beide sind und bleiben eng miteinander verschwistert. Unmöglich also, die Reflexion auf beide Seiten der Sache außer Acht zu lassen: Wie einerseits mit der Angst Politik gemacht werden kann, andererseits eine gewisse Furcht für den richtigen Gebrauch der Freiheit im Sinne verantwortlichen Handelns unerlässlich sein könnte. Um darüber hinaus zu sehen, wie schwierig es ist, die Grenze zwischen beiden genau zu ziehen: nicht für eine aufgeklärte Apokalyptik unzähliger Situationen, die zum Handeln aus Verantwortung motiviert.

8. Hegel macht diese schwierige Tätigkeit eines aktiven wie reaktiven Erinnerns zum Leitfaden seines Denkens. Die Methode bestimmter Negation oder die »Negation des Bewusstseins«[11] vermittelt sich über den Begriff der, wie Hegel in der »Einleitung« zur *Phänomenologie* schreibt, »so *aufhebt*, daß es (das Bewußtsein) das Aufgehobene *aufbewahrt* und *erhält*, und hiermit sein Aufgehobenwerden überlebt«. Das Bewusstsein bewahrt in der Erinnerung auf, was sich in der Analyse einer je gemachten Erfahrung als bloß partielle Gestalt des Wahren erwiesen hatte. Die Dialektik muss laufend auf das (im Augenblick der lebensbedrohenden Genese erzeugte) »absolute Flüssigwerden« der Subjektivität zurückgreifen; immer

dann, wenn sich das Selbst – selbstvergessen, wie es lebt – in *eine* Erfahrungsgestalt oder Identität eingeschlossen findet bzw. sich selbst darin eingeschlossen hat. Das lebendige Denken, der freie Begriff lebt davon, dass der letzte Grund dieses über seine Subjektivität definierten Wesens ein flüssiger und unbestimmt bewegter, ein *magmatischer* Zustand ist.

Die Todesangst in der Erfahrung eines jeden menschlichen Wesens ist, allgemeiner gesagt, eine Art Seinsangst, die, wie das Selbstbewusstsein im Übergang zum Geist – mit dem, systematisch betrachtet, die Welt aufgeht – zur *Weltangst* wird. Wo das Ich das Wir und das Wir das Ich ist, ist der »Begriff des *Geistes*« und mit ihm die *Welt* »für uns vorhanden«. Wo Geist ist, ist endlich auch Welt – und umgekehrt. – Die Todesfurcht, die das knechtische Bewusstsein erfährt, lässt es nicht mehr los. Es bildet den bleibenden Untergrund seiner Identitätsentwicklung. Der antike Stoizismus und Skeptizismus sind frühe Antworten auf eine Weltangst, die, vor allem in der modernen Welt des »unglücklichen Bewusstseins«, ständig und der Verzweiflung nahe, den Ruf nach Weltvertrauen erschallen lässt.

Für Hegel ist dieser Zusammenhang von Weltangst und Weltvertrauen entscheidend, er definiert die Methode des Denkens über den mehrfach erwähnten »absoluten Unterschied«. Danach ist es unmöglich, seiner Maxime auszuweichen: *sich dem absoluten Unterschied anzuvertrauen.* Der Knecht glaubt, die Angst und »seine Anhänglichkeit an natürliches Dasein« hinwegarbeiten zu können (3, 153). Er versucht diesem Schicksal durch Arbeit und Bildung zu entgehen, es wird sich zeigen, ob und wie das gelingt. In jedem Fall wird die Welt auch und nicht wenig zum Gegenstand der Angst. Sie sollte aber nach Hegels Vorstellung aufs Ganze gesehen das werden, worin die Menschen sich heimisch fühlen, wo sie zu Hause sein können – eine Zweideutigkeit, die Hegel womöglich nicht aufzulösen versteht. Man kann der Weltangst durch die Aneignung der Welt (= ihre Verweltlichung), durch das Um- und Durcharbeiten einen Gutteil der Angst und des Schreckens nehmen. In ihr heimisch zu werden, bedeutet das noch nicht.

Im Anschluss an dieses Narrativ stellen sich unzählige kritische Fragen nach der Herkunft, der Systematik und den Folgen, die sich aus diesem Anfang des Selbstbewusstseins im Kontext von

Todesfurcht, Herrschaft und gehemmter Begierde ergeben. Nur eine sollte nicht darunter sein; die, die den darin aufscheinenden Realismus – eines freien und gleichen Lebens im Schatten dieser Trias – als großes Thema der neueren Philosophie und der modernen Welt in Zweifel zieht.

9. Die allgemeinen Bedingungen der *Existenz* dieser Wesen sind so ausgelegt, dass allein die mehr oder minder *traumatische* Erfahrung der Weg ist, auf dem sie ihr ›Werde, was du bist‹ verwirklichen und beweisen können. Die traumatischen Bedingungen ihrer Existenz liegen im Durchgang durch die Erfahrung, die Herr und Knecht machen. Dort stoßen sie erstmalig auf ihre *Exzellenz*, sie wird heute auch mit »unbedingter Achtung« oder »Einmaligkeit«: »einzig, nicht artig« umschrieben. Sie öffnen das Tor zur Welt und zum Geist, in der sie das, was sie sind, erproben und unter Beweis stellen können. **Existenz** und **Exzellenz** fallen bei den endlichen wie vernünftigen Naturen zusammen. Für sie bedeutet »zu existieren«, unter den Bedingungen von Todesfurcht, Herrschaft und gehemmtem Begehren sowohl ein *festes* (beharrliches und substanzielles) und ein *für sich* stehendes Selbst (Institution, Person) einrichten zu müssen, das gleichzeitig zur »Verflüssigung«, zur Reform wie zur Revolution in der Lage ist: das Leben partiell *und* von Grund auf verändern zu können. Wer oder was vorgibt, frei zu handeln, muss beides ermöglichen und die erst genannte Freiheitsnachfrage zu befriedigen wissen: das mit ihrer Institution verbundene Sicherheits- und Ordnungsinteresse.

Die Erfahrung der Freiheit wird zur zweiten Natur dieser Wesen. Das Spezifische dieser Erfahrung ist nicht, dass sie nach Art gewöhnlicher Gegenstände *gegeben*, sondern nach Maßgabe einer Praxis *aufgegeben* ist. Sie gibt sich als Erfahrung erst »im Gebrauch der Freiheit« zu erkennen, die ein wechselseitiges Anerkennen zur Voraussetzung hat. Im Herrschaft/Knechtschaftskapitel geht es um erste, aber grundlegende Vorkenntnisse im Umgang mit dieser Risikomaterie ganz eigener Art. Sie lässt sich nach der einen Seite schlecht bis gar nicht kontrollieren. Das Interessante, das sie gleichwohl birgt, ploppt dort auf, wo ihr *work in progress* auf schwer zu überwindende Grenzen stößt und uns herausfordert, sie an diesen Grenzen in gleichsam teilnehmender Beobachtung zu beachten.

10. Unter der methodischen Maxime eines Rückgangs in den Grund (als Fortschritt der Analyse/Erweiterung der Erkenntnis) zeigt sich das Selbstbewusstsein: die Dialektik von selbstständigem und unselbstständigem Bewusstsein als weitere fundamentale Voraussetzung für jeden gehaltvollen Begriff des Erkennens. In diesem wie in den folgenden Kapiteln reformuliert die *Phänomenologie des Geistes* die Einsicht vom neuzeitlichen Primat praktischer Vernunft. Sie durchleuchtet nicht nur die praktischen Voraussetzungen aller Erkenntnistätigkeit: Ihr Weg führt sie insgesamt vom *Erkennen zum Anerkennen* oder zu dem bahnbrechenden Gedanken des einzelnen menschlichen Subjekts, das sich selbst nur verstehen lernt, wenn es sich als eines unter anderen Individuen begreift, die sich im Kampf wechselseitigen Anerkennens als Anerkennende anerkennen. Im Unterschied zur Tradition, die das Selbstbewusstsein primär theoretisch im Sinn einer sich wissenden Subjektivität versteht, ist für die Dialektik diese Idee einer sozialen bzw. anerkennungstheoretischen Genese des Selbst konstitutiv. – Dasselbe gilt in noch höherem Maße für die Erkenntnistätigkeit des wissenschaftlichen Geistes, wenn Anerkennungsprozesse zwischen individuellen und kollektiven Subjektivitäten, überhaupt geistigen Mächten (z. B. scientific communities) die praktischen Voraussetzungen schaffen, die Erforschung der Natur und die Selbstdeutung der Kultur weiterzuführen.[12]

11. Man könnte hinsichtlich der Methode von einem zweiten Akt der »Revolution der Denkungsart« sprechen. Besteht der erste – wie angedeutet – in der Charakterisierung des Geistes (der Vernunft) durch *Vermittlung*, so der zweite in der Re-novellierung des Verhältnisses von *Denken* und *Handeln*. Er drängt sich auf, wenn man nochmal auf den »geistigen« Hintergrund oder die alles bewegende Frage der drei »unwandelbaren Gebote« zurückkommt, die Kant für das richtige Denken reklamiert hatte. Der Witz – vor allem des zweiten Gebots – lag darin, durch Versetzung in die Stelle des Anderen die eigenen Gedanken, Überzeugungen und Handlungen *offen*, d. h. *revidierbar* zu halten.

Jetzt zeigt sich, dass der Hintergrund dieser Maßnahme, wie richtig zu denken sei, ein *praktischer* ist, er besteht in der Aufforderung, das Denken der anderen nicht außer Acht zu lassen. Es ist ein *Appell*, wenn nicht eine *Verpflichtung*, an die anderen zu denken. Selbst wenn sich diese Forderung zunächst darauf bezieht, den Horizont unserer Erkenntnis zu weiten und die Sozialpragmatik (Nützlichkeit) unserer Äußerungen mit einzubeziehen – aus ihr spricht der moralische, der ethische und der politische Gemeinsinn. Anders gesagt, im Kontext der Einrichtungsanalyse des Selbstbewusstseins geht es darum, wie oder auf welch elementare Weise das interaktive, mit der Fracht des Gemeinsinns beladene Handeln in ein selbstbewusstes Denken eingeführt und das Denken wiederum in das im Handeln präsente Wissen eingefädelt wird: Wie der kognitiven Tätigkeit des Wahrnehmens, Vorstellens und Denkens von Anfang an bestimmte Handlungsmotive und Normative untergeschoben werden. Sie schalten sich auch unabhängig von Bewusstsein und Intention unter das, was jeder in der Erfahrung seiner selbst (»Ich«) und der anderen (»Wir«, »Welt«) sein Eigen nennt.

Um selbstbewusst zu denken, muss man sich seine Voraussetzungen in Auseinandersetzung mit anderen durch ein je eigenes Tun und Tätigsein erwerben. Die anderen mischen sich da von Anfang an auf recht dramatische Weise ein. Todesfurcht, Herrschaft und gehemmte Begierde schreiben das Drehbuch für ein Selbst, das trotz einer millionenfach wiederholten Bearbeitung wenig an Spannung und dramaturgischem Interesse verliert. Auch deshalb, weil in dieser ein ums andere Mal erneuerten Selbstinszenierung eine Differenz eingespielt und zugrunde gelegt wird, die man schwerlich an Bedeutung überschätzen kann. Es ist die von *Wunsch* und *Wille*, *Einbildungs-* und *Arbeitskraft*, die im Anfang des neuen Geistes alle Abzweigungen prägen.

Selbstbewusstsein ist eine *Praxis*, es ist Folge und Voraussetzung der Interaktion mit anderen. Der Praxis des Selbstbewusstwerdens und -denkens liegt ein Ethos zugrunde; besonders dann, wenn man Kants zweites »unwandelbares Gebot« ins Auge fasst: sich in die Stelle jedes *Anderen* zu versetzen. Was, wie bei Kant, als ein von außen auferlegtes ethisches Postulat erscheint, zeigt sich in Hegels Betrachtung als eine von Anfang an mit dem Denken und Bewusstsein eines Selbst verbundene Charakteristik. Nach Hegels Analyse des Selbstbewusstseins bedarf es keiner Moral im Sinne eines äußeren Gebots oder Sollens, es liegt schon eingearbeitet in der soziomoralischen Verfassung eines jeden vor. Was aber nicht heißt, dass sie unterschiedslos zusammenfallen. Ethik und Epistemologie sind *nicht* dasselbe. Ihre Unterschiedenheit muss sich erst im weiteren Verlauf der Analyse her- und herausstellen.

So nennen wir den oder die insgeheim anderen, die sich in Form signifikanter Bezugspersonen über die anfängliche Interaktion in uns und unsere Selbsterfahrung eingeschlichen haben, die *Mitwisser* (oder unser *Gewissen*). Diese werden wir so wenig los wie die *Angst*, welche die Eindeutigkeit und Klarheit, d. i. die Bestimmtheit unseres Denkens und Handelns immer im Begriff ist, zu zersetzen. Sie stimmt sie auf heillose Zustände herab. Diese wiederum werden leicht zum phantasmatischen Quellgrund der Ausbildung von Wahn, Zwang und anderen Welten, die sich entlang einer *borderline* auftun. Jeder Angstzustand birgt das Potential einer Geisteskrankheit *en miniature*.

VII. Die neue verweltlichte Welt

In der Einleitung über den *Geist der Moderne* hatten wir davon gesprochen, dass die jetzige Welt von einem neuen Gedanken angesteckt worden sei, näher dem, dass die Aufklärung und der *in sich zerrissene Geist der Bildung* ihm zum Durchbruch verholfen habe. Um diesen Ansteckungsprozess geht es im Folgenden.

(1) *Die Dezentrierung* ist angesichts der Aufgaben (objektiv), die dem Individuum aus der Entwicklung und Einrichtung der modernen Welt im Blick auf ihre Bildung und Ausbildung erwachsen, unausweichlich. Der Fortschritt der Arbeitsteilung zeigt solche in verstärktem Maße lern- und bildungsabhängige Gesellschaften und Staaten. Ein Selbst muss erkennen, in welchem Umfang es von den anderen, dem Allgemeinen überhaupt, nicht nur biologisch, sondern auch ökonomisch und kulturell, politisch und technisch abhängig ist, wie sehr auch das Selbstverständnis jedes Einzelnen von der Theorie und Praxis aller bestimmt ist. Die Einsicht in die allseitige Abhängigkeit des Denkens und Handelns ist ein erstes entscheidendes Datum in der Heraufkunft der modernen Welt; das andere aber nicht weniger: Der Mensch ist *an sich* oder *von Natur aus* frei, aber überall, heißt es schon bei J.-J. Rousseau (1712–1778), »liegt er in Ketten«. Die moderne Welt des entfremdeten Geistes zeigt nicht nur eine ungeheure Differenzierungsstärke, ihre Praxis befördert auch in einem nicht gekannten Ausmaße die Entsubstanzialisierung aller Selbst- und Weltverhältnisse. Sie kompensiert den Selbstverlust freilich durch eine universelle Steigerung der Freiheitsgrade, in der das Selbst sich selbst und alles andere ihm untertan macht.

So die übliche Lesart, die freilich nur eines hegeltreffenderen Zungenschlags bedarf, um im rechten Licht (einer Wissenschaft des Wahren) zu erscheinen. Das Subjekt muss Substanz und die Substanz muss Subjekt werden. Ihre historisch vermittelte *Gleichfreiheit* muss als Substanz des allgemeinen, politischen und gesellschaftlichen Lebens erfasst und dargestellt, erkannt und anerkannt werden. Ihre wechselseitige Durchdringung gilt gleichermaßen für das *In-der-Welt-Sein des Geistes*, d. i. die Philosophie, wie für das

In-dem-Geist-Sein der Welt, d. i. die Heraufkunft der neuen Zeit oder der Moderne. In Hegels sowohl die Form wie den Inhalt bedenkenden Sprache: »Die lebendige Substanz ist ferner das Sein, welches in Wahrheit *Subjekt* oder, was dasselbe heißt, welches in Wahrheit wirklich ist, nur insofern sie die Bewegung des Sichselbstsetzens oder die Vermittlung des Sichanderswerdens mit sich selbst ist.« (3, 23) Wenn die Subjektivität absolute selbstbezügliche Negativität ist oder, in einer stärker phänomenologisch bestimmten Diktion, ihre Synthesen nur unter der Form der Entzweiung begreifen kann, dann erscheint jede Interpretation als abwegig, die annimmt, dass (in einer Philosophie, die sich über ›Substanz als Subjekt‹ definiert), *jener Riss, der durch die Subjektivität geht, nicht auch die Substanz durchquert*: nicht auch Substanz *und* Subjekt in eine Bewegung hineinzieht, die Hegel, in der Dekonstruktion beider, »Geist« nennt: »Der Geist gewinnt seine Wahrheit nur, indem er in der absoluten Zerrissenheit sich selbst findet.« (3, 36)

Nicht nur das Selbst, alle mit Subjektivität imprägnierten Verhältnisse von Recht und Moral, Ökonomie und Politik usf. müssen nach Art der Logik absoluter Unterschiede ausbuchstabiert werden. Anders gesagt, die »Macht des Negativen« wird nicht außer Kraft gesetzt, der Widerstreit als Medium der Synthese von Individualisierung und Vergesellschaftung, von Vertiefung und Trivialisierung usf. hört nicht auf, er dringt immer tiefer ins Mark der Substanz, die eben dadurch aufhört, Substanz zu sein. In ihrer Ununterscheidbarkeit sind Substanz und Subjekt »Geist«. Jede Rückkehr zur vormaligen Metaphysik ist dadurch verbaut, eine vorkritische Resubstanzialisierung der Weltverhältnisse ist ausgeschlossen.

(2) *Die Aufklärung unserer realen Welterfahrung* kann wiederum nicht bei den abstrakten Interaktionsverhältnissen von Selbst und anderem Selbst, bei Herr und Knecht usf. stehenbleiben. Die gegenseitige Vermittlung von *Vernunft* und *Welt* ist die alles entscheidende Einsicht der nächst höheren Stufe. Es wäre verfehlt, die Welt oder das Ich als absolute Größe zu betrachten. Ihr gegenseitiges Bestimmtsein treibt den Denkprozess voran. Es geht, wie Hegel sehr erhellend schreibt, um die Vernunft, die »sich ihrer selbst als Welt, und der Welt als ihrer selbst bewußt ist« (3, 324).

Über die ›beobachtende Vernunft‹ und die (scheiternden) Versuche des vernünftigen Selbstbewusstseins, durch Verwirklichung seiner selbst ein glückliches und tugendhaftes Leben zu erreichen, erlangt die *Phänomenologie* die Stufe des nun endgültig *weltgeschichtlich* dimensionierten Geistes: die antike Sittlichkeit und die moderne Welt. Spiegelt die *antike Sittlichkeit* den schicksalhaften tragischen Konflikt zwischen überindividuell bedeutsamen Lebensmächten, zwischen dem göttlichen Gesetz der Familie und dem positiven Gesetz des Staates (Hegels Exempel der Tragödie *Antigone*), so dreht sich die Angel der *modernen Welt* um das Projekt einer auf »Nützlichkeit« und »reine Einsicht« zentrierten Aufklärung und darum, wie sich die absolute Freiheit im Gefolge der Französischen Revolution in den absoluten Schrecken verkehrt. Anders gesagt, in jenen ungewöhnlich hellsichtigen Passagen über die antike und die moderne Welt stellt Hegel die überindividuellen, das Leben des einzelnen Menschen übergreifenden Mächte heraus; es sind jene Sphären der »Sittlichkeit« von Familie, Gesellschaft und Staat, die, die je weiter der Geist der Moderne sich ausbreitet, das Leben des Einzelnen tiefgreifend bestimmen.

Aus der Weltanschauung der Antike, in der vor allem mythische *schicksalträchtige* Mächte für die Kollisionen und Konflikte der Menschen und Völker verantwortlich sind, entwickelt sich der Geist der Moderne in eine andere Richtung. Die Menschen erhalten eine sehr viel deutlichere Vorstellung davon, dass ihr Leben nicht von Gott oder der (menschlichen) Natur oder von irgendwelchen außerweltlichen Schicksalsmächten bewegt wird, sondern von denen, die durch Arbeit und politische Organisation, durch Wissenschaft und Technik eine bestimmte neue gesellschaftliche Ordnung anstreben. Wie Homer glänzend beschreibt, fährt der (Kriegs-)Gott *Phobos* – die Angst, der Schrecken – mitten zwischen die Heere, die fremde Macht lässt die Krieger kopflos reagieren und auseinanderstieben. Mit Beginn der neuen Welt wandelt sich die »furchtbare, unbekannte Nacht des Schicksals« (3, 495) um in das Bewusstsein einer »zwecktätigen Vernunft«, wie Hegel bei Gelegenheit von der *Arbeit* sagt, um die produktive wie erhellende Kraft der Aufklärung, die in der Arbeit steckt, zu betonen. Für die antike Welt ist nicht wirklich klar, dass die *Substanz* auch als *Subjekt* aufgefasst und dargestellt werden muss: »Das Schicksal [...] aber ohne das Selbst bleibt die bewußtlose Nacht, die nicht zur Unterscheidung in ihr, noch zur Klarheit des Selbstwissens kommt« (3, 496). Der Erste, der davon eine Ahnung vermittelt, ist *Sokrates*, den Hegel auch den ›Erfinder‹ der Moral nennt.

In der »welthistorischen Person« Sokrates gelangt dieses Prinzip von Subjektivität oder des auf sich selbst gestellten individuellen Entschlusses zum »freien Aussprechen«. »Die unendliche Subjektivität, Freiheit des Selbstbewußtseins ist im Sokraktes aufgegangen. Ich soll schlechthin gegenwärtig, dabeisein in allem, was ich denke. Diese Freiheit wird in unseren Zeiten unendlich und schlechthin gefordert.« (18, 442) Das Prinzip der unbefangenen griechischen Sittlichkeit hebt an, sich durch das einer autonomen subjektiven Moralität abzulösen. Sittlichkeit heißt das Gute, das unmittelbar gewusst und getan wird; Moralität hingegen ist »die mit Reflexion verbundene Sittlichkeit« (18, 445). »Der Geist der Welt fängt« in diesem Individuum Sokrates »eine Umkehr an, die er später vollständig ausgeführt hat« (18, 468). Auf diesem Weg der Weltgeschichte bildet dann das *Christentum*, insbesondere in der *Periode der Reformation* einen weiteren maßgebenden Zwischenschritt: es wird erkannt, dass der Mensch allein aufgrund der Tatsache seines Menschseins zur Freiheit bestimmt ist. »Dies ist der wesentliche Inhalt der Reformation; der Mensch ist durch sich selbst bestimmt, frei zu sein« (12, 497). Die unendliche Subjektivität kommt in der Freiheit eines Christenmenschen zum Ausdruck. Sie vollendet sich dann philosophiegeschichtlich in der Philosophie Kants und erreicht in der Aufklärung und der Französischen Revolution ihr weltumspannendes soziokulturelles Niveau, ihren sozio-ökonomischen und politisch-rechtlichen Ausdruck.

(3) *Geist, das absolut reale Wesen*. Bevor wir des Näheren auf die Aufklärung eingehen, ist es hilfreich, nochmals Hegels Verständnis von *Geist* in Erinnerung zu rufen, wie es bis zu dieser Stufe der Entwicklung gediehen ist. Für Hegel übernimmt die Subjektivität nicht die Rolle eines Prinzips im Sinne des menschlichen Subjekts; sie ist nicht mehr oberster Grundsatz einer selbstbewussten Tätigkeit, aus der alle Kategorien und Regeln des Denkens und Handelns abge-

leitet werden. Sie ist schon gar nicht der »höchste Punkt« (Kant), an den alle Philosophie geheftet werden muss. ›Subjektivität‹ steht vielmehr dafür, dass allen begrifflich konstruierbaren Zusammenhängen in Natur und Geschichte, Religion, Kunst und Wissenschaft eine logische Struktur eingearbeitet ist, deren selbstbezügliche Schleifen den *Geist* als »das sich selbst tragende absolute reale Wesen« auszeichnen.[13]

Kurz, (der) Geist ist *unhintergehbar* und *unbestimmbar*, seine Wahrheit und Wirklichkeit kann er nur unter Beweis stellen, wenn er sich fortlaufend zur Disposition stellt. Das tut er, es ist sein Programm, weil er sich in all seinen Filialen und Filiationen als *Vermittlung* versteht. Von deren ebenso freien wie notwendigen »Gelingen« hängt es ab, ob von ihm als dem »sich selbst tragenden, absolut realen Wesen« gesprochen werden kann. Eine wesentliche Begründungsstütze erfährt er freilich im jüngsten Verlauf der Geschichte oder Hegels Überlegung, dass sich (der) Geist – im buchstäblichen wie übertragenen Sinn – in die Welt hineingearbeitet hat. Der Geist hat sein *fundamentum in re* in den durch Arbeit und Interaktion geschaffenen *Tat-Sachen* der modernen Welt.

> »[Der] Geist aber ist *die sittliche Wirklichkeit*. Er ist das *Selbst* des wirklichen Bewußtseins, dem er oder vielmehr das sich als gegenständliche wirkliche *Welt* gegenübertritt, welcher aber ebenso für das Selbst alle Bedeutung eines Fremden, so wie das Selbst alle Bedeutung eines von ihr getrennten, abhängigen oder unabhängigen Fürsichseins verloren hat. Die *Substanz* und das allgemeine, sichselbstgleiche, bleibende Wesen, – ist er der unverrückte und unaufgelöste *Grund* und *Ausgangspunkt* des Tuns Aller und ihr *Zweck* und *Ziel*, als das gedachte *Ansich* aller Selbstbewußtsein[e]. – Diese Substanz ist ebenso das allgemeine *Werk*, das sich durch das *Tun* Aller und Jeder als ihre Einheit und Gleichheit erzeugt, denn sie ist das *Fürsichsein*, das Selbst, das Tun. Als die *Substanz* ist der Geist die unwankende, gerechte *Sichselbstgleichheit*; aber als *Fürsichsein* ist sie das aufgelöste, das sich aufopfernde gütige Wesen, an dem jeder sein eigenes Werk vollbringt, das allgemeine Sein zerreißt und seinen Teil davon nimmt. Diese Auflösung und Vereinzelung des Wesens ist aber das *Moment* des Tuns und Selbsts Aller; es ist die Bewegung und Seele der Substanz und das bewirkte allgemeine Wesen. Gerade darin, daß sie das im Selbst aufgelöste Sein ist, ist sie nicht das tote Wesen, sondern *wirklich* und *lebendig*. Der Geist ist hiermit das sich selbst tragende, absolute reale Wesen.« (3, 325)

»Konkrete Totalität« ist ein anderer Ausdruck für diese provokante Behauptung: *Der Geist sei die sich selbst tragende, absolut reale Konstruktion.* Gemäß dem Grundsatz der Dialektik, das Wahre als »konkret« zu begreifen, muss sie den ganzen Umfang begrifflich bestimmter Relationen für die Beschreibung des betreffenden Gegenstandes in Rechnung stellen. Im Gegensatz zum Alltagsbewusstsein, das glaubt, die sinnlich anschauliche Präsenz zuhandener Dinge in der Welt als konkret verstehen zu können, ist die Vergabe des Prädikats für die Dialektik nur gerechtfertigt, wenn etwas in einem Bündel von Verweisungszusammenhängen oder Denkbestimmungen eingeschlossen ist. *Bestimmen* heißt, die begrifflichen Koordinaten zu beschreiben, denen entlang etwas über das Verständnis der Relationen durchsichtig wird, in denen es steht. Die begriffliche Entfaltung des Gegenstandes zu einem Gesamt in sich notwendiger Urteilsbeziehungen nennt Hegel »konkrete Totalität«. Sie enthält gleichsam als Summe aller *notwendigen* Denkbestimmungen, welche die Wirklichkeit des Gegenstandes oder die begriffliche Struktur der Wirklichkeit in Form von Prädikaten und Eigenschaftenn in sich stimmig und kohärent erläutern.

»Der Gegenstand, wie er ohne das Denken und den Begriff ist, ist eine Vorstellung oder auch ein Name; die Denk- und Begriffsbestimmungen sind es, in denen er *ist*, was er *ist*. In der Tat kommt es daher auf sie allein an; sie [die Denk- und Begriffsbestimmungen; G. G.] sind der wahrhafte Gegenstand und Inhalt der Vernunft.« (6, 560) Denn nur das, was in diesem Sinne konkret oder bestimmt ist, also über die logischen Operationen von Identität und Verschiedenheit hinreichend differenziert wurde, kann Anspruch erheben, als wahr zu gelten, und das allein darum, weil für es die Stelle angegeben werden kann, an der es als Glied einer Kette notwendiger Urteilsverknüpfungen seine konkrete Gestalt erhält.

(4) Hegel entwickelt die *Vernunftform der aufklärerischen Moderne* in Differenz (und Einheit) zur religiösen Lebensauffassung des Mittelalters. Im Übergang der »achsendrehenden Bewegung« von der einen zur anderen Weltgestalt vollzieht sich ein Paradigmenwechsel: der Übergang vom Erfahrungshorizont einer Welt zu einer anderen, in dessen Verlauf sich das Wirklichkeitsverständnis tiefgreifend

ändert. Die Aufklärungsvernunft – Hegel nennt sie nicht ohne Ironie »die reine Einsicht« – zielt darauf ab, alle äußere (und innere) Wirklichkeit des Menschen, der Natur und der Gesellschaft zu vergegenständlichen. Die religiös-symbolische Ordnung der mittelalterlichen Welt des Glaubens wird ihrer geistigen Bedeutung beraubt und im wissenschaftlichen Bewusstsein der reinen Einsicht in eine Ordnung von sinnlich-einzelnen und materiellen Dingen verwandelt. Der Leib Christi wird zum »Brotteig«, das Kreuz ein »Stück Holz« und das ›Hoc est enim corpus meum‹ abergläubischer Hokuspokus. Indem die Gegenstandsform der religiösen Lebensordnung aus ihrer absoluten Verankerung gerissen wird, enthält sie auch keine anerkennungsgebietende Wirklichkeit mehr. Keine in einer absoluten Seinsordnung selbst liegende Verpflichtung zwingt die Menschen, ihr nachzukommen. Es ist die Zeit, in der sich das positivistische Bewusstsein einer absoluten Sein/SollenSchranke herauszubilden beginnt. Die in sich bedeutsame Welt wird einfach Teil der materiell-neutralen Ding-Welt, die wir seit der Aufklärung kennen. Sie kann ohne Rücksicht auf göttliches Gebot in die relative Beliebigkeit menschlicher Verfügungsgewalt gestellt werden. »Die endliche Wirklichkeit kann daher eigentlich, wie man es gerade braucht, genommen werden.« (3, 415) Die *Endlichkeit* ist dem Aufklärungsbewusstsein eine den Dingen schlechthin zukommende Eigenschaft, sie ist eine ungeheure Ansammlung mechanisch verbundener materieller Dinge, die über die Sinne perzipiert werden. Das absolute Wesen (Gottes), das die Ordnung der mittelalterlichen Welt noch durchherrschte, sinkt, wie Hegel sagt, zu einem »Vacuum« herab. Gott oder das Absolute ist ein leerer, sinnloser Begriff, eine ›bloße Idee‹, ohne reale Bedeutung: eben kein »reales Prädikat« eines analytischen Urteils, was es in der Welt bis zu Kant hin selbstverständlich war. Es war in der Tat ihr Apriori, das vorab Wahre, das Selbstverständliche, das zuletzt keine Zweifel erlaubte. Reale Bedeutung erlangt in der aufgeklärten Welt nur das, was im Bereich des eigenen Ermessens liegt. Anders gesagt, in der Auseinandersetzung mit der mittelalterlichen Welt des Glaubens über das, was die Welt oder die Natur der Dinge ist, setzt die analytische Rationalität der reinen Einsicht ihr Interpretationsmonopol durch. Sie bindet das, was sie sich vorstellen kann, eng an das, was sie herstellen kann.

Sie nimmt die Projektionen des Glaubens auf die Erde zurück und ermöglicht dadurch erst, den ganzen Reichtum der endlichen Erde zu entfalten. Dem »absoluten Wesen dergleichen nichts zukommen zu lassen noch beizulegen, ist ihre einsichtsvolle Lebensart« in der sie »das Absolute würdig zu behandeln weiß« (3, 413).

Ineins mit dem Begriff der Endlichkeit werden die *Einzelheit* und vor allem die *Nützlichkeit* als die Begriffe beschrieben, um die diese Welt sich dreht. An der Vorstellung von Nützlichkeit orientiert die aufgeklärte Vernunft ihren Begriff von Gegenständlichkeit überhaupt. Sie konzeptualisiert die Wirklichkeit, insofern sie sie in einzelne Dinge zerlegen und in sinnlich erfahrbaren Realitätsbezügen dingfest machen kann. Die zwecktätig, durch Arbeit und Interaktion aufgeklärte Vernunft des Menschen ist das alleinige Maß des Umgangs mit den Dingen. Das veränderte Verhältnis zu den Dingen gestattet es, sie instrumentell verfügbar zu machen, wie andererseits, in ein und derselben Bewegung, ihre Instrumentalisierung dazu führt, sie zu verendlichen und zu vereinzeln. Der Mensch übt seine Macht aus über Dinge und Menschen; er nutzt sie, aber er wird auch von diesen benutzt. »Wie dem Menschen alles nützlich ist, so ist er es ebenfalls und seine Bestimmung ebensosehr, sich zum gemeinnützlichen und allgemein brauchbaren Mitgliede des Trupps zu machen. Soviel er für sich sorgt, gerade soviel muß er sich auch hergeben für die anderen, und so viel er sich hergibt, so viel sorgt er für sich selbst; eine Hand wäscht die andere [...]; er nützt anderen und wird genützt.« (3, 416)

Der Mensch produziert, bezeichnet, isoliert, synthetisiert die Dinge nach der Vorstellung nutzenversprechender Zwecke oder: Mit dem Tod Gottes, den Hegel lange vor Nietzsche und Dostojewski konstatiert, werden die Dinge in den Funktionskreis menschlicher Verfügungsgewalt gestellt. Der Mensch beweist sich darin seine Freiheit oder weiß sich als sich selbst bestimmende Subjektivität. Worauf es ankommt, ist die Einsicht Hegels, dass mit der Aufklärungsvernunft ein (schon historisch angelegtes) Prinzip universelle gesellschaftliche und geistige Macht gewinnt, in dessen Abmessungen der Mensch beginnt, sich als objektivierende Subjektivität zu verstehen. Die Nützlichkeit wird die die Intersubjektivitätsverhältnisse der neuzeitlichen Welt synthetisierende Form, in deren begrifflichen Koordinaten sich der Mensch als »das dieser Beziehung bewußte Ding« erfährt, und daraus »sein Wesen und seine Stellung« definiert. ›Nützlichkeit‹ als weltbestimmendes Prinzip ist für Hegel eine historische Kategorie – kein grundlegend-anthropologischer oder geschichtsunabhängiger Begriff. Aus dem Horizont dieser Welt *einzelner, endlicher* und *nützlicher* Dinge erwachsen zugleich die historisch dominierenden Wissensformen, aus denen heraus diese Welt sich wissenschaftlich und philosophisch begreift: Nominalismus, Empirismus und Utilitarismus. Sie bilden auch die Grundlage für das, was Hegel an anderer Stelle das Reflexivwerden oder »die Reflexionsbildung unseres heutigen Lebens« (13, 24 f.) nennt.

Diese um die Nützlichkeit zentrierte Ontologie und Sozialphilosophie der Aufklärung bildet den nächsten Schritt, worin, wie Hegel sich ausdrückt, dann die Aufklärung (als Begriff und Epoche) die Früchte ihrer Taten erfährt. Dieses große Stück politischer Philosophie demonstriert, wie die Absichten der Revolutionäre, welche die Vernunft der Aufklärung (den Verstand) zum Maßstab ihres Handeln erheben – nämlich die komplexe, ausdifferenzierte Welt der neuen Zeit aus einem Gesichtspunkt heraus einzurichten und im Bewusstsein universeller Freiheit die Transzendenz der mittelalterlichen Lebensform radikal in die Immanenz der Veränderung gesellschaftlicher Verhältnisse hereinzuholen –, zu allgemeinem Terror und Schrecken führen. Die »Furie des Verschwindens« verschlingt ein Handeln, das glaubt, alles unter Nützlichkeitsgesichtspunkten in (technokratisch) verfügbare Objekte und Projekte, Optionen und Projektionen verwandeln zu können.

»Das einzige Werk und Tat der allgemeinen Freiheit ist daher der Tod, und zwar ein Tod, der keinen inneren Umfang und Erfüllung hat; denn was negiert wird, ist der unerfüllte Punkt des absolut freien Selbsts; er ist also der kälteste, platteste Tod, ohne mehr Bedeutung als das Durchhauen eines Kohlhaupts oder ein Schluck Wassers.« (3, 436)

(5) *Aus diesem weltgeschichtlichen Drama* sucht Hegel in den mit »Moralität« überschriebenen Abschnitten die ›Lehren‹ zu ziehen. Die Konklusion besteht in der Wiederaufnahme des Anerkennungsmotivs. Man könnte die Diskussion wie folgt zusammenfassen: Die

Glaubenswirklichkeit der mittelalterlichen Welt ist zerfallen, jede Rückkehr in »die schöne Einheit des Vertrauens« ist versperrt. In ihrer »einsichtsvollen Lebensart« setzt die Aufklärung alles daran, den Himmel auf die Erde zu verpflanzen, die Heilsgeschichte in die Weltgeschichte aufzuheben, sie weiß, wie Hegel sagt, das Absolute würdig zu behandeln. Ihr großer (unverschuldeter) Irrtum liegt nicht darin, die Transzendenz (des absoluten Wesen) überhaupt auf die Erde zu beziehen, sondern kein Bewusstsein davon entwickelt zu haben, dass sich die moderne Welt in der Zwischenzeit um eine neue »Achse« dreht und eine der Welt immanente Transzendenz erarbeitet hat: Die Aufklärung sitzt gleichsam in der Mitte der »achsendrehenden Bewegung« des Übergangs von der einen zur anderen Welt fest. Sie kann die Zeichen der Zeit nicht deuten. Ihre reaktive Ontologie/Sozialphilosophie der Nützlichkeit verfügt über keinen Begriff, um den in der modernen Welt eingelagerten Differenzsinn der Freiheit richtig zu beurteilen. Sie glaubt, die Freiheit anpacken zu können wie den Stier an den Hörnern. Ihre Revolutionäre erkennen nicht, dass die Theorie und Praxis einer nach Funktionen ausdifferenzierten Welt ein »Mehr«, ein »Kontextuelles«, die Geste eines permanenten Überschreitens zu begreifen lehrt, das nicht in der Macht und Reichweite individueller oder kollektiver Verfügung steht. Alle Handlungen und Ereignisse der modernen Welt haben eine den Erwartungen und Kalkulationen der Akteure abgewandte Seite, sie produzieren Irritationen oder Momente, die jenseits aller Kontrollmöglichkeiten liegen. Versuchen die Akteure gleichwohl, die Depotenzierung rückgängig zu machen, weil sie ihren Begriff von Freiheit noch nicht auf den modernen umgestellt haben (demzufolge er nicht ausschließlich als »Kontrolle über« interpretiert werden kann), dann setzt augenblicklich das ein, was Hegel das »Rasen«, das »Toben des verrückten Eigendünkels« nennt: es herrscht der Terror des totalen, des tödlichen »Verdachts«. Die Totalisierung der Nützlichkeit und einer entsprechenden strategischen Rationalität macht die Welt hyperkomplex. Damit wächst auch der »Verdacht« ins Unermessliche. Seine Totalisierung hat todbringende Konsequenzen. Diese Logik entnimmt Hegel der Französischen Revolution und ihrer kurzen, atemberaubenden Geschichte. Sie wird von der Dialektik ein ums andere Mal und auf überraschende Weise ausbuchstabiert. Das bekannteste Lehrstück ist das geschichtsphilosophische Konzept namens »List der Vernunft«. Seine Pointe ist die, dass niemand in der Lage ist, sich in ihr Kraftzentrum zu reflektieren, um sich ihrer zu bemächtigen; dass allenfalls *post festum* sich die geschichtliche Tendenz erkennen lässt, in der das einzelne und kollektive Handeln eine einheitliche Perspektive gewinnt. Die »List der Vernunft« versetzt niemanden in den Stand, die Fäden zu ziehen, die die Geschichte voranbringen.

In einer arbeitsteilig organisierten Welt ist die Position eines gesellschaftlichen Subjekts mit gleichsam olympischem Überblick *auf Dauer* vakant. Die Geschichte der beiden letzten Jahrhunderte belegt die gleich mehrfach von Hegel exemplifizierte These, dass angesichts einer in Teilbereiche ausdifferenzierten sozialen Ordnung es nurmehr unter Anwendung von Gewalt möglich ist, die divergierenden Interessen und Glücksansprüche in einer Zentralperspektive zusammenzuzwingen. Paradigmatisch für die Überschreitungsstruktur ist der Begriff der Subjektivität. Der Empirismus und Utilitarismus der Aufklärung muss systematisch die innerweltlichen Momente der Transzendenz oder der Unausdeutbarkeit des Selbst verdrängen, wenn er den Menschen als das ›seiner selbst bewusste Ding‹ auffasst, aber über keine begrifflichen Mittel verfügt, um das radikale Dingsein des Menschen (sein Instrumentsein, Endlichsein usf.) in ein und derselben Hinsicht mit einem Reflexivsein zusammenzudenken, worin sich der Mensch ebenso gründlich vom Ding unterscheidet. Die Aufklärung löst diesen Widerstreit, den die Dialektik über die paradoxe Semantik des absoluten Unterschieds ausbuchstabiert, einseitig auf. Ihre Vermittlung des Widerspruchs verbleibt im Horizont einer Metaphysik der Bestimmtheit: Ihr Leitfaden zu denken ist das Schema der Prädikation, ihr Regulativ zu handeln das Gesetz oder ein Verfahren nach den Regeln der Nützlichkeit. Die Aufklärungsvernunft kommt in ihrem Verständnis der Selbst- und Weltbezüge nicht über den Begriff einer bloß identifizierenden oder instrumentellen Rationalität hinaus.

Anders stellt sich das Vermittlungsproblem im Rahmen der Dialektik: Sie verweigert dem Zugriff des identifizierenden Denkens, dem Sagen, was etwas ist, die Höchstplazierung. Im Rückgang des Erkennens in den »Grund« des (Kampfes) wechselseitigen

Anerkennens öffnet sich der Raum einer (praktischen) Darstellung, in der die paradoxe, unbestimmte Bestimmtheit des modernen Lebens die prädikative Bestimmtheit überschreitet. Die spekulative Aufklärung über die Aufklärung ist nicht nach demselben Muster gestrickt wie die Aufklärung: Sie entmachtet die Kategorie, sie tritt aus dem Horizont des *legein* (›unterscheiden, sagen, zählen, zusammenstellen‹) und *teukein* (›herstellen, errichten, zurichten‹) heraus, weil sie auf eine praktische Vernunft »zurückgeht«, die in Sprechakten wie Verzeihen oder Versprechen es ›Ego‹ und ›Alter Ego‹ gestatten, sich wechselseitig freizulassen.

(6) *Ein gegenseitiges Anerkennen.* Wie bekannt sein könnte, endet der Kampf wechselseitigen Anerkennens nicht mit dem »Herr und Knecht«-Kapitel, sondern erst an der Stelle, an der Hegel sagt: dass das »Wort der Versöhnung [...] der daseiende Geist [ist], ein gegenseitiges Anerkennen, welches der absolute Geist ist« (3, 493). Im Gegensatz zu den üblichen Interpretationen, die diesem Kampf eine Auseinandersetzung um etwas Bestimmtes unterschieben, das heißt einen Kampf um Rechte und Privilegien, um die Durchsetzung von Interessen oder das Entgegenbringen von Achtung, muss im Sinne Hegels betont werden, dass die Lösung des Konflikts einzig in Richtung eines Unbestimmbaren gesucht werden muss. Die Logik wechselseitigen Anerkennens setzt die Dezentrierungsbewegung auf höchster Stufe (»absoluter Geist«) fort. Denn dieser Widerstreit erhält seine einzigartige Bedeutung nur dadurch, dass die in ihn verstrickten Kontrahenten sich wechselseitig freilassen oder sich ihre Unausdeutbarkeit erklären. Sie müssen als schlechthin Entgegengesetzte »von ihrem Dasein ablassen« oder aufhören, den anderen mittels Rechts- und Moralvorschriften bestimmen zu wollen. Hegels Einsicht, dass Moral Heuchelei ist, wird regelmäßig übersehen. Im »Wort der Versöhnung« oder den Sprechakten des Verzeihens oder Versprechens erklären sich ›Ego‹ und ›Alter Ego‹ für frei. Sie klammern die alten Geschichten ein. Sie heben durch das Wort der Versöhnung die Zeit auf. Sie versetzen sich auf diese Weise in die Lage, von vorn anfangen zu können. Das Wort der Versöhnung, das ausgesprochen wird, ist der absolute Geist: es lässt, wie Hegel sagt, »die Wunden [...] heilen, ohne daß Narben bleiben; die Tat

ist nicht das Unvergängliche, sondern wird von dem Geiste in sich zurückgenommen« (3, 492).

Das Wort der Versöhnung rückversetzt den, der jemandem Unrecht getan hat, in den Stand, wieder frei zu sein, es klammert die Zeit ein. ›Anfangen können‹ ist der kritische Begriff, der schon Kant zufolge menschliches Handeln als freies von allen übrigen Verhaltensweisen unterscheidet. Auf der Höhe der Dialektik erhält dieser Begriff der Freiheit (als der Begriff, der »da« ist) ein welthistorisches und anerkennungstheoretisches Fundament. Wobei es, genauer gesagt, um eine Reziprozität des Anerkennens geht, in der die »Intersubjektivität« als ›in sich gebrochene Mitte‹ aufgefasst werden muss und nicht als ein bestimmbarer Satz von Regeln oder Werten, Überzeugungen oder Wortbedeutungen, in dem alle mehr oder weniger übereinkommen. Das Differenzial der Versöhnung, in dem ›Ego‹ und ›Alter Ego‹ sich gegenseitig anerkennen und freigeben, lässt sich nicht subsumtionslogisch verstehen, das heißt über einen Begriff von Identität ausdeuten, der Selbst und anderes Selbst unter ein Segeltuch-Allgemeines bringt, in der die Differenz der individuellen Perspektiven negiert wird. An der radikalen Offenheit oder Unbestimmtheit des Handelns zerschellt alle Vernunft, die gewillt ist, sich als (moralisch kaschierte) Vorschrift zu formieren. Je größer der Zwang zur Einheit, desto eher ist man berechtigt, auf Schwäche zu schließen. Der Dialektik geht es um das Gegenteil; um eine Stärke, die daraus erwächst, dass man sich selbst zu verlieren getraut, um eine Souveränität, die jene Ungewissheit und Ambivalenz aushält, die mit der unendlichen Vertiefung und Besonderung der Individualität (Subjektivität) in der modernen Welt gegeben ist.[14]

(7) *Der Mensch, dies leere Nichts.* Das Absolute ist, wie Hegel sich ausdrückt, »an und für sich schon bei uns«. Es steht als »absolutes Wissen« zwar am Ende einer langen, vom »Schmerz des Negativen« gezeichneten Bildungsgeschichte, aber nur insofern, als seine Präsenz von uns nicht begriffen oder besser noch, von uns »in der Tat« nicht ergriffen wird, insofern wir die im Kampf des Anerkennens (nicht: um Anerkennung) ›erklärte‹ Unausdeutbarkeit des Selbst nicht verstanden haben, uns, anders gesagt, die Souveränität fehlt, die »Nacht der Welt« zu ertragen. In den Vorlesungen, die Hegel

zur Zeit der Arbeit an der *Phänomenologie* 1805/06 in Jena gehalten hat, heißt es:

> »Der Mensch ist diese Nacht, dies leere Nichts, das alles in ihrer Einfachheit enthält, ein Reichtum unendlich vieler Vorstellungen, Bilder, deren keines ihm gerade einfällt oder die nicht als gegenwärtig sind. Dies [ist] die Nacht, das Innre der Natur, das hier existiert – reines Selbst. [...] Diese Nacht erblickt man, wenn man dem Menschen ins Auge blickt - in eine Nacht hinein, die furchtbar wird; es hängt die Nacht der Welt hier einem entgegen.« (UR 204)

Solange ›Ego‹ und ›Alter Ego‹ diese »Nacht der Welt« nicht aushalten, die die Grammatik wechselseitigen Anerkennens in jedem Augenblick öffnet, solange werden sie zurückfallen und versuchen, strategisch oder durch instrumentelle Vernunft bestimmt, das Verhalten des anderen durch Moralgesetze und Tugendkataloge zu kontrollieren. Sie werden die durch die exzentrische Natur des Selbst bedingte Ambivalenz aller Situationen nicht zu ertragen wissen. Nach der Behältervorstellung des Absoluten sieht es so aus, als ließe sich die Wahrheit besitzen. Aber so wenig wie die Wahrheit lässt sich die Freiheit, die sich Selbst und anderes Selbst im Kampf wechselseitigen Anerkennens »erklären« (deklarieren, eröffnen), in Beschlag nehmen. Kein Begriff kann – per Gesetz oder Moralprinzip – über diese sich ständig erneuernden Eröffnungspartien verfügen.

(8) *Das Wort der Versöhnung*. Der Ausgang oder die höchste Stufe des sittlichen Geistes wird interessanterweise mit der Wiederaufnahme der *Moralität* eingeleitet. Was in Frankreich in Form der Revolution, in die Wirklichkeit hinausgestürmt war, nimmt in Deutschland die Gestalt der philosophischen Reflexion auf das bestimmende Prinzip dieser Welt an.

Hegel übt zunächst massive Kritik an einer Gewissensmoral, die die Pflicht absolut setzt und das Gute – unbesehen davon, ob es getan wird – allein dem guten Willen anheimstellt. Dabei knüpft er erneut an das Anerkennungsmotiv an; er reformuliert das Bild einer in sich gebrochenen oder fraktalen Mitte moralischer Subjektivität: den Begriff *gegenseitigen Anerkennens*, dessen Richtungssinn dahin geht, mittels des Begriffs über den Begriff hinauszugelangen.

Dessen überraschend moderne Pointe liegt darin, im Sprechakt des »Verzeihens« den höchsten Punkt des Kampfes wechselseitigen Anerkennens zu sehen. Das »Wort der Versöhnung« ist, wie Hegel sagt, der »*daseiende* Geist« (493); in seinem flüchtigen Medium verkörpert oder betätigt es die Präsenz des Geistes in den realen praktischen Verhältnissen der Individuen untereinander.[15] Sie anerkennen einander in dem, was sie am Anderen nicht mehr verstehen oder nachvollziehen können, dass sie, worin sie radikal anders sind, anders fühlen, anders denken, anders reden. Als schlechthin Entgegengesetzte müssen sie »von ihrem Dasein ablassen« und darauf Verzicht tun, den Anderen mittels Begriffen oder Moralvorschriften bestimmen, das heißt, (sich) unterwerfen zu wollen. Die einzigartige Bedeutung jener performativen Praxis des Anerkennens liegt darin, den Anderen in *seine* moralische Autonomie zu entlassen, ihn freizugeben – ein freier Wille, wie es später in der *Philosophie des Rechts* heißen wird, der den freien Willen will. Diese Praxis übersteigt alle kognitiven Schemata und moralischen Grundsätze. Denn diese sind, wie man nur zur Genüge weiß, vor allem, wenn man sie gegenüber den Anderen ins Feld führt, immer nur die eigenen; sie sind daher, wie Hegel richtig sieht, »Heuchelei«.

Für Hegel ist das »Wort der Versöhnung« der »daseiende Geist« oder das »reine Wissen«, in dem sich Selbst und anderes Selbst in ihrer »absolut in sich seienden *Einzelheit*« *anschauen* (3, 493). Das reine oder absolute Wissen ist das aus allen begrifflichen Bestimmungen gelöste, herausgefallene Wissen, das Wissen, mit dem man – unter Zuhilfenahme des Begriffs – über den Begriff hinausgelangt oder sich das Erkennen ins Anerkennen transformiert, das heißt: die Einsicht (des absoluten Wissens) partout nicht mehr aufzuhalten ist, dass es mit allem Wissen, das bestimmten Begriffen entstammt, nichts ist.

Mit anderen Worten, das »reine Wissen« gegenseitigen Anerkennens wirft einen Vorausblick auf die letzte Gestalt des Wissens der *Phänomenologie des Geistes*, auf das *absolute Wissen*, das darin bereits seinen (höchsten) Ausdruck findet. Dazwischen liegen noch jene unreinen Gestalten des absoluten Wissens, die Vorstellungswelten der Religion und der Kunst, die zwar gleichfalls Erscheinungsweisen des absoluten Geistes sind, aber den philosophischen Begriff des

Geistes: das sich selbst begrifflich explizierende Wissen des Wissens noch nicht erreicht haben. Sie können daher den »Begriff der *Zeit*, die *da* ist«, noch nicht in dem für den Geist spezifischen Medium des Begriffs erfassen.

Erst der absolute Geist erhebt sich über die Äußerlichkeit des zeitlichen Geschehens, das heißt über die *Geschichte*. »Die *Zeit* ist der *Begriff* selbst, der *da* ist und als leere Anschauung sich dem Bewusstsein vorstellt; deswegen erscheint der Geist notwendig in der Zeit, und er erscheint solange in der Zeit, als er nicht seinen reinen Begriff *erfasst*, das heißt nicht die Zeit tilgt. Sie ist das *äußere* Angeschaute, vom Selbst *nicht erfasste* reine Selbst, der nur angeschaute Begriff; indem dieser sich selbst erfasst, hebt er seine Zeitform auf, begreift das Anschauen und ist begriffenes und begreifendes Anschauen.« (3, 584)

Das »absolute Wissen« ist demnach kein großer oder überdimensionierter Wissenscontainer, der alle Stadien und Momente der Erfahrung umfasst und in sich abgespeichert hat, sondern (eher das Gegenteil) die Einsicht, dass es sich bei allem Wissen aus bestimmten Begriffen um ein durchaus einseitiges, das heißt unwahres Wissen handelt, ein Wissen, das um seine Nichtigkeit weiß: So kehrt es in seinen Anfang zurück. Es sieht sich zurückgeworfen auf die einfachste und ärmste Wissensgestalt der sinnlichen Gewissheit, d. i. das in seinen Anfang verschlungene Ende, ein Kreis von Kreisen. Auf der anderen Seite stellt sich in diesem sich selbst wissenden Wissen auch der Übergang zur Philosophie als einer wirklichen Wissenschaft des Logos dar, zur *Wissenschaft der Logik* oder der Bewegung des Denkens im Medium des reinen Begriffs. Diese Wissenschaft ist dann nicht nur und nicht mehr ein »Traktat von der Methode« wie die Kantische, sondern die Ausführung und Darstellung der Metaphysik als des Reichs der Wahrheit, »*wie sie ohne Hülle an und für sich selbst ist*«.[16]

VIII. Die Erneuerung der Philosophie

»Die *Philosophie der neuen Welt*«, schreibt Hegel rückblickend, »geht von dem [...] Standpunkt des wirklichen Selbstbewußtseins aus« (20, 63). Der Grund: »Die Arbeit des Geistes« sei »darin geleistet, dass das Selbstbewußtsein sich selbst denkt und das absolute Wesen [der alles bestimmende Geist, G. G.] als das sich selbst denkende Selbstbewußtsein erkennt« (20, 458).

In diesem Resultat wie laufenden Prozess artikuliert sich der Geist der neuen Zeit. Seine kollektive Selbstvergewisserung erstreckt sich über eine ganze Epoche der Weltgeschichte. Wie in einem Brennglas zeigen sich am Selbstbewusstsein alle entscheidenden Züge der modernen Welt – bis heute. Das Jenseits der intelligiblen Welt (der Ideen) muss im Diesseits der sozialen, kulturellen und politischen Ambitionen der verweltlichten Welt angesiedelt verstanden werden. »Die Idee«, bemerkt Hegel an anderer Stelle, »die der Mensch, das Selbstbewußtsein, erkennen soll, muss ihm objektiv werden, Gegenstand, dass er wahrhaft sich als Geist und den Geist fasse« (19, 509). Dies nicht auf eine »empfundene Weise« oder als eine an himmlische Adressen gerichtete »Phantasie«, es gehe darum, den »jenseits der Gegenwart und Wirklichkeit vorhandenen Gegenstand« zurück »zur Wirklichkeit und ins Selbstbewußtsein zu führen« (20, 458). »Die zweite Weltschöpfung ist die, wo der Geist sich erst als Ich = Ich, als Selbstbewußtsein verstanden hat« (19, 510).

Was für unsere Ohren wie eine Selbstverständlichkeit klingt – die Welt ist eine Welt der Menschen (»Anthropozän«) –, deutet gleichwohl auf eine größere Umwälzung unserer Denk- und Lebensformen. An ihr laborieren wir bis heute. Will nämlich die Philosophie ihren Anspruch einlösen und einer Realität gerecht werden, die vom Standpunkt des »wirklichen Selbstbewusstseins« aus spricht, muss sie sich von Grund auf erneuern. Sie muss sich vom neuzeitlich vorherrschenden *Bewusstsein*sparadigma auf das des *Selbstbewusstseins* umstellen – ein gewaltiger Schritt, selbst dort, wo das Weltliche unserer Welt längst zum Alltag des gewöhnlichen Lebens gehört.[17] Das soll an drei Problemen demonstriert werden. Sie stehen im unmittelbaren Zusammenhang mit der *Phänomenologie des Geistes* als

Erfahrungsgeschichte des Bewusstseins. In ihr erfasst sich die »Zeit [als] der Begriff selbst, der *da ist*« (3, 584).

Bei der *Phänomenologie des Geistes* handelt es sich um die *begriffliche* und die (historische) *Zeit* berücksichtigende Erfahrungsgeschichte des Bewusstseins, das sich in seiner durch die »Arbeit des Begriffs« transparent gemachten Analyse selbst erkennt: sich wie Münchhausen am eigenen Zopf aus dem Sumpf zieht. Mit anderen Worten, das Selbstbewusstsein ist der Schlüssel zum Verständnis der modernen Welt. Sie handelt speziell davon, wie seine Höchstplatzierung zu einer Transformation unseres Begriffs von Philosophie führt: Wie sich Philosophie und Welt in einer Art Parallelaktion in- und aneinander spiegeln. Beide sind in ihrem parallelen Verlauf wohl Spiegel füreinander, aber sie wissen auch, dass ihr Abbild suggerierender Charakter nicht die ganze Wahrheit ist. Was sich in ihnen so scheinbar glatt und wirklichkeitsgetreu reflektiert, ist das Ergebnis vielfacher, durch die Spektralität der Begriffe und sozialer Subjektivitäten bewirkter Brechungen.

In seinen Vorlesungen über die Geschichte der neueren Philosophie hat Hegel daran erinnert, dass die intelligible Welt, die Welt als reine Gedankenwelt, mit der sich die Vormoderne (zum Beispiel bei den Neuplatonikern wie Plotin) bescheiden musste, wohl als konkrete Idee ausgearbeitet ist, aber eben nicht »als *sich selbst wissende*«, »bis«, wie Hegel weiter schreibt, »das Prinzip der Subjektivität, Individualität in sie einschlug. Gott als Geist sich wirklich im Selbstbewusstsein wurde« (20, 458). Das Augenmerk der nächstfolgenden Überlegungen richtet sich auf den gewaltigen Einschlag, den in Hegels Augen »das Prinzip der Subjektivität, Individualität« für die moderne Welt bedeutet. Es interessiert sich besonders für die Spuren, die dieser Einschlag in der Philosophie hinterlassen hat.[18]

> »Jede lebendige Wirklichkeit braucht noch ganz andere Gefühle, Anstalten und Taten. Das Reich vernünftiger Wirklichkeit ist ein ganz anderes, muß denkend, mit Verstand in sich organisiert und entwickelt sein; das Moment der selbstbewußten Freiheit des Individuums muß sein Recht erhalten gegen objektive Wahrheit und objektives Gebot [des Verstandes, G. G.]. Eben dies ist denn die wahrhafte wirkliche Objektivität des Geistes in Gestalt eines wirklichen Zeitlichen, wie die Philosophie die gedachte, in Gestalt der Allgemeinheit vorhandene Ob-

> jektivität. Solche Objektivität kann nicht anfangs sein, sondern muß, durchgearbeitet durch Geist und Gedanken, hervorgehen.« (19, 509 f.)

(1) *Im Ausgang vom Selbstbewusstsein.* Man könnte eine erste innovative Leistung der spekulativen Dialektik darin sehen, eine neue Semantik ausbuchstabiert zu haben, die begriffliches Denken und historische Wirklichkeit, Vernunft und Geschichte, Spekulation und Empirie, Apriori und Aposteriori nicht mehr auseinanderfallen lässt, sondern aufeinander bezieht. Die *Phänomenologie des Geistes* prägt der Philosophie einen *neuen Begriff von sich selbst*, sie erschließt ihr eine neue Kompetenz: Danach wird es möglich, mit den abstrakten Begriffen der Philosophie die Strukturen gelebten Lebens zu durchdringen sowie historische Situationen verschiedenster Größenordnungen zu rekonstruieren, und zwar auf eine Weise, die an den Phänomenen mehr aufdeckt als das, was mit »bloßem Auge« (in einfacher Reflexion) gesehen werden kann. Sie lehrt auch die in ihren Lebenszusammenhang verstrickten Individuen, sich selbst besser zu verstehen, indem sie die Strukturen individueller Welterfahrung mit den überindividuellen oder *allgemeinen* Strukturen der Politik und der Gesellschaft in Beziehung setzt. Ihr Ort und ihre Stellung in der Welt werden durchsichtig. Sie ermöglicht den Individuen, die Rolle besser abzuschätzen, die sie in der Welt spielen, welche Einsätze und Beteiligungen ihnen offenstehen. Vor allem aber arbeitet sie die im allgemeinen Geschick (Gepäck) ihrer Reden und Antworten bekannten, aber nicht erkannten (Selbst-)Betrugsmanöver heraus, die eine Welt zwischen Sein und Selbst, Sein und Schein zu bieten hat. Kurz, sie vermittelt den Adressaten einen Begriff der Verständigung über geschichtliche Situationen, der es ihnen ermöglicht, sich selbst auch als Akteure in den jeweiligen sozialen Konfliktlagen wiederzuerkennen. Diese *Befreiung* der Subjekte aus ihrer *Objektrolle* (oder die Revolutionierung der philosophischen Perspektive) bietet im Anbruch der modernen Welt eine Chance, die Prozesse der Selbst- und Weltveränderung realistisch zu begreifen. Zwei Beispiele.

In seiner Analyse des Gewissens macht Hegel der »schönen«, auf Anmut und innere Reinheit erpichten Seele den Vorwurf, dass sie nicht »die Kraft der Entäußerung, die Kraft, sich zum Dinge zu machen«, hat, aus »Angst, die Herrlichkeit seines Inneren durch Handlung und Dasein zu beflecken«, um zuletzt, im Rückzug ins Innere, »in sich zu verglimmen« und »als gestaltloser Dunst, der sich in Luft auflöst«, zu verschwinden (3, 483 f.).

Noch eindrucksvoller schildert Hegel das Bewusstsein und »die Rede der in sich selbst klaren Verwirrung«. Seine Vorlage ist Denis Diderots von Goethe übersetzter Roman *Rameaus Neffe*. Diese Figur ist gleichsam das hochreflektierte, womöglich postmoderne Gegenstück zur kraftlosen Heilssuche im tief Inneren der schönen Seele und dem romantischen Glauben, mittels Introspektion auf eine zuletzt wahre, so ursprünglich wie authentische Erfahrung seiner selbst zu stoßen. Auf dem Standpunkt der modernen, gleichermaßen auf- wie abgeklärten Welt ist das Selbstbewusstsein ja nicht mehr nur Begierde. Seine Welt ist die der weitläufigen, mit allen Wassern der Reflexion gewaschenen Bildung. Es hat – anders als die schöne Seele – so gar keine »Angst, die Herrlichkeit seines Inneren« durch seine geschwätzige Rede »zu beflecken«. Es ist nachgerade stolz darauf, sich ob seiner Gefräßigkeit und Verrücktheit zu beschämen. Es versteht sich nicht nur auf die Rhetorik einer glänzenden Selbstinszenierung, es weiß auch die Substanz, die sittlichen Verhältnisse, den Staat, die Religion, das Recht, das Bildungssystem, auf eine ebenso verwirrende wie verkehrende Weise darzustellen, es stellt sie bloß. In seiner schier grenzenlosen Reflektiertheit gehen alle substanziellen Unterschiede, auch die kategorischen, die man machen muss, verloren. Gut und Schlecht lassen sich ebenso einfach austauschen wie Wahrheit und Betrug. So einer »Kreatur« fällt es leicht, hinter die Kulissen einer substanziellen Sittlichkeit zu blicken und sich auf eine geist- wie finessenreiche Weise an der Heuchelei und Verdorbenheit der Sitten zu ergötzen – dabei aber auch sich selbst nicht zu schonen. Entweder wird das Gute zu einer interessanten Anekdote herabgewürdigt, oder das gut Gemeinte sieht sich in seinen schlechten Folgen vereitelt. Umgekehrt macht dies Bewusstsein aus dem Schlechten etwas, das Witz hat, dem man seine Sympathie unmöglich versagen kann.

Während das *ehrliche* Bewusstsein in seiner »ungebildeten Gedankenlosigkeit« sich (un-)beabsichtigt für etwas Besseres hält, hat das um seine Zerrissenheit wissende Bewusstsein eine sehr genaue

Einsicht in seine Verkehrtheit, in dieses »sich auflösende Spiel mit sich selbst«. Diese »Rede des Geistes von und über sich selbst ist [...] die Verkehrung aller Begriffe und Realitäten, der allgemeine Betrug seiner selbst und der anderen«. Diese Rede hat nicht nur keine »Angst, die Herrlichkeit seines Inneren [...] zu beflecken«, sie ist ein einzigartiger Triumph über die soziale Angst, sich in seiner Schlechtigkeit vor den Anderen erkennen zu geben. Die Rede der sich selbst klaren Verwirrung gipfelt in der »Schamlosigkeit, diesen Betrug zu sagen«, sie »ist eben darum die höchste Wahrheit« (3, 386 f.). Sie gibt sich in seiner Rede öffentlich zu erkennen. Sie gesteht den Betrug – nicht bedauernd oder gezwungenermaßen – ein, sie propagiert ihn als Quintessenz »dieser ganzen Welt der Bildung«, wie Hegel sich abschätzig über diese Welt einer uneingeschränkten Freiheit geistreicher Reflexion äußert. Auf dem wie wahnsinnig laufenden Rad einer ziel- und zügellosen Reflexion findet das Denken keinen Halt. Von allen Hemmungen befreit, sind Depersonalisierungseffekte die erste, Gefühle eines vor sich hinbrütenden depressiven Bewusstseins die zweite und nächste Folge.

Der schieren, d. i. überinstrumentierten Reflexion gelingt es nirgends, sich Halt zu verschaffen. Bloße Reflexion ist bodenlos, sie ist, richtig aufgefasst, nur ein *Mittel*, durch sie allein definiert sich kein Ziel. Wahre Philosophie erkennt in ihr einen nur negativen Wert. Gemäß der Aufklärung gebildeten Form ist sie zwar geistreich und blendend, ein Feuerwerk berauschender Einfälle. »Dem ruhigen Bewußtsein, das ehrlicherweise auf die Melodie des Guten und Wahren setzt [...], erscheint sie als eine Faselei von Weisheit und Tollheit« (3, 387). Zuletzt versinkt das hemmungslos rhetorische Bewusstsein in einer Welt von Chimären. Ihr ständiger Zweifel führt sie zwangsläufig in oder an den Abgrund existenzieller Verzweiflung. Sie dreht sich im Kreis; sie dreht durch, sie findet keinen Weg mehr hinaus aus den immer aberwitziger werdenden Schleifen der Reflexion, sie verliert den Kompass, den Kontakt mit der Realität.

Hegels Moral aus der Geschicht': Sich aufklären macht hektisch und *nervös*, aufgeklärt sein, *depressiv* – es befreit von allen Verbindlichkeiten. Wer sich selbst ständig voraus sein muss, den treibt die Automatik unruhigen Lebens aus dem Zentrum. Anders gesagt, das Philosophie und Welt gleich bedrängende Problem lautet: Wie also lässt sich das unstete Verhältnis von Ich und Welt, das in einem durch das Selbstbewusstsein gesetzten Rahmen jederzeit aufbricht, stabilisieren, ohne ein Leben in Freiheit und Vernunft zu gefährden?

Es gehört zu den interessanten Neuerungen der *Phänomenologie des Geistes*, dass Hegel in beinahe jedem Kapitel eine Art Anschauungsunterricht seiner Begriffsanalysen liefert. Darin liegt eine ihrer bis heute unübertroffenen methodischen wie didaktischen Stärken. Sie weiß darin das Vernünftige mit Geschichtlichem, das Psycho- mit dem Sozioanalytischen, aber auch das Wissenschaftliche sowohl mit der Weltweisheit und dem Populären wie dem Literarischen zu verbinden. Es verschafft dem spekulativen Denken Rückhalt in der Prosa der Welt und überführt die Prosa der Welt in das Spekulative des Denkens.

Was bei Erscheinen der *Phänomenologie des Geistes* – bei Freunden wie Gegnern – noch auf großes Befremden stieß, zeigte sich im weiteren Verlauf als eine der Stärken. Der neue Begriff der Philosophie wurde schlecht verstanden. Am schärfsten urteilt Rudolf Haym: »Um alles zu sagen: die Phänomenologie ist eine *durch die Geschichte in Verwirrung und Unordnung gebrachte Psychologie und eine durch Psychologie in Zerrüttung gebrachte Geschichte.*«[19]

Man könnte sagen, umgekehrt wird ein Schuh draus. Die *Phänomenologie* überwindet mittels einer neuen Begrifflichkeit die abstrakten Gegensätze (Subjekt/Objekt, innen/außen, Selbst/Fremdes, Philosophie/Geschichte) der neuzeitlichen Philosophie seit Descartes. Sie weiß die Gegensätze auf argumentative wie anschauliche Weise zu überbrücken. Aber es wäre zu kurz gegriffen, es dabei bewenden zu lassen. Sie reformuliert auch deren Einsicht vom Primat der praktischen Vernunft. Sie durchleuchtet nicht nur die praktischen Voraussetzungen aller Erkenntnistätigkeit: Ihr Weg insgesamt führt sie vom Erkennen zum Anerkennen oder zu dem bahnbrechenden Gedanken des einzelnen menschlichen Subjekts, das sich selbst nur verstehen lernt, wenn es sich als eines unter anderen Individuen begreift, die sich im Kampf wechselseitigen Anerkennens als Anerkennende anerkennen. Die *Phänomenologie des Geistes* ist keine der üblichen Robinsonaden cartesisch-kantischer Bewusstseinsphilosophie, sondern begreift sich aus dem geschichtlichen Horizont einer Welt heraus, den sie »Geist« nennt. Im Unterschied zur Tradition, die das

Selbstbewusstsein primär theoretisch im Sinne einer sich wissenden Subjektivität versteht, ist die Idee einer sozialen bzw. praktischen Genese des Selbst für die Dialektik konstitutiv. Anders gesagt, Hegel sucht die Odyssee des Geistes in Form einer Bildungsgeschichte darzustellen, die lebensgeschichtlich relevante Schwellenerfahrungen des Einzelnen mit universalgeschichtlich bedeutsamen Wendepunkten der Menschheit zusammenbringt.

(2) *Subjektivität – im Urteil zu sich zu erwachen.* Wie ausführlich erläutert, liegt der eigentliche Witz des Selbstbewusstseins im »gedoppelten Doppelsinn« seines Daseins. Die Wahrheit der Gewissheit seiner selbst bildet sich nur in Auseinandersetzung mit Wesen heraus, die körperlich, seelisch und geistig vergleichbar gestrickt sind wie es, wie wir selbst. Der Mensch wird nur unter Menschen ein Mensch. Die *Individualität* wiederum, auf der in der zweiten Weltschöpfung so nachdrücklich bestanden wird, ist das Resultat einer dauernden Vergesellschaftung, ihr kann niemand entgehen. In meiner Selbstwerdung bin ich von Anfang an auf die bedeutsamen und weniger bedeutsamen Anderen angewiesen – so wie diese auf mich. Das beginnt unter der Form der »physiologischen Frühgeburt« (A. Portmann) und hört bei den sozialen und ökonomischen Abhängigkeiten eines »im Urteil zu sich erwachenden Lebens« noch lange nicht auf. Gleichwohl, um auf eine weitere Formulierung Fichtes zurückzugreifen, muss das Selbstständig-Werden jedes Einzelnen »im Gebrauch der Freiheit« immer von Neuem erwirtschaftet werden.

Wie mehrfach betont, sollte man beim Begriff des Selbstbewusstseins auch nicht allein an die Lebens- und Sozialgeschichte des Einzelnen denken; selbst die Erinnerung an kollektive Subjektivitäten, an das substanzielle »Wir« oder unseren Selbstbezug in Gestalt von Großgruppen wie Staaten, Sprachgemeinschaften, Bündnissen, Religionen und Berufsstände usf. griffe zu kurz. Im *Selbstbewusstsein* als einem sich denkenden und von sich selbst wissenden Wesen geht es zentral – zumal in der Hegel'schen Philosophie – um eine *eigens* bestimmte *Form* des Wissens im Wissen und Urteilen über sich selbst. Es geht um das Medium (und Mittel), *sich auf sich beziehen zu können*: auf sich reflektieren, auf sich zurückkommen zu können, wann immer uns der Sinn danach steht. *Zu sich selbst*, zum eigenen Reden und Verhalten *Stellung zu nehmen*, ist ein gutes Beispiel für dieses formale Können selbstbezüglichen Denkens – einer *Selbstdistanz* schaffenden Reflexion. Darüber hinaus sollten zwei Dinge nicht in Vergessenheit geraten. Der Erwerb dieses Könnens sagt wenig über seinen freien Gebrauch oder darüber aus, wie und zu welchem Zeitpunkt der Einsatz dieses flüchtigen Unternehmens vonstattengehen soll – zumal, wenn es um die schwierigste aller Operationen, die am geöffneten Herzen – dem Selbst und der Selbsterkenntnis – geht.

Im Blick auf Hegel handelt es sich genauer um eine *selbst-* oder rückbezügliche Negativität. Der Bezugspunkt der Reflexion, das Selbst, ist entgegen dem ersten Anschein kein positiv zu identifizierendes »etwas«, kein Ding oder Objekt, sondern ein unbestimmbares Wesen, das sich im Augenblick seiner Bestimmung entzieht. Wir erreichen es nie. Wir erreichen uns nie. Und tragen dennoch Verantwortung für das, worüber wir nichts Genaues wissen. *Negativ* ist dieser Bezug auf ein Selbst also nicht deshalb, weil es böse ist oder auch sonst nichts taugt; oder als »Mängelwesen« nicht an die Instinktsicherheit der Tiere heranreicht, sondern weil es bei jedem Versuch, sich selbst – sei es epistemisch oder ethisch, temporal oder sozial – in Besitz zu nehmen, scheitert. Es verweigert sich zuletzt einem Tun, *sich selbst* unter der *Form* eines *Objekts* zu denken (wissen); oder generell unter dieser Form wahrgenommen und behandelt zu werden.

»Selbstreflexion« steht nicht nur menschlichen Subjekten gut zu Gesicht. Reflexiv verhalten sich auch psychische und soziale Systeme, »Wesen« oder »geistige Mächte«, wie Hegel sie nennt, oder »Agencies« (Handlungsmächte), wie sie heute vielfach gerufen werden. Gleichwie, sie müssen lernen, im Blick auf sich, auf Identität und Interesse, das eigene Verhalten durch Aufnahme und Bearbeitung der Rückmeldungen (Feedback) je neu zu justieren. Sie müssen auf sich aufpassen, um sich den laufend veränderten Verhältnissen anzupassen. Nur so können sie mithalten und überleben. Über sie herrscht offenbar als letzte Regentschaft eine historisch eingestellte Zeit, die sie dazu nötigt, sich fortlaufend reflexiv überholen zu müssen.

Das Ergebnis ist das Reflexivwerden aller Bestimmungen des Wissens und Handelns. Und genau darin gleichen sich die Philosophie und die moderne Welt aufs Haar. In der Welt eines wirklich selbstbewussten Handelns gibt es nur mehr weniges, das nicht in den mächtigen Sog selbstreflexiven Verhaltens hineingezogen wird. Alles und jedes muss – je nach Themenlage – permanent beredet und betrachtet, behelligt und belästigt, bebildert, begangen und begutachtet werden. Nichts ist davor gefeit, ausufernd zum Gegenstand einer reflektierten Aufmerksamkeit und Aufarbeitung zu werden. Hegel: »Diese Arbeit des Menschengeistes im inneren Denken ist mit allen Stufen des Wirklichen parallel«. Die unaufhörliche Reflexion auf alles und jedes verläuft mit allem Wandel der gesellschaftlichen Veränderungen parallel. Denk- und Lebensform sind nicht zu trennen.[20] So versteht es sich von selbst, dass die Reflexion ihre Aufgabe am besten erfüllt, wenn sie kurz-, mittel- und langfristig den gegenwärtigen Problemlagen vorauseilt, in der Hoffnung, wenigstens in Zukunft vor bösen Überraschungen gefeit zu sein. Für Hegel stehen Probleme eines Vorgriffs auf die Zukunft nicht im Vordergrund. Ihn, wie die anderen Philosophen zur Wende des 19. Jahrhunderts, beschäftigt eher die Frage, wie unter den Bedingungen eines umfassenden Reflexivwerdens aller Verständnisschemata die Gefahr des Relativismus gebannt werden kann. Denn der Idealismus macht klar, dass in seinem Wahrheitsmedium wirklich alle klassischen Reflexionsstopps inhaltlicher wie formaler Art einer generellen Kritik verfallen. Weder Gott noch das Subjekt, weder die Natur noch die ›aparte Person‹ der Geschichte haben in diesem Medium eine Chance, unangefochten zu bleiben. Alles Wissen ist vom Reflexionsvirus befallen; es verbreitet sich über das ganze Programm philosophischer Grundbegriffe. Philosophie aus dem transzendentalen Bewusstsein oberster, schlechthin evidenter Grundsätze (Prinzipien) kann sich in einer Welt, die den Wandel institutionalisiert, nur um den Preis dogmatischer Sätze/Setzungen behaupten.

Kurz, im Medium reflexiven Wissens stellt der Idealismus auch die letzten Bastionen transzendentaler Prinzipien in Frage. Hegel denkt die dekonstruktive Erfahrung, die Schelling und die Romantik mit der Reflexion machen, konsequent zu Ende. Die Dialektik macht die Struktur selbstreferentiellen Wissens zum Herzstück der Methode. Sie wandelt sie in ein Wahrheitsdispositiv um, oder, sie fasst das Wahrheitsmedium als Dispositiv: danach ist jedes Setzen eine »sich selbst zersetzende Mitte«. Hegels Philosophie ist das Modell par excellence für das Reflexivwerden des Wissens; sie wiederholt auf jeder Stufe der Explikation des absoluten Wissens die rückbezügliche Logik (negativer Selbstbeziehung), die Einheit einzig unter der Form der Entzweiung zu denken gestattet.

Natürlich kennt auch die Tradition der ontologischen Metaphysik die Reflexivität des Wissens. Aber die Funktion bzw. ihr Ort ist ein anderer gewesen; sie bewegte sich im Horizont apriorischer Hintergrundüberzeugungen (Wesenheiten, Evidenzen, Prinzipien usf.), die einer reflexiven Auflösungslektüre nicht anheimgestellt werden. Sie vermittelte nicht – wie im Bewusstsein kontingenter Welterfahrung – Unsicherheit, sondern das Allergewisseste. Um einen Vergleich heranzuziehen: Wie im Kontext der Glaubens- und Wissensbestände traditionaler Gesellschaften die (gewöhnliche) Reflexivität den Versuch darstellt, das eigene Wissen und Verhalten mit den allgemeinen Richtlinien und der Organisation der Gemeinschaft in Übereinstimmung zu halten – scheint die Reflexivität einer philosophischen Vormoderne auf analoge Weise zwar einzelne Glaubensartikel zersetzt zu haben, nicht aber die fraglos geteilte axiomatische Gewissheit von Hintergrundüberzeugungen (z. B. die Gültigkeit der prädikativen Urteilsform als Leitfaden richtigen Denkens). Dies muss nach ihrer (anfänglichen) Verwirklichung immer aufs Neue erarbeitet werden.

Befeuert, wie sich leicht ersehen lässt, wird das Reflexivwerden durch ganz und gar profane Prozesse wie die Zentralstellung des Nützlichen in der verweltlichten Welt. Die neue Zeit sieht sich in ihrer auf das je *Nützliche* abgestellten Pragmatik auf sich selbst, auf ihre Lern- und Weiterbildungsprozesse zurückgeworfen. In der wirklichen, der gegenwärtigen Welt lernt man vorrangig aus dem, was man selbst in die Wege geleitet hat. Wenn etwas schiefläuft, fällt es regelmäßig auf uns und unsere Urheberschaft zurück. Der Verantwortungsbereich wächst geradezu proportional mit jeder Ausweitung von dem, worüber wir glauben, selbst bestimmen zu können. Darüber, wer oder was etwas veranlasst, verursacht oder verschuldet hat, entbrennt ein zermürbender wie erbittert geführter Kampf zwischen den die Deutungs- und Entscheidungshoheit beanspruchenden Mächten.

(3) *Temporalität* – die *Zeit*, der *Begriff*, der *da* ist. In dieser Generalüberholung der Welt – vom Standpunkt des wirklichen Selbstbewusstseins aus – wird, wie gesagt, ein neuer Begriff der Philosophie sichtbar. Er muss – was seine Semantik und Grammatik betrifft – den fundamental veränderten Zeitläufen Rechnung tragen. Zumal denen, die durch die Höchstplatzierung des Selbstbewusstseins, also die Freiheit und Gleichheit aller, aber auch durch Arbeit, Wissenschaft und Technik, zu einer Dynamisierung bzw. einem Reflexivwerden aller Selbst- und Weltverhältnisse beigetragen haben.

Philosophie sei – so Hegel in der populären Version der *Rechtsphilosophie* – »*ihre Zeit in Gedanken erfaßt*« (7, 26). Was Kant eher am Rande erwähnt: »Ob der Weg, den die Philosophie nach Begriffen nimmt, mit dem, welche die Geschichte angibt, zusammentreffe«[21], wird jetzt zum Grundgedanken jeglicher Erkenntnis. Die neuste Philosophie, so Hegel, stehe nicht über ihrer Zeit, sie sei das Wissen des Substanziellen ihrer Zeit (20, 74). Sie *sei* ihr Begriff. Als Kind ihrer Zeit müsse die Philosophie »ein Spiegel der ganzen Geschichte sein«. Es zeugte von grobem Unverstand, die Analyse der Denkformen und die Deutung der Zeit in ein äußerliches Verhältnis zu setzen und zu unterstellen, die Zeitdiagnose (die Stellungnahme zur geistigen Situation der Zeit) sei das eine und die Philosophie (die Metatheorie der logischen und historischen Bedingungen allen vernünftigen Wissens und Handelns) das andere, beide Seiten hätten wenig miteinander zu tun. Vielmehr stellte sich im Anbruch der neuen Zeit die Aufgabe, aus der Zeitdiagnose die Grundsätze und Leitbegriffe der Philosophie selbst zu entwickeln. Die Zeit müsse auf die sie *in besonderer Weise* tragenden Begriffe hin transparent gemacht werden.

Am Ende der *Phänomenologie des Geistes* bringt Hegel diesen Gedanken auf den denkbar kürzesten, philosophisch aber ungemein anspruchsvollen Nenner: »Die *Zeit* ist der *Begriff* selbst, der *da* ist.« (3, 584) Dieser Satz ist vielleicht das beste Beispiel eines spekulativen Satzes. Er trägt überdies das ganze Unternehmen der spekulativen Dialektik. Die Zeit, die da ist, und der Begriff, der sie erfasst, stehen in einem wechselseitigen Bedingungsverhältnis. Die Struktur der Begriffe muss dem zentralen Anliegen der sozialen Welt angemessen oder wesensgleich sein, sie muss es aufzunehmen, abzubilden und kritisch zu flankieren wissen. Was beide vermittelt, ist das welthistorischen Bewusstsein der *Freiheit* im Anbruch einer *neuen Zeit*. Die neue *Zeit* ist bestimmt über das politische und gesellschaftliche Großereignis schlechthin, die *Französische Revolution: liberté, égalité, fraternité*, »ein herrlicher Sonnenaufgang«, wie Hegel sagt: »Alle denkenden Wesen haben ihn mitgefeiert.« (12, 529) Fortan muss der Gedanke die Wirklichkeit regieren. Die kulturelle, politische und wirtschaftliche Wirklichkeit der neuen Zeit (die Gleichfreiheit und Solidarität aller Menschen) ist auf ein historisches Hochplateau gelangt, auf dem man die Stichworte, die Begriffe, wie man die Welt und sich selbst zu verstehen und zu beurteilen hat, dieser Welt im politisch-praktischen Umbruch selbst entnehmen kann. Die Forderungen der Revolution müssen (insofern sie es noch nicht sind) in der gesellschaftlichen und politischen Organisation des sozialen Lebens Realität werden, in Form bestimmter Institutionen (in Recht und Politik, in den Exekutivorganen des Staates usf.) ihren Niederschlag finden.

Selbst Kant fühlte sich angesichts der Nachrichten, die ihn aus Paris erreichten, in einen grenzenlosen Enthusiasmus versetzt. Er schreibt im *Streit der Fakultäten*, der sich mit der Frage beschäftigt, ob das menschliche Geschlecht im beständigen Fortschreiten zum Besseren begriffen sei:

> »Ein solches Phänomen in der Menschheitsgeschichte vergisst sich nicht mehr.« »Die Revolution eines geistreichen Volkes, die wir in unseren Tagen haben vor sich gehen sehen, mag gelingen oder scheitern; sie mag mit Elend und Gräueltaten dermaßen angefüllt sein, dass ein wohldenkender Mensch sie, wenn er sie zum zweiten Male unternehmend, glücklich auszuführen hoffen könnt, doch das Experiment auf solche Kosten zu machen nie beschließen würde, diese Revolution, sage ich, findet doch in den Gemütern aller Zuschauer (die nicht selbst in diesem Spiele mit verwickelt sind) eine *Teilnehmung* dem Wunsche nach, die nah an Enthusiasm grenzt, und deren Äußerung selbst mit Gefahr verbunden war, die also keine andere als eine moralische Anlage im Menschengeschlecht haben kann.«

Die *Zeit* wird des Weiteren nicht nur *inhaltlich* (historisch) mit dem Begriff (der Freiheit) in Beziehung gesetzt, sondern auch *formal*, oder besser, hinsichtlich seiner Grammatik: wie der Begriff der Freiheit funktioniert oder gebraucht wird und unser Denken bestimmt, vor allem mit Bezug auf die für unser Vorverständnis vom Begriff entscheidenden Hinsichtnahmen; wie er in seiner Doppelfunktion als *Sinnbedingung* und *Korrektiv* unserem Denken Orientierung leistet und es nach *einzelnen, besonderen* und *allgemeinen* Gesichtspunkten auf seine interne Stimmigkeit (Kohärenz und Überzeugungskraft) hin prüft, überhaupt »den Weg, den die Philosophie nach *Begriffen* nimmt, mit dem, den die *Geschichte*« nahelegt, vermittelt. Um sogleich das logische Denken für die unerreichbaren, die unbestimmten wie unbestimmbaren Momente seiner Wahrheit zu öffnen.

Entsprechend ändert sich auch die Weltsicht, die neue, praktische, um die Selbstgewissheit des Einzelnen ringende Welt der Aufklärung und Kritik. Übersehen wird in diesem Zusammenhang regelmäßig Hegels Warnung: dass *abstrakt* vernünftige Größen, also Ideen wie *Freiheit* und *Gleichheit* stets in Bezug auf die *konkrete* Einrichtung der gesellschaftlichen und politischen Verhältnisse (ihr »Dasein«) hin analysiert und beurteilt werden müssen. Ansonsten drohten Terror und Schrecken. Dann führten die »Furien des Verschwindens« wie im postrevolutionären Frankreich (»Thermidor«, »Robespierre«) Regie. Überdies stellt sich mit dem Gebot politischer Vernunft, *solidarisch* gegenüber allen zu sein (nicht bloß Empathie und ›Wohltätigkeit‹ zu zeigen), eine Aufgabe ungeahnten Ausmaßes. In der *Philosophie des Rechts* wird Hegel davon sprechen, dass angesichts der bürgerlichen Gesellschaft »der Mangel sogleich die Form eines Unrechts [gewinnt, G. G.], was dieser oder jener Klasse angetan wird. Die wichtige Frage, wie der Armut abzuhelfen sei, ist eine vorzügliche die modernen Gesellschaften bewegende und quälende.« (7, 390) Da geht es nicht allein um Geben und Fordern (von Gründen, Geldern, Rechten), sondern um freiwilliges Teilen.

Abschließend legt Hegels Analyse der Bewusstsein- und Weltgestalten repräsentative Querschnitte durch die moderne Welt. Im »Vertrauen und Glauben zu sich selbst« konzentriert sie sich gleichsam auf die Hotspots, um bei ihrer Analyse der Tiefenstruktur der Phänomene auf repräsentative Einsichten zu stoßen, die mehr über die Dynamik des Ganzen verraten als ein bloßes Nebeneinander unzähliger Wissens- und Interpretationspartikel. Seine Analyse zeigt: »Nicht nur die Einsicht in die Abhängigkeit des Einzelnen vom Ganzen ist allein das Wesentliche, [sondern] ebenso, daß jedes Moment selbst, unabhängig vom Ganzen, das Ganze ist und dies ist das Vertiefen in die Sache.« (2, 554)

IX. Die Methode – Seele und Begriff des Inhalts

Wie kann, wie muss man vorgehen, um dieses ehrgeizige Projekt nicht gegen die Wand der ebenso vielen wie abstrakten Gegensätze von Subjekt und Objekt, Spekulation und Empirie, Vernunft und Geschichte, Wahrheit und Meinung zu fahren? Gibt es vielleicht eine *gegenstandsadäquate Methode*, die als Leitfaden gut genug ist, das Allgemeine wie das Spezifische dieses ungewöhnlichen Gegenstandes zu ermitteln? Eine, die nicht willkürlich den Dingen übergestülpt wird? Ganz gleich, ob es sich um solche der Natur oder der Kultur, der Wissenschaft oder der Poesie, der Religion oder der Mythologie handelt? Die Methode sollte ein Gespür für die richtige *Entfernung* haben, für das richtige *Timing* sowieso. Sie dürfte den Dingen nicht zu nahetreten, aber auch bei objektivierender Fernsicht die genauen Maße notwendiger Rücksicht nicht vermissen lassen. Eine Universalmethode müsste es sein, mit der man Wahres *und* Falsches über das wahre *und* wirkliche Leben erfährt. Der analytische Bruchteil, die Vereindeutigung sollte ebenso Berücksichtigung finden wie das auf Synthese abzielende (momentan) Ganze der Deutung. Keine den menschlich allzumenschlichen Dingen abholde Methode sollte es sein. Form und Inhalt, Subjekt und Objekt, unser zeitlich begrenztes In-der-Welt-Sein und das die Zeit überdauernde Unbedingt-Sein müssten in *einen* – in sich reflektierten – Zusammenhang gestellt sein.

Ohne die genaue Kenntnis der Methode begreift man in den Wissenschaften und dem, was sie an gesetzmäßigem Wissen produzieren, nichts. Das gilt auch für eine Philosophie, die als Wissenschaft will auftreten können. Methode ist über weite Strecken die praxisnahe Version von dem, was Hegel mit dem abstrakten Begriff der »Vermittlung« belegt. Sie ist die Agentur (der Geist selbst), die Einsichten durch ein gedanklich experimentelles, d. i. argumentative Tun herbeizuführen weiß.

Hegels Auskunft ist in jeder Hinsicht eindeutig: »Die Methode ist [...] nicht äußerliche Form, sondern die Seele und der Begriff des Inhalts« (8, 392). Die Methode sei das »Bewußtsein über die Form der inneren Selbstbewegung ihres Inhalts« (5, 49). Das unterscheidet sie meilenweit von dem heute in den Wissenschaften approbierten Methodenverständnis, das immer wieder vor der Frage steht, ob nicht die vermittels einer bestimmten Methode ermittelten Zusammenhänge schlicht Artefakte sind, die nur auszugsweise die Sache abbilden; entweder, weil die Diskussion, wie valide die Methode ist, nicht wiederum streng wissenschaftlich geführt werden kann oder die Methode schon im Ausgang die Beobachtung des Gegenstands stört oder verfälscht. Die Methode also nicht ermittelt, was sie zu untersuchen verspricht.

Hegel macht es der *Philosophie als Wissenschaft* zur Auflage, »sich nur durch das eigene Leben des Begriffs zu organisieren« und also keine anderen, sachfremden Götter, Gräber und Gelehrte neben sich zu haben als die, die in der Reichweite des Begriffs und seiner sachlichen Explikation wie zeitlichen (historischen) Evaluation liegen. Die *Form* selbst müsse »das einheimische Werden des konkreten Inhalts« sein (3, 52; 55).

Wahrheit, Freiheit und Begriff

(1) *Freiheit als Methode.* Worin also, muss man fragen, besteht denn der Inhalt, durch den sich die Methode wie zwangsläufig ergibt? Für den die *Seele* und der *Begriff* gesucht wird? Für den die Begriffsanalyse einen ebenso wahren wie wirklichen Zugang zu Ich und Welt eröffnet? Die Methode muss geschickt sein, die Seele und den Begriff, Pathos und Logos, Enthusiasmus und Instrumentalismus des Inhalts zu erreichen.

Die einfache Antwort, es ist das *vernünftige* Denken, das sich im Zusammenhang mit der Verweltlichung der Welt herauskristallisiert hat. Hegel spricht auch vom »freien Begriff«, der, parallel zum allgemeinen Freiheits- und Gleichheitsstreben der aufgeklärten Welt, eine geradezu kristalline Form entwickelt hat. »Freiheit« steht unmissverständlich auf der Agenda der modernen Welt. Ihre Wurzeln freilich reichen einerseits tief ins morastige Erdreich von Menschwerdung/Anthropologie und Geschichte; um andererseits im »Selbstbewusstsein« – befeuert durch das Aufputschmittel einer doppelten Revolution – dem »herrlichen Sonnenaufgang«, von dem die Rede war, aufzublühen: »Der Gedanke, der Begriff des Rechts machte sich mit *einem Male* geltend, und dagegen konnte das allgemeine Gerüst des

Unrechts keinen Widerstand leisten. Im Gedanken des Rechts ist also jetzt eine Verfassung errichtet worden, und auf diesem Grunde sollte nun mehr alles basiert sein.« (12, 529)

Dieser Umwälzung und dem, was sie dem modernen Selbst- und Weltverständnis bedeutet, kann man *nicht* (mehr) *gleichgültig* gegenüberstehen. Man verstieße gegen sich selbst. Man würde den Thron, um den man lange und erbittert gekämpft hat, gleich wieder räumen; nur deshalb, weil die Organisation der neuen Aufgaben, die mit der Inthronisation eines Wir, das Ich, und eines Ich, das Wir und also der alleinigen Souveränität des *demos* verbunden ist, so viele gravierende und ungewohnte Schwierigkeiten bereitet. Sie geben *partout* keine Ruhe: Wie könnt ihr *frei* sein, wenn andere mehr Macht haben als ihr? Mehr Geld, mehr Bildung, mehr Wohlstand, mehr Meinungsfreiheit, mehr mediale Aufmerksamkeit, mehr Aufstiegschancen, überhaupt mehr Bestimmungs- und Beteiligungsrechte? *Macht* wird – neben Herrschaft – zur anderen großen Vokabel, mit der die Dialektik tief ins Fleisch des sozialen Sinns schneidet.

Wenn also *Égaliberté*, um das Stichwort des französischen Philosophen Étienne Balibar aufzugreifen, das beherrschende Thema ist, um das die neuere Geschichte rankt und die Gegenwart so hartnäckig wie selbstbewusst streitet, dann sollte dieser Komplex von Fragen auch das Gerüst, das Leitmotiv der gesuchten Methode bilden: Freiheit muss in die angestammte Rolle des *Wahrmachers* schlüpfen. Der Prüfstein der Wahrheit ist an die Erfüllung der Bedingungen geknüpft, die ein freies Denken und Handeln möglich, wirklich und notwendig machen. Der Wille zur Freiheit muss ein Denken, das ein wahres und wirkliches sein will, determinieren und inspirieren.

Wahrheit ist näher, wir erinnern uns, für Hegel nur »insofern sie in der Weltlichkeit lebendig wird« (12, 528), sie muss sich daher in einer *bestimmten* Zeit zu artikulieren wissen. Das ist aber solange eine bloße Behauptung, Hegel sagt, ein »trockenes Versichern«, als sie nicht in einer ins Einzelne gehende Analyse der politischen und gesellschaftlichen Institutionen, der kulturellen und religiösen Botschaften, der wissenschaftlichen und technischen Infrastrukturen ausbuchstabiert und eingelöst werden kann. Die Weltlichkeit der Wahrheit liegt mit anderen Worten in der Frage, ob die Freiheit im wirklichen Dasein der Gesellschaft oder der Welt Fuß gefasst hat.

Über die Validität (das Gütesigel, die Qualität) und die Vitalität (die Lebendigkeit, die Seele[22]) der Hegel'schen Methode entscheidet somit ihre *Durchführung* qua *Diskussion* und *Darstellung* (= Demonstration) des jeweiligen Themas. Philosophie ist »demonstrierte Wissenschaft« (5, 17). In Betrachtung der *weltlichen* Verhältnisse, der sachlichen wie der sozialen, spricht Hegel auch von *Bewährung*, da muss sich die Freiheit auch als weltliche Wahrheit der Wirklichkeit bestätigen und praktizieren lassen.

Freiheit als Methode könnte man abkürzend sagen, ist der Leitfaden vernünftigen Denkens. Nur ein vernünftiges Denken ist dem zentralen Anliegen einer der Wahrheit und Wirklichkeit verpflichteten Analyse der neueren Zeit gewachsen. Es muss dem »Prinzip der Subjektivität, Individualität« und dem, wie man im Sinne Hegels auch sagen könnte, »Prinzip Subjektivität/Totalität«, d. i. »der neuen Form der Welt« gleichermaßen gerecht werden. Dazu eine kurze Bemerkung.

Wenn Hegel von der *Wahrheit* und *Wirklichkeit* des Denkens bzw. der Gründe spricht, dann ist heute meistens von *Rationalität* und *Realität* die Rede. In beiden Begriffen spiegeln sich die Grundfragen, die die Philosophie seit Anbeginn exklusiv interessieren. Ein Problem besteht nun darin, dass beide Begriffsreihen von Wahrheit und Wirklichkeit bzw. Realität und Rationalität in entscheidenden Punkten nicht deckungsgleich sind. Vernunft entspricht nicht in allen Teilen der Rationalität, und Hegels Gebrauch von Wirklichkeit stimmt auch in wichtigen Aspekten nicht mit Realität überein. Er unterscheidet hinsichtlich *Rationalität* zwischen Vernunft und Verstand, bei *Wirklichkeit* trennt er Wirklichkeit von »Dasein« oder bloßer, wie er auch sagt, »fauler Existenz«. Beide Unterschiede sind aber für sein Denken von immenser Bedeutung. Unser Buch *Hegel oder die Abenteuer des Geistes* ist ein Plädoyer, an diesen Unterschieden zwischen Vernunft und Verstand (Rationalität), von Wirklichkeit (begriffener Realität) und Realität (qua Dasein, schierer Existenz oder bloßem Gegebensein) festzuhalten, ohne sie ob ihrer Gegensätzlichkeit zu isolieren. Wir kommen immer wieder darauf zurück. Ohne diese Differenzierungen versteht man wenig von den methodischen Prämissen der *Philosophie*, aber auch nicht von der *Zeit*, die, wie Hegel schreibt, »da ist«.

Um im Gedankengang fortzufahren, *Freiheit als Methode* zu implementieren heißt, alle Gegenstände, die von allgemeinem Interesse sind, so zu betrachten, dass ihre Erkenntnis sie nicht nur in ein System von Gesetzmäßigkeiten einpasst, sondern in oder an dieser Ordnung eine Realität schafft und durchsichtig macht, die es den individuellen und kollektiven Handlungsmächten ermöglicht, sich unter diese »Gesetze«, seien es solche der Natur oder der Sitten, zu schalten, d. i. unter deren Freiheits- oder Ermöglichungsbedingungen zu agieren. Gemeint ist, was heute im modischen Schick der Wissenschaftssprache auf Strategien des »enabling« hinausläuft.

Anders gesagt, Hegel dreht den Spieß um. Hieß es – über die letzten Jahrtausende hinweg – in der Bibel: die Wahrheit wird euch freimachen, lautet die Losung der »neuen Zeit«: Die *Freiheit wird es wahrmachen* und die *Freigabe es richten* – die Sätze und die Satzungen, die Samples und Exempel, die Herren und Knechte, die Personen und Mächte. Für die Dialektik kann ein Begriff nur dann als *Begriff* verstanden und richtig, d. i. *vernünftig* gebraucht werden, wenn er unter dem Generalkonsulat eines Versprechens der Einheit und Differenz (des absoluten Unterschieds) dieser drei Momente steht und entsprechend ausgearbeitet dechiffriert wird: einer durch *Freiheit* qualifizierten *Subjektivität* (= Ich/Wir), die in allen Teilen auch das Verständnis bestimmt, das den *Begriff* in seinen bedeutenden Aspekten (dem Einzelnen, Besonderen und Allgemeinen) charakterisiert: »Der Begriff«, heißt es an entscheidender Stelle »ist nichts anderes als das Ich oder das reine Selbstbewusstsein« (6, 253). Unser begriffliches Denken und wir selbst, das heißt unsere Subjektivität, erläutern sich wechselseitig, sie lassen sich durcheinander aufklären. Das eine lässt sich im Spiegel des anderen lesen, wahrnehmen, verstehen.

Mit anderen Worten, unser Denken über das, was ein *Begriff* und was ein *Selbst* ist, folgt, was ihre geistige Struktur betrifft, dem gleichen Muster. Oder, wie wir *Begriffe* gebrauchen und *uns selbst* verstehen, hat in unserem Denken die gleiche Struktur. Wir sagen, beide folgen der gleichen Logik bzw. Grammatik. Und, diese kognitive oder gedankliche Ordnung ist auch in Bezug auf das dritte Element (Differenzial) – die Freiheit – dieselbe. Man könnte bildlich auch von den drei Säulen der Macht und Größe, d. i. der Wahrheit und Wirklichkeit der modernen Welt oder eben der (neuzeitlichen) Vernunft sprechen. Sie tragen die Hauptlast eines auf diesem Hochplateau sich abarbeitenden und abspielenden Lebens, das Hegel Selbstbewusstsein oder auch *Geist* nennt. Sie bilden auch das Rüstzeug eines Denkens, das wir – gewollt oder ungewollt – ständig praktizieren. In der *Rechtsphilosophie* fasst Hegel dies in seiner Rede von der »neuen Form der Welt« zusammen, die er in seiner Analyse des Rechts, der Gesellschaft und der Politik näher zu begreifen oder zu bestimmen sucht.

Die »neue Form des Denkens« liegt darin, das Denken daraufhin zu befragen, ob es sich auf den Gebrauch des »freien Begriffs« versteht: ob es hinsichtlich seiner selbst und der Welt in der Lage ist, beide im Sinne einer Eröffnungs- und Ermächtigungsstrategie zu erklären. Im »Begriff«, wird Hegel kurze Zeit später in der *Wissenschaft der Logik* erklären, hat sich das »Reich der Freiheit« eröffnet (6, 251). Denn »das Denken [ist] der freie Begriff« (10, 287) und als solcher »Wille«.

In ihrem Gebrauch sehen sich *Begriff, Subjektivität* und *Freiheit* wechselseitig durcheinander bestimmt, sie setzen sich gegenseitig voraus und lernen – im Umgang mit der »Zeit, die *da* ist« (der historischen Zeit) –, sich wechselseitig zu (er)klären, vor allem darin, inwieweit die Möglichkeiten ihrer Universalisierung reichen. So wie die Freiheit des Willens in Einheit und Unterschied seiner bestimmten wie unbestimmten Momente gedacht wird, auf dieselbe Weise verfährt die Dialektik auch mit dem Begriff und der Subjektivität. Dabei darf angesichts dieser abstrakten Grammatik nicht vergessen werden, den Bezug auf die reale Welt, ihre zeitlichen, sachlichen und sozialen Umstände mit ins Kalkül zu ziehen. Wir erinnern uns – das Wahre ist nicht nur das Ganze, für Hegel ist es entschieden das Konkrete. Ohne seine hauptamtlichen, in der Welt wie der Philosophie verankerten Differenzen (Unterschiede und Streitigkeiten) wäre das Ganze nur eine neue, lichtscheue Version »fliehender Gestalten«.

Kurz, die Formel »Freiheit als Methode« nimmt das *historische Apriori* der neuen Zeit auf, dahinter geht es nicht mehr zurück – nicht, wenn etwas beansprucht, wahr und wirklich zu sein. Man kann Sklaverei und Leibeigenschaft *vernünftigerweise* nicht zurückhaben *wollen*. Genauso wenig eine Wissenschaft, die sich *nicht* wie die Hegel'sche auf die für das moderne Selbst- und Weltverständnis konstitutiven *Ideen*, also die zu dieser Zeit bestbeleumdeten Grundsatz- und Gebrauchsartikel stützt. Es sind diese für alle Klassen und Massen geöffneten Markenartikel, mit denen die moderne Welt hausieren geht. Das spiegelt sich nicht zuletzt in der kein Ende nehmenden Reflexion oder, was dasselbe ist, sie wird ständig von Fragen nach ihrer *Repräsentativität* (Vertretbarkeit, Mustergültigkeit) und *Responsabilität* (Verantwortlichkeit) behelligt. Ideen, so hatte Kant geschrieben, sind das »belebende Prinzip unseres Gemüths«, nach Hegel »kein totes Geschäft«, sie *beleben* und *»begeisten«* (3, 37). Sie sind beider Denken zufolge – was meist übersehen wird – auch Großagenturen des Schwindel(n)s. Sie stürzen uns bei nächster Gelegenheit in arge Verlegenheit. Nur in Verbindung mit der Vernunft und den höchstplatzierten Ideen lassen sich das Denken und die Welt begreifen. Sie sind, wie schon für Kant, extrem täuschungs- und betrugsanfällig, um gleichzeitig als (Sinn-)Bedingung auch die Auguren und Agenturen permanenter Selbstkritik zu sein. Agenturen des Schwindel(n)s schon deshalb, weil Ideen immer auch in mächtige Fantasien eingebettet sind, die, je nach Interesse, der einen oder anderen bedenklichen Verwendung sperrangelweit offenstehen. Hegel ist sich dieses Problems außerordentlich bewusst: »Man muss, wenn von Freiheit gesprochen wird, immer wohl achtgeben, ob es nicht eigentlich Privatinteressen sind, von denen gesprochen wird.« (12, 511)

Die allgemeinen, von allen anerkannten Ideen stehen der Besatzung und Nutzung durch jedermann/jederfrau offen. Keine Kommunikation und Argumentation kommt ohne sie aus. Der Witz der Ideen – ob bei Platon, Kant oder Hegel – war ja immer, dass sie sich machtvoll, *realistisch* **und** *überschwänglich* unter die Realität zu schalten wussten, dass sie, wie die Tradition sagt, in der Wirklichkeit enthalten sind und sie diese auf die eine oder andere Weise bestimmen, d. h. *in Form bringen*.

Um dieser Gefahrenquelle zu begegnen, empfiehlt Hegel das Verfahren, das er *Darstellung* nennt. Mittels dieser muss man – intersubjektiv oder zwischen allen Stühlen sitzend – Farbe bekennen. Man muss das, von dem man glaubt, es sei wahr, eben auch zu sagen und zu zeigen, d. h. zu demonstrieren wissen. Man muss es im

Zusammenhang darstellen und möglichst auch die Positionen *au contraire* in die eigene Argumentation mit einbeziehen. Das geht nur Zug um Zug, indem man das Denken – in Sätze und Gegensätze – auseinanderzieht, es gleichsam streckt, um zu sehen, was es an Inhalten und Formen zur Sprache bringt. Denken ist, wenn es sich an die Darstellung bindet, auf eine sequenzielle Struktur festgelegt. Es kann und muss in Vor- und Rückgriffen arbeiten, was aber nicht bedeutet, dem Fluch wie dem Segen entkommen zu können, die den Geist in seiner symbolischen Manifestation an eine fremde, weil raum-zeitlich getaktete Ordnung wie das *Nacheinander* bindet. Davon später. Zunächst soll das Methodenbewusstsein der spekulativen Philosophie in einer weiteren grundlegenden Voraussetzung durchsichtig gemacht werden. Denn der Einsatz dieser Methode verlangt den »Mut des Erkennens« auch darin, sich Zeit lassen zu müssen und auf Voraussetzungen zu reflektieren, die nicht allein im Denken liegen, sondern das Denken in verschiedene Richtungen des *Nichtdenkens* und *Nichtphilosophischen* überschreiten.

(2) *Der Mut des Erkennens.* Wir hatten gleich zu Anfang – im Einführungsteil – darauf hingewiesen, dass es für die Dialektik unabdingbar sei, Vertrauen in die Macht, in die Weltmacht des *Denkens* zu setzen. Wir stießen dabei auf eine für unsere Ohren recht ungewöhnliche Redeweise: »der Mut der Wahrheit« hatte es geheißen. In der *Phänomenologie* setzt Hegel noch einen drauf, er spricht von »der Arbeit des Begriffs«, da liegen dann auch »die Abenteuer des Geistes«, dieser vielstimmigen Hydra, nicht fern. Mut und Arbeit (neben dem Glauben) scheinen keine uninteressanten Voraussetzungen in einem Verbindungssystem zu sein, das zwischen den Zeilen des Denkens und den Gezeiten der (neuen) Welt auch das Unverbundene und Nichtverbindende berücksichtigen muss.

Das, was Menschen – wie Arbeit und Mut – tun und erleiden, erleben und zeigen, wird dem, was einer abstrakten gedanklichen Sphäre angehört, zugeschrieben. Dem Begriff wird eine Arbeitsabsicht unterschoben, der Wahrheit ein Mut, sich zu beweisen, so, als läge es objektiv in ihrer Macht und Reichweite, für sich selbst ein Zeugnis ihrer Güte und Gültigkeit abzugeben. Zwar ist Wahrheit in ihrer Eigenattraktivität unvergleichlich groß, sie ist aber nichts ohne eine subjektive Färbung: den Mut, sich für sie einzusetzen. Mut, hatte Hannah Arendt (1906–1975) geschrieben, ist Bedingung aller Praxis. Wie also sollte ausgerechnet die Wahrheit, die sich bei Hegel nur über die Verwirklichung der Freiheit im Anfänge-machen-Können verstehen lässt, nicht Mut benötigen? Der Mut reflektiert das Verbindungsstück allen Denkens und Erkennens, das an Wahrheit ein Interesse zeigt und gar nicht anders kann als mit Kopf, mit Herz und Hand daran beteiligt zu sein. Aus zwei Gründen.

Erkennen ist kein Abbilden, kein Widerspiegeln der Welt, wie sie an sich ist, sondern ein Handeln – eine Verhaltensweise des Geistes, die das, was in des Wortes mehrfacher Bedeutung als Erfahrung gemacht wird, mit den Möglichkeiten, die ihm als verteilter und versammelter Intelligenz offen stehen, begreifen will. Mut gehört zur Grundausstattung einer Wahrheit, die sich über Freiheit definiert. Man muss sie nicht nur ergreifen können, sondern auch wollen. Sie bietet sich an, man muss sie ergreifen. Alles andere wäre krude Mechanik. Das Denken im Gebrauch des freien Begriffs ist Wille. Mut ist sein zweiter, mit subjektiven Anteilen befrachteter Name. Mit der Institution, der Stiftung und Einrichtung von Freiheit, Gleichheit und Gemeinsamkeit erfahren wir uns in ein Wahrheits- qua Freiheitsgeschehen eingebunden, das *nicht* (wie bei Heidegger) ein anonymes ist, sondern jeden Einzelnen von uns zur Mitarbeit an diesem neuartigen wie ehrgeizigen Projekt herausfordert. Ohne unser Zutun und Zugetansein zu dem, was wir sind, ist die moderne Welt aufgeschmissen. Es gibt keine Wahrheit ohne den Mut, sie darzustellen, das heißt, sie in Auseinandersetzung mit den anderen zu demonstrieren. Mut ist konstitutiver Bestandteil der Wahrheit, weil sich ihr ›Beweis‹ nur über die Demonstration oder ihren Einsatz für eine Freiheit, die gleich und solidarisch ist, beglaubigen lässt.

Anders gesagt, wie die Rede von »der Arbeit des Begriffs« keine sprachliche Marotte ist, sondern eine mit der spekulativen Philosophie eng verbundene These, so auch die vom Mut der Wahrheit und des Erkennens, die im Schutz einer wirklich Landgewinne verbuchenden (vernünftigen) Freiheit dazu aufruft, ihn zu demonstrieren. Den Mut der Erkenntnis und der Wahrheit beweist, wer oder was sich der *Zumutung* der Freiheit stellt.

(3) *Mit dem Denken überall hin.* Es ist Hegels einzigartige Behauptung, dass es sich mit dem spekulativen Erkennen bzw. Denken ebenso verhält wie mit den bösen Mädchen: Sie kommen überall hin, sie kommen auch überall zurecht. Das Denken kann gar nicht anders, es erreicht sein Ziel, weil seine »Substanz [...] selbst das wesentlich Negative« ist (3, 40). Das vernünftige Denken reicht in seiner Universalität in alles, auch das, was ihm entgegengesetzt scheint, hinein. Selbst in schwer zugängliche Regionen wie das Bergkarabach der Selbsttäuschungen und Illusionen, überhaupt in »diese ganze Welt der Bildung« und ein Selbstbewusstsein, das seine »Verworfenheit verwerfende Empörung« abwechselnd auf indifferente und/oder zynische Weise zu zelebrieren versteht. Ein Denken, das auch in Erfahrung leibnaher Gefühle wie der Angst nicht zurückschreckt und sie *als* diese oder jene Furcht zu *unterscheiden* weiß; das darauf achtet, in welchem Maß sein Anspruch auf totale Bestimmtheit und umfassende Sicherheit der Angst geschuldet ist, sich selbst in den Untiefen der Introspektion oder einer sich selbst bespiegelnden Eitelkeit zu verlieren. Es hat seine Lektion gelernt, mindestens nicht vollständig vergessen.

Denken ist *Erinnern*, weniger an eingeborene Ideen, sondern an die Wege und Schwellen der lebens- und weltgeschichtlichen Erfahrungen, die es selbst gemacht hat. *Last but not least* zieht das Denken, wie Hegel sagt, eine schier unglaubliche Energie aus der *Macht des Negativen*; wohlgemerkt eines Negativen, dem es nicht vollständig Herr zu werden vermöchte, weder nach der Seite des Schlechten oder Verwerflichen, noch nach der, die uns Ideen wie die des Guten beschert hat.

Das Negative selbst besitzt eine ganz eigentümliche Zwei-Seiten-Bestimmtheit (Ansicht), die einesteils als Methode *bestimmter* Negation das Unwahre und Unwirkliche *hochauflösend* zu demonstrieren versteht, andernteils aber auch als ein radikal *unbestimmtes* Moment – auf dem Wege der Freiheit oder Gerechtigkeit – eine jederzeit wirksame Erfahrung vor Augen führt: *Bestimmt verfahrend* in der Kritik des Schlechten, *unbestimmt bleibend* im Blick auf die Ideen als dem Quellgrund der Motivation und Legitimation unseres Denkens. Hegels Denken pflegt beste Beziehungen zu beiden Aspekten des Negativen; einem Negativen, das sich durch seinen

Gegensatz bestimmt weiß, d. h. sich aus der Kritik eines vermeintlich Positiven herschreibt und einem anderen, das trotz aller in den Ideen verkörperten Macht, unbestimmt (und positiv) bleibt.

> »Weil nun jenes System der Erfahrung des Geistes nur die *Erscheinung* desselben befasst, so scheint der Fortgang von ihm zu Wissenschaft des *Wahren*, das in der *Gestalt des Wahren* ist, bloß negativ zu sein. Und man könnte mit dem Negativen als dem *Falschen* verschont bleiben wollen und verlangen, ohne Weiteres zur Wahrheit geführt zu werden; wozu sich mit dem Falschen abgeben? […]
> Das *Wahre* und *Falsche* gehören zu den bestimmten Gedanken, die bewegungslos für eigene Wesen gelten, deren eines drüben, das andere hüben ohne Gemeinschaft mit dem anderen isoliert und feststeht. Dagegen muss behauptet werden, dass die Wahrheit nicht eine ausgeprägte Münze ist, die fertig gegeben und so eingestrichen werden kann. Noch *gibt* es ein Falsches, so wenig es ein Böses gibt. So schlimm zwar als der Teufel ist das Böse und Falsche nicht. Denn als dieser sind sie sogar zum besonderen *Subjekt* gemacht; als Falsches und Böses sind sie nur *Allgemeine*, haben aber doch eigene Wesenheit gegeneinander. – Das Falsche (denn nur von ihm ist hier die Rede) wäre das Andere, das Negative der Substanz, die als Inhalt des Wissens das Wahre ist. Aber die Substanz ist selbst wesentlich das Negative, teils als Unterscheidung und Bestimmung des Inhalts, teils als ein *einfaches* Unterscheiden, d.h. als Selbst und Wissen überhaupt. Man kann wohl falsch wissen. Es wird etwas falsch gewusst, heißt, das Wissen ist in Ungleichheit mit seiner Substanz. Allein eben diese Ungleichheit ist das Unterscheiden überhaupt, das wesentliches Moment ist. Es wird aus dieser Unterscheidung wohl ihre Gleichheit, und diese gewordene Gleichheit ist die Wahrheit. Aber sie ist nicht so Wahrheit, als ob die Ungleichheit weggeworfen worden wäre wie die Schlacke vom reinen Metall, auch nicht einmal so, wie das Werkzeug von dem fertigen Gefäße wegbleibt, sondern die Ungleichheit ist als negative, als das Selbst im Wahren als solchem Selbst noch unmittelbar vorhanden.« (3, 39 ff.)

Dieser Realismus zeichnet den spekulativen Idealismus auf allen Ebenen aus. Sein Denken geht gleichsam in die Offensive: ›Wahr‹ ist nur, was die tätige Auseinandersetzung mit dem, was anders ist als es selbst, nicht scheut: was sich sprachlich mitteilt, um Widerspruch zu ernten; was handelt, damit seine Worte daran gemessen werden können; was sich äußert oder entfremdet, um den »Schmerz des Negativen« an sich selbst – auch anhaltend – zu erfahren.

> »[…] nicht das Leben, das sich vor dem Tode scheut und vor der Verwüstung rein bewahrt, sondern das ihn erträgt und in ihm sich erhält, ist das Leben des Geistes. Er gewinnt seine Wahrheit nur, indem er in der absoluten Zerrissenheit sich selbst findet. Diese Macht ist er nicht als das Positive, welches von dem Negativen wegsieht, wie wenn wir von etwas sagen, dies ist nichts oder falsch, und nun, damit fertig, davon weg zu irgendetwas Anderem übergehen; sondern er ist diese Macht nur, indem er dem Negativen ins Angesicht schaut, bei ihm verweilt. Dies Verweilen ist die Zauberkraft, die es in das Sein umkehrt.« (3, 36)

Hegel fordert das Denken von Subjekt und Objekt auf, sich auf einen Handel einzulassen, seine Analyse zeigt, beide Seiten sind immer miteinander verflochten, sodass die Bestimmung der einen immer auch die Bestimmung der anderen voraussetzt. Gewonnen wird diese Erkenntnis durch Reflexion. Die aber, im Unterschied zur üblichen Vorstellung, kein subjektives Vermögen ist, sondern die Bewegung des Denkens selbst, das in seiner Bewegung den Gegensatz beider aufnimmt und übersteigt. Als diese Operation des Denkens, die ebenso vom Subjekt zum Objekt wie umgekehrt verläuft, ist »Denken« Geist. »Geist« ist weder Subjekt noch Objekt, sondern das in seiner Bewegung der Gegensätze aufhebende Absolute, das es sich nachdrücklich verbittet, gegenständlich im Sinne des Verstandes – als Wissensbehälter des Relativen – aufgefasst zu werden.

Entsprechend verliert das Erkenntnissubjekt seine exponierte Stellung im System des Wissens; es wird in den Erkenntnis- qua Vermittlungsprozess einbezogen, in dem nur relative Distanznahmen in Form der »Reflexion in sich« möglich sind. Seine reflexive Struktur wird zugleich relativiert und verallgemeinert, insofern sie zur Antriebskraft des Erkenntnisprozesses wird. Es gibt kein umfassendes Netz fundamentalanthropologisch vorfabrizierter Erkenntniskategorien, das über eine außerbegrifflich existierende Realität geworfen wird; es gibt nur Orte interner Verweisungen, die sich Hegel zufolge über das methodische Regulativ »der Vermittlung des Sich-Anders-Werdens mit sich selbst« oder der »Reflexion in sich« entwickeln.

Denken im Sinne Hegels ist beseelt von der Vorstellung, mit ihm überall hinzukommen: (a) zu unterscheiden wissen, d. i., über die Als-Struktur zu verfügen, dieses oder jenes Zeichen *als* Zeichen oder Symbol für diesen oder jenen Gegenstand aufzufassen; was eben meint, *ein Bewusstsein von etwas* zu haben, (b) darüber hinaus auch den Grund anzugeben wissen, warum es überall hinzugelangen glaubt: Des Negativen wegen, vor dem es nicht nur keine Angst hat, das Denken kann es auch in seiner Notwendigkeit begreifen, um zuletzt (c) seine Abhängigkeit von den Ideen einzugestehen, die an den Grenzen des gesicherten Wissens als wahre *trouble shooter* fungieren und schwer zu schließende Breschen in die Grenzwälle verständigen Denkens schlagen. Zu ihnen gehört die *Zeit* – sowohl in der schieren Geschichtlichkeit des Werdens als auch als historische, die ständig dabei ist, sich ein durch psychische und soziale Systeme gefertigtes Kleid überzuwerfen. Dass sie *sich* dabei auch beobachtet und kommentiert, macht die Sache nicht gerade einfacher.

Wenn, wie oben angedeutet, das historische Apriori der besondere, seiner selbst bewusste Charakter der modernen Welt in der Trias von *Subjektivität*, *Freiheit* und *Begriff* begründet liegt, lässt sich vielleicht – trotz anfänglichen Zögerns – gut verstehen, warum Hegel die Substanz der Welt als »das wesentlich Negative« bezeichnet: Es wird dringend zum Verständnis der Freiheit und der Subjektivität des Menschen benötigt. In allen drei unser Denken stützenden Begriffen ist das Negative (und seine permanente Regeneration) von konstitutiver Bedeutung. Nicht allein wegen (a) der kritischen Markierung des Zwangs und der Unfreiheit, also dem, wovon wir zu entkommen trachten, weil wir es *nicht* wollen oder wünschen oder *nicht* mit ihm übereinstimmen, sondern auch, weil (b) in diesem *Negativen* ein Positives »anwest« oder angesprochen wird, ohne dass wir uns selbst als freie Wesen (in einer offenen Gesellschaft) weder begreifen könnten noch behandelt wissen wollten. Es liegt offenbar in der geschichtlich bedingten wie unbedingten Natur dieser Wesen, sich selbst aller Bestimm- und Definierbarkeit *entziehen*, auf ein *nicht etwas* rekurrieren zu können, für das es keinen besseren Namen als den des *nicht nichts* gibt. Sie sehen darin eine unvergleichliche Stärke.

(4) *Die Wahrheit über das, was sich entzieht.* Wesen dieses Schlags einer endlichen vernünftigen Natur sind aufgrund ihrer – sie ansprechenden wie herausfordernden – Freiheit *unerreichbar*. Sie ent-

wickeln überdies ein unstillbares Bedürfnis am Geheimnis. Keine abschließende Definition legt sie auf dieses oder jenes Wesensmerkmal fest. Sie sind und bleiben gerade deshalb – der Freiheit in Absehung von aller Bestimmtheit – der Möglichkeit zur Selbstbestimmung wegen aber sehr wohl *belangbar*.

In diesem Zusammenhang ist für uns weniger die Diskussion über den Menschen als eines weltoffenen und nicht festgestellten Wesens von Interesse, als der Blick, der auf ein *vernünftiges* Denken fällt, d. h. auf ein *Negatives* unseres Denkens (qua Entzug), das sich **nicht** (in erster Linie) über seinen Gegensatz zum Positiven definiert, sondern ein Positives *sui generis* – ein radikal unbestimmbar Positives – ist. Es bildet eine Domäne ganz eigenen Zuschnitts, sowohl hinsichtlich seiner Struktur wie der Ansprüche, die sich nach der Seite seiner Motivation wie Legitimation ergeben. Diese Fragen entspringen aus der Bewegung eines Denkens, das, in Reflexion seiner Bewegung, auf Begleitumstände aufmerksam wird, die sich *einstellen*, ohne *sich* unverzüglich dem Denken *zu stellen*, mindestens nicht in der üblichen gegenständlichen Form einer Menge abzuarbeitender Aufgaben: Also wie können wir *das* denken, das im Augenblick, da wir denken, sich unmittelbar – wie der Kontext oder die verteilte Intelligenz des Geistigen – einstellt, aber nicht selbst schon gedacht werden kann?

Im Medium der paradoxen Existenzform »Geist« befinden sich Wesen dieser Art niemals auf der Höhe ihrer selbst. Nur weil sie sich darauf verstehen, weit über sich selbst hinauszuwachsen, können sie ebenso tief unter sich fallen. Es sind daher schwer erträgliche, gänzlich unausbalancierte Wesen. Das gilt selbst für die Gesellschafts- und Regierungsform dieser Wesen: »Die Formen aller Staatsverfassungen [schreibt Hegel und erwähnt Monarchie und Demokratie] sind einseitige, die das Prinzip der freien Subjektivität nicht zu ertragen vermögen und einer ausgebildeten Vernunft nicht zu entsprechen wissen.« (7, 440)

Das vernünftige Denken ist das einzigartige Ticket, auf dem man überall reisen kann, auf dem sich nicht nur, wohin man will, zu reisen lohnt, sondern es womöglich auch gelingt. Es trägt seinen Aufdruck »Freifahrtschein« in fast jeder Hinsicht zurecht. Nur lässt er sich nicht am Automaten lösen. Das Milieu seiner gedanklichen

Höhenflüge sind (auch) die Niederungen und abschüssigen Gelände des Bösen und Unsicheren, da, wo es den Mut des Erkennens braucht, sich überhaupt auf deren Fährte zu setzen. Diesen Freifahrschein gibt es nicht umsonst, schon deshalb, weil Geld nicht das Medium ist, in dem er sich aufwiegen lässt, obwohl ihm in Form der buchführenden Logik des Verstandes (das Geld des Geistes) jede Menge Reichtum zufliegen kann. Man muss mühsam und nicht ohne Rückschläge (Regressionen) lernen, ihn zu gebrauchen. Dass sich sein Anspruch an individuelle wie soziale Handlungsmächte richtet, versteht sich von selbst. Näher betrachtet, besteht jenes Ticket im richtigen Gebrauch des *absoluten Unterschieds*, die Methode der Wahl, weil sie, wie Hegel fordert, sich »durch das eigene Leben des Begriffs« organisiert. Bei Gelegenheit der Analyse des Selbstbewusstseins und der neuen Form der Welt haben wir sie kennengelernt. In ihr Fuß zu fassen, fällt nicht eben leicht, gerade weil sie in einem herkömmlichen Sinn keine Methode, aber dennoch, wegen ihres auf dem Hochplateau der neueren Zeit liegenden Willens zur Wahrheit – unumgänglich ist. Sie setzt entschieden auf die *frei-* und *bereitwillige Teilnahme* einer jeden Handlungsmacht.

(5) *Vertrauen in den absoluten Unterschied, prekäre Verhältnisse.* Ein Grund springt alsbald ins Auge, er muss dennoch ständig neu erarbeitet werden. Was beiden Markenartikeln einer ihrer selbst bewussten Zeit – der Subjektivität und Freiheit – am Herzen liegt, lässt sich zuletzt nicht verfahrenstechnisch regeln. Beide Charaktere fordern eine ganz eigene Verfassung, sie entwickeln überdies eine höchst eigene Radikalität. Bei aller Wertschätzung, die beiden in der neueren Zeit entgegenschlägt, rufen sie notwendig *aversive* wie *subversive* Reaktionen hervor. Sie lassen die Bürde erahnen, die da aufscheint, wo man sieht, dass beider Theorie und Praxis nur im Denkrahmen des *absoluten Unterschieds* bewältigt werden kann. Dieser passt deshalb hervorragend, weil er sich auf die strukturierende Struktur eines Geschehens bezieht, die sich so stabil wie anfällig, öffnend wie schließend in der Orthodoxie des modernen Lebens eingerichtet hat. Nicht zuletzt auch deshalb, weil er verspricht, den Kräften des sozialen, des praktischen wie des pragmatischen Fortschritts auf die Spur zu kommen. Das Philosophisch-Werden

der Welt und das Weltlich-Werden der Philosophie bilden sich auf ganz ausgezeichnete Weise in genau dieser Methode ab. Das hat mit dem Unterschied, der einen Unterschied macht, zu tun, um den das vernünftige und verständige Denken so ausdauernd wie leidenschaftlich kämpfen. Kurz, der absolute Unterschied ist deshalb von überragender Bedeutung, weil er die maßgebenden Ansprüche der »heutigen Gegenwärtigkeit des Geistes« in Form des Widerstreits von vernünftigem und verständigem Denken auf eine einzig produktive Weise auszubalancieren weiß, er gehört zur modernen Welt wie die Energie zur Masse. Wie also denken? Die knappe Antwort: Wie es der absolute Unterschied uns zur Auflage macht. Ansonsten sinkt »die Idee [...] zur Erbaulichkeit und selbst zur Fadheit herab, wenn der Ernst, der Schmerz, die Geduld und die Arbeit des Negativen darin fehlt« (3, 24). Der absolute Unterschied macht methodisch die Gründe und Abgründe, die Wärme- und Kälteströme deutlich, über die sich die verweltlichte Welt der Moderne versteht. Er zeigt ihren Wahnsinn und ihren unbedingten Erlösungswillen im Zusammenhang.

Man kann es unbedenklich als Fingerzeig lesen, wenn Hegel in seiner Kritik der »schönen Seele« bemerkt, sie hätte nicht die Kraft oder den Mut, »sich dem absoluten Unterschied anzuvertrauen« (3, 483 f.). Diese unscheinbare Formel gewahrt vielleicht den besten Einblick in das Betriebssystem des Geistes. Sie gibt nicht nur Aufschluss über die Funktionsweise dialektischen Denkens, sie zeigt auch, wie weit sich das Denken über das Denken hinauswagen und sich auf befremdliche Kräfte ein- und verlassen muss, wenn es gilt, die *Seele* und den *Begriff* des Inhalts zur Sprache zu bringen. Es muss womöglich mit der Nichtphilosophie, sei es der Welt oder anderen finsteren Gestalten paktieren, will es seinem Anspruch, überall hinzugelangen, Genüge tun. Das Denken steht ständig mit einem Bein im morastigen Gelände der historischen Zeit, der zu entkommen es gleichzeitig verpflichtet ist. Es ist mittendrin und bleibt dennoch am Rande, auch, weil es um die Moral dessen geht, was es tut.

Man braucht Mut, er streift – und Hegel sieht das genau – nicht selten den Mut der Verzweiflung, der mit dem Denken einhergeht. Hegel merkt, um das Beispiel nochmal aufzunehmen, das mangelnde Vertrauen der »schönen Seele« in dem wahrlich zwielichtigen

Umstand, sich *nicht* »zum Dinge zu machen«, ihr »Sein« und »Leben« nicht der Form, eine *Sache* zu sein, zu überantworten. Die »schöne Seele« sträubt sich, dass andere über sie bestimmen, sie herumschubsen oder behandeln, als sei sie ein Ding. Sie will nicht eine bloße Funktion, eine Nummer, eine Rolle oder sonst eine gesichtslose Gestalt entfremdeten Lebens sein, weder ein Rädchen im anonymen Regelwerk mechanischer oder kybernetischer Getriebe noch bloßes Exemplar einer Gattung; und schon gar nicht ein Mittel, das ohne Rücksicht auf sie selbst den Zwecken der anderen ausgeliefert ist. Sie ist etwas Besonderes, *einzig*, nicht artig; in ihrer Art ein ganzer Mensch, nicht Zubehör einer großen Werkzeugkiste mehr oder weniger austauschbarer Persönlichkeitsfaktoren. Die »schöne Seele« flieht gleichsam die Stadt und ihre urbane Verderbnis, vor dem Lärm, der Hektik, der schlechten Luft, der Masse, dem Geld, den anonymen Sitten und ihrem globalen Verfall, von ihrer Unwirtlichkeit ganz zu schweigen. Ihr Zufluchtsort ist die Öko-Idylle eines vermeintlich authentischen, nicht eines mittelbaren oder entfremdeten Lebens. Dort, wo Ordnung und Überblick, Anmut und Achtsamkeit herrschen, ist ihr gelingendes Leben zuhause. Wo Unterschiede *ohne Mühe* gemacht, gehegt und gepflegt werden können, gefällt es ihr. Sie weist jede Form der Entfremdung zurück, die sie sogleich als entlastend erfährt und genussvoll zu nutzen, z.B. in Szene zu setzen weiß. Was sie sich natürlich nicht eingesteht.

Allein, in einer maßgeblich nach Funktionen arbeitsteilig »auseinandergezogenen« Welt (Hegel), herrscht die gemeine und verständliche Erwartung, wenn nicht Nötigung, »sich zum gemeinnützlichen und allgemein brauchbaren Mitglied des Trupps zu machen«. Man braucht andere und wird gebraucht, eine Hand wäscht die andere. Man ist angewiesen auf die Welt und sieht sich zugleich maßlos durch sie herausgefordert (provoziert); gerade darin, allein im Angewiesensein auf Andere (und einer wirklichen Heteronomie) seine Autonomie zeigen und beweisen zu sollen.[23] Diese unabgesprochene Absprache (= Ethos) herrscht in allen Angelegenheiten des öffentlichen und gesellschaftlichen Lebens. Man sieht leicht, wie viel Kraft und Vertrauen man braucht, sich in den mannigfachen Verläufen auf eine fremde, dinghafte und indirekte Nutzung durch andere einzulassen; gerade in einer (neuen) Zeit, die verstärkt auch das

Konträre fordert: ein Mensch und *kein* Ding, ein Gesicht und *keine* Maske oder nutzerfreundliche Oberfläche zu sein. Man versteht aber auch, wie produktiv, instruktiv und vorteilhaft, ja entspannend es ist, sich einer glatten und oberflächenfreundlichen Nutzung zu unterwerfen – sowohl im Blick auf das eigene Vorwärtskommen als auch auf die Vorteile, die sie den anderen bietet. Vor allem aber der Auszeiten wegen, die jede Maske gewährt.

Rameaus Neffe, um die andere schillernde Figur nochmal ins Spiel zu bringen, zieht gar einen endlosen Genuss aus dieser Situation, er ergeht sich nicht nur in seinem Leiden an der Welt. Er ergötzt sich an ihm, er verliebt sich geradezu in die ihm äußerlichen, schrägen und befremdenden Gestalten und Stimmen seiner selbst, die er mit wachsender Hingabe zu inszenieren und zu genießen weiß. Das gilt auch von der schlecht unendlichen Macht der Reflexion, deren destruktiv-depersonalisierende Kraft er genießt. Sie beschert ihm aber auch die Galligkeit und Bitterkeit, die er, da sie ihm zu Bewusstsein kommt, nicht verhindern kann oder will.

Aber der Stachel des Zweifels, ein womöglich scheinhaftes, der Selbsttäuschung ergebenes Leben zu führen, nagt an beiden der Verzweiflung nahen Existenzformen. Sie zeigen in groben idealtypischen Strichen jene ungeheure Spannung, Hegel: »Zerrissenheit«, wenn nicht abgründige Versuchung/Verführung, die in den Rissen des Selbstbewusstseins: seinem Philosophisch- wie Weltlich-Werden lauert. Manie und Melancholie; Blasiertheit, Zynismus und Wahn. Dort wachsen aber auch das *Können* und der *Genuss*, die sich in diesen Praktiken der Selbst- und Weltkultivierung ihre sei es stärker romantische oder aufklärerische Bahn brechen.

Eine zweite Überlegung zum Mut, den man braucht, »sich dem absoluten Unterschied anzuvertrauen«, sie deutete sich bereits an. Sie zielt auf ein Denken und Handeln, das sich dadurch bestimmt weiß, sich den *persönlichen* und *sachlichen* Verhältnissen vernünftiger Freiheit wirklich zu öffnen. Ihre Akteure müssten gewillt sein, sich tatsächlich auf die anderen einzulassen, dem Anderen, Fremden Vertrauen entgegenzubringen; da kommen Unbestimmtheiten, Ungewissheiten und Unsicherheiten ganz eigener Art ins Spiel, aber auch Ängste, die, wie die »Furcht vor der Freiheit« (Erich Fromm), es Kontrollfreaks gleich welcher Sorte nicht leicht machen, in einer offenen Gesellschaft zu leben: zuletzt – und in allem, worauf man sich stützt – nichts anderes zu haben als die Freiheit, von der wir wissen und erfahren, dass es – der Gleichheit wegen – immer auch die Freiheit der Anderen ist. Wir sehen uns herausgefordert, uns auf ein *Selbst* zu beziehen, das gedanklich wie empirisch eine *in sich zerrissene Mitte* ist – Fremde sind sie sich und wir uns selbst; aber auch auf eine *Welt* und ihre Handlungsmächte, die, ob ihrer ungleichzeitigen Dynamik, laufend im Zugzwang steht, sich selbst zu überholen. Wie gegenüber alldem Zutrauen entwickeln? Zumal, wenn man bedenkt, in welchem Umfang bereits die leidlich aufgeklärte Welt um 1800 unerbittlich nach dem Nutzen von allem und jedem fragt und dadurch das Band des Zu- und Vertrauens zerfasert?

Die Welt wird komplexer und intransparenter, was bedeutet, immer mehr Tätigkeiten und Bereiche des eigenen Lebens an andere delegieren zu müssen und also die Abhängigkeit von denen zu steigern, die als bloße *Repräsentanten* versprechen, unsere Sache zu vertreten. Hegel ist aus einsichtigen Gründen jeder Repräsentation gegenüber skeptisch. Was auch und gerade die politische, die »*Repräsentation* beim Gesetzgeben« betrifft. »[D]enn wobei das Selbst nur *repräsentiert* und vorgestellt ist, da ist es nicht *wirklich*; wo es vertreten ist, ist es nicht.« (3, 435)

Das Dasein des Geistes

(6) *Das Schwerste, die Darstellung hervorzubringen*. Denken ist nichts ohne seine *Darstellung*, Denken lässt sich nicht beobachten, sondern nur indirekt über bestimmte Äußerungen erschließen. Um Aufschluss über es zu erhalten, müssen Mensch, Tier und Künstliche Intelligenz ihm Ausdruck verleihen, sei es in gesprochener Sprache oder Schrift, Symbolen oder sonstigen Gesten und Zeichen.

»Darstellung« setzt im Vermittlungsgeschehen oder den Liefer- und Verwertungsketten des Geistes besondere Akzente. Sie zeigt in erster Linie solche, die das Denken an äußere Formen binden. Für Hegel ist die *Sprache* das »Dasein des Geistes« (3, 478), sie ist uns vertraut, auch als sinnlich sichtbar verkörperte in der Schrift; sie dient ebenso dazu, den Satz in prädikativer (verstandesmäßiger) wie spekulativer (vernünftiger) Form zu verstehen. In ihr bewegen wir uns beinahe gedankenlos, auch und gerade, weil wir in der Nutzung sprachlicher Zeichen relativ frei sind. Als »das ausgedehnte Werk unserer Einbildungskraft« (4, 213) steht die Sprache von Anfang an in Verruf, mit allen Wassern willkürlichen und täuschenden Gebrauchs gewaschen zu sein. In der Regel verleiht die Darstellung dem, was einer denkt, einen mittels sprachlicher Zeichen allgemein kommunizierbaren Ausdruck.

Die Sprache – beim Denken wie seiner Darstellung – ständig im Auge zu behalten, ist wichtig. Die »nicht ausgesprochene Sache ist eigentlich ein unvernünftig Ding, das Vernünftige existiert nur als Sprache« (18, 526 f.). Nicht allein weil sie das Endliche (das Lautliche, Sinnliche und Verklingende) mit dem Unendlichen (des Geistes: den Gedanken und ihrer allgemeinen Bedeutung) vereinigt. Sie verbindet auch den Satz mit der Satzung, die einzelne Sitzung mit dem Gesetz, die Stimme mit der Stimmung, den sozialen Stand oder das Standing des Einzelnen mit der Verständigung aller Beteiligten.

Vernünftiges Denken gibt es nur in der Teilnahme am öffentlichen Diskurs. Dafür ist – noch vor seiner epistemischen Bedeutung – die sprachliche Aus- und Aufführung dessen, was einer denkt, von eminenter Bedeutung. Sie ist das Tor zur Humanität, auch in ihrer auf *Egalität* hinzielenden Seite. An der Darstellung hängt alles, nicht nur die Möglichkeit, die Liebe zum Wissen in wirkliches Wissen zu transformieren, sondern auch die zivilisatorischen Errungenschaften der *conditio humana.*

Das Wissen, das sich *nicht* der Darstellung anvertraut und damit der öffentlichen Auseinandersetzung, ist nicht eigentlich falsch; es tritt vielmehr, weil es sich vornehmlich »auf das Gefühl, sein inwendiges Orakel, beruft […], die Wurzel der Humanität mit Füßen«, denn es ist, wie Hegel eindringlich schreibt, »gegen den, der nicht übereinstimmt, fertig«, er erklärt nämlich, »daß er dem weiter nichts zu sagen habe, der nicht dasselbe in sich finde und fühle« wie er selbst. Die Natur der Humanität liegt darin, »auf die Übereinkunft mit anderen zu dringen« (3, 65). Für sie ist die Mitteilung unerlässlich. Ein Wahrheitseffekt der Darstellung besteht in der Katharsis, die sie auslöst, einer Läuterung, die erfährt, wer sich in Rede und Schrift der Allgemeinheit stellt, mit all den zwiespältigen Folgen, die wir kennen. Wie Hegel genau darüber denkt, erfahren wir im Kapitel über die öffentliche Meinung.

Nur was dargestellt wird, kann begriffen werden, erst dadurch eröffnet sich die Chance, seine Liebe zum Wissen zu demonstrieren: *philo-sophia* oder wirkliches Wissen zu werden. »Die wahre Gestalt, in welcher die Wahrheit existiert, kann allein das wissenschaftliche System derselben sein. Daran mitzuarbeiten, daß die Philosophie der Form der Wissenschaft näher komme – dem Ziele, ihren Namen der *Liebe* zum *Wissen* pflegen zu können und *wirkliches Wissen* zu sein –, ist es, was ich mir vorgesetzt. Die innere Notwendigkeit, daß das Wissen Wissenschaft sei, liegt in seiner Natur, und die befriedigende Erklärung hierüber ist allein die Darstellung der Philosophie selbst.« (3, 14)

In der *Phänomenologie des Geistes* ist »Darstellung« ein anderes Wort für Methode. Sie reflektiert auf die *Form* des Geschehens, die der absolute Unterschied anzettelt, um für das spekulative Denken den richtigen, sprachlich reflektierten Ausdruck zu finden. *Vorrede* und *Einleitung* zu dieser Schrift sind übersät von diesbezüglichen Erwägungen. Das Erkennen kann sich mit dem Ansich, dem Wesen oder der Evidenz nicht begnügen, es kann sich die Auseinandersetzung mit der Form des Denkens und ihrem Wahr-Werden, d. h. dem In-Form-Bringen der Sache nicht ersparen. Die Form ist dem Wesen wesentlich, sie ist, wie erwähnt, »das einheimische Werden des konkreten Inhalts«. Die Form – im ganzen Reichtum ihrer sachlichen (begrifflichen) und zeitlichen Entwicklung – wird erst in der gedanklichen und sprachlichen Durchdringung von dem, was substanziell ist, »als wirkliches gefasst und ausgedrückt«. Nur so könnte es auch gelingen, die Leser in »die Erfahrung der Sache selbst hineinzuführen« (3, 14) und das diskursive Potential zu nutzen, das in jeder Darstellung steckt. Das »leichteste« ist dabei noch »was Gehalt und Gediegenheit hat, zu beurteilen, schwerer es zu fassen, das schwerste, was beide vereinigt, seine Darstellung hervorzubringen« (3, 13).

Anders als in den meisten Wissenschaften, die ihr Interesse fast ausschließlich auf die nackten Resultate konzentrieren, räumt Hegel der *Darstellung*: der sukzessiven Entfaltung des Wahren im Gang seiner Argumentation eine überragende Stellung ein. Das Wahre als Substanz- und Subjektsein kann sich nur durch seine Darstellung im Ganzen rechtfertigen. Wenn es weder absolute Grundsätze noch unmittelbare Evidenzen gibt, an dem sich wahre Urteile auf einfache Weise befestigen lassen, wächst dem mit dem auch als »System« bezeichneten Verweisungszusammenhang des Wissens umso größere Bedeutung zu. Das Wahre ist das Ganze in seiner sich vollbringenden, d. i. begriffenen Darstellung. Das einzelne Urteil hingegen ist, wie Hegel sagt, ungeschickt, seine Wahrheit auszudrücken. Um den eigentümlichen Geltungssinn des Absoluten zur Sprache zu bringen, muss daher seine Bedeutung *Schritt für Schritt* expliziert werden. »Denn die Sache ist nicht in ihrem *Zwecke* erschöpft, sondern in ihrer *Ausführung*, noch ist das *Resultat* das *wirkliche* Ganze, sondern es zusammen mit seinem Werden; der Zweck für sich ist das unlebendige Allgemeine, wie die Tendenz das bloße Treiben, das seiner Wirklichkeit noch entbehrt, und das nackte Resultat ist der Leichnam, der die Tendenz hinter sich gelassen.« (3, 13) Einer verbreiteten Auffassung zufolge kann das Absolute nicht begriffen, es muss gefühlt, erahnt oder in »intellektueller Anschauung«, wie Fichte und Schelling behaupten, vergegenwärtigt werden. »Substanzlose Reflexion« und bloße »Erbaulichkeit« oder die »gärende Begeisterung« für das Ewige, Heilige und Schöne sind aber für Hegel gleich untaugliche Alternativen, sich des Absoluten zu vergewissern.

Die Dialektik macht aus dem Problem die Lösung. Sie rechnet den Erkenntnisprozess, das schrittweise Erkennen durch das Subjekt in seiner Vermittlung mit dem Objekt in die Bestimmung des Absoluten mit ein. Das Absolute als Resultat und Gewordensein zu begreifen, heißt auch, die *Reflexion aufzuwerten*, sie zum Absoluten dazugehörig zu betrachten. Die Reflexion (das Räsonierende, das Trennende und ständig auf sich und das Thema Zurückkommende usf.) aber dem Absoluten einzuschreiben: die Medialisierung des Absoluten, ist ein für alle Metaphysik vor Hegel undenkbarer Gedanke. Man könnte sagen: Fortan bewegt sich das Absolute durch die Niederungen der Reflexion (und der Geschichte) wie einst der Sohn Gottes durch das Jammertal irdischer Verhältnisse. Das absolute Wissen wird radikal kontextualisiert/historisiert/medialisiert. Die Rede vom System sollte uns daher nicht vorschnell schrecken, es meint – wie bei Kant – »die Einheit der mannigfachen Erkenntnisse unter einer Idee«.

Diese Prozessualisierung des absoluten Wissens oder die Unabweisbarkeit seines *Gewordenseins* reflektiert die Einbeziehung der *geschichtlichen* Dimension in die Philosophie: Der Geist ist ein geschichtlicher, nicht allein, weil er Geschichte hat, sondern *weil er Geschichte ist.* Seine Selbstverwirklichung/-explikation ist notwendig gebunden an die Formen seiner Äußerung/Darstellung/Manifestation *in der Zeit.* Sein Medium ist die Geschichte, weil er sich anders denn als ein geschichtlicher nicht verstehen lässt. Hegel: »Diese Arbeit des Menschengeistes im inneren Denken ist mit allen Stufen der Wirklichkeit parallel. Keine Philosophie geht über ihre Zeit hinaus.« (20, 456)

Was sich im Rahmen *methodologischer* Überlegungen mit den Konzepten »Ausführung«, »Vermittlung« und »Reflexion in sich« verbindet, zeigt sich *historisch* in der Aufnahme und Reflexion der eigenen Zeit als notwendige Voraussetzung für den Begriff von Philosophie und Geschichte insgesamt. Das historische Bewusstsein der eigenen Zeit (»Freiheit«) reflektiert sich in der logischen Struktur der Begriffe, die das bezeichnen, was Geist bedeutet. Es ist eine von Hegels zentralen Intuitionen, die enge Korrespondenz von begrifflichem Denken und sozialhistorischer Realität zur Leitidee der Philosophie zu erklären und den Begriff des Geistes in diesem Sinne auszubuchstabieren: Geschichte, so Hegel, ist »die Auslegung des Geistes in der Zeit«. Entsprechend gehen Zeitdiagnose und historische Rekonstruktion Hand in Hand. Sie müssen sich wechselseitig explizieren.

(7) *Sich vollbringende Darstellung.* Wenn von Wissen, gar von wirklichem Wissen die Rede ist, wird in der Regel davon ausgegangen, dass das Wissen von dem, *wie* es dargestellt wird, unabhängig ist. An der Allgemeingültigkeit des Wissens ändere seine Darstellung wenig – so glaubt man, es sei darstellungsinvariant. Die gedankliche Arbeit greife durch seine sprachliche Darstellung hindurch auf das Geistige des Sinns oder der Bedeutung. Was sich nicht selten daran zeige, den Rückgriff auf unterschiedliche Darstellungsweisen ohne größeren Informationsverlust bewältigen zu können.

Mit diesem Vorurteil bricht die Dialektik. In jeder Darstellung steckt ein das wirkliche (oder reine) Wissen relativierendes und unterminierendes Element. Dieses negative Moment, glaubt Hegel, ist das Größte, was der Darstellung und dem Wissen passieren kann. In der (methodischen) Anstrengung, die Sache auf den Begriff zu bringen, gehe die Sache in der Darstellung verloren. Sie relativiere sich quasi von selbst. Für Hegels spekulative Dialektik ist eine Sache umso konkreter oder dem wirklichen Wissen begreiflicher, je mehr sie sich an die Relativität der Darstellung betreffs Wortwahl und anderen Zufälligkeiten zu verlieren getraut; sie das Schiefe, das Bedenkliche und den Irrtum in Kauf nimmt oder die Kraft hat, die eigene Beschränkung in der Darstellung durchblicken zu lassen.

Für Hegel liegt die Antwort auf die Frage nach dem Wissen in seiner Darstellung. An ihr lässt sich studieren, dass die Dialektik, wie Hegel nicht müde wird zu betonen, nicht eine Variante der philosophischen Skepsis, sondern eine des »sich vollbringenden Skeptizismus« ist. Weil die Darstellung des Wissens das Wissen der Darstellung mit enthält, verkörpert sie die ungeheure Macht des Negativen, oder, wie Hegel auch sagt, die Energie des reinen Denkens. Sich in dieser Weise an die Darstellung halten zu müssen, ist der große methodische Gewinn der Dialektik. Ihre Macht liegt in der negativen Selbstbezüglichkeit des Wissens. Die Darstellung ist die Macht, und sie ist, wie Hegel in der *Wissenschaft der Logik* ergänzt, der »Schein der Macht« (6, 247).

Die Reflexion der Darstellung, d. h. das Zurückkommenmüssen auf das, was in *einer* bestimmten Form gesagt wurde, liegt im Bewusstsein, dass die (jeweilige) Darstellung ihr Ziel, das wirkliche Wissen, nicht in einem, schon gar nicht im ersten Anlauf erreicht. Man kann zwar glauben, mittels der Darstellung die Dinge im Griff zu haben und wird doch jedes Mal eines Besseren belehrt. Denn in der verweltlichten Welt existieren die Dinge in einer Drift. Man muss sich von Wissensstufe zu Wissensstufe eingestehen, dass Geist und Buchstabe, die intendierte Bedeutung und die äußere Darstellung, der angezielte Gedanke und seine sprachliche Artikulation nicht zur Deckung kommen. Das Ansich der Bewusstseins- und Weltgestalten – das Ansich der »schönen Seele«, das Ansich der »reinen Einsicht« – findet sich immer schon von der *Form* seines sprachlichen, sei es syntaktischen oder semantischen Gesetztseins betrogen. Kurz, die zeichenhafte Abhängigkeit der Darstellung verhält Form und Inhalt in einer unüberbrückbaren Trennung. Diese Trennung ist das, was das spekulative Denken an der Darstellung produktiv werden lässt und eine Untersuchung auf jeder Stufe der Wissens- und Weltgestalten von Neuem veranlasst.

Denn keine Darstellung in ihren auch durch Sprache provozierten Kontingenzen kann je beanspruchen, *die* Darstellung des wahren und wirklichen Wissens zu sein. Keine Darstellung ist die reine Verkörperung der Vernunft oder der reine Spiegel der Welt, von dem Francis Bacon gesprochen hatte. Das gilt für die diskursive wie die narrative Darstellung gleichermaßen. Die Darstellung ist vielmehr der Stein des Anstoßes – Motivation und Methode nach einer verbesserten zu suchen.

Zusammenfassend: die dialektische Bewegung des Gedankens vollzieht sich auch an der Darstellung, keine ist frei von Einseitigkeit – auch und gerade in ihrer Funktion als Wahrheitsmedium und Mittel. Jede Darstellung ist einseitig, perspektivisch, gebrochen durch die unterschiedlichen sprachlichen und weltlichen Spektren, die eine je historische Zeit liefert. Das Programm der *Phänomenologie des Geistes* besteht ja darin, dem Werden der Wahrheit und Wirklichkeit zuzusehen und zu bemerken, wie die jedesmalige Darstellung die Wahrheit und Wirklichkeit wieder verstellt. Sie findet sich daher nicht (allein) im (ergebnissichernden) Resultat, sondern ebenso im Werden, d. i. in der Darstellung oder Demonstration eines Geschehens, das seine *Explikation*, *Evaluation* und *Exposition* umfasst. Im ersten Schritt liegt die Wahrheit in der Darstellung, nicht in der Doktrin, wo man glaubt, sie fixieren und fassen zu können. Wahres und Wirkliches zeigen sich an ihr, da muss man, wie Hegel sagt, »zusehen«. Im zweiten, der sich vollbringenden Darstellung, verkehren sich die Dinge wieder. Unmöglich, den Bodensatz von Zufälligkeit und Relativität in der Wahl der Worte wie der Darstellung insgesamt zu tilgen.

(8) *Der spekulative Satz.* Ein Wahrheitsmoment steckt im Abarbeiten der Einseitigkeiten, das heißt der Unwahrheitseffekte, die sich mit jeder Kritik und Darstellung (einer neuen Position und ihres Einsichtsgewinns) wieder einstellen. Sie geraten angesichts der Mängel, der Einseitigkeit und prädikativen Voreinstellung im Satz-

verständnis in den Lichtkegel des Bewusstseins. Sie sind mit den Kontingenzen der Zeit und der Sprache belastet, aber auch notwendig und unerlässlich, um den Wahrheitssinn immer aufs Neue zu stimulieren. Anders gesagt, dies Negative als *nicht ganz* bei der Sache und dem Wahren zu sein – stößt das Denken an, aufmerksam auch auf die Arbeit des Begriffs zu sein. Für dieses Geschäft ist die Philosophie prädestiniert wie keine andere. Hegel definiert sie daher als »Aufmerksamkeit auf den Begriff« (3, 56). Wie freilich das kommt, dass dem vernünftigen Denken das Moment des Unwahren aufstößt, darüber geben Hegels dunkle Äußerungen zum spekulativen Satz die eine oder andere Auskunft.

> »Dass die Form des Satzes aufgehoben wird, muss nicht nur auf *unmittelbare* Weise geschehen, nicht durch den bloßen Inhalt des Satzes. Sondern die entgegengesetzte Bewegung muss ausgesprochen werden; sie muss nicht nur jene innerliche Hemmung [darstellen], sondern dies Zurückgehen des Begriffs in sich muss *dargestellt* sein. Diese Bewegung, welche das ausmacht, was sonst der Beweis leisten sollte, ist die dialektische Bewegung des Satzes selbst. Sie allein ist das *wirkliche* Spekulative, und nur das Aussprechen derselben ist spekulative Darstellung. […] Wir sehen uns daher oft von philosophischen Expositionen an dieses *innere* Anschauen verwiesen und dadurch die Darstellung der dialektischen Bewegung des Satzes erspart, die wir verlangt. – Der *Satz* soll ausdrücken, *was* das Wahre ist, aber wesentlich ist es Subjekt, als dieses ist es nur die dialektische Bewegung, dieser sich selbst erzeugende, fortleitende und in sich zurückgehende Gang.« (3, 61)

Auch der Gang verlangt die Darstellung oder Explikation dessen, was in der ersten (bloßen) Darstellung der Wahrheit im prädikativen Satz nicht ausgesprochen werden kann, weil es die Bewegung (z. B. die behauptende Kraft) des Denkens inklusive der »Hemmung« und des »Zurückgehen(s) des Begriffs« nicht abzubilden versteht. Sie muss im Rückgriff auf die gemachte Erfahrung aufs Neue beginnen.

Hegel ist der Auffassung, dass die *Form* des Satzes in seinem gewöhnlichen Verständnis nicht geeignet ist, die Wahrheit auszudrücken bzw. darzustellen. Der *spekulative* Satz ist keine neue, verbesserte Version des prädikativen. Es ist Hegels abkürzende Redeweise, in der er seine Kritik am prädikativen Satzverständnis zusammenfasst. Er versucht unter diesem Titel die Schwächen oder Mängel des prädikativen Satzes zu durchdenken, die vor allem dem *verständigen* (»räsonnierenden«) Denken eine Plattform bieten, sich zu behaupten. Der spekulative Satz ist ein Formular ganz eigenen, kritischen Rechts, das sich auf der Ebene sprachphilosophischer Überlegungen gegen die Übermacht des Verstandesdenkens auflehnt – aber keine eigens entwickelte Satzform, die man – parallel zum prädikativen – in eine feste Verlaufsform kleiden könnte. Der prädikative Satz ist gleichsam ein/der Halbsatz des Wahren, dem seine vernünftige, d. i. kritische Ergänzung fehlt. Im prädikativ verstandenen Satz kommt das Unwahre seiner Form, mit dem er dem ausgesagten Inhalt widerspricht, nicht zur Sprache. Die prädikative *Form* des Satzes kann den *Inhalt*, auf den Vernunft und Subjektivität hinauswollen, nicht abbilden. Die Kritik an der Form erwächst dem jeweiligen Inhalt, den sie an oder in sich nicht aufzunehmen versteht. Diese Satzform bietet zuletzt kein brauchbares Formular für die komplizierte gedankliche Bewegung, die dem der verweltlichten Welt verbundenen Selbstbewusstsein und seiner Selbstregierung zukommt. Sie versteht deren selbstbezügliche Negativität nicht abzubilden.

X. Das absolute Wissen – Von der Prosa wirklichen Lebens

Die Erneuerung der Philosophie liegt nicht mehr nur in der Einbeziehung der historischen Zeit, also in dem, was die neue Zeit in ihrer Höchstplatzierung von Subjektivität und Freiheit (mit sich) bringt. Sie besteht auch, wie in den Teilen eins und zwei umfänglich dargelegt, in der »Entwicklung«, also der Explikation, Evaluation und Exposition eines Begriffs von *Vernunft*, der sich mit dieser historischen Entwicklung herauskristallisiert hat. Dieser Begriff muss mit der *neuen Zeit* und ihrem Interesse an der Verweltlichung der Welt, d. h. ihrer Befreiung von und zu sich, Schritt halten. Und diese setzt ganz entschieden auf den *Verstand*, den technisch-praktischen wie den sittlichen, den wir auch als *common sense*, den Gemeinsinn, oder, zwiespältig genug, als den gesunden Menschenverstand kennen.

Richtiges Denken

Die neue Zeit – und mit ihr die Philosophie – schätzt den Verstand über die Maßen. Sie tut es in Blick auf die Welt in Form der gesellschaftlich fortschreitenden Arbeitsteilung, der Ausdifferenzierung der Wissenschaften, aber auch in Bezug auf die allgemeine Emanzipation aus den Ketten der alten, feudalen und klerikalen Ordnung. In der Philosophie und den Wissenschaften ist die Wertschätzung des Verstandes, der Glaube an seine Realität und Rationalität verbürgende Kraft allgemein. Hegel stimmt schon früh in den Chor der wissenschaftlichen Stimmen mit ein: »Die Vernunft ohne den Verstand ist nichts, der Verstand doch etwas ohne Vernunft. Der Verstand kann nicht geschenkt werden« (2, 551). Die Hochschätzung des Verstandes bleibt ungebrochen, Hegel spricht, wie erinnert, in der Vorrede zur *Phänomenologie des Geistes* von seiner »verwundersamsten und […] absoluten Macht«. Gleichwohl hält er am Primat der Vernunft fest, den er aufgrund der politischen Folgen der Französischen Revolution und der Kantischen »Revolution der Denkungsart« für dringend geboten hält.

Mit dieser Anspannung des Gedankens soll abschließend in das, was (a) diese faszinierende – Sein und Zeit vermittelnde – Schrift leistet, hineingeleuchtet werden, um (b) gleichsam als Moral von der Geschicht' zu zeigen, welchen Fortgang Hegels Philosophie in der Reflexion auf sich und die (neue) Welt weiter nimmt.

(1) *Nochmals Vernunft und Verstand.* Während des 16. Jahrhunderts erscheint »die Weltlichkeit als in sich zu Bewusstsein kommend, daß auch sie ein Recht habe, in der Sittlichkeit, Rechtlichkeit, Rechtschaffenheit und Tätigkeit des Menschen« (12, 416). Denn mit der Heraufkunft der neuen Welt »war das formelle Denken, der Verstand schon ausgebildet worden«. Nun mussten auch der freie Geist und die allgemeinen Grundsätze der politisch-praktischen Vernunft »zum Panier der Welt gemacht werden« (12, 417). Das Staatsleben und die Gesetze müssen mit Vernunft eingerichtet werden und sich durch vernünftige Prinzipien leiten, sowohl *motivieren* wie *legitimieren* lassen. Erst beide Antriebskräfte zusammen überwinden den (kantischen) Dualismus und lassen die staatlichen Gesetze und Prinzipien wie die Gewaltenteilung *glaubwürdig* werden. Nur unter dieser Bedingung – des Zusammenwirkens der Beweggründe (Motive) und der Rechtsgründe (Legitimative) – gerinnt die Freiheit des Geistes zur Wahrheit und Wirklichkeit der neuen Welt. Die *Philosophie des Rechts*, mit der wir uns im Anschluss befassen, ist dann der Probierstein dieser Behauptung.

Der trennende Verstand, so mächtig, realitäts- wie rationalitätstüchtig und -süchtig er ist, kann nicht die letztgültige Auskunft über die Welt sein. Weltsucht und Weltflucht liegen in seinem Verhalten eng beieinander. Seine Dualismen von innen und außen, intensiv und extensiv, körperlich und geistig, subjektiv und objektiv, denkend und wollend, seiend und sollend sind mächtige, aber abstrakte und unvermittelte Entgegensetzungen. Die Vernunft, das spekulative Denken ist die Weltmacht, die die Dualismen auf ihren inneren Zusammenhang hin durchsichtig zu machen versteht. »Solche festgewordenen Gegensätze aufzuheben, ist das einzige Interesse der Vernunft.« (2, 21) *Sie lassen in ihren Entgegensetzungen ein gemeinsames Interesse erkennen.* Vernunft ist Vernunft und Verstand. Sie machen aus ihr ein wenngleich extrem spannungsreiches Insgesamt. Aber so, dass die Stärken der durch den Verstand getroffenen und an der Erfahrung erprobten Unterscheidungen erst wahrhaft zur Geltung kommen. Ein vernünftiges Denken zeigt Wege zu ihrer Vermittlung. Auf ihnen wird der Absolutheitsanspruch verständigen Denkens eingeschränkt. Obwohl von gleichem Schrot und Korn, ist die Vernunft noch in der Lage, *sich* selbst in Form des Verstandesgebrauchs zu kritisieren. Kant hatte das in der *Kritik der reinen Vernunft* vorgemacht, Hegel folgt dem, setzt aber andere Akzente. Sein Thema ist die beharrliche Selbstkritik der verständigen, vornehmlich an Machbarkeits- und Tauglichkeitsstudien interessierten Teile dieses Denkens. Kurz, die Vernunft besteht in der klugen, d. i. welterfahrenen Beschränkung des Verstandes, sie erinnert das moderne Denken daran, inwieweit seine Macht und Ohnmacht aus der selbstbewussten Beschränkung des Verstandes erwachsen. Sie entdeckt dem Selbstbewusstsein – neben den überzeugenden, die Weltlichkeit der Welt schaffenden Verstandesleistungen – eben auch eine neue, weil wahre und wirkliche, d. i. *sittliche* Welt (vgl. 3, 179).[24] Die Vernunft ist, anders gesagt, die Anleitung zum richtigen Gebrauch des Verstandes, und also das Schwerste überhaupt. Dieses kann zuletzt nur unter Zuhilfenahme des Sozial- und Sachsinns anderer (auch fremder) endlicher vernünftiger Naturen bewerkstelligt werden. Als Destillat einer reinen, dekontextualisierten geistigen Natur, als ›Form pur‹ ist dieser Extrakt nicht zu fassen. Der Form erwächst ihr Inhalt bei jedem Schritt.

Die Verbreiterung und Vertiefung der Welt, wozu das verständige Denken in Form seiner Analysen (von Ursache und Wirkung, Mitteln und Zwecken, Quantifizierung und Qualifizierung) so machtvoll in der Lage ist, fordert an allen Ecken und Enden den *sozialen Sinn aller Beteiligten* heraus: Ob dieser enorme Gewinn an weltimmanenter und rationaler (objektiver, effektiver und instrumenteller) Erklärungs- und Gestaltungskraft denn tatsächlich alles ist, was das Denken – die verteilte und versammelte Intelligenz des Geistes – zu bieten hat.

Die Antwort kristallisiert sich im Verlauf der Neuzeit in einer Denk- und Lebensform heraus, die zwar mit dem Verstandesdenken eine Unmenge an (diskursivem) Grund und Boden teilt, sich dennoch scharf von ihm zu unterscheiden weiß. Der »gesunde Menschenverstand« spiegelt nicht unbedingt der Menschen höchste Gaben. Schon lange ist er mit Vorbehalten aller Art befrachtet. Die

Vernunft sieht sich durch ihn gleichsam in ihrer Ehre gekränkt und herausgefordert. Wie der Verstand, der die Verweltlichung der Welt und ihre Ermächtigung so ungemein befördert, weiß auch die Vernunft ihre Aufgaben und Verrichtungen neu und dramaturgisch geschickt in Szene zu setzen. Sie wagt in dem, was sie an festgewordenen Gegensätzen aufhebt (feststellt, verflüssigt und reformuliert), die historischen und logischen Voraussetzungen zu thematisieren, die in der Lage sein könnten, neue Horizonte des politischen und gesellschaftlichen Lebens zu öffnen. Wie gesagt, die Vernunft versteht ihre Aus- und Aufführungen (*performance*) stärker im Sinne eines *enabling*, als umfassende Befähigung der Vielen, nach Freiheit und Gleichheit streben.[25]

Um einen *schlechten Idealismus* handelt es sich immer dann, wenn der Pragmatismus und Instrumentalismus verständigen Denkens für das vernünftige heruntergespielt oder ganz außer Acht gelassen wird. Schon Kant hat geltend gemacht, dass, wenn die Menschen überleben wollen, nicht nur die Entwicklung des instrumentellen Denkens unumgänglich ist. Sie diene auch dem Zweck, die Menschen der Vernunft im umfassenden, d. i. dem freien oder praktischen Sinn näherzubringen.[26]

Der Verstand ist die die Weltlichkeit der Welt ungemein befördernde und beflügelnde Kraft, die sich selbstbewusst ihre eigenen Realitäts- und Rationalitätsstandards zu schaffen weiß. Wir sprechen voller Bewunderung von seinen technischen und zivilisatorischen Errungenschaften. Ein Denken in seinem Umkreis dünkt sich leicht allmächtig. Es dient vornehmlich der Sicherung und Kultivierung des Lebens, verspricht aber vollmundig ein glückliches und freies erreichen zu können. Es ist bar jeder Bescheidenheit. Die »List der Vernunft« liegt auf dem Wege ihrer Selbstüberlistung oder darin, den Verstand zu Wort und zu seinem Recht kommen zu lassen.

Angesichts dieses an Instrumenten und Verfahren, Techniken und Praktiken reichen Denkens bleibt der Vernunft nur die Rolle eines armen Schluckers. Ihr verbleibt nur der Verweis auf seine technokratischen Grenzen, auf das eklatante Versagen gegenüber allen Themen, die, wie Freiheit, Gleichheit, Schönheit, Güte, Niedertracht und Edelmut, Großherzigkeit und Freundschaft sich dem »tabellarischen« Denken nicht oder nur teilweise fügen. Die Vernunft ist ob ihrer Armut negativ, sie bringt es, ob ihrer selbstkritischen Haltung, nur zu äußerst fragilen Übereinkünften – ein »fester Mittelpunkt« zwar, den man aber *nicht*, wie Hegel über die Freiheit schreibt, »mit Spießen und Stangen festmachen« kann. *Gegenständliches Denken* ist ein Denken mit »Spießen und Stangen«, es beinhaltet zu glauben, mit *kommunikativen*, von Widerstreit und Versöhnung, Absprachen und Übereinkünften lebenden Themen auf eine Weise verfahren zu können, als hätte man es in der Hand, als verfügte man darüber, das, worum es in diesen Fällen geht, auf kürzere oder längere Sicht dingfest (= *positiv* in abwertendem Sinn von bloß *gegeben* und *handhabbar*) machen zu können.

Nach seiner *logischen* Seite fasst Hegel das Verhältnis von Vernunft und Verstand wie folgt zusammen:

> »Der wesentliche Gesichtspunkt ist, daß es überhaupt um einen neuen Begriff wissenschaftlicher Behandlung zu tun ist. Die Philosophie, indem sie Wissenschaft sein soll, kann, wie ich anderwärts erinnert habe, hierzu ihre Methode nicht von einer untergeordneten Wissenschaft, wie die Mathematik ist, borgen, sowenig als es bei kategorischen Versicherungen innerer Anschauung bewenden lassen oder sich des Räsonnements aus Gründen der äußeren Reflexion bedienen. Sondern es kann nur *die Natur des Inhalts* sein, welche sich im wissenschaftlichen Erkennen *bewegt*, indem zugleich diese *eigene Reflexion* des Inhaltes ist, *welche seine Bestimmung* selbst erst setzt und *erzeugt*.
> Der *Verstand bestimmt* und hält die Bestimmungen fest; die *Vernunft* ist negativ und *dialektisch*, weil sie die Bestimmungen des Verstands in nichts auflöst; sie ist *positiv*, weil sie das *Allgemeine* erzeugt und das Besondere darin begreift. Wie der Verstand als etwas Getrenntes von der Vernunft überhaupt, so pflegt auch die dialektische Vernunft als etwas Getrenntes von der positiven Vernunft genommen zu werden. Aber in ihrer Wahrheit ist die Vernunft *Geist*, der höher als beides, verständige Vernunft oder vernünftiger Verstand ist. Er ist das Negative, dasjenige, welches die Qualität sowohl der dialektischen Vernunft als des Verstandes ausmacht; – er negiert das Einfache, so setzt er den bestimmten Unterschied des Verstandes; er löst ihn ebensosehr auf, so ist er dialektisch. Er hält sich aber nicht im Nichts dieses Resultates, sondern ist darin ebenso positiv und hat so das erste Einfache damit hergestellt, aber als Allgemeines, das in sich konkret ist; unter dieses wird nicht ein gegebenes Besonderes subsumiert, sondern in jenem Bestimmen und in der Auflösung desselben hat sich das Besondere schon mit bestimmt. Diese geistige Bewegung, die sich in ihrer Einfachheit ihre Bestimmtheit und

> in dieser ihre Gleichheit mit sich selbst gibt, die somit die immanente Entwicklung des Begriffes ist, ist die absolute Methode des Erkennens und zugleich die immanente Seele des Inhalts selbst. – Auf diesem sich selbst konstruierenden Wege allein, behaupte ich, ist die Philosophie fähig, objektive, demonstrierte Wissenschaft zu sein.« (5, 16 f.)

(2) *Die Moral des Denkens.* »Was nicht festgehalten wird, ist nicht. Was festgehalten wird, ist tot«, schreibt der französische Schriftsteller und Antiphilosoph Paul Valéry (1871–1945). Vor diesem Rätsel (seiner selbst) steht der Verstand. Was er nicht festhält, ist nicht. Was er festhält, ist tot, es gerät mindestens in die Nähe einer leb- und bewegungslosen Existenz – was ihn freilich nur die Vernunft, die in ihm steckt, zu sehen lehrt. Das vernünftige Denken verspricht, ein Heil- und Bildungsmittel dagegen zu sein. Es hat auf das Selbst bezogen, das denkt, eine kathartische Funktion.

Lautet die Maxime spekulativen Denkens, die Einheit eines Gegenstandes stets über die Einheit und den Unterschied seiner zu denken, so ergeht diese Aufforderung auch an die Vernunft. Vernünftig zu denken heißt, sowohl Vernunft und Verstand walten zu lassen. Geist beweist nur, wer Sinn und Verstand zu aktivieren weiß. Beide müssen in Einheit und Unterschied über Satz und Gegensatz, über Recht und Unrecht, Rat und Unrat gedacht werden. Das verständige Denken hält die Bestimmungen fest, es schafft eine statische, »tabellarische« Ordnung. Es zielt auf eine identifizierende, klassifizierende und subsumierende Tätigkeit, überhaupt auf ein in allem borniertes Tun, wie es nicht eben selten auch beim gesunden Menschenverstand zu Tage tritt. Die »*Vernunft* ist negativ und *dialektisch*, weil sie die Bestimmungen des Verstandes in nichts auflöst; sie ist *positiv*, weil sie das *Allgemeine* erzeugt und das Besondere darin begreift.« Man sollte die ständige Volte spekulativen Denkens genau darin sehen, das Positive auch hier nicht nur gegenständlich und in ein allzu einsilbiges Verhältnis zum Negativen zu setzen. Das macht schon die Hegel'sche Wortwahl deutlich. Positiv, trotz des Negativen, ist ein vernünftiges Denken, weil es das Allgemeine »*erzeugt*« und das Besondere »begreift« und nicht, wie es üblicherweise verstanden wird, es »ergreift«, »übergreift« und unter sich begräbt.

Es ist vielleicht das Missverständnis schlechthin, das die Dialektik und ihr Verständnis vom Begriff in Misskredit gebracht hat.

Deutlicher vielleicht wird die provozierende Rolle des Allgemeinen, das unweigerlich mit aufgerufen, mit geschaffen und herbeigeführt wird, wenn man von einem Unbestimmt-Allgemeinen sprechen würde, das *sich* automatisch in jeder Kritik der Verstandesbestimmungen *mit einstellt* und (erst) im Versuch, es in der *Form* des Unterschiede machenden Verstandes zu »ergreifen« (es dingfest zu machen), um sein in- wie exklusiv Vernünftiges gebracht wird. Es ist der Moment, in dem sich das Vernünftige dem Denken entzieht, ohne bloß eine Luftnummer zu sein. Von diesem unerklärlichen Rest sprechen Philosophen manchmal auch als von einem *Nicht nichts*. Das Positive des (unbestimmt) Allgemeinen, das in jedem Sprech- wie Denkakt miterzeugt wird, lässt sich hinsichtlich seiner Bedeutung am besten durch ein irreduzibles *nicht nichts* charakterisieren, es ist der absolute Kontrapunkt zum *etwas* als einem gegenständlich gedachtem Sein.

Das Allgemeine, wie Hegel es denkt, ist kein Segeltuch-Allgemeines, welches das Besondere überspannt und uns wie alle übrigen Menschen unter seine Plane bringt. Es spricht das Besondere als Besonderes an und zeigt, wie es vom Allgemeinen bestimmt, das heißt vom Freiheitswillen durchdrungen ist, um es des Weiteren auf *seine* Allgemeinheit hin zu befragen. Dieses sich besondernde Allgemeine entzieht sich aber in dem Augenblick, da es in verständig-bestimmter Weise seiner Begründungspflicht (seiner Selbstbestimmungspflicht) nachkommen müsste in einen zuletzt unbestimmt bestimmenden Horizont. Erlöst wird das Allgemeine des Denkens (nur) durch das *Einzelne* im Augenblick der *Unmittelbarkeit* seiner Kontaktaufnahme mit der Realität. »Mit der Unmittelbarkeit des Einzelnen tritt die Idee in das wirkliche Leben ein.« (13, 196) Genau hier, an dieser Stelle erreicht das Denken gleichsam die Welt, die sich aber, sobald das Denken sie – in ihrer Vielfalt und Individualität – in bzw. mit seinen allgemeinen Begriffen zu traktieren beginnt, als *unerreichbar* herausstellt.

Das Positive dieses höchstgerankten Allgemeinen liegt in einem (unbestimmt) Negativen, nämlich darin, sich zu *entziehen*: deutlich zu machen, dass es anderes im Schilde führt als ein neues Positives heraufzuziehen, das dem alten in seiner bestimmten Positivität gleicht. Das Positive der Vernunft liegt in einem Negativen mit zweifelhaftem Ruf, nämlich darin, sich jederzeit depotenzieren, sich ent-täuschen zu müssen; zu zeigen, dass sie immer wieder auch an sich selbst zweifelt; dass sie den Verdacht gegen sich selbst, auch ein (H)Ort der Selbsttäuschung und des Selbstbetrugs zu sein, niemals ganz ersticken kann. Den Selbstzweifel wach zu halten, ohne sich ihm und seiner Handlungsschwäche einfach zu ergeben, ist die Maxime spekulativen Denkens. In dieser Positivierung des Unbestimmten kommt das Denken zur Vernunft. Das unbestimmt Positive am vernünftigen Denken ist dies immer neu erregte Vermögen der Selbstkritik, eine Stärke, die durch nichts aufgewogen werden kann in modernen Verhältnissen, die regelmäßig dazu tendieren, den Ungeist des Autoritären aus dem *trouble*, den die gleiche Freiheit provoziert, als einzigen Ausweg zu empfehlen. Ein unterscheidungsfestes Denken will die Schwäche, die Verlegenheit der Vernunft im Blick auf sich selbst und seine Verfechter nicht einsehen. Sie aber kommt jedes Mal zum Vorschein, wenn man sich bestimmterweise auf sie – wie auf ein in ihrem Besitz befindliches Kriterium – hofft berufen zu können. Die Philosophie hat in der kaum länger als ein halbes Jahrhundert währenden Blütezeit – beginnend mit Kants *Kritik der reinen Vernunft* (1781) – diesen Gedanken zu denken und in immer neuen Ausarbeitungen zu durchdringen versucht. Heute regiert – in Form und Folge des Reflexivwerdens aller Bestimmungen des Denkens und Handelns – dieser Gedanke in alle Verhältnisse des menschlichen Lebens hinein.

Die Vernunft übergreift nicht, was Vernunft und Verstand trennt, sie erschließt ihr Verhältnis gleichsam von innen, sie »erzeugt« das Allgemeine, sie macht auf eine Differenz aufmerksam, deren selbstvergessene Hauptarbeitszeit im Vollzug liegt, sie schafft ein radikal Unbestimmt-Allgemeines, das nicht nur das Besondere als Besonderes herausstellt und verständlich macht; es zieht auch den vagen Horizont einer Welt herauf, in dessen *Schutz* das Besondere wirklich und im Kontext seiner Umstände gesehen und begriffen werden kann. Es handelt sich bei dieser *Positivierung des Unbestimmten* der Vernunft um ein Negatives, das man vielleicht im Sinne eines »es reißt auf« interpretieren kann: das sich uns so zeigt, wie sich ein neues Wetter *ankündigt*: anwesend und (noch) abwesend zugleich, in einer Vorspannung, Vorzeichnung, Vor(her) bestimmtheit oder Vorahnung zu sein, ohne bereits einen über Unterschiede belastbaren Beweis seiner Realität in den Händen zu halten. In jedem Fall lässt es dem besonderen Moment das zuteilwerden, was er verdient.

Die Vernunft »übersteigt«, was Vernunft und Verstand trennt, übergreift beide aber nicht. Übergriffig ist die Art und Weise, wie der Verstand verfährt, er identifiziert und klassifiziert Gegenstände nach Gemeinsamkeiten, wie er sie (gerade) braucht, er subsumiert und unterwirft sie sich, ohne zu fragen, ob die Schemata des Denkens zu dem, was da quantifiziert und qualifiziert, relationiert und modularisiert werden sollen, passen. Das verständige Denken nutzt Begriffe einzig als *Griffe*, mit denen an- und aufgriffen wird, was auch nur irgend greifbar erscheint. Ein vernünftiges nutzt sie nicht nur als Griffe, es sieht in der Griffigkeit ein Problem. Das Höchste des Denkens kann unmöglich in seiner Griffigkeit, es kann nicht in seiner Handhabbarkeit liegen. Es verlöre sich – das Geistige qua *Medium*, *Mittel* und *Moral* – wie die Erfordernisse der Welt, die aus einem zeitgemäßen Begriff von Freiheit und Gleichheit, Recht und Unrecht, Schönheit und Hässlichkeit, Mut und Vermutung, Größe und langem Atem erwachsen, aus den Augen. In ihm können die Gegenstände und Zustände, die Individualitäten und Kollektivitäten auf ganz unterschiedliche Weise aufgegriffen werden. Bloßes Griffig-Sein bedeutet Krieg, es verlangt nach einer Evaluation, die zu leisten eben erst ein vernünftiges Denken, mit dem, was die Sache hergibt, verspricht. Es erinnert darüber hinaus an eine weitere, grundsätzliche Schwierigkeit: Nicht sicher wissen zu können, ob und wie überhaupt mit den großen Themen verfahren werden soll, die, wie Freiheit und Gerechtigkeit, Schönheit und Güte, Kultur und Barbarei, allenfalls provisorisch »mit Spießen und Stangen« erlegt und erledigt werden können. Wie denn die »Idee«, von der Friedrich Schlegel sagt, sie sei »ein bis zur Ironie gesteigerter Begriff«, überhaupt dem Griffigkeitspostulat sollte folgen können.

Was immer die Vernunft an selbstreflexiver Kraft demonstriert, der Verstand spricht von ihren »Sophistereien« – ein »Schlagwort«, ein Schimpfwort, wie Hegel schreibt, das den »gemeinen Menschenverstand gegen die gebildete Vernunft« (3, 64) ins Feld führt, um letztere zu desavouieren. Später, in der Einleitung zur *Wissenschaft der Logik*, wird Hegel davon sprechen, die Wahrheit (wie Freiheit) »als [...] etwas Handgreifliches« aufzufassen, »auf die Seite [...] legen« zu müssen (5, 44). Selbst Platon mache sich zuweilen dieses schrecklichen Fehlgriffs schuldig.

Der Begriff – unter der Schirmherrschaft des Verstandes – reduziert die Welt auf das, was sich mittels seiner Fangarme erreichen lässt. Die Vernunft macht sich von diesem System aus Tentakeln selbst noch einen Begriff hinsichtlich seiner Leistungsfähigkeit und Grenzen. Den Reim, den sie sich darauf macht, nennt Hegel den *freien* oder *geistigen* Begriff. Er charakterisiert das begreifende Denken als Zu-sich-Kommen der Vernunft. Zur Vernunft kann man nur kommen. Sie wird allenfalls durch Schaden klug, weiß aber, wie dumm es wäre, nicht jederzeit damit zu rechnen, auch auf der Stufe des Verstandes operieren zu müssen. Es gibt kein Denken ohne den Gebrauch vorverständiger Schubladen.[27] Die Vernunft ist der Verstand, der, aus Erfahrung des Schadens klug geworden, nicht verhindern kann, in der Schadensbekämpfung immer wieder auf ein verständiges wie leidlich vorverständigtes Denken und Handeln zurückgreifen zu müssen – von der Erinnerung, aus der sie schöpft, ganz zu schweigen. Dieser Verlegenheit sind sich seit Kant und Hegel alle *endlichen vernünftigen Mächte* (*Agencies*) bewusst. Das eben besagt die Formel dialektischen Denkens, wenn es die Vernunft bestehend aus Vernunft und Verstand zusammengesetzt sieht: den Primat zwar der Vernunft zugesteht, aber schon im Versuch, sie in der Welt zu verbreiten, nicht umhin kann, wieder auf den Materialismus und Pragmatismus des Verstandes zu rekurrieren. Unmöglich, auch nur zu glauben, rein vernünftig sein zu können. Die Moral des Denkens besteht in der Beachtung und Beobachtung, vor allem aber in der Begutachtung dieser Verhältnisse. Hegel braucht daher kein abgegrenztes Fach namens Ethik. Die *Logik* des Denkens ist seine; sie beruht nicht auf der »Altklugheit des Sollens«. Die Moral vernünftigen Denkens besteht im *richtigen* Denken. Sie wird durch jene Operation gewährleistet, die Hegel, wie erwähnt, den freien oder auch den vernünftigen Begriff nennt: den *Begriff*, der die Akte(n) des Denkens verständig *schließt*, um sie bei Gelegenheit ihrer Kritik – des im Namen eines auf Freiheit gegründeten Denkens – zur Wiedervorlage zu *öffnen*.

Vernünftiges Denken darf sich, wie Hegel sagt, den Verstand nicht schenken; es darf als »negativ und dialektisch« aber auch nicht dabei stehen bleiben. Es verlöre seine spekulative, das heißt aufschließend-dekonstruktive Kraft. Vernünftiges Denken ist – spätestens seit Kant – vernunftkritisches Denken: Selbstkritik der Vernunft, ohne die Möglichkeit, anders als *negativ*, als anwesend abwesend über sich und seine Belange zu sprechen. Allein ein auf dem höchsten Niveau angesprochener Begriff gestattet, die entsprechenden Modifikationen oder defizitären Formen angemessen zu begreifen. Auch diesen Gedanken hat die Philosophie seit ihren Anfängen durchgehend beherzigt.

(3) *Die Prosa der Welt.* Das Weltlichwerden der Philosophie geschieht im Zeichen der Anerkennung des Verstandes, der Aufklärung (als Begriff und Epoche) *mit* und *in* ihren Begriffen: dem Nützlichen, dem Mechanischen, dem Endlichen, dem Wissenschaftlichen, dem Gewohnheitsmäßigen, dem Analytischen, dem Religionskritischen, der betrügenden Priesterschaft usf. Es zeigt sich eine Konzentration auf die Welt in *irdischen* Maßen. Seine führende Kategorie ist die Kausalität, sein Forschungsinteresse die Abbildung der Welt in Form von Gesetzen – sowohl der Natur wie der Sitten. Man spricht Prosa, Poesie ist verpönt. In einer *Vorlesung über die Philosophie der Religion* heißt es lapidar: »Die Welt ist jetzt prosaisch geworden« (17, 61). Die wundersamste und größte Macht dieser Prosa liegt im Machen von tragenden Unterschieden; vor allem solchen von Recht und Unrecht. »Das Weltliche will weltlich gerichtet werden; der Richter ist der denkende Verstand.« (20, 63) Der Verstand hält die Schlüssel zur Theorie und Praxis einer auch intramundan, *in* und *aus* sich selbst gerechtfertigten Welt in den Händen.

Diesem *Verweltlichungsprozess der Welt* korrespondiert ein *Philosophisch-Werden der Philosophie*. Federführend in diesem Prozess ist, wie angedeutet, eine Vernunft, die auch aufgrund der historischen Umstände (»dieser ganzen Welt der Bildung«, der Arbeit und Wissenschaft, der Neuformierung der Ökonomie und einer ›unsichtbaren Hand‹, der Aufklärung und der »Französische Revolution« usf.) ein gründliches Wissen von sich und ihren zweifelhaften Belangen erarbeitet hat. Vor allem weiß sie sich in der Lage, eine vertiefte

Einsicht in das, was Vernunft und Verstand trennt, zu gewinnen. Sie lässt diese Differenz – in Theorie und Praxis, im *logischen* Denken wie im Denken von *Recht* und *Unrecht* – fruchtbar werden. Was endlich bedeutet, auch den Begriff des *reinen* Denkens (als begreifendes Denken) in vollem Umfang auf- und abklären zu können. Hegels nächst der *Phänomenologie des Geistes* großes Werk ist die *Wissenschaft der Logik* (1812/1816), es rekonstruiert und analysiert im Zusammenhang »die Denkformen, die sich [instinktartig] durch alle unsere Vorstellungen [...] hindurchziehen« (5, 25). Ihm folgt nur wenig später die *Rechtsphilosophie*. In der Zwischenzeit reift auch die Idee eines enzyklopädischen Systems der Philosophie heran, das in ersten Ausarbeitungen in den *Nürnberger Schriften* vorliegt. In all diesen Schriften führt die Idee eines wahrhaft Philosophisch-Werdens der Philosophie Regie.

Anders gesagt, in die doppelsinnige Bewegung – der Leitidee unseres Buches – vom Weltlich-Werden der Philosophie und dem Philosophisch-Werden der Welt (in der Philosophie Hegels) zeigt sich eine weitere Denkbewegung eingeschrieben. Sie beschäftigt sich mit dem *Weltlich-Werden der Welt* und ihren Kräften in einer, wie angedeutet, in allem »auseinandergezogenen« Welt. Sie legt auch den Grundstein für eine neue gesellschaftliche und politische Praxis. Hegels Überlegungen verfolgen aber auch das komplementäre Projekt. Es zielt auf das *Philosophisch-Werden der Philosophie*. Die Philosophie muss (endlich) philosophisch werden. Sie muss sich philosophisch in der notwendig *unvollendet* bleibenden Idee/Materie-Matrix (dem historischen Faktum) der *Freiheit* einrichten, d. i. *vollenden*. Das Philosophisch-Werden des (philosophischen) Denkens kann nur auf dem Felde eines in seiner *Unvollendetheit Vollendeten* liegen. Die Einrichtung eines Lebens in Freiheit bleibt eine ständig zu bewerkstelligende *Aufgabe*, deren *Maßgabe* sie selbst enthält. Idee und Faktum fallen trotz abgrundtiefer Verschiedenheit – ihr Trennungsgrund liegt in (den historischen Umständen) der Zeit – zusammen. Gerechtfertigt wird diese beinahe unverschämt klingende These dadurch, dass *Égaliberté*, die gleiche Freiheit aller der allgemein *anerkannte* Grundsatz- und vielfach differenzierte Gebrauchsartikel eines Lebens auf der Höhe der Moderne ist.[28]

Die Philosophie muss einen freien (reinen) Begriff ihrer selbst »entwickeln« – explizieren, evaluieren und exponieren (darstellen, richtigstellen und herausstellen). Dieser Begriff sollte nicht mehr in undurchschauter Abhängigkeit von unphilosophischen Voraussetzungen wie göttlichen Gesetzen, historischen Mächten (der Zeit), gottgleichen Regenten (despotischen Herrschern) oder auch einer in die Irre führenden Satzform (Grammatik) stehen. Die Philosophie erarbeitet sich einen neuen, wirklichen wie wahren Einblick in ihre ureigenste Domäne – in das Denken, d. i. das *Denken des Denkens*. Es geht um ein Denken, das als *reines* beansprucht, auch die (historische) *Zeit*, wie Hegel sagt, zu »tilgen«, die das Denken ständig drängt, mit »dreckigen«, unlauteren, unerläuterten, unklaren und undifferenzierten Gedanken (Gründen, Phantasmagorien, Interessen, Versprechungen, Symbolen usf.) zu verkehren . Die *Wissenschaft der Logik* ist die Darstellung des Systems der reinen Denkbestimmungen: »der sein Wesen denkende Geist« (5, 17). Auf sie und die Frage, ob und wie das gelingt, kommen wir im vierten Teil zu sprechen.

Wie man von Werkzeugen, von Maschinen, von technischen Geräten und Artefakten sagt, sie hätten eine gewisse Produktreife erreicht, so glaubt Hegel – vielleicht nicht ganz zu Unrecht –, in seinem Denken erreiche die Philosophie *Begriffsreife*. Entsprechend werden die Begriffe die leitenden Angestellten der Philosophie. Sie werden mit der Aufgabe betraut, die Ideen, die die Zeit vorgibt, gedanklich durchzuarbeiten und darzustellen. Das gelingt, wie man bald sieht, nicht in einem einmaligen Akt. Es dauert. Ein Denken, das sich auf *Freiheit als Methode* stützt, kann nur in fortwährend kritischer Auseinandersetzung mit den unfrei machenden Machenschaften des Verstandes – also eines Großteils seiner selbst – bestehen. Diese Aufgabe delegiert das Hegel'sche Denken an die Vernunft, die höchste der menschlichen Gaben, die aber, wie sich zeigt, selbst kein geschlossenes System ist, sondern in intimer wie anonymer Weise eine Liaison mit dem sozial-historischen Sinn unterhält. Allgemeiner und unserer Sprache näher könnte man – mit dem Marx der Feuerbach-Thesen – sagen, die Vernunft der neueren Philosophie sieht sich in enger Verbindung mit »der *Praxis* und dem *Begreifen dieser Praxis*«. Das dialektische Denken begreift, wie in allen Dingen, um eine andere, aber vergleichbare Formel zu bemühen, die »praktische Vernunft [...] die Wurzel aller Vernunft« ist (J. G. Fichte).

Das Argument, auf die sich die Philosophie dabei stützt, ist Kants ebenso knappe wie unvergleichlich treffende Formel: »Praktisch ist alles, was durch Freiheit möglich ist.« (KrV, B 828) Und allein darauf kann sich das Verständnis von Vernunft oder richtigem Denken berufen. Diese Gleichung ist das Losungswort, das es erlaubt, den Sinn des Praktischen – des Politisch wie Moralisch Praktischen – aus den gedanklichen Fesseln einer auf wissenschaftlich-technische Praxis verengten Rationalität zu lösen; um gleichzeitig – unter dem Primat einer durch Freiheit möglichen Praxis – erneut über die ständig notwendige *Vermittlung* beider nachzudenken. Praxis ist *Praxis* (die Regelung der menschlichen Angelegenheiten auf der Basis von Freiheits- und Gleichheitsrechten) und *Poiesis* (dem Herstellen lebensnotwendiger Güter durch Handwerk oder Industrie). »Diese Arbeit des Menschengeistes im inneren Denken ist mit allen Stufen der Wirklichkeit parallel.« (20, 456)

Kurz, im Sinne der spekulativen Dialektik Hegels zu denken, heißt, den doppelsinnigen Sinn des Weltlich-Werdens der Philosophie und des Philosophisch-Werdens der Welt auch über den Prozess des Weltlich-Werdens der Welt und des Philosophisch-Werdens der Philosophie ausbuchstabieren zu müssen. Die innere Logik der beiden gedanklichen Bewegungen stellt sich dann so dar: Die Verweltlichung der Welt geschieht in Form der Verzeitlich- und Verzettelung der Welt oder dem Weltlich-Werden der Zeit. Die Heilsgeschichte wird zur Weltgeschichte, die verweltlichte Zeit zur Weltzeit. Man sucht in der Welt nach dem Heil, in dem der Mensch, der »neue Heilige« (14, 237), zum Maß aller Dinge wird. Über den Globus legt sich die Weltzeit – mitgeschaffen durch Wissenschaft und Technik, die große Industrie und eine Bourgeoisie, die durch ihr Bedürfnis nach Absatz ihrer Produkte den Weltmarkt und die Kolonien erschafft. »Alles Ständische und Stehende verdampft, alles Heilige wird entweiht«, wie Marx und Engels diesen Prozess wenige Jahre später zusammenfassen.

Das Philosophisch-Werden der Philosophie ernennt zuletzt den freien Begriff zum leitenden Angestellten der Philosophie, der wiederum für die »Entwicklung« des sich selbst wissenden Wissens (qua Idee) verantwortlich zeichnet. Im Geist der Gleichfreiheit aller Menschen erreicht das Selbstbewusstsein der modernen Welt diesen Begriff seiner selbst. Geist und Moderne werden gleichgesetzt. Der Werkmeister wird auf der Höhe der neuen Zeit zum Weltmeister. Die Werkmeisterei des Geistes steht vor der neuen Aufgabe seiner Weltmeisterschaft. Hegel denkt aus diesem Übergang heraus. Er sieht aber (womöglich) noch nicht genau, welche schwer lösbaren Problemknoten sich aus einer radikal auf *Égaliberté* getrimmten Weltmeisterschaft ergeben. Je gründlicher die Philosophie Einblick in ihre Aufgaben erlangt, desto aufschlussreicher gerät auch die Beobachtung der Verweltlichung der Welt. Dieser wechselseitige Blick erzeugt Synergien, deren Einsichten nicht zu gering zu veranschlagen sind, aber auch den Verdacht, sich ständig am Rand des Nihilismus zu bewegen. Der Glaube an ein »Heil« in der Welt, das deutet sich an, wird es schwer haben.

Der doppelsinnige Doppelsinn in dieser Bewegung philosophischen Denkens wird in der *Phänomenologie des Geistes* relativ abstrakt und eher im Blick auf seinen Entstehungszusammenhang hin reflektiert, er gewinnt seine nähere Gestalt erst in der *Rechtsphilosophie*, genauer in den *Grundlinien der Philosophie des Rechts*, die den Gegenstand unseres nächst größeren Teils über *Recht, Politik* und *Gesellschaft* bilden. – Bevor wir diese Themen behandeln, sollte aber noch der Problemgewinn eingefahren werden, der nach Hegel aufs Engste mit der Verweltlichung der Welt und dem Philosophisch-Werden der Philosophie verbunden ist: Wie nämlich der Umgang mit der *Zeit* – angesichts der Behauptung eines »absoluten Wissens« – genauer zu verstehen ist.

Die Zeit aufheben, innerweltlich

(4) *Die Zeit ragt wie ein Fremdkörper* in die Philosophie und ihren Anspruch auf Allgemeingültigkeit des Wissens hinein. Es geht nicht allein darum, zu demonstrieren, *wie wir denken* (»ticken«), und mit ihm den Versuch zu starten, noch in die letzten Winkel unserer Welt – auch die »toten« – vorzustoßen. Das Denken sieht sich entschieden mit der Frage konfrontiert, ob das, was es tut, allgemein

wahr ist – und nicht nur zu einer bestimmten Zeit. Wie überhaupt diese sukzessiv vertiefte Einsicht in die Relativität und Historizität des Wissens und der Welt unseren Umgang mit der Zeit zu verändern beginnt, wie sie zu verstehen ist und welche Optionen zu seiner Gestaltung uns in Hegels Ansicht daraus erwachsen. Das Denken muss lernen, die *Zeit* und das, was sie mit uns macht, zu begreifen, es muss nach Wegen suchen, sie sich »anzueignen« oder, wie Hegel überaus drastisch – und den praktischen Sinn ins Spiel bringend – schreibt, sie zu »tilgen«. Wir haben die entsprechende Stelle mehrfach zum Ausgangspunkt unserer Überlegungen gemacht. Sie gibt Aufschluss über das *absolute Wissen*: »Die Zeit ist der Begriff selbst, der *da ist* und als leere Anschauung sich dem Bewusstsein vorstellt; deswegen erscheint der Geist notwendig in der Zeit und er *erscheint* [herv. G. G.] so lange in der Zeit, als er nicht seinen reinen Begriff *erfasst*, das heißt nicht die Zeit tilgt.« (3, 584)

Die Zeit verunreinigt das Denken, sie macht es abhängig von allen möglichen Kräften, die gerade oder zufälligerweise auf es einwirken. Das wahre und wirkliche Wissen liegt in dem, was *erscheint*, nur verdeckterweise vor. Verzeitlicht und verzettelt bleiben wir planmäßig in den Erscheinungsweisen des Geistes befangen – von den traumatischen Anfängen unserer Befreiungsgeschichte in ›Herrschaft und Knechtschaft‹ bis zum Ende unseres Lebens im Schatten der Unwiderruflichkeit des Todes. – Die *Zeit* hat uns gleichwohl in der Gestalt der Welt-Geschichte einen gewaltigen Fortschritt im Sein und Bewusstsein der Freiheit beschert. Auf diesem Realitätsglauben fußt die moderne Welt in ihrer Gleichsetzung mit dem Geist.[29]

Wollte man das Ergebnis dieser für die spekulative Philosophie spektakulären Einsicht rekonstruieren, wären die Stichworte die folgenden: Die Aufhebung der Zeit geschieht (a) im Weltlich-Werden der Welt als *Verweltlichung der Zeit* im Zeichen des Verstandes und seiner Nutzenfunktion sowie (b) im Philosophisch-Werden der Philosophie als Begriff qua *Erinnerung der Zeit* im Namen einer *vernünftigen Freiheit*, wobei (c) die Höchstform der *Erinnerung* oder die Aufhebung der Zeit, in einer *Praxis* liegt, die Hegel mit dem »Wort der Versöhnung« verbindet. Mit Handlungsweisen dieser Art, in denen die Freiheit meiner selbst und die der anderen gleichermaßen zum Ausdruck kommt und von allen Beteiligten wechselseitig

Anerkennung erfährt, wird das eingelöst, was Hegel später auch das »Tun steter Versöhnung« nennt. Dieses Tun ist – wie alle wissen und jederzeit erfahren – kein menschlich allzu menschliches, es reicht in seiner Alltäglichkeit an ein übermenschliches Tun heran, für das es – in seiner *Unmöglichkeit* wie *Notwendigkeit* – kein besseres Sinnbild gibt als das des risikoreichsten aller Sprünge: des Springens über den eigenen Schatten.

Um die Diskussion dieses ungemein schwierigen Punktes nicht unnötig ausufern zu lassen, zehn Thesen. Sie fassen Hegels Überlegungen zu Philosophie und Welt im Verhältnis zur (neuesten) Zeit – dem Anfang des neuen Geistes – zusammen.

1. *Der Geist erscheint in der Zeit.* Die versammelte Intelligenz des Geistes vergibt den Auftrag, ihr *Erscheinen in der Zeit* denkend zu durchdringen, an ihre beiden mächtigsten, weit- wie weltläufigsten Agenturen – an das vernünftige und an das verständige Denken. Sie sollen das Weltlich-Werden der Welt und das Philosophisch-Werden der Philosophie über die Verweltlichung der Zeit und die Verzeitlichung und Verzettelung der Welt vorantreiben. Mit dem begreifenden Denken kommen wir überall hin, mit dem Geist können wir selbst unseren größten Gegner, die Zeit, bezwingen. Wir können seine Herrschaft, die uns zum Spielball des Schicksals macht, brechen. Dazu brauchen wir nicht nur *Mut*, wir sollten die Dinge auch mit Sinn und Verstand anpacken. Erst die Herrschaft über die Zeit bringt das Selbstbewusstsein (der Moderne) auf die Höhe seiner selbst.

Wie packt der »Geist« dieses Großunternehmen einer Verweltlichung der Zeit und einer Temporalisierung der Welt genau an? In dem Kapitel über die *verweltlichte Welt* haben wir seine Strategien bereits angesprochen, hier stellen wir den Problemzusammenhang heraus. Wie begegnet die Philosophie den stärker werdenden Relativierungs- und Historisierungsprozessen des Denkens? Was hat die zusehends verweltlichte Welt der allen Sinn vernichtenden Zeit überhaupt entgegenzusetzen? Womit kann sie ihr Paroli bieten?

2. *Die Verweltlichung der Zeit, die Versicherung der Welt.* Der Geist setzt zunächst auf die Verweltlichungsagentur *Nummer zwei*, also den Verstand, er schaut genau auf das, was uns nutzt und Sicherheit verschafft. Diese *agency* erweist sich als ungemein mächtig, aber

nicht als umsichtig genug. Es fehlt ihr an Rücksicht. Sie bleibt blind auf einem Auge, sie kann Freiheit einzig im Sinn des Erlangens von »Kontrolle über« denken – gegenüber der Kultur wie der Natur.

Eine ungemein mächtige Strategie dieser Agentur besteht darin, uns nicht durch das, was scheinbar vor aller Augen liegt, kirre machen zu lassen, sondern nach den (der Mathematik analogen) *Gesetzen* zu suchen. Sie verschaffen uns durch die Kenntnis der Naturgesetze eine gewisse Unabhängigkeit von der Zeit. Wir lernen zu wissen, was kommt, wir können uns wappnen. Im »ruhigen Reich der Gesetze« (3, 120), in dem streng mechanische, kausale und mathematische Erklärungen vorherrschen, spielt die Zeit keine Rolle – siehe das Meisterwerk jener Zeit, Isaac Newtons (1643–1727) *Philosophiae Naturalis Principia Mathematica* (dt.: Mathematische Prinzipien der Naturlehre). Die Welt (qua Natur bewegter Körper) wird durch Kenntnis ihrer Gesetze – der Gravitation und weiterer axiomatisch eingeführter »Mechanismen«, das sind das Trägheits- und Kraftgesetz sowie das der gegenseitigen Einwirkung zweier Körper – unter Kontrolle gebracht. Das Wissen um Gesetzmäßigkeiten ist das erste und beste Bollwerk gegen die Unabwägbarkeiten einer mit der Natur fusionierten Zeit. Sie heben sie gleich mehrfach auf. Durch die Gesetze wissen wir, was auf uns zukommt, wir können uns in Theorie und Praxis darauf einstellen.

Der Ausbau der instrumentellen Vernunft in Form von Wissenschaft und Technik, Wirtschaft und Politik, Recht und Versicherung hilft uns, uns gegen die Unbilden des Unvorhersehbaren zu schützen. Kein Wunder, dass im Vorfeld des Aufstiegs zum Geist und Gipfel der Moderne versucht wird, die Strategie des »denkenden Verstandes« zu totalisieren. Die Suche nach allgemeingültigen Gesetzen wird entschieden auf das Feld der *politischen Praxis* sowie das der *Leidenschaften der Seele* (der *passions de l'âme*) ausgedehnt. Die genaue gesetzmäßige Kenntnis der Affekte wird zur notwendigen Voraussetzung für die Sicherung und Begründung einer rational-effektiven Ethik und Politik – eine erste Psycho-Physik des Verhaltens. Dieser Behaviorismus tritt mit Descartes (1596–1650) auf den Plan. Darüber hinaus müssen wir Ursachen und Wirkungen, die Gesetzmäßigkeit des Ringens um die Macht wie die um unsere selbst- und lebenserhaltenden Maßnahmen genau studieren, um die richtigen politischen, rechtlichen, medizinischen und hygienischen Schlüsse zu ziehen. Das öffentliche Gesetz muss – möglichst mechanisch – zum Gewissens- oder Verhaltensregulativ des Bürgers werden. So lautet vereinfacht die Botschaft von Thomas Hobbes (1588–1679). Anders gesagt, die Zeit wird über die Aufgaben definiert, die um der menschlichen Wohlfahrt (des Wohlbefindens und des Wohlstands) willen hier und jetzt technisch-praktisch gelöst werden müssen.

3. *Die Zeit nutzen.* Man entdeckt, dass und wie die Zeit besser oder schlechter genutzt werden kann. Die im großen Stil betriebene *Rationalisierung der Zeit* hebt an. Für Max Weber (1864–1920) ist sie grundlegend für die moderne Welt. Der Soziologe und Wirtschaftshistoriker stellt die Herrschaft der Zweck-Mittel-Rationalität ins Zentrum der Moderne. Man unterwirft die Zeit einer durch standardisierte Verfahren genau definierten Regie. Effiziente Planung, synchronisierte Abläufe führen zu einer weitgehend abgesicherten Zeitkontrolle. Das Tempo der Zeit wird gesteigert, indem man die Zeit »verdichtet«: man lernt, immer mehr Ereignisse in die gleiche Zeit zu packen. Was natürlich auch das Lebensgefühl des Einzelnen im Sinne einer *Individualisierung, Fragmentierung* und *Intensivierung* des Zeiterlebens steigert. Kurz, man lernt die Zeit für (kapitalträchtige) Zwecke zu nutzen. Zeit ist Geld.

Der Verstand oder eine auf die Optimierung der Mittel zu bestimmten Zwecken geeichte Rationalität schafft Zeitverhältnisse, die sich in Hegels Werk als solche des Übergangs vom Handwerk zur Industrie, von der Gemeinschaft zur Gesellschaft reflektieren. Im Ganzen geht es um die extensive Nutzung der Zeit (und der Welt in Form ihrer Ressourcen). In Hegels Analyse der Aufklärung wird sie im Auftrag der *Utilitarisierung*, der *Singularisierung* und der *Finitisierung* aller Dinge und Beziehungen betrieben. Die Weisen der Weltbemächtigung färben auch auf die Individuen und ihr Verhalten ab. »Diese ganze Welt der Bildung« dient auch dem Aus- und Aufbau sozialverträglicher Charaktere, die sich, je länger diese Zeit dauert, genötigt sehen, durch eine wachsende Zahl unterschiedlicher Lebenslagen ohne große Reibungsverluste zu zirkulieren. Der Singularisierung des Zeiterlebens läuft dabei die Disziplinierung und Standardisierung des Verhaltens parallel. In seinen *Vorlesungen über die Ästhetik* zeigt Hegel, wie schon die Kunst seiner Zeit, z. B. in Form der Komödie, darauf reagiert.[30]

Was die Bildung im engeren Sinn betrifft, sind für Hegel Schulen und Gymnasien die Orte, an denen mit dem subjektiven Erleben, wie es in den engen Banden der Familie vorherrscht, gebrochen wird. Jene Institutionen des Übergangs dienen nicht in erster Linie dem Zweck, die Ausbildung der Individualität zu fördern. Sie sollen die jungen Menschen zur Objektivität, zur Sachlichkeit und Nüchternheit erziehen, um, befreit von ihren Launen und Idiosynkrasien, den Sinn auf das Allgemeine richten zu können. Nur so lässt sich Sinn schöpfen, wenn Zeit auf den Einzelnen berechnete Lebenszeit wird.

Hegels Überlegungen zur Aufklärung und zur Französischen Revolution demonstrieren, wie dieses große gesellschaftspolitische Projekt in seinem ersten Anlauf fehlschlägt. Die Französische Revolution hatte im Willen (Wünschen) der Revolutionäre nach totaler *Égalité* dazu geführt, dass am Ende der Ort, an dem alle Menschen gleichgemacht werden konnten, die Guillotine steht. Der Preis eines Lebens in totaler Freiheit und Gleichheit ist der Tod. Die Vernunft muss mit neuem *Sinn* und Verstand an die Frage eines gesellschaftlich und politisch gelingenden Lebens in Freiheit und Gleichheit herangehen.

4. *Was ihr den Geist der Zeiten heißt.* Ein weiteres Problem ist damit angeschnitten. Es gilt nicht nur die Rolle der historischen Zeit für das philosophische Denken in Rechnung zu stellen. Mehr noch stellt sich die Aufgabe, das Denken vom Geist der Zeit und d. i. dem der *Herren* und der *Herrschaft* zu befreien, in Goethes bzw. Fausts Worten: »Was ihr den Geist der Zeiten heißt,/ Das ist im Grund der Herren eigner Geist,/ In dem die Zeiten sich bespiegeln.«[31]

Auch die Herren (der Schöpfung) müssen aus dem Geist der Zeit vertrieben werden – eine, wie wir wissen, äußerst heikle Angelegenheit. Sie müssen ihrer Macht entkleidet, sie müssen benannt und entmystifiziert werden: unter welcher Form auch immer sie sich und ihren Willen zur Macht versteckt halten; welche Abwehrmechanismen sie ersonnen und in ihre Begriffe und Leitbilder, Moral- und Kulturschöpfungen eingeschleust haben. Der »freie Begriff« macht ihre, d. i. eine jegliche Deutungshoheit fraglich, er entlarvt sie als ständig neu formierte Hegemonialmacht, auch dort, wo sie sich zeitbedingt und trügerisch damit verteidigt, bloße Regionalmacht zu sein.

Seit Rousseau arbeitet die neuere Philosophie an *dieser* Neuformierung des Denkens: am Vorrecht der Herren, dem »Herrenrecht«, wie Nietzsche sagt, »Namen zu geben«. Sie muss die mit den jeweiligen Namen verbundenen Herrschaftsansprüche – »Es ist in Namen, daß wir *denken*« (10, 278) – durchsichtig machen. *Sie muss sich von ihnen zu befreien suchen.* Sie fragt, was wollen die, die ihr Interesse auf diesen oder jenen Namen konzentrieren; die mittels dieses oder jenes Begriffs: »Aufklärung«, »Romantik«, »Idealismus« oder »Deutsche Ideologie«, argumentieren; die auf dieses oder jenes Narrativ aufspringen oder darüber hinaus, für diese oder jene Weltsicht einen Alleinvertretungsanspruch reklamieren und dabei Eindeutigkeit, Einhelligkeit und Einmütigkeit fordern und so tun, als gehörte dieser Anspruch nicht einer – fast schon – verblichenen Welt an?

Kurz, die Entwicklungsgeschichte neueren Denkens muss die sprachlichen und sozio-historischen Verschränkungen (der Grammatik) des Denkens mit der *Zeit*, die *da* ist, freilegen; wobei die Forderung Hegels die Aufgabe deutlich erschwert, »die heutige Gegenwärtigkeit des Geistes« – seine Re-präsenz und Re-präsentativität – als die zu entschlüsseln, die vom Geist der Herrschenden *determiniert* und *inspiriert* wird.

5. *Einen Anfang machen.* In einem grundsätzlichen Sinn heben wir die Zeit auf, wenn **wir** *einen Anfang machen*: Wenn wir uns entschließen, einen Vertrag einzugehen, eine Unterschrift zu leisten, ein Unternehmen zu gründen, Gesetze zu ratifizieren oder Bündnisse feierlich zu beglaubigen. Wir unterbrechen ihren trägen, gewohnten Verlauf. Wir ermächtigen uns gleichsam dazu, über die Zeit, die vor uns liegt, zu verfügen, weil wir – in der Regel – gewillt sind, Wort zu halten; weil wir gegen alle Unabwägbarkeiten, welche die Zeit uns beschert, uns nicht nur – wie die Stoiker – nicht aus der Ruhe bringen lassen, sondern uns auch durch das *Versprechen*, das wir in diesen Absprachen und Abkommen, Abschreibungen und Abbuchungen *tun*, an seine Einhaltung gebunden wissen. Nichts, was wir vor Zeiten bezeugt haben zu tun, soll unter den Rädern einer alles verzettelnden Zeit seine Gültigkeit verlieren. Wir bieten dem

Vergehen und Entstehen der Zeit die Stirn. Der Zahn der Zeit soll an der einmal getroffenen Entscheidung nicht nagen können. Dieser *Sinn* trägt das Leben selbst dann, wenn das Leben, z. B. in Form des Alterns, es zum Rückzug oder, wie Goethe sinngemäß sagt, *zum Verschwinden aus der Erscheinung* zwingt.

6. *Die Natur wird erklärt, der Geist erklärt sich.* Hegels Diktum indes lautet: »Im Geist ist es anders.« Da spielt die Zeit eine andere, womöglich zwiespältige Rolle. Sie hilft einerseits in Form »dieser ganzen Welt der Bildung« dem auf Freiheit und Gleichheit geeichten Selbstbewusstsein als Weltbewusstsein (der neuen Zeit) in den Sattel, um gleichzeitig die starken Fliehkräfte zu vergegenwärtigen, die von dieser hochrisikofreudigen Anlage ausgehen. Es ist, ob wir wollen oder nicht, ein einzigartiges Engagement in eine Gegenwart, die noch nicht *da* ist. Da spielt auch die *Erklärung*, das erklärte und erklärende Wissen qua Explikation, Evaluation und Exposition eine andere Rolle, auch deswegen, weil es sich um ein von menschlicher Intelligenz befeuertes Kommunikationsgeschehen *zwischen* endlichen vernünftigen Naturen handelt. Es geht um das von geistigen Handlungsmächten *deklarierte* und *(sich) deklarierende* Wissen, bei dem uns jederzeit die Möglichkeit zu *reklamieren*, offensteht. Sie ist von dem, was uns die Natur als »Existenz unter Gesetzen« (Kant) zu akzeptieren lehrt, meilenweit entfernt.

Im Geist ist es anders. Zwischen der Erklärung als einer *explanatorischen* und einer *de-* und *reklamatorischen* liegen Welten. Die naturwissenschaftliche Erklärung setzt auf die objektive Herleitung von Ereignissen aus allgemeinen Gesetzen und Randbedingungen. Die geisteswissenschaftliche muss ein *sich* erläuterndes und an ihre Erläuterungen gebundenes, d. i. *promissorisches* Handeln in Rechnung stellen. Sie ist explikativ und evaluativ in einem und weiß gleichwohl den Unterschied festzuhalten. Erklärungen auf dem weiten Feld menschlichen Handelns sind Erläuterungen – noch immer. Eine dortige Erklärung ist keine, wenn sie sich im Vollzug durch den mit ihr verbundenen Einsichtsgewinn nicht (er)*läutert*. Die von der Sache strikt getrennte und nachträgliche Erklärung wandelt sich in eine gleichzeitige, ja vorzeitige (wenn nicht voreilige), um. Sie betrifft das, was kleine und große soziale Akteure *gedenken* oder *versprechen* zu tun. *Ihre* Erklärung verhängt eine Erwartung oder Verpflichtung über sie selbst. Sie tut ein Versprechen. Das, wozu man sich (bereit) erklärt (zu tun), stellt eine wie immer auch minimale *Mutprobe* dar, in deren Verlauf wir uns aufs Spiel gesetzt begreifen, ohne je hinsichtlich des Gelingens Gewissheit oder Wahrheit haben oder fordern zu können. Die Natur *wird erklärt*, der Geist *erklärt sich*. Die Natur wird durch die Gesetze, unter die man sie bringt, in einem »Netz« aus Theorie und Beobachtung »eingefangen«, um sie, wie der (komische) Philosoph und Wissenschaftstheoretiker Karl R. Popper in seinem frühen Hauptwerk schreibt: »zu rationalisieren, zu erklären und zu beherrschen. Wir arbeiten daran, die Maschen des Netzes immer enger zu machen.«[32]

Der Geist wird sich ob solcher Aussichten bedanken. Beherrscht zu werden (von staatlichen oder sonstigen NSA's), steht nicht gerade ganz oben auf seiner Agenda, es ist in Wahrheit überhaupt nicht nach seinem Geschmack. Seine verteilte und versammelte Intelligenz ist nur Geist, wenn sie sich durch die »Gesetze«, die *sie* erlässt, stets aufs Neue zu einem freien Handeln ermutigt und ermächtigt sieht; wenn sie – was die Spitzenstellung ihrer Handlungsmacht betrifft – das bloß Gesetzmäßige ihrer Erlasse selbst noch in vorbildhafter Weise außer Kraft zu setzen weiß, um daraus *die* Lebendigkeit zu ziehen, die ihn vor allem anderen auszeichnet.

7. *Das Tun steter Versöhnung*. Wie in den Überlegungen zum höchstplatzierten Handeln in der verweltlichten Welt angedeutet, sieht Hegel die der Erfüllung nächsten Formen der Aufhebung der Zeit dort am Werk, wo es gelingt, das »Wort der Versöhnung« aneinander zu richten. Von Verhaltensweisen wie Vergeben, Vertrauen und Versprechen usf. sagt er, sie stellten ein »gegenseitiges Anerkennen« dar, »welches der *absolute* Geist ist« (3, 493). Darauf hatten wir unser Augenmerk schon im Kapitel über die »neue verweltlichte Welt« gerichtet. Wer verspricht, überfliegt die Zeit in Richtung Zukunft, wer verzeiht, steigt aus der Zeit, der Vergangenheit, aus. Er hebt die determinierende Kraft vergangener Handlungen auf. Nicht dass er das inkriminierte Verhalten ungeschehen machen kann, er klammert es ein. Er erklärt die Zeit für ohnmächtig; er sagt, sie könne ihm nichts anhaben. Stärke beweist, wer die alten Geschichten auf sich beruhen lassen kann, den seine Ressentiments nicht verfolgen. Die Starken können mit einiger Sicherheit garantieren,

dass ihr Versprechen gehalten wird. Sie besitzen im Verzeihen oder auch Vertrauen eine innere Stärke, die es den *anderen* freistellt, das in sie gesetzte Vertrauen zu rechtfertigen. Nicht ohne Grund hat man das Vergeben göttlich und das Irren menschlich genannt. Wie das Vertrauen sprengen Verzeihen und Versprechen eine Öffnung in die Ökonomie der Zeit, sie markieren die Grenze der Zeit. Hegel nennt dieses die Grenze der Zeit markierende Handeln »Geist« oder auch das »absolute Wissen«. Wer los lässt, hat die Hände frei, im übertragenen und buchstäblichen, im wegweisenden wie verwegenen (anarchischen) Sinn.

Solcherart Wissen freilich erlangt man nur in der Praxis, es ist der Inbegriff der Praxis, er zeigt sich in Form von *Erklärungen*, bei denen die Sache erst durch die Erklärung geschaffen wird. Ohne die Erklärung eines mutigen Sprechers, der das »Wort der Versöhnung« an sich wie an andere richtet, gäbe es erst gar keine »Sache«, an der wir erkennen könnten, ob die Erklärung hält, was sie verspricht. Solche Erklärungen öffnen ein Feld, auf dem bis zum Schluss offen bleibt, ob die Erklärung auch zutrifft oder überhaupt etwas erklärt. Im Grunde muss schon im Augenblick, da man die Erklärung tut, das als geleistet unterstellt werden, worauf man hinauswill. Der Anfang, den man macht, muss die Kraft, den Glauben oder die Zuversicht verströmen, die in einer Art magischem Realismus erst aus dem gelungenen Abschluss geschöpft werden kann. In den Erklärungen des Geistes fallen Deklaration, Exploration und Explanation in einem Selbst- und Differenzsinn zusammen, der sich als frei und selbstverantwortlich begreift – die Denk- und Handlungsform des absoluten Unterschieds in voller Aktion.

Erklärungen des Geistes qua verteilter und versammelter Intelligenz nehmen zuletzt die Form von *Deklarationen* an, an die zu halten *man sich wechselseitig verspricht*. Genauer noch müsste man sagen, sie zeigen, was heutigentags über performative sprachliche Äußerungen gesagt wird: die, in dem sie getätigt werden, das ins Leben rufen, was sie als sprachliche Äußerung ausführen – um, darüber hinaus, auch an ihnen gemessen zu werden. Performative Äußerungen bringen etwas hervor, das mit dem Vollzug des Sprechakts zusammenfällt. Durch das Aussprechen des Satzes wird eine neue Wirklichkeit auf den Weg gebracht. Im »Tun steter Versöhnung«

wird ein neuer Handlungsraum eröffnet, der dem alten Adam: dem Aug um Aug, Zahn um Zahn keinen Kredit mehr gewährt. Diese kommunikative Praxis macht eine neue Zeitrechnung auf. Sie rückversetzt den, der anderen ein Unrecht getan hat, erneut in den Stand, wieder frei sein und von vorn beginnen zu können. Die Zeit wird aufgehoben, sie wird, was ihre Ökonomie oder ihre kalkulierte Haushaltsführung betrifft, auf definitive Weise *getilgt*. Sprechakte dieser Art verlangen eine Kraft zum Aushalten der Offenheit ohne Gewähr der Erfüllung. Sie sind die ausgezeichneten Sprungbretter für das Springen über den eigenen Schatten.

Nicht nur diese, alle vom Geist inspirierten wie determinierten Handlungsmächte sehen sich zuletzt auf diesen extrem *instabilen* Untergrund verwiesen, den »Fundament« zu nennen, ein Euphemismus wäre. Jeder Grund ist ein Abgrund. In Erklärungen dieser Art müssen psychische und soziale Agenturen nicht nur *sich selbst* vertrauen, sondern auch *anderen*, die konstitutiv am Gelingen von Handlungen weltoffener Wesen beteiligt sind. Sie rücken die Transsubjektivität von Agenten und Agenturen ins Zentrum, das aufgrund seiner zentrifugalen Kräfte ständig um den Zusammenhalt ringt. Der Handlungsraum geistiger Mächte ist in jedem Fall einer, der *über* subjektive wie objektive Gründe hinausreicht, deren verzeitlichte und verzettelte Intelligenz erst durch die Interpretationshilfe der freien Welt die Stichworte zur Ordnung des Zettelkastens geliefert bekommt.

8. *Die hohe Natur des Geistes, sein Zwielicht.* Die getilgte Zeit ermöglicht es dem anderen, einen neuen, von Vergangenheitslasten (von Scham und Schulden, Schande und Schmerz) befreiten Anfang zu machen. Hegel glaubt gar, es sei möglich, die Wunden zu heilen, ohne dass Narben bleiben (3, 492). Die kommunikative Praxis geistiger, d. i. endlicher vernünftiger Wesen zeige im »Verzeihen« – wenn sie es denn ernst meinen –, eine hochherzige, die Seele läuternde und reinigende Kraft, die diesem Anspruch gerecht werden könnte. Die Verletzungen, die zugefügt wurden, könnten vergessen gemacht werden – freilich *nicht* allein in der banalen Weise, wie die »Alltagsweisheit« in ihrer Melancholie sie unterstelle: »Die Zeit heilt alle Wunden«, es brauche nur genügend Zeit vergehen, um die körperlichen und seelischen Schmerzen auf ein erträgliches

Maß zu reduzieren, irgendwann wächst Moos über die Sache und »la tendre indifférence du monde« (A. Camus) lege sich besänftigend über sie – das wäre einer durch den freien Begriff aufgeklärten Praxis unwürdig. Er zeigte weniger seine Stärke, sondern – in der Passivität eines schieren Verstreichens der Zeit – eher eine Schwäche oder Schicksalsergebenheit.

In Hegels Auffassung bedürfte es in jedem Fall eines Surplus, einer Arbeit am »krummen Holz« (Kant) seiner selbst sowie einer entsprechenden Geste, um mit Verhaltens- und Einstellungsschäden dieser Qualitätsstufe ins Reine zu kommen. Sie wäre vergleichbar mit dem, was Kant, neben der »Reform der Sinnesart«, die »Revolution der Denkungsart« genannt hat. Sie bestünde, unter Wahrung ihrer Differenz, in der Einvernehmlichkeit beider.

Versprechen, Versöhnen und andere Verhaltensweisen dieser formalen Qualität erreichen das höchstplatzierte Level des Geistes nur dann, wenn sie, in der Arbeit an sich selbst, sich diesen extremen Anforderungen öffnen. Ihr *revolutionäres Upgrade* verlangt endlichen vernünftigen Wesen einiges ab. Es ist eine Zumutung. Der »Mut der Wahrheit« ist, sich dieser Zumutung zu stellen. Nebst dem Eingeständnis – »ich bin's, böse« –, den offenen Bruch mit den bis dato grundlegend kleingeistigen Überzeugungen. Die *Reform* gestaltet sich nicht weniger anstrengend – ständige Einübung eines auf Anstand und Rücksichtnahme getrimmten Verhaltens. Erst beide Distanznahmen zur Zeit – Gesinnungswechsel und Tugendtrainings – brächten Licht in ein schwer entzifferbar absolutes Wissen, sie zeigten, wie es wirklich oder in Wahrheit um uns, um *Ego* und *Alter Ego* und dem, was *zwischen* uns läuft, bestellt ist.

Anders gesagt, außerordentlich hilfreich für das Gelingen der Revolution ist die permanente Reform. Das ständige Üben hat einen nicht geringen Anteil daran, die reine Einsicht zu befördern. Es hat eine heilsame Wirkung, weil auch das die Psychophysik betätigende Üben das genaue Verständnis der Sache wachsen lässt. Man muss sich in der Denk- und Sprachform des Versprechens üben, auch, um die kulturelle Höhe (= Fallhöhe) dieser auf Freiwilligkeit basierenden Lebensform (Institution) zu ermessen.

Für Hegel liegt, wie er schreibt, »die hohe Natur des Geistes« im »Verzeihen und Versprechen« (15, 569), vergisst aber nicht – wie in allem, was die durchgeistigte Welt und den verweltlichten Geist supplementiert – auf deren Dialektik hinzuweisen. Nie ist in diesen Dingen das moralische Bewusstsein vor dem Missbrauch seiner selbst gefeit, es selbst ist seine größte Versuchung: Es kann (auch ohne es zu wissen) sich *verstellen* und *nur so tun*, als sei es ihm ernst mit der Bitte um Verzeihung, als setze es alles daran, das einmal gegebene Versprechen zu halten (15, 569). Mit der Möglichkeit der Reflexion kommt die Verstellung, und zwar massenhaft, spätestens dann, wenn vom Reflexivwerden des Denkens und Handelns in der modernen Welt die Rede ist. Man sieht, mit der Notwendigkeit, sich auf immer mehr Gebieten vertreten zu lassen, steigt das Risiko exponentiell, im Reflexivwerden der Welt der Verstellung zum Opfer zu fallen. Wo Vertretung notwendig ist, ist ein verstelltes Leben nicht weit.

Und nicht nur das, Hegel sieht die Moral, ihren Gebrauch durch das moralische Bewusstsein durch »Heuchelei« und »Niedertracht« bestimmt (3, 486, 489). Keine Moral ohne Heuchelei. Das moralische Urteil richte im Grunde mit zweierlei Maß: dem *einen*, in dem es sich ständig über die Verfehlung des anderen erhebe, auch, weil es ihn oder sie an einem Prototyp (Ideal) moralischen Lebens messe; und dem *anderen*, im Urteil über sich, dies Maß großzügig zu übergehen. Der Gebrauch der Moral stellt jedes Selbst – begrifflich wie empirisch, ob es will oder nicht – in ein sich selbst übervorteilendes Licht. Weshalb sollte ausgerechnet »die hohe Natur des Geistes« im individuellen wie kollektiven Leben nicht auch die höchsten Gefährdungslagen mit sich bringen? »Niemand lügt so viel wie der Entrüstete«, heißt es bei Nietzsche.

Hegel, ganz beeindruckt von diesem Höhenkamm kommunikativen Verhaltens, schließt das Kapitel – über den in seiner Moralität selbstgewissen Geist – wie folgt: »Das versöhnende *Ja*, worin beide Ich von ihrem entgegengesetzten *Dasein* ablassen, ist das *Dasein* des zur Zweiheit ausgedehnten *Ichs*, das darin sich gleich bleibt und in seiner vollkommenen Entäußerung und Gegenteile die Gewißheit seiner selbst hat; – es ist der erscheinende Gott mitten unter ihnen, die sich als das reine Wissen wissen.« (3, 494) Das versöhnende Ja ist die Anerkennung der Entzweiung mit dem Hinweis, sie besser nicht – der erscheinende Gott – ausufern zu lassen.

Man könnte den Geist der sozialen Akteure, die »von ihrem entgegengesetzten *Dasein* ablassen«, auch *ohne* (den) Gott, der dazwischen fährt, auskommen lassen oder ihn als das nehmen, was er ist – ein unaufgeklärter (geheimnisvoller) Rest, ein »Rest des Seins«, der gleichwohl allen Philosophen, die sich mit dem beschäftigen, was Verständigen bedeutet, einen Heidenrespekt abnötigt. Der amerikanische Philosoph und Pädagoge John Dewey (1859–1952) hat es in seinem auf reine Lebensbewältigung abgestellten Pragmatismus und Instrumentalismus so ausgedrückt: »Kommunikation [Verständigung] ist ein Wunder, neben dem das Wunder der Transsubstantiation [der Verwandlung von Brot und Wein in den Leib und das Blut Christi] verblasst.«[33]

Was also zeichnet sich in diesen Verhaltensweisen des Geistes im Blick auf die Philosophie und die Welt ab? Antwort: Die von der klassischen deutschen Philosophie entscheidend durch Kant initiierte Frage, wie ist Selbstbewusstsein qua Selbstbestimmung möglich, verschiebt sich deutlich in Richtung der neuen: Wie ist Verständigung, wie ist Versöhnung möglich? Welches sind die höchstplatzierten Sätze und Satzungen, Sample und Exempel, die daran erinnern, was Vernunft in der neuen Zeit denn bedeutet? Welche Voraussetzungen hat eine »Bewegung des Anerkennens«, in der selbstbewusste Wesen sich »*anerkennen* […] als *gegenseitig sich anerkennend*« (3, 147)?

9. *Verständigung zwischen den (großen) geistigen Mächten.* Die bereits erwähnte deutsch-amerikanische Philosophin und politische Denkerin Hannah Arendt glaubte, dass für den Erhalt der gemeinsamen Welt die alltägliche Praktik des Verzeihens unerlässlich ist. Sie sei das »Heilmittel gegen die Unwiderruflichkeit«[34], dagegen, das Getane nicht rückgängig machen zu können. Die Macht des Verzeihens durchbreche die Schranke, welche die Zeit wie eine Fessel um uns und unser kommunikatives Handeln legt. Wir könnten eine unwiderruflich verletzende Vergangenheit nicht ungeschehen machen, wir könnten aber der Macht, mit der sie sich in die Gegenwart hineinfrisst und unsere Realitätswahrnehmung durch Ressentiments blockiert, entgegenwirken. Wir könnten ihre verheerenden Wirkungen eindämmen, freilich nicht, ohne selbst Gefahr zu laufen, neue Risiken und Blindheiten ins Leben zu rufen.

Aber gehören »Verzeihen« oder »Freundschaften pflegen« nicht in den überschaubaren Nahbereich menschlichen Handelns? Gehen der Wille und die Macht des Verzeihens nicht von der Liebe und weniger vom Wissen aus? Stehen sie in ihrem auf Personen und Gemeinschaften bezogenen Regional-Programm nicht in einer mehr als zweifelhaften Stellung zur »Welt«? Wie zu allen anonymen und erfahrungsfernen Institutionen, die den politischen Raum und die gesellschaftlichen Verkehrsformen mit unpersönlichen Erwartungen und Ansprüchen durchqueren? Kann das Vergeben-können überhaupt in den unpersönlichen Verhältnissen des politischen Handelns großer Mächte – der Ethnien, der Völker oder der *global player* untereinander – irgendeine Bedeutung haben?

Welche Probleme diese höchstgerankten Tätigkeiten des Geistes aufwerfen, darüber belehrt uns ein kurzer Blick in die weite Welt täglich aufs Neue: Wie denn die Verständigung der Völker mit ihren mehr oder minder feindseligen Vorgeschichten vonstattengehen soll, wenn sie nicht lernen über die langen Schatten ihrer Vergangenheit und einer verbauten Zukunft zu springen. Ganz ohne die im *Nah*bereich des menschlichen Handelns erworbenen Verhaltensweisen und Orientierungen lassen sich auch die Konkurrenzen und Kooperationen, die in der unpersönlichen *Ferne* zwischen Völkern und Ethnien, Wirtschafts- und Rechtssystemen, Sprachen und Kulturen ausgetragen werden, kaum meistern. Nach wie vor müssen auch die *global player* zur Schlichtung der massenhaft auftretenden Konflikte auf Verhaltensdispositive zurückgreifen, die sie gleichsam in der Kinderstube oder anderen Keimzellen kommunaler Beziehungen gelernt haben. Die Digitalisierung hilft da nicht weiter. Wie jeder Vertrag auf vorvertragliche Voraussetzungen zurückgreift; jedes richterliche Urteil nicht nur objektive Tat-Strafrechtsbestände, sondern auch subjektive Täter-Anteile berücksichtigen muss, so kommt auch der Welthandel und Wandel nicht ohne jene *skills* zustande (aus), die unseren persönlichen Sinn für Ungerechtigkeit, enttäuschtes Vertrauen und gebrochene Versprechen berühren. Man braucht sie dringend, sie stehen der Verständigung wegen der persönlichen Grundierung aber auch im Wege.

Die höchsten Formen der Aufhebung der Zeit (zu ihnen gehört auch die Liebe) haben, wie leicht zu sehen, die höchsten

Belastungskosten. Bei geistigen Wesen, die zu ihrer *Exzellenz* durch die Niederungen und Abgründe traumatischer Erfahrung gegangen sind, schwören diese Höchstformen der Nichtigkeitserklärung der Zeit alte Ängste herauf, die das Denken in seiner Bestimmtheit und Klarheit bis ins Mark erschüttern. Sie schüren den Verdacht, erfundene Mächte als mächtige Feinde zu bekämpfen. Sie wirken zerstörerisch gegen uns selbst. Im Kampf um *Égaliberté* geht es ja nicht um das dumme Glück (des Einzelnen), sondern um die *versammelte* und *verteilte* Intelligenz des Geistes, um die Vielen, die mit ihren kreuz und quer laufenden Ansprüchen an ein individuelles Lebensglück (»befriedigtes« Dasein) in einer auf Recht und Billigkeit gegründeten Gesellschaft ein freies *und* friedliches Leben führen können wollen. Das Allgemeine ist kein Glücksgarant, kein Automat, es sichert im besten Fall das Wohlergehen und den Wohlstand ab.

10. *Die Aufhebung der Zeit in die Erinnerung der Gegenwart.* Die Aufhebung der Zeit in ihre *Erinnerung* (das sind die Manifeste und Manifestationen kollektiver Gedächtnisbildung) ist das Meisterstück des Geistes. Der Verstand kann sich nicht erinnern, selbst die Vernunft hat damit ihre liebe Mühe. Erst der Geist im Spiegel seiner weltläufig verteilten und versammelten Intelligenz besitzt diese seltsamste und kostbarste aller menschlichen Gaben. Sie wiederum bedarf dringend des verständigen und vernünftigen Denkens wie weiterer Fähigkeiten. *Sich* zu *erinnern* kann dabei auf Erfahrung ebenso wenig verzichten wie darauf, »Sinn« entstehen und vorübergehen zu lassen, ihn durch Arbeit und Sprache, Einbildung und Macht zu schaffen –, wie seine Schöpfungen als Lug und Trug eines auf *Verehrung* und *Misstrauen* ausgelegten Wesens zu durchschauen.

Der Witz dieser Überlegungen ist, dass Hegel das erinnerte Wissen, seine Form, nicht mehr einem *intellectus archetypus* – einem göttlichen oder allen Menschen gleichen Verstand – einschreibt, sondern einem Kollektiv, einem sich wandelnden *Selbstbewusstsein*, das sich in seinen philosophischen wie weltlichen Verkörperungen eine *zweite*, eine *neue Welt* erschafft, die es aufgrund ihrer Freiheits- und Vernunftbedingungen (wenngleich zeitlich verzögert) ermöglicht, sich selbst zu erkennen. Genau das besagt auch der Satz, den Hegel in der Vorrede zur *Phänomenologie des Geistes* – gleichsam als Motto – über seine Philosophie gestellt hat: »Es kommt nach meiner

Einsicht, welche sich durch die Darstellung des Systems selbst rechtfertigen muß, alles darauf an, das Wahre nicht (nur) als *Substanz*, sondern ebenso sehr als *Subjekt* aufzufassen und auszudrücken.« (3, 22 f.) Und weiter heißt es – um Inhalt und Methode der Dialektik herauszustellen: »Die lebendige Substanz ist ferner das Sein, welches in Wahrheit *Subjekt* oder, was dasselbe heißt, welches in Wahrheit wirklich ist, nur insofern sie die Bewegung des Sichselbstsetzens oder die Vermittlung des Sichanderswerdens mit sich selbst ist.« (3, 23) Und die zehrt zuletzt, was ihre höchste Qualifikation betrifft, von ihrer individuellen (moralischen) und kollektiven (politischen) Praxis. Als begriffene erschließt sie die Welt epistemisch gleichsam von innen.

Vernunft und Verstand wären machtlos, wenn sie sich nicht auf die Ideen, die allseits geschätzten Grundsatz- und Bedarfsartikel des modernen Lebens stützen könnten. Sie haben gegenüber anderen Begriffen den unendlichen Vorteil, auf gleich mehrfache Weise mit der (schier unerschöpflichen) Lebensressource »Sinn« verbunden zu sein. Ideen bringen – eine weitere Besonderheit – Fragen der Motivation und Legitimation zusammen. Sie verklammern Rechts- und Beweggründe, man kann sich auf sie berufen, weil man sich in allen Dingen des öffentlichen Lebens auf sie stützt. Sie versorgen uns aber auch mit der gehörigen Portion Energie, um die persönlichen und kollektiven Notlagen zu beseitigen. Ideen wie Freiheit und Gerechtigkeit, Schönheit und Solidarität, Teamgeist und Zivilcourage bilden die Basis des modernen Lebens, sie stellen aber auch Maß- und Vergleichsmöglichkeiten bereit, an denen unsere Intuitionen und Institutionen, Sätze und Satzungen gemessen werden können. Was wiederum mit der Differenz zu tun hat, über die sie sich definieren: Sinnbedingung *und* Korrektiv, Grundlegung *und* Kritik, Aufgabe *und* Maßgabe unseres Denkens und Handelns zu sein. Daher unsere wiederholte Rede von dem, was Ideen (für uns) sind: substanzielle wie selbstkritische Handhaben zur Gestaltung des Lebens. Sie untermauern wie unterminieren das in Schubladen fortschreitende Denken. Erfahrungen machen wir aus einer Differenz heraus, deren bestimmt-unbestimmbare Klammer eine Engagement fordernde wie zur Reflexion genötigte Idee an uns stellt. Denken heißt, *sich in* und *mittels* dieser Differenz zu bewegen, ohne die verbindlich-unverbindliche Klammer der Idee kommunikativer Freiheit außer Acht lassen zu können.

Ein abschließendes Urteil über die *Phänomenologie des Geistes* könnte lauten, es handle sich um eine weltläufig Erfahrung machende Philosophie, die sich zu Beginn des 19. Jahrhunderts energisch die Frage nach dem *Selbstbewusstsein* der neuen Zeit vorlegt: Wie es als allgemeines in der Philosophie und in der Welt möglich werden und wirklich sein konnte – ein an Inhalt und Umfang ungemein reiches und provozierendes Buch. Es läuft auf eine Philosophie hinaus, die die (eigene) Zeit – im Mit- und Gegeneinander unterschiedlicher Handlungsmächte – ernst nimmt und zusieht bzw. Stück für Stück demonstriert, wie im Kampf dieser Mächte ein vernünftig und freiheitlich gelingendes Leben im Ausgang der modernen Welt ausgehen möchte.

Dritter Teil
Recht, Politik und Gesellschaft. Die neue Form der Welt

Der praktische Geist hat nicht nur Ideen,
sondern ist die lebendige Idee selbst.
G. W. F. Hegel

Die Weltlichkeit ist das geistige Reich im Dasein,
das Reich des Willens, das sich zur Existenz bringt.
G. W. F. Hegel

Grundlinien der Philosophie des Rechts – Zum Einstieg

Die *Philosophie des Rechts* ist sicher die bekannteste und wirkmächtigste Schrift aus Hegels Feder. Sie hat auch die schärfste Kritik auf sich gezogen. Neben der *Wissenschaft der Logik* ist sie der einzig veröffentlichte und ausgearbeitete Teil des enzyklopädischen Systems. Sie ist als Kompendium für die Vorlesung gedacht. Ihr Inhalt ist eine Philosophie der praktischen, d. i. der sozialen und der politischen Welt, sie setzt die Revolution im Verhältnis der Ideen und der Wirklichkeit fort. Die großen Fragen nach Freiheit und Gerechtigkeit müssen im Anbruch der neuen Zeit eine angemessene Lösung finden. Von seinen ersten Schriften an hatte sich Hegel mit philosophischen Problemen beschäftigt, die das Interesse auf die politischen und rechtlichen Grundlagen des Gemeinwesens gerichtet haben.

Die *Rechtsphilosophie* behandelt daher nicht allein die Fragen des Rechts in einem formellen oder juristischen Sinn, sie ist vielmehr dem umfassenden Versuch gewidmet, den Ordnungszusammenhang des modernen Staates in systematischer Form darzustellen. Sie entfaltet den Gedanken eines politischen Systems, das im Horizont der Neuzeit die modernen, verfassungsstaatlichen Verhältnisse als Ausdruck der weltgeschichtlichen Tendenz zur Freiheit zu begreifen sucht. Außer den Erscheinungsformen des Rechts (Eigentum, Vertrag, Unrecht) erstrecken sich ihre Fragen auf die Moralität und die sittlichen Lebensformen, die wiederum in die Familie, die bürgerliche Gesellschaft, den Staat und die Weltgeschichte unterteilt sind. Der Zentralbegriff ist der Wille; nicht allein als der Wille des Einzelnen, sondern als allgemeiner Wille, der in Form der gesellschaftlichen und politischen Institutionen den Geist oder die

Freiheit repräsentiert. Für Hegel waren die Abhängigkeiten des individuellen Lebens und Bewusstseins von den gesellschaftlichen und politischen Voraussetzungen, die er als *praktischen* Geist bezeichnet, ganz selbstverständlich.

In der *Phänomenologie des Geistes* steht eher die Heraufkunft der neuen Zeit im Vordergrund. Sie ist beseelt vom Geist des Aufbruchs in eine neue Welt, sie schildert sie stärker nach der Seite ihres Entstehens. Die *Rechtsphilosophie* begreift sie, wie sie sich in den drei Jahrzehnten nach der Französischen Revolution in (den etwas rückständigen) deutschen Landen entwickelt hat. Sie sieht sich stärker mit der (traurigen) Realität konfrontiert, also damit, wie politisch und gesellschaftlich auf die *Freiheit*, insofern sie *da ist*, reagiert wird. Enthält die *Phänomenologie des Geistes* vielfältige Beobachtungen infolge eines weit- und weltläufig ausgeflaggten Befreiungsprozesses, so geht es in den *Grundlinien der Philosophie des Rechts* eher um das *Da-* und *Wirklichsein*, d. i. die Gegenwart der Freiheit und Gleichheit, um ihre Ansprüche und Geltungsbedingungen in Recht und Moral, in Gesetz und Gewohnheit, Gesellschaft und Staat.

Plakativ könnte man sagen, die Philosophie des Rechts beschreibt, wie es aussieht, nachdem *Égaliberté* in der neuen sozialen Welt Fuß gefasst hat, wie sie – in Hegels Terminologie – den Status ›wahr und wirklich‹ zu sein, zu erfüllen gedenkt: auf welche Weise es ihr gelungen ist, sich als das Vernünftige unter die gesellschaftlichen und politischen Belange der Realität zu schalten. In allen Lebensbereichen – im Recht und in der Wirtschaft, in der Religion und der Familiengründung – kann man sich auf »das Recht der subjektiven Freiheit« berufen. Diese großartige Idee hat es geschafft, sich in den Instituten und Institutionen, in den Sätzen und Satzungen einzurichten. Sie ist Wirklichkeit geworden. Sie gehört – langsam aber sicher – zum Establishment, ohne recht zu ahnen, dass damit ein neues, ganz ungewohntes *trouble-shooting* beginnt.

Dass die moderne Welt die Freiheit mit der Gleichheit (aller Menschen) qua Grundrechten verbindet und daraus gleichzeitig das Problem der Brüderlichkeit/Schwesterlichkeit (Solidarität, Gemeinschaftlichkeit) erwachsen sieht, macht das dauernd be(d)rückende Reelle und Aktuelle seiner Philosophie aus. Die

Rechtsphilosophie bleibt nicht immer auf der Höhe dieses Gedankens, obwohl sie auch diesbezüglich die entscheidenden Stichworte liefert, die dieses Problem zu erhellen vermögen. Sie betreffen die Idee der Gerechtigkeit als »eine vorzüglich die modernen Gesellschaften bewegende und quälende Frage« (7, 390) sowie die weitere, ob es »für das Prinzip der freien Subjektivität« und »einer ausgebildeten Vernunft« überhaupt eine angemessene Form der Staatsverfassung geben könne (7, 440).

An den *Grundlinien der Philosophie des Rechts oder Naturrecht und Staatswissenschaft im Grundrisse*, wie die *Rechtsphilosophie* Hegels überschrieben ist, haben sich seit ihrem Erscheinen 1821 die Geister geschieden. Das Buch wurde bereits 1820 publiziert, konnte aber infolge der Zensurbestimmungen der Karlsbader Beschlüsse nicht sofort erscheinen. In der Distanz von zweihundert Jahren hat sich die Beurteilung der *Rechtsphilosophie* gründlich gewandelt. Kaum jemand sieht in ihr noch die Apotheose des preußischen Staates. Die Polarisierungseffekte, die sie philosophisch und politisch (Rechts- und Linkshegelianismus) noch zu Anfang ausgelöst und in der Folgezeit über das ganze Jahrhundert bis weit in das zwanzigste verbreitet hat (noch Sir Karl [Popper] liest Hegel als totalitären Staatsideologen), sind in der Gegenwart deutlich schwächer geworden. Was aber nicht bedeutet, die Substanz ihrer Fragen hätte sich verbraucht, im Gegenteil, ihre Aktualität ist ungebrochen. Mit der *Rechtsphilosophie* lassen sich, um aktuelle Beispiele zu nennen, die Problemzonen der andauernden Debatten um »Individualismus« und »Sozialismus«, »Liberalismus« und »Kommunitarismus« weit besser ausleuchten als ohne ihr Studium.

Was den historischen Hintergrund betrifft, waren es neben einzelnen inhaltlichen Bestimmungen der *Rechtsphilosophie* vor allem das berühmt-berüchtigte Epigramm der Vorrede: »Was vernünftig ist, das ist wirklich, und was wirklich ist, das ist vernünftig«, das in einer politisch zwiespältigen Situation als eine politische und philosophische Provokation empfunden wurde. Im Gefolge der Karlsbader Beschlüsse (1819, »Demagogenverfolgung«) verschärfte auch Preußen seinen Druck auf die Opposition, nachdem es seit den Stein-Hardenberg'schen Reformen den Weg eines vergleichbar modernen Staates eingeschlagen hatte.

Die Zeit, in die das Erscheinen der *Rechtsphilosophie* fällt, wird heute allgemein als »Vormärz« angesprochen. Es ist die Zeit nach dem »Wiener Kongress« (1814/1815) – bis in die 40er-Jahre des 19. Jahrhunderts und die Revolutionen der Jahrhundertmitte.[1] Angesichts dieser Situation ging der kritische Sinn, den Hegel mit diesem Satz verbunden hatte, unter. Dieser zielte einerseits darauf, auch die Philosophie des Rechts von den kantischen Dualismen zu befreien, um die frühe Kritik der »Positivität« fortzusetzen: nicht bei dem bloß Gegebenen, der Autorität des Staates oder der Mehrheitsmeinung, nicht bei ›Gefühl‹ und ›Herz‹ stehenzubleiben. Darüber hinaus sollte auch die andere schlechte Alternative abgewehrt werden: Luftschlösser zu bauen und sich die Realität durch bloßes Wunschdenken zu verstellen. Hegel will nicht wie die Staatsphilosophie eines Hobbes oder Rousseau einen Urzustand konstruieren oder ein Ideal staatlichen Zusammenlebens entwerfen, sein Ziel ist die Entwicklung eines Begriffs der jeweiligen Kräfte, die in der *politischen Ordnung, wie sie sich in der Gegenwart zeigt*, am Werk sind: die Verteilung von Macht, die Rolle der Institutionen, die Chancen, sie zu stabilisieren. Daher der andere Leitsatz der Vorrede: »Das *was ist* zu begreifen, ist die Aufgabe der Philosophie, denn das *was ist*, ist die Vernunft. Was das Individuum betrifft, so ist ohnehin jedes ein *Sohn seiner Zeit*; so ist auch die Philosophie, *ihre Zeit in Gedanken erfaßt.*« (7, 26)

Mit dem, was Hegel zur Aufgabe der Philosophie erklärt, setzt sich das folgende Kapitel (XI) auseinander. Was heißt und wie geht das: begreifen, was ist? Worin liegen die Schwierigkeiten? Warum weckt das Wörtchen »ist« so viel Unmut und Abwehr in Verbindung mit Vernunft? Warum ist es seit mehr als 2000 Jahren für die Philosophie dennoch interessant?

Hegel benutzt die *Vorrede* zur Rechtsphilosophie, um einige grundsätzliche Erwägungen zu einer Philosophie der sozialen Welt anzustellen. Er verweist ausdrücklich auf die *Wissenschaft der Logik*, auf die wissenschaftliche Methode oder die spekulative Erkenntnisweise, in der »der Inhalt wesentlich an die *Form* gebunden ist« (7, 13). Man sieht sich aufgefordert, in »Reflexion und Gedankenverhältnisse« einzutreten, die im Blick auf »das Ganze wie die Ausbildung seiner Glieder auf dem logischen Geiste« beruhen (ebd.).

Eine damals wie heute aktuelle Diskussion bildet den Kontext: Wie nämlich verhält sich das Wirkliche der moralischen und rechtlichen, der gesellschaftlichen und politischen Welt zu dem, was wir als vernünftig betrachten? Hat die Vernunft in diesen Dingen – der Politik und Verwaltung, der Massen und Klassen – überhaupt was zu sagen? Überhaupt eine Chance? Steht das vernünftige Denken, wenn es sich denn an der Lösung der großen sozialen Fragen beteiligen muss, nicht *per se* im Begriff, sich selbst in der Anpassung an die, die die Macht haben, zu verraten? Wird nicht regelmäßig das als vernünftig bezeichnet, was den je herrschenden Interessen entgegenkommt? Sollten denn Letztere in ihrer Partikularität wirklich die Vernunft verkörpern? Warum muss, wer überhaupt in der neuen Zeit sich Gehör und Gesetz verschaffen will, sich auf Vernunft berufen? Gibt es nichts anderes? Was verbirgt sich in dieser (beinahe verfemten) Forderung, die zugleich höchste Form und abgedroschenste Floskel ist? Womöglich eine der »Büchse der Pandora« gleiche Ungewissheit?

Vergleichbar aktuell ist eine weitere Diagnose der *Vorrede*. Sie »kommt von der Seite, daß der Mensch *denkt* und im Denken seine Freiheit und den Grund der Sittlichkeit sucht. Dieses Recht, so hoch, so göttlich es ist«, verkehrt sich aber in ein Unrecht, wenn sich nur *das* Denken »frei weiß, insofern es vom *Allgemein-Anerkannten und Gültigen abweiche* und sich als etwas *Besonderes* zu erfinden gewußt habe« (7, 14 f.). Um hinsichtlich solch brisanter Fragen möglichst wenige Missverständnisse aufkommen zu lassen, ist eine Klärung der Grundbegriffe dringend geboten. Sie kann helfen, überhaupt an die Probleme heranzukommen, wie sie für ein staatliches Handeln auf der Höhe der modernen Welt charakteristisch sind. Erste Voraussetzung, es muss sich ohne eine jegliche in dieser Welt unumstrittene Autorität zu behaupten wissen. Reflexiv bestimmt sucht sie – verzeitlicht und verzettelt – nach einem rechtsstaatlichen System, das in einer auf Freiheit, Gleichheit und Solidarität gegründeten Ordnung die notwendigen Rahmenbedingungen schafft, in denen »das Recht der *Besonderheit* des Subjekts, sich befriedigt zu finden« eingelöst werden kann. Wie kann überhaupt ein Gemeinwesen funktionieren, in dem jeder, jede, jedes Einzelne mit Fug und Recht darauf bestehen kann, abweichend vom Allgemein-Gültigen, »sich als etwas Besonderes zu erfinden«?

In der Regel eint den Autor, den Leser und die Leserin das gleiche Interesse, sie möchten ohne Umschweife zur Sache kommen. *In medias res* ist das Zauberwort jeder knappen Stunde. Die traurige Wahrheit – zur Sache selbst gelangt nur, und nicht nur in der Dialektik, wer sich auf Umwege einlässt, wer den Weg durch die Niederungen der Voraussetzungsanalyse nicht scheut; wer nicht aufhört, sich der Stationen des Bewusstseins und der Erfahrung zu vergewissern. »Entwicklung«, »Prozess«, »Vermittlung«, »Tun«, »Methode«, »Darstellung«, »Reflexion«, »Erinnerung« – alle zentralen Begriffe vernünftigen Denkens verweisen auf den Weg als ein Ziel – beide fallen zusammen, auch wenn sie strikt auseinandergehalten und auseinander erklärt, d. i. begriffen werden müssen (7, 36). Wirklich frei sind wir nur, während wir um unsere Befreiung und Gleichstellung kämpfen.

Die *Einleitung* in die *Philosophie des Rechts* beschäftigt sich mit weiteren Grundbegriffen, dem *Recht* selbst, aber auch und vor allem mit dem *Willen*, dessen Substanz für Hegel in der *Freiheit* liegt. Das Kapitel XII. setzt sich explizit mit dem formellen *Begriff* der Freiheit auf der Höhe der modernen Welt auseinander. Seine »Arbeit« zu explizieren, haben wir schon eine geraume Weile vor uns hergeschoben – in der Hoffnung, dass ein zunächst intuitives Vorverständnis reicht, um sich nicht in den Fallstricken seiner komplexen Anlage zu verheddern. Jetzt – im Rahmen von Recht und freiem Willen – kommen wir um seine Explikation nicht mehr herum.

Zwei weitere Kapitel schließen sich an. Sie nähern sich der Sache auf verschiedene Art und Weise. Sie bieten zunächst einen *Überblick* über gewichtige Thesen, Themen und Temperamente der *Rechtsphilosophie* (XIII.), um, in einem weiteren Schritt, das Augenmerk auf einen *Brennpunkt* innerhalb der »gesetzgebenden Gewalt« – die *öffentliche Meinung* – zu lenken. An ihr lässt sich auf exemplarische Weise eine Reihe grundlegender Konflikte studieren, mit denen die Konstitution und Organisation des allgemeinen Willens (des Volkes) und seine Teilung der Gewalten bis heute zu kämpfen hat (XIV.). Sie dient im Weiteren auch dazu, einen Weg in die Architektonik unseres Denkens, der *Wissenschaft der Logik*, zu bahnen, die, zunächst zurückgestellt, dann im vierten Teil unseres Buchs zur Sprache kommt.

XI. Das wirklich Vernünftige

Die Behauptung einer Identität (Übereinstimmung, Zusammenschluss, Einheit, Gleichheit) von Vernunft und Wirklichkeit hat im Bewusstsein einer intellektuellen Öffentlichkeit hohe Wellen geschlagen. Wenig mehr scheint von der »Hegelei« übrig geblieben zu sein als dieser ungeliebte Satz. Er hat die Runde gemacht, vergleichbar anderen Sätzen der Philosophie, die im kollektiven Gedächtnis haften geblieben sind: Alles fließt (Heraklit). Der Mensch ist das Maß aller Dinge (Protagoras). Wissen ist Macht (Bacon). Der Mensch wird frei geboren, und überall ist er in Ketten (J.-J. Rousseau). Kants kategorischer Imperativ, den Menschen nie bloß als Mittel, sondern als Zweck zu betrachten oder auch Marxens Provokation, mit der er Hegel vom Kopf auf die Füße zu stellen glaubt: »Nicht das Bewußtsein bestimmt das Leben«, sondern umgekehrt, »das Leben bestimmt das Bewußtsein.«

Alle Sätze (der Philosophie) sind so einfach wie kompliziert. Sie lassen sich ob ihrer Kürze und Prägnanz leicht memorieren, auch der Hegel'sche. Nur klingt dieser über *das Vernünftige, das wirklich*, und *das Wirkliche, das vernünftig ist*, einigermaßen schräg, schrill und daneben, jede Generation kann sich aufs Neue über ihn echauffieren, besonders dann, wenn sie sich – angesichts der elenden Weltlage – vom todernsten Willen zur letztgültigen Weltverbesserung gepackt sieht.

(1) *Wie wir über etwas denken*, hängt in Hegels Philosophie wesentlich davon ab, wie wir Wörter bzw. Begriffe wie »Wille«, »Freiheit«, »Vernunft«, »Wirklichkeit«, »Person«, »Schuld«, »Recht«, »Vertrag« oder »unbefangenes Unrecht« verstehen oder sie in unserer Sprache gelernt haben zu gebrauchen. Über ihren Gebrauch werden wir wie selbstverständlich in die Bedeutung und das Lebensgefühl der Begriffe eingefädelt. Besser wäre es zu sagen, über die Verwendung unserer Sprache werden wir auf eine ganz unspektakuläre Weise in eines der größten Spektakel des menschlichen In-der-Welt-Seins eingeweiht. Unser Verständnis von der wirklichen Welt entwickeln wir entlang der Begriffe, die wir in der alltäglichen wie wissenschaftlichen Rede benutzen. Auch die Anschauung und Wahrnehmung

der Welt und der anderen Menschen lernen wir – eingebettet in den Gebrauch der Begriffe – zu deuten. Ihr bewegliches Netz wiederum bildet die so notwendige wie (in)stabile Grundlage – die strukturierende Struktur (des Geistes) –, über die wir deren *Bedeutung* und *Bedeutsamkeit* abzuschätzen lernen.

Wie wir über die sittliche Welt denken, ist, anders gesagt, das performative Produkt der Begriffe, durch die wir sie denken. Aber nicht allein; in der Regel ist es zuvorderst die Sprache, in die wir unsere Gedanken kleiden. Für Hegel verkörpert die Sprache »das Dasein des Geistes« (3, 478). »Die Denkformen sind zunächst in der *Sprache* des Menschen herausgesetzt und niedergelegt.« (5, 20) So eng Sprache und Denken auch aufeinander verweisen, sie arbeiten dennoch nicht deckungsgleich. Ein jedes Vermögen verlangt nach einem eigenen Verständnis, ihr Verhältnis zueinander erst recht. Wie genau man es denken soll, ist bis heute offen.

Die Bedeutung umfasst nicht allein die formellen Eigenschaften, die wir einem Gegenstand oder einer Geschichte, einer Person oder einer Gemeinschaft zusprechen. In die Bedeutung der Begriffe ist nicht selten etwas von dem, was uns anzieht oder abstößt, eingefärbt. Sie verrät uns Vorurteile unterschiedlichster Art – wie das »Sprechen«, von dem Hegel sagt, es habe »die göttliche Natur, […] die Meinung unmittelbar zu verkehren« (3, 92, vgl. 235). Die Rede vom freien Willen ist nicht weniger vorbelastet als die von Vernunft und Wirklichkeit; nicht zuletzt auch wegen des universellen Vehikels der Sprache, die das Denken erleichtern wie erschweren kann. Der Witz jener »göttlichen Natur« liegt also darin, dass das Allzumenschliche mit dem Übermenschlichen zusammenfällt.

Mit einem Satz, Begriffe helfen die Welt in ihrer Viel- oder Mehrdimensionalität zu verstehen. Wir sind, sofern wir denken, auf sie festgelegt, unser Geist stützt sich in allem auf ihren Gebrauch, um gleichzeitig – auch aufgrund der internen Spannungen zur Sprache – ein außerordentlich produktives und zur Spontaneität offenes Instrumentarium zu besitzen. Das gilt auch für das grundlegende Vokabular, für das wir fast automatisch ein mit (den) anderen Menschen geteiltes Verständnis unterstellen, weil wir, im Verlauf der frühen Jahre, mit ihm aufgewachsen und zuletzt erwachsen geworden sind. In der Regel reicht es aus, in den Kämpfen um das richtige

Verständnis der tragenden Begriffe und Überzeugungen zu bestehen. »Wirklich«, »Wirklichkeit«, »reell«, »real«, »Realität«, »ideal«, »ideell«, »Idee«, »idealistisch«, »realistisch« sind solche Vokabeln, die einerseits im Lexikon unseres vorverständigten Gebrauchs fest verankert und gut vernetzt sind, sie stehen andererseits, wie wir aus leidvoller Erfahrung wissen, einer vielfachen Deutung offen. Wir verstehen es, uns und die Welt über diese Vokabeln (als Medium, Mittel und Message) zu erschließen, um sie – im Fall eines Nicht-verständigt-Seins – zum Thema langwieriger Diskussionen zu machen. Denken tun wir *in* und *mittels* des begrifflichen Instrumentariums, das uns das Wissen auf der Höhe der Zeit zur Verfügung stellt – samt der möglichen, nötigen und sinnvollen Verknüpfungen, von denen sich unsere Urteile leiten lassen. Begriffe sind gleichsam das *Gedeck* und das *Besteck* der verteilten und versammelten Intelligenz des Geistes.

Nicht nur sieht sich ein diskursives Denken auf seine Begleit- und Gegensatzbegriffe – wie wirklich und unwirklich, irreal, surreal und unnormal – verwiesen. Wir bemerken zudem, wie die Begriffe gleichsam im Blick auf sich selbst nach weiteren Differenzierungen verlangen. Wie wirklich ist die Wirklichkeit? Wo fängt sie an, wirklich zu sein? Wann verliert sie sich? Woran bemerken wir, dass das Wirkliche – erfahrbar, sichtbar oder denkbar – verblasst? Gibt es ein unumstößliches Kriterium, an dem sich zeigt, dass es sich überhaupt um ein Wirkliches handelt? Ab wann wird seine Grenze zum Unwirklichen des bloßen Scheins oder einer gesetzmäßigen Ordnung von Phänomenen (Erscheinungen) überschritten? Gibt es womöglich Grade der Wirklichkeit des Wirklichen, gestaffelt nach Sein und Schein, Wesen und Erscheinung? Wohin gehört dann das Unscheinbare? Und das Scheinheilige? Oder der Schein an der Erscheinung? Zur Täuschung oder zum geheimnisumwitterten Glanz, der auf oder über ihnen liegt und ihre Gegenstände erst richtig (wirklich) zur Geltung bringt? Zur glänzenden Erscheinung? Und erst recht zum Wahr-Scheinlichen, das erst im 19. Jahrhundert in Form der Statistik seinen unvergleichlichen Siegeszug beginnt. Können wir nicht vielleicht auf die komplexe Anlage dieser Begriffsarchitektur ganz verzichten? Um mit Unterscheidungen von Fiction und Non-Fiction, News und

Fake News das Problem auf einfache Weise zu erledigen? Warum so kompliziert?

Und, wie ist es bei Vorstellungen oder Themen wie Freiheit und Gleichheit, Recht und Unrecht, Güte und Bosheit, Absicht und Wohl, Vorsatz und Schuld, die sich nicht oder nur mühsam mit »Spießen und Stangen« oder der nötigen Eindeutigkeit und Robustheit festmachen lassen? Die, obwohl sie, wie Hegel sagt, »feste Mittelpunkte« des sozialen Lebens sind, uns unwillkürlich an das erinnern, was Augustinus über die Zeit sagt: Wenn ihn niemand danach frage, wisse er es; soll er es dem, der fragt, erklären, wisse er es nicht. Auf diese berühmt-berüchtigte Weise kann sich ein vernünftiges Denken, wie die Dialektik von sich behauptet, nicht aus der Affäre ziehen. Dieses ist, wie eingangs erläutert, von der Macht und Größe des Geistes und seinem Navigationssystem, dem Denken, restlos überzeugt: Mit ihm komme es – wie die bösen Mädchen – überall hin. Das Denken schrickt vor der Aufgabe, zu begreifen, was ist, nicht einen Fingerbreit zurück.

Leicht stellt sich der Einwand ein, ob Hegel sich da nicht ordentlich übernehme. Diese Frage muss zunächst offen bleiben. Ein anderer Vorbehalt wiegt schwerer, ob Hegel, wenn er denn mit dem Denken starte, nicht »zu hochtourig«, »zu voraussetzungsvoll« einsetze? Müsse nicht jede Philosophie, die als Wissenschaft will auftreten können, damit anfangen: festzustellen, was ist, und das Gegebene so genau wie möglich beschreiben, um es anschließend – wie in den Wissenschaften üblich – in gesetzesförmige (explanatorische) Aussagen zu kleiden bzw. es auf den Begriff (der Sache) zu bringen, der in der Explikation, Evaluation und Exposition seine Erklärung finde? Erst nach der Feststellung dessen, was ist, und einer von Interessen und Erwartungen, Ansprüchen und Rechten freien (gereinigten) Beschreibung/Rahmung, erfolge die Überlegung, wie denn die Ergebnisse einzuschätzen und zu bewerten seien, was genau die Gesetzmäßigkeiten besagten und welche Schlüsse ein realitätsnahes Handeln daraus ziehen könnte.

Diese wissenschaftliche, die cartesisch-kantische Ordnung der Dinge, hat Karriere gemacht: Das, was gegeben ist, muss exakt beschrieben und von dem, was sein soll oder sein könnte, strikt unterschieden werden. Die Realität, das *Gegebene*, das, was ist, sei das eine; die *Norm* oder das, was sein soll, das andere. Das Richtige ist unendlich weit von dem, was wir vorfinden – den Fakten in ihrer unge(s)tümen Stupidität –, entfernt. – Aber ist das *Gegebene* nicht schlechthin der *Mythos*, an dem wir laborieren?

Es ist hier nicht der Ort, die Probleme dieser dualistischen Position *en detail* zu beraten. Wichtig indes ist der Gedanke Hegels, etwas Gegebenes nicht beschreiben zu können, ohne es zu denken, ohne zu wissen, um was es geht. Man kann etwas – ein Blatt Papier – nicht rein, bar der unzähligen durch das Denken gerasterten Unterscheidungen auffassen. Schon der Hinweis, dass es (da) *ist*, also vorliegt und nicht nicht existiert, ist eine einfache, primitive zwar, dennoch nicht unwichtige Unterscheidung, die gleich anfangs – beim Auf- oder Erfassen – ins Spiel kommt. »Ist« oder »ist nicht«, Sein oder Nichtsein, ist auch hier die Frage. Vom Blatt als »etwas« (einem Gegenstand) zu sprechen, ist bereits reichlich komplex, weil etwas stets auf etwas Anderes verweist: etwas ist etwas und anderes.

Verantwortlich für beide elementare Begriffsoperationen ist das »als«, durch das wir unsere Auffassung vom Blatt und dem Blatt, das vor uns liegt, trennen. Wir fassen etwas *als etwas* auf: ein Blatt *als* Papier,[2] *als* Teil einer Akte, *als* gutes beim Skat oder einer Zeitung (Schwäbisches Tageblatt); aber auch *als* Träger eines magnesiumhaltigen, grünen Farbstoffs von Pflanzenzellen. Das »als« ermöglicht uns, zu allem, was uns begegnet, auf Distanz zu gehen – und das in einem Verhalten, das wir alltäglich praktizieren.

Diese formale wie fundamentale Struktur unseres Denkens, die Als-Struktur, verbindet uns mit allen symbolisch agierenden Wesen, die das »als« im Sprechen und Denken, im Wahrnehmen und Wollen zu handhaben wissen. Das »als« ist gleichsam der Türöffner schlechthin zur Welt des Geistes. Es macht uns *frei*, beliebig mit den Dingen zu verfahren. In ihm artikuliert sich der Geist selbst. Dieses Betriebssystem öffnet uns buchstäblich die ganze Welt und übersteigt, ob der Unzahl seiner Möglichkeiten, alle Kapazitäten einer natürlichen oder künstlich ausbalancierten Intelligenz. Man kann das Blatt *als* Gegenstand des Zeitungswesens oder *als* Produkt industrieller Fertigung auffassen; *als* ein Mittel, Geld zu verdienen; *als* einen Anlass, eine Rezension zu schreiben, oder auch *als* eine höchst angenehme Investition im Umgang mit dem Allerwertesten betrachten. Der Kraft und Arbeit des »als«, d. i. der Unterschiede machenden Reflexion, sind keine Grenzen gesetzt. Man sieht sofort, Geist ist etwas, von dem man genug hat. An ihm partizipieren alle, gleichgültig, ob sie geistlose oder gehaltvolle Reden schwingen. Angesichts seiner werden wir der Welt alternativer Möglichkeiten gewahr. Diese heben den Geist – Hegel nennt ihn treffend den »freien Begriff« – über das Leben, zum Beispiel in Form des Erlebens, *hinaus*. In ein und derselben Hinsicht führen sie ihn, den zu jedem Ausflug bereiten Möglichkeitssinn, auch unwiderruflich in jedes Leben *hinein*.

Unser Denken und Handeln bewegt sich dabei über eine Kluft hinweg, die größer und eindrucksvoller nicht sein könnte. Hinreichend aufgeklärt, sind wir uns ziemlich sicher, dass es keinen logischen Übergang von der Welt der Wörter zur Welt der realen Dinge gibt, auch keinen, der vom Satz zu den im Satz angesprochenen Dingen der Außenwelt führt. Das Wort »Rettungsboot« rettet keinen, heißt es bei Hans Magnus Enzensberger. Der Begriff, der da ist, aber schon. Diese Kluft ist nur durch einen Sprung in ein gänzlich anderes Milieu zu überbrücken. Man kann den Riss logisch nicht überwinden, metaphysisch nicht heilen, ihn aber auch nicht praktisch, bar jeder Verantwortung, einfach übergehen. Und dennoch ist seine selbstverständliche Überwindung im Begriff (als Einheit des Seins und der Reflexion) unser alltäglich kommunikatives Brot. Wir stecken in diesem Übergang fest, wir denken und leben in ihm, während wir ihn – meist unbedacht – machen und, über das Machen – per Sprache und Arbeit – unentwegt dabei sind, eine Wirklichkeit einzurichten, die nicht nur die Kluft überwindet, sondern unweigerlich auch den absoluten Unterschied in sie hineinträgt.[3] Wir sehen gerade noch, dass wir uns im Übergang wie Fische im Wasser bewegen, das heißt in seinem Medium produktiv leben und denken: ihn im Betrieb unseres Lebens auf unterschiedliche Weise tätigen (gebrauchen, reflektieren, autorisieren, legitimieren, affirmieren). Und – wir kommen mit ihm (dem Übergang als Sprung) im Allgemeinen ganz gut zu recht. Wir haben ihn immer schon gemacht. Unser kommunikatives In-der-Welt-Sein schreibt uns ein Denken in und mit Übergängen planmäßig vor. Der Umgang mit ihnen bereitet wenig Schwierigkeiten. Kleine und große soziale Systeme stabilisieren *in* und *mit* wiederholten Übergängen ihre Selbst- und Weltverhältnisse gleichermaßen. Aber sie missraten auch in überzufälliger Weise. Unbemerkte wie strategische Reparaturverfahren sind ständig am Werk, sie auszubessern.

Das »als« öffnet uns nicht nur das Tor zur Welt; wir können mit ihm die Dinge, wie es uns beliebt, ansprechen, jedes x für ein y nehmen. Eine unentwegt *initiativ* wie *Abstand* haltende Reflexion lockert sukzessive alle Anschlüsse, die wir gewohnt sind wie selbstverständlich zu machen. Sie schwört – auf die Spitze des Gedankens getrieben – eine intellektuelle Welt der Chimären herauf, in der keine Unterscheidung mehr vor ihrer Sub-version durch eine andere sicher ist. Das Problem: die Reflexion ist bestenfalls der Einstieg in ein freieres Leben, hält aber keine Antwort parat, wie man ein solches unter den Bedingungen offener wie ungleichzeitiger Gesellschaften gestalten könnte. Hegels Dialektik sucht aus der *Bestimmtheit* der Reflexion das nötige Kapital zu schlagen: Kurshalten durch Rückgriff auf das Konkurswissen und durch seine bestimmte Aufarbeitung hindurch. Das ist nach Hegel der einzige Weg, bei dem gleichwohl offen bleibt, wohin genau er denn führt. Das Kursbuch für diesen kritischen Prozess schreiben die Ideen – wie Wahrheit, Freiheit und Gerechtigkeit. Es wird aber die Frage nach dem Wie der Überbrückungsarbeiten ebenso wenig los wie die, wer oder was denn die Verantwortung für die ständig anfallenden Kosten übernehmen soll. Die reichlich abstrakte Antwort: »das Ich, das Wir, und das Wir, das Ich ist« reicht wegen des radikalen Überdeterminiertseins des »Wir« mit Sicherheit nicht aus.

Es könnte der Eindruck entstehen, wir hätten uns weit von der Eingangsfrage nach dem Verhältnis von Vernunft und Wirklichkeit oder einer historisch wirklich gewordenen Vernunft und einer vernünftig begriffenen Wirklichkeit entfernt. Das täuscht. Wir stecken angesichts der Frage nach Denken und Sein, Geist und Welt, Vernunft und Individualität, nach der Bestimmtheit von Befreiungsprozessen und der notorischen Unbestimmtheit der Verwirklichungsbedingungen von Freiheit mittendrin. Vernunft ohne Blick auf das Wirkliche, das Wirkliche ohne Kenntnisnahme der in ihm gespeicherten Vernunft ist eine Chimäre, ganz einfach deshalb, weil Ideen wie Freiheit *wirksam* sind. Ihre in Arbeit und Sprache, Politik und Moral (re)präsentierte Vernunft ist die Basis der Begriffe. Sie zeigen gleichsam alltäglich die individuellen wie kollektiven Bewegungsprofile des Geistes. Denken und Wirklichkeit halten selbst Anteile an der (historischen) Zeit, der sie entspringen.

Schon in der *Phänomenologie des Geistes* hatte Hegel für die *Staatswissenschaft* zu bedenken gegeben: »Was allgemein gültig ist, ist auch allgemein geltend; was sein *soll, ist* in der Tat auch, und was nur sein *soll*, ohne zu *sein*, hat keine Wahrheit. Hieran bleibt der Instinkt der Vernunft mit Recht seinerseits fest hängen und läßt sich nicht durch die Gedankendinge, die nur sein *sollen*, und als *Sollen* Wahrheit haben sollen […] irremachen« (3, 192). Das Sollen muss sich – zu seiner Deutung – auf etwas stützen und berufen (können), dem man es ob seiner irgendwie eingespielten Präsenz (Anwesenheit, Macht, Wirksamkeit, Fülle) auch zutraut, verwirklicht zu werden. Es hinge sonst in der Luft, es braucht gute Gründe, die schwerlich einem reinen Gedankending entspringen. Es muss, was seine Instituier- und Situierbarkeit angeht, in die Welt *passen*. Hegels Auffassung ist, erst eine wirklich vernünftig gewordene Welt bietet dem moralischen Sollen hinreichend *Deckung* und *Passung*. Die Welt muss nicht bis ins Kleinste vernünftig sein, aber dennoch in groben, allgemeinen Zügen die Realität, in der wir leben, tragen. Alles andere wäre verrückt – wenn auch nicht uninteressant. Gute Gründe gibt es nur im Zusammenspiel dreier geistiger Mächte: der Relevanz stiftenden, der Repräsentativität reflektierenden und der Komplexität reduzierenden Kraft.

In unsere Sprache übertragen heißt das, *Vernunft* definiert sich über das Philosophisch-Werden der Welt und das Weltlich-Werden der Philosophie. Sie kann nur in und aus diesem Prozess heraus verstanden werden, der anzeigt, ob und inwieweit die Vermittlung von Welt und Philosophie *in concreto* gediehen ist.

Dass also der inkriminierte Satz über die Gleichsetzung von Vernunft und Wirklichkeit ein Reflex – ein bejahender zumal – auf die Restaurationsbestrebungen des preußischen Staats nach dem Wiener Kongress darstellt, ist eher unwahrscheinlich. Treffender ist es, ihn als das Zentrum der Hegel'schen Philosophie anzusehen, die, auf der Höhe der Zeit, Geist und Welt in einer Art Parallelaktion zu erklären und darzustellen lernt und dabei – wie könnte es anders sein – das Vokabular der damaligen Zeit verwendet. Hegel hat dies in seiner *Wissenschaft der Logik* vor Erscheinen der Rechtsphilosophie in einem Umfang und Inhalt durchgearbeitet und durchsichtig gemacht, wie es in der Geschichte der Philosophie zuvor selten geschehen ist.

(2) *Begreifen, was ist,* ist die Aufgabe der Philosophie, »denn das, *was ist,* ist die Vernunft« (7, 26). Als ganz ausgezeichnete Arbeitskraft einer weltläufig verteilten Intelligenz (Geist) ist sie in der Geschichte schon länger am Werk. Im Selbstbewusstsein der neuen Zeit begreift sie, *dass* und *wie* sie in Gestalt der Philosophie auch eine intellektuelle Unternehmung *ihrer* Zeit ist. Das gilt es auch im vollen Umfang zu artikulieren. So ist es eine vordringliche Aufgabe, die Zeit, das Wahre und Wirkliche dieser Zeit, zur Kenntnis und ins Visier zu nehmen; schon deshalb, weil sie ansonsten für sich und die Form des (eigenen) Denkens keine Erklärung habe. Auch die Philosophie benötigt für das, »was (sie) ist« und »wie (sie) möglich und wirklich, notwendig und sinnvoll ist«, eine Begründung. Sie versteht sich nicht von selbst; was es heißt, eine Wissenschaft des Denkens zu sein, mit der man mittels des Begriffs glaubt, überall hin- und womöglich über sich selbst hinaus zu kommen, schon gar nicht. Sie begreift, dass die *Form*, in der sie *sich zeigt* oder in die sie *sich bringt*, alle Selbstverständlichkeit verloren hat. Sie sieht es als ihre Pflicht an, Auskunft über die Bedingungen der Möglichkeit ihres Daseins, d. i. des *Denkens*, zu geben – auf dem Forum der Philosophie wie der Welt.

Die Philosophie nach Kant hatte nachdrücklich die Frage, *wie ist Selbstbewusstsein möglich*, ins Zentrum der Aufmerksamkeit gerückt und in immer neuen Anläufen zu beantworten gesucht. Vergleichbar sieht sich Hegel gedrängt, die Gretchenfrage der Philosophie – nach einer durch die neue Zeit und ihr Denken geforderte »Revolution der Denkungsart« – erneut aufzugreifen. Hegel sieht es nicht als Aufgabe der Philosophie, die zeitgeschichtlichen Umstände zu berücksichtigen, die bei dieser oder jener Philosophie Pate gestanden haben. Ein Denken qua Nachweis von »Einflüssen« ist keine Philosophie, sie ist Hegel ein Graus, das glatte Gegenteil von Philosophie als eines Denkens, dessen »Anfang und Prinzip in der Freiheit« liegt.

Sein Vorhaben hat ein anderes Format. Es dient der Bestimmung, der Explikation, Expostition und Evaluation eines Begriffs der zeitlichen, sachlichen und sozialen Kräfte, die in der *neuen Form* des *Denkens* gleichermaßen am Werk sind und daher zur Sprache kommen müssen. Eine Philosophie, die sich nicht aus ihrer Zeit heraus verständlich zu machen weiß, ist dogmatisch. Sie ist aber keine Einflussforschung, sondern bezieht sich auf eine Wirklichkeit und Erfahrung, die durch die großartigen Grundsatz- und Gebrauchsartikel des (post-)modernen Lebens, der Freiheit und Gleichheit aller *bestimmt* ist. Dazu greift sie auf eine Semantik unbestimmter Bestimmtheit zurück, die diese Ideen trägt. – Sie muss dem Orientierungsbedürfnis der neuen Zeit entgegenkommen; das ist riesig in einer Zeit, die sich auf das Neue einer Einrichtung des Lebens in freien und gerechten Verhältnissen verlegt hat. Ihr Zeitbezug ist daher ein doppelter: aus (dem Geist) der Zeit entsprungen, macht sie sich selbst zum Thema der Reflexion und zum Gegenstand einer selbstkritischen Analyse.[4]

Das, *was ist*, hat zwei Seiten, die eine nennt Hegel »Dasein«, er spricht auch von »bloßem Dasein« oder abschätziger noch, von »fauler Existenz« oder einfach von der Zeit, die »da ist«. Es geht um das, was wir vorfinden und als gegeben oder als »Realität« akzeptieren, weil es uns in seiner selbstverständlichen wie schier unüberschaubaren Mannigfaltigkeit einfachhin begegnet. »Dasein« *ist*, was geschieht, »Dasein« *hat*, wie sich was (in) üblicher Weise zeigt.

Dasein ist ein wenig komplexer Begriff, im Grunde fällt er nur das Urteil, »ist da«, »besteht«, »muss irgendwie zur Kenntnis genommen werden«. Seinem Gebrauch kann man (noch) nicht entnehmen, ob es sich um ein zufälliges oder ausnahmsweise Gegebenes handelt; noch weniger, ob es für jemanden einen Wert hat oder wie lange dieses *da sein* dauert. Kurz, der Begriff enthält nur ein Minimum an Information, sein Weltwissen ist extrem gering.

Die andere, weit entfernte Seite des »ist« bildet die »Idee«, von der Hegel das Höchste sagt: nichts sei »wirklich« als sie. Sie macht die ungeheure Mannigfaltigkeit von dem, was es gibt, *durchsichtig*, sie stellt es ins Licht (der Deutung und Vereindeutigung), um ihm gleich anfangs eine unbestimmt gehaltene Struktur oder Vorform des Wissens (von Recht und Unrecht) einzuspielen. Näher geschieht die Formgebung durch Begriffe, durch die wir im Netz der sozialen Beziehungen unsere Positionen und Rollen zu verstehen und zu verteilen lernen.

Was Hegel das *Wirkliche* nennt, ist dann die Einheit von *Dasein* und *Idee*: das begriffene, *verständig unterschiedene* wie *vernünftig beurteilte* und in einem undogmatischen Zusammenhang gebrachte Dasein. Das Wirkliche ist so das Dasein, das unter Strom steht, es wird durch die Begriffe in Form gebracht (man könnte auch sagen: informiert) und durch die Idee unter Strom gesetzt (motiviert und legitimiert). Sie zündet. Der Begriff hält sie in den Grenzen verständigen und vernünftigen Denkens. Ihre belebende und bewegende Kraft beziehen sie aus dem Geist als der verteilten und versammelten Intelligenz der Zeit. So fällt das *Wirkliche* – was viele Kritiker Hegels bis heute in Rage bringt – mit dem *Vernünftigen* zusammen. Nichts ist wirklich, was nicht wirklich begriffen (worden) ist – andernfalls handelt es sich um bloßes Dasein, um rohe Anschauung, dumme Fakten, blendende Evidenzen oder schiere Rationalisierungen anstatt vernünftiger Gründe: um etwas, dem nicht zuvor die Idee (ihr) Leben – Intelligibilität (Geistigkeit), Intensität (Leidenschaft) und Responsibilität (Verantwortlichkeit) – eingehaucht hat. Um etwas als *wirklich* zu bezeichnen, muss man vernünftige Gründe oder Belege seiner Existenz bzw. Erfahrung liefern. – Schelling – Nachfolger und Konkurrent Hegels auf den »Philosophenthron« in Berlin (um dessen »Drachensaat« auszumerzen) – hat diesen, jeden Idealismus auszeichnenden Gedanken auf den Punkt gebracht: »Was rechte, wirkliche Erfahrung sey«, heißt es eines Sinns mit Hegel, »muss erst durch die Ideen bestimmt werden.«[5]

Durch eine Idee (wie Freiheit) mit Geist versehen – man könnte sagen, »begeistet« und begeistert –, erwacht die Erfahrung zu Begriff, Urteil und Schluss. Schon Kant nennt den Geist »das durch Ideen belebende Prinzip im Menschen«. Entsprechend bilden lebendige Ideen – wie Freiheit und Gleichheit, Unsterblichkeit und Liebe, Hoffnung und Tod – die Wirklichkeit des Geistes im tätigen Leben. »Der praktische Geist *hat* nicht nur Ideen, sondern *ist* die lebendige Idee selbst.« (4, 57) Über die alltägliche Rede finden die Ideen Eingang in unsere Welt, d. h. in den sozialen Verkehr der Menschen untereinander, den sie in ihrer *In-begrifflichkeit* wie

Un-merklichkeit strukturieren. Sie sind daher die Medien, das Lebenselexier, in dem sich unser Verstehen und Verständigen, unser Denken und Nachdenken, Tun und Leiden, bewegt: innerhalb derer wir Motive als verhaltensrelevant beurteilen, Begründungen liefern, Verpflichtungen eingehen, Wünsche äußern und uns über kopflose Medienanalysen halb totlachen. Das heißt, (bestimmte) Ideen gibt es nur in Abhängigkeit (konkreter Allgemeinheit) von der historischen Zeit und den entsprechenden Deutungshorizonten, in denen wir mit oder gegen andere agieren, genauer: den (hegemonialen) Deutungshoheiten der Aufmerksamkeit und Verständigung steuernden Begriffe. Die Macht und Lebendigkeit der Ideen freilich wurzelt in ihrer sowohl zum Illusionstheater wie zum blutigen Ernst offenen *Zuvorkommenheit* – da sind sie in ihrem Element. Ideen sind gleichsam Hochrisikomaterien. Es sind *Visionen*, immer bereit, in Absolutheit beanspruchende *Missionen* umzuschlagen. Ihr Furor bedarf des Begriffs, um sie in Schach zu halten – in der Welt wie in der Philosophie. Auftriebskräfte wie Frei- und Gerechtsein sind unvergleichlich stark. Sie können fast naturgemäß auf unser Zutun und Zugetansein zählen. Vor Übereifer schießen sie regelmäßig weit über das Ziel hinaus. Sie kennen Millionen von Opfern, zumal in ihrer Verbindung mit der Moral, die sich in ihrer Eigen-willigkeit frei von aller Heuchelei und Niedertracht dünkt.

Die Analyse der Denkformen (Kategorien) und die Deutung der historisch bestimmten Zeit stehen in keinem äußerlichen Verhältnis zueinander – so, als hätten sie nichts miteinander zu tun. Im Anschluss an die Überlieferungsgeschichte(n) der Philosophie, die sich ihre Begriffe immer schon erarbeitet hat, sieht sich die spekulative Dialektik herausgefordert, die »Zeit, die da ist«, auf die Grammatik der grundlegenden Begriffe hin zu durchforschen. Sie muss den Zusammenhang der Grundbegriffe transparent machen, der paradigmatisch die historische Zeit strukturiert. Was die neue Zeit und den Begriff synthetisiert, ist, wie eingangs gesagt, (der Kollektivsingular) *Freiheit.* Sie ist es, die gleichermaßen den Verständigungshorizont der kognitiven und der normativen Ordnung der Philosophie wie der sozialen Welt prägt.

Hegel spricht angesichts dieser flüchtigen Materie, des prekären, umkämpften Inbegriffs der Freiheit, auch von der »Angel«, um die

die moderne Welt sich entscheidend dreht. Man kann weder von Denken sinnvoll reden, wenn man in seinem Begreifen, Urteilen und Schließen, den Schlussfolgerungen wie den (vernünftigen) Schließungen nicht frei ist; noch von Tun und Leiden, wenn man öffentlich, d. h. politisch und gesellschaftlich nicht in der Lage ist, sich freimütig und unabhängig zu äußern.[6] »Begriff« heißt für Hegel, keine *Schließung* zu akzeptieren, die uns nicht gleichzeitig in die Lage versetzt, entsprechende Denk- und Handlungsspielräume auf *verbindliche* Weise zu *öffnen*. Man kann auch nicht vom »Prinzip einer neuen Form der Welt« sprechen, wenn ihr historisches Apriori – die politisch praktische Freiheit – nicht basisbildend in den Institutionen und den sie tragenden Motivationen und Legitimationen verankert ist. Alles andere wäre Nonsens. Auf dem Höhenkamm der neuen Zeit und ihren durch Recht und Moral, Person und Rolle, Mensch und Bürger, Mann und Frau, Gesellschaft und Staat, durch Europa und die Kolonien »auseinandergezogenen Verhältnissen«, muss der Differenz-Sinn der Freiheit: müssen die Selbstbestimmungsmöglichkeiten individueller und sozialer Subjektivitäten, auch in ihrer Intersektionalität, ausgelotet und weltweit gewährleistet sein. Über das, was im Grundsatz gilt – die Freiheit und Gleichheit aller Menschen –, darüber kann man nicht verschiedener Meinung sein. »Es gehört der Bildung, dem *Denken* als Bewußtsein des Einzelnen in Form der Allgemeinheit, daß Ich als *allgemeine* Person aufgefaßt werde, worin Alle identisch sind. Der *Mensch gilt so, weil er Mensch ist,* nicht weil er Jude, Katholik, Protestant, Deutscher, Italiener usf. ist. Dies Bewußtsein […] ist von unendlicher Wichtigkeit.« (7, 360 f.) Es rührt entscheidend an den Nerv der modernen Welt, wo ihr »Kosmopolitismus« (besser, Universalismus) mit den Erfordernissen (Egoismen) des »konkreten Staatslebens«, wie an der Flüchtlings- und Klimakrise oder der jüngsten Pandemie eindrucksvoll belegt, kollidiert.

XII. Die Idee der Freiheit – Von dem, was rechtens ist

Wir hatten gesagt, das Wirkliche sei das Dasein, das sich durch die Ideen unter Strom gesetzt sieht. Und weiter, die Ideen, um die die Hauptachse der modernen Welt sich drehe, seien Freiheit und Gleichheit bzw. ein im weiten Sinn verstandenes *Recht*: die Frage, was in der sittlichen Welt rechtens sei. Freiheit im Besonderen sei der »feste Mittelpunkt«, an dem das selbstbestimmte Selbstbewusstsein der modernen Subjektivität – als individuelle (persönliche) wie institutionelle (systemische) Handlungsmacht – seine Basis, d. i. seine Beweg- wie Rechtsgründe (= Glaubwürdigkeit) finde. Die Idee der vernünftigen Freiheit sei die Wirklichkeit des Geistes im tätigen Leben und, darüber hinaus, der erste und der beste Grundsatz- und Gebrauchsartikel der modernen Welt. Sie habe sich in den unterschiedlichen Sphären des sozialen Lebens auf je verschiedene Weise allgemeine Anerkennung verschafft, in Recht und Moral freilich eine andere als in der bürgerlichen Gesellschaft und der staatlichen Ordnung. Der Paragraph eins (§1) der *Einleitung* in die *Grundlinien* fasst das, was wir zuletzt in dem vorausgegangenen Kapitel über Idee und Wirklichkeit, Begriff und Dasein diskutiert haben, zusammen:

> »*Die philosophische Rechtswissenschaft* hat die *Idee des Rechts,* den Begriff des Rechts und dessen Verwirklichung zum Gegenstande.
> Die Philosophie hat es mit Ideen und darum nicht mit dem, was man *bloße Begriffe* zu heißen pflegt, zu tun, sie zeigt vielmehr deren Einseitigkeit und Unwahrheit auf, sowie daß der *Begriff* (nicht das, was [...] nur eine abstrakte Verstandesbestimmung ist) allein es ist, was *Wirklichkeit* hat und zwar so, daß er sich diese selbst gibt. Alles, was nicht diese durch den Begriff selbst gesetzte Wirklichkeit ist, ist vorübergehendes *Dasein,* äußerliche Zufälligkeit, Meinung, wesenlose Erscheinung, Unwahrheit, Täuschung usf. Die *Gestaltung,* welche sich der Begriff in seiner Verwirklichung gibt, ist zur Erkenntnis des *Begriffes* selbst das andere, von der *Form,* nur als *Begriff* zu sein, unterschiedene wesentliche Moment der Idee.« (7, 29)

Besorgt um das leicht missverständliche Verhältnis von Begriff und Existenz (Dasein), zieht Hegel zur Erläuterung einen *Vergleich* heran.

> »Der Begriff und seine Existenz sind zwei Seiten, geschieden und einig, wie Seele und Leib. Der Körper ist dasselbe Leben als die Seele, und dennoch können beide als auseinanderliegende genannt werden. Eine Seele ohne Leib wäre nichts Lebendiges, und ebenso umgekehrt. So ist das Dasein des Begriffs sein Körper, so wie dieser der Seele, die ihn hervorbrachte, gehorcht. [...] Entspricht der Körper nicht der Seele, so ist es eben etwas Elendes. Die Einheit des Daseins und des Begriffs, des Körpers und der Seele ist die Idee. Sie ist nicht nur Harmonie, sondern vollkommene Durchdringung. Nichts lebt, was nicht auf irgendeine Weise Idee ist.« (7, 30)

Hegel beschließt den Zusatz zum §1 mit dem Grundgedanken seiner Rechtsphilosophie: »Die Idee des Rechts ist die Freiheit, und um wahrhaft aufgefaßt zu werden, muß sie in ihrem Begriff und in dessen Dasein zu erkennen sein.« (7,30) Anders gesagt, *Freiheiten sind Rechte, die wir haben.* Hegel schließt sich unserem im Alltagsverständnis verankerten Sprachgebrauch an. Ein Recht zu haben auf x oder y, heißt, die Freiheit zu haben, x oder y zu tun: sich zu versammeln, mit wem man will; freizügig zu reisen, wohin man will; das Gewerbe zu betreiben, das Erfolg verspricht; die Religion auszuüben, nach der einem der Sinn steht; freimütig die Meinung zu sagen, die keiner hören will usf.

Genauer noch heißt es gegen Ende der *Einleitung*: »Dies, daß ein Dasein überhaupt *Dasein des freien Willens* ist, ist das *Recht*. – Es ist somit überhaupt die Freiheit, als Idee.« (7, 80) Das *Recht* ist das Dasein des freien Willens, es besteht darin, frei zu sein, dies oder jenes zu tun. Es gründet sich auf den Willen, und der ist nicht mehr der göttliche (der Zehn Gebote), sondern der, für den Recht und Gesetz aus dem verteilten und versammelten Willen der den Gesellschaftsvertrag schließenden Parteien hervorgegangen ist. Von Thomas Hobbes bis Kant und Fichte hatte sich das neuzeitliche Naturrecht zum Vernunftrecht, das heißt zur philosophischen Rechtslehre, umgewandelt. Ihre Basis sind vernünftige Prinzipien, nicht göttliche Gesetze oder mythische Mächte. Von Naturrecht ist nicht im Sinne »eines Rechts von Natur aus« die Rede, es geht um die Natur (das Wesen, den Begriff) des Rechts, der in der modernen Welt als »zweite Natur« – als eine »Welt des Geistes, aus ihm selbst hervorgebracht« – verstanden werden muss. »Der Boden des Rechts ist überhaupt das *Geistige* und seine nähere Stelle und Ausgangspunkt der *Wille*, welcher *frei* ist, so daß die Freiheit seine Substanz und Bestimmung ausmacht und das Rechtssystem das Reich der verwirklichten Freiheit, die Welt des Geistes aus ihm selbst hervorgebracht, als eine zweite Natur, ist.« (7, 46)

(1) *Was heißt Handeln? Die bestimmte und unbestimmte Seite freiheitlichen Seins.* Hegel erörtert die *formellen* Grundlinien seines Freiheitsbegriffs in der *Einleitung*, den §§ 5–7 seiner Rechtsphilosophie. Man könnte auch von einer handlungstheoretischen Perspektive sprechen. Aufs Ganze gesehen, ist naturgemäß erst die umfänglich über Recht und Moral, Gesellschaft und Staat *systemisch* entwickelte Idee des Rechts, der wahrhafte oder unendliche Begriff der Freiheit. Seine Grundlegung erfährt es in den erwähnten Paragraphen.

Hegels Analyse der Bedingungen menschlichen Handelns ist wesentlich eine kritische Auseinandersetzung mit Kants unvollständigem Begriff. Vor dem spekulativen Vernunftbegriff der Freiheit nimmt sich Kants »Freiheit des Verstandes« (7, 50) als eine »abstrakte«, »einseitige« aus. Sie wird in der weiteren Explikation des Begriffs, wie Hegel sich vielfach ausdrückt, »zum Moment herabgesetzt«. Sprachliche Wendungen dieser Art erwähne ich, weil sie ohne größere Erklärung gute Beispiele für den Handlungscharakter (die Performativität) des Denkens sind: Sich über etwas oder jemanden herabsetzend oder herablassend zu äußern, *ist* eine Herabsetzung von diesem oder jenem. Wie man mit Lob oder Anerkennung jemanden heraufsetzen (erhöhen, vergrößern, verbessern) kann, so kann man ihn auch herabsetzen (erniedrigen, verkleinern, verschlechtern), d. h. *depotenzieren*. Man kann einer Person (dem Ich) oder einem Argument (dem Denken) seine Stärke rauben, indem man den Anteilen, die zur Aufgeblasenheit neigen, die (heiße) Luft rauslässt. – Auch wenn Hegels Parallelisierung von Begriff und Subjektivität, begreifendem Denken und freiem Selbst in erster Linie eine *logische* ist (Allgemeines, Besonderes und Einzelnes), seine diesbezüglichen Überlegungen werfen auch ein empirisch (historisch, soziologisch, psychologisch, linguistisch usf.) erhellendes Licht auf entsprechende Übertragungen. Was auch damit zusammenhängen könnte, dass Hegel, der stark in und mittels der deutschen Sprache denkt, womöglich gar nicht abstrakt denken kann.

Nicht nur ist das Schwäbische ein hochdeutscher Dialekt, nichts ist »einfacher, nichts unmittelbarer als das philosophische Vokabular«, schreibt der deutsch-französische Schriftsteller Georges-Arthur Goldschmidt. »Das erste Kapitel von Hegels ›Phänomenologie des Geistes‹ besteht nur aus Wörtern, über die schon ein fünfjähriges Kind verfügt (mit Ausnahme vielleicht der Begriffe *Vermittlung* und *Unmittelbarkeit*). Je tiefer sich die deutsche ›Philosophie‹ gibt, desto simpler und konkreter ihre Sprache, in jedem Fall aber sehr nahe dem *leiblichen Befinden*, dieser inneren und äußeren Befindlichkeit des Leibes.«[7]

In Hegels Sicht gebührt Kant das große Verdienst, das *Prinzip der Negativität* im Selbstbewusstsein (oder Willen) gefunden zu haben: jene »*absolute Möglichkeit*, von jeder Bestimmung, in der Ich mich finde, [...] abstrahieren zu können« (7, 50). Kant entdeckt den letzten Zweck des Menschen, wenn er fragt, wie er denn die Welt und die Geschichte beurteilen soll, in der *Selbstbestimmung des Willens*.

> »Für den Willen ist kein anderer Zweck, als der aus ihm selbst geschöpfte, der Zweck seiner Freiheit. Es ist ein großer Fortschritt, daß dies Prinzip aufgestellt ist, daß die Freiheit die letzte Angel ist, auf der der Mensch sich dreht, diese letzte Spitze, die sich durch nichts imponieren läßt, sodaß der Mensch keine Antwort gelten läßt, insofern es gegen seine Freiheit geht. Das hat der kantischen Philosophie die große Ausbreitung, Zuneigung gewonnen, daß der Mensch ein schlechthin Festes [...] in sich selbst findet, einen festen Mittelpunkt: sodaß ihn nichts verpflichtet, worin diese Freiheit nicht respektiert wird.« (20, 367)

Von jeder Bestimmung absehen, sich über jede durch die Natur oder die Gesellschaft gesetzte Schranke – seien es Bedürfnisse oder Interessen, Gebote oder Verbote – hinwegsetzen zu können, verweist auf die »zweite Natur« des Menschen, die, systematisch (logisch, begrifflich) betrachtet, seine erste oder eigentliche ist. Sie macht seine Substanz, seine Existenz als *Exzellenz* aus, denn in jedem Willen liegt diese Möglichkeit (dieses Moment) beschlossen, alle Zwecke aufgeben zu können. Selbst von seinem Leben kann der Mensch sich »losmachen«: »er kann Selbstmord begehen« (7, 50). In dieser »Negativität« (Selbstverneinung) besteht die absolute Macht des Selbstbewusstseins. Nichts zwingt diese Art selbstbewussten Lebens dazu, irgendwem anders als sich selbst Rechenschaft schuldig zu sein.

»Negativ« ist daher nicht nur das Schlechte oder das, was uns fehlt, der Mangel oder das, was uns verletzt oder unsere Bewegungs- und Handlungsfreiheit in unzulässiger Weise einschränkt; »negativ« bezieht sich auch auf die Kraft der Reflexion, die es uns ermöglicht, *zu uns selbst* und zu allem, was wir tun und denken, radikal auf Distanz zu gehen. In diesem Moment der Negativität liegt, anders gesagt, das alles überragenden Versprechen, jede Maske abnehmen, jede Situation umdeuten, jede Subjektposition verlassen und jede Rolle in ihrem selbstentfremdenden Zwang aufkündigen zu können. Das spekulative Denken sieht in diesem Element des Negativen oder »der reinen Unbestimmtheit« das höchst positive »Prinzip der Subjektivität«. In dieser Macht des Negativen besteht für Hegel die traumatische Größe oder Exzellenz einer jeden geistigen Handlungsmacht. Über ihre Urszene – ihre Genese und Struktur – hat sich Hegel im Herrschafts-/Knechtschaftskapitel der *Phänomenologie des Geistes* ausführlich verbreitet. Hier lohnt es sich, auf Hegels Analyse nochmals hinzuweisen, auch, weil in der rein logischen Bestimmung die existenziellen und sozialen Dramen, die da verborgen liegen, hier nur am Rande Erwähnung finden, aber zum Verständnis, was Handeln heißt, dazugehören.

Die Rede von der rückbezüglichen Negativität des Selbst ist nur der abstrakte Ausdruck für jene ungeheure Begabung: die Stärke, die darin besteht, sich selbst von sich und allem, womit es in Berührung kommt, *befreien* zu können – ein selbst-loses Wesen oder Selbst zu sein, das aus seinem Sinn für das Negative, wie Hegel sagt, eine »Zauberkraft« zu schöpfen weiß, welche die Erfahrung des Nichts- und Niemand-Seins »in das Sein umkehrt« (3, 36).

Diese Erfahrung der eigenen Nichtigkeit ist eine zwiespältige Sache durch und durch. Die Negativität der endlichen vernünftigen Naturen erinnert nicht nur an die Privation, d. h. an die Einschränkung des Selbst, sondern auch daran, zugleich seine Ermöglichungsbedingung zu sein: eine Negativität, ohne die sie gar nicht sein könnte, was und wie sie ist, existent und exzellent. Sie verweist auf ein selbstloses Selbst, das in ein und derselben Hinsicht offen sowohl zum Guten wie zum radikal Bösen ist: Das aber im sozialen wie physischen Tod eine »Zauberkraft« sieht, die nicht nur die größtmögliche Unabhängigkeit von sich und von anderen schafft, sondern auch Motive heranzieht, die dazu disponieren, das eigene Leben (der Amokläufer, Massenmörder usf.) wie das fremde (der Feinde, der Umwelt usf.) als nichts und nichts wert zu erachten. *Selbstlos* handelt, wer unter Einsatz des eigenen Lebens den Anderen aus Lebensgefahr rettet. Selbstlos agiert aber auch, wer um willen eines höheren Ziels, z. B. als Selbstmordattentäter, die Feinde des eigenen Volkes zu vertreiben hofft.[8]

Nur die Denkform des *absoluten Unterschieds* macht es möglich, die Spannweiten geistiger Handlungsmächte zu denken, die in den vergangenen zwei Jahrhunderten *ex-statisch* (Schelling), *ex-zentrisch* (Plessner), *ex-klusiv* (Luhmann) oder auch, wie an dieser Stelle, *exzellent* genannt worden sind. Sie schöpft das Risikopotential dieser Agentur am besten aus. Es ist und bleibt cool, sich von der Idee, selbstlos zu sein, inspirieren zu lassen, das Höchste und das Niedrigste reichen sich in ihr die Hand, ein Paradebeispiel für den Zusammenfall der Gegensätze, von dem die Philosophie auch als *coincidentia oppositorium* spricht.

Der Mensch ist durch sich selbst bestimmt, frei zu sein (12, 497). Wer nicht begriffen hat, wer er selbst ist, ist nicht frei –, wer nicht frei ist, hat nicht begriffen, wer er ist (vgl. 7, 51). Wer sich nicht in diesem radikalen Sinn einer möglichen totalen Selbstnegation zu denken weiß, ist nicht frei. Wer nicht frei ist, hat es versäumt, gründlich über sich nachzudenken (»weiß« es insgeheim aber trotzdem). Er wäre auf das Wahrheitsmoment gestoßen, das den »Mut der Erkenntnis« verlangt: die Einsicht in den Grund seiner selbst, der ein *Abgrund* ist. Dieser erklärt, worin Hegel die »Zauberkraft«, die ambivalente »Macht des Negativen« sieht. In *Jenseits von Gut und Böse* erläutert Friedrich Nietzsche (1844–1900) das in seinen Worten: »Und wenn du lange in einen Abgrund blickst, blickt der Abgrund auch in dich hinein.« Eben darin, dass der Geist »dem Negativen ins Angesicht schaut [und] bei ihm verweilt«, liegt »die Zauberkraft«, die das Negative »in das Sein umkehrt« (3, 36).

Zurück zu den logischen Bestimmungen, mit denen Hegel den Freiheitsbegriff weiter aufzuschlüsseln versucht: In der »unterschiedslosen Unbestimmtheit« (der grundsätzlich möglichen »Abstraktion von Allem«) kann ein Ich, das denkt bzw. will, nicht verharren; es wäre nicht, es hätte kein Dasein. Es wäre, was es *nicht* ist: ein Zombie, ein leb- und leidenschaftsloses Gedankending. Stattdessen drängt es hinaus in die Welt, es will etwas (Bestimmtes) erreichen. Wäre es nicht so, der Wille bliebe kraftloser, in sich verwunschener Wunsch, das Denken – ohne das Machen von Unterschieden – bloße Fantasterei. Das Ich handelt *bestimmt*, zum Beispiel nach Maßgabe des Zwecks, den es sich vorgesetzt hat, zu erreichen. In Hegels Worten: es *besondert* sich. Es verfolgt ein bestimmtes Ziel im Kontext einer je schon bestimmten, d. i. konkreten Situation. »Ich will nicht bloß, sondern ich will *etwas*« (7, 54). Im *etwas* Wollen setzt sich aber meinem Handeln planmäßig ein Hindernis entgegen, das es zu überwinden gilt. Hegel spricht von einer Schranke, die zu durchbrechen dann eine weitere Negation darstellt. »Dies zweite Moment der *Bestimmung* ist ebenso *Negativität*. Aufheben als das erste – es ist nämlich das Aufheben der ersten abstrakten Negativität. – Wie das Besondere überhaupt im Allgemeinen, so ist deswegen dies zweite Moment im ersten schon enthalten und nur ein *Setzen* dessen, was das erste schon *an sich* ist« (7, 52). Das zweite Moment stellt heraus, was schon als Voraussetzung im ersten impliziert oder mitgedacht war.

Das erste Moment in seiner ›Abstraktion von Allem‹ ist, allein für sich genommen, nicht der wirkliche, vollständige Begriff des freien Willens, es zeigt nur eine Seite, eine notwendige zwar, die aber in ihrer Einseitigkeit selbst eine Bestimmtheit ist: die das rein Unbestimmte, das es vorgibt zu sein, als »Mangelhaftigkeit und Endlichkeit« ausweist. Dabei kann man in der Explikation des Willensbegriffs nicht stehen bleiben. Man will ja verstehen, wie er – trotz aller Zerrissenheit – als *einer* und *ganzer* arbeitet und funktioniert: ob und wie man auf ihn zählen kann. »Die im Allgemeinen […], wie im Ich, immanente Negativität aufzufassen«, war der weitere Schritt, den die spekulative Philosophie über Kant (und Fichte) hinaus zu machen hatte (7, 51). Die Bestimmung des Gegenstandes, das ›Etwas‹, worauf der Wille in Verfolgung seines Ziels geht, ist zugleich *das, was das Ich bestimmt*. Auf die ›verhängnisvolle‹ Doppeldeutigkeit dieses Ausdrucks kommt alles an.

Das Ich kann nicht mehr hinter seine Handlung zurück, es kann sie nicht ungeschehen machen. *Das Ich bestimmt und ist bestimmt in der Weise, wie es handelt.* Das Wie seines Handelns fällt auf es selbst zurück. Es geht von einer unbestimmt großen Anzahl alternativer Handlungsmöglichkeiten zu einer *einzigen* über, die es ergreift. Das Ich individuiert *sich* über das, was es in diesem ganz bestimmten Fall tut, um gleichzeitig darin seine Sozialisation zu erfahren. Es glaubt die Zügel in seiner Hand – weil es bestimmt, z. B. über die Sache entscheidet; bedenkt aber nicht, dass eben auch die Zügel es in der Hand haben und für ihre Dienste einspannen. Kurz, *es selbst* vergesellschaftet *sich*, wodurch sein Handlungsradius zwar größer und es selbst freier wird, um sich sogleich stärker an die Gesellschaft gebunden zu fühlen. Individualisierung ist in ein und derselben Hinsicht Vergesellschaftung – und umgekehrt.

In dem, was ich bestimme, beschränke ich mich, ich lege mich durch das, was ich bestimmterweise tue, selbst fest. Ich willige unfreiwillig in die (von mir getätigte) Bestimmung und Festlegung ein, um augenblicklich zu erfahren, wie ich durch das, was ich bestimme, festgelegt, d. h. auf dieses oder jenes eingeschränkt bin. Nur weil ich auf eine *bestimmte* Art und Weise handle, werde ich Mitglied und stiller Teilhaber der Gesellschaft. Das Ich lernt dabei – wie von selbst – sich jeweils in den sozialen Rollen und Positionen zu bewegen, die ihm die nähere oder fernere Umwelt von frühester Zeit zur Verfügung stellt oder aufnötigt: sie doch gefälligst zu übernehmen. Geschlechterrollen sind ein ebenso passendes Beispiel wie die, die dem Alter oder dem Beruf entsprechen: typifizierte Antworten auf typifizierte Erwartungen, wie die Soziologen sagen.

Man sieht, das Selbst legt sich streng genommen selbst aufs Kreuz. Es bringt nach Maßgabe dessen, was es will, die Wirklichkeit per Handlung unter das Gebot seines Willens, erfährt aber zugleich (ohne es recht zu merken), wie die Wirklichkeit – die sittliche Welt, die Gesellschaft – es um ein Vielfaches mehr unter *ihre* Fittiche nimmt: *Wie* ich mich in die Welt hineinfinde oder lerne, mich in ihr zu bewegen, das bestimmt zuletzt die soziale Welt. Mir bleibt nur die Möglichkeit, die für die jeweilige Situation passende Rolle – mehr oder weniger bewusst – zu übernehmen. So muss ich für das, was ich will, regelmäßig das bereits vorliegende Narrativ benutzen, um ans Ziel meiner Wünsche zu gelangen. Ich kann vielleicht tun wollen, was ich will, muss es aber in der *Form* tun, die die Gesellschaft mir nahe- oder auferlegt. Ich muss in der extrem abhängigen Position des Kindes, wenn ich etwas (haben) will, lernen, darum zu bitten. Damit scheint vieles schneller und leichter zu gehen; am besten, es wird zum (authentischen) Habitus eines allgemein gelittenen Verhaltens – obwohl sehr bald auch der coole Charme des Bockigseins wächst, den üblichen Erwartungen zuwider zu handeln. In einem Wort, mein Verhalten schließt mich an die Verhaltensrollen und -routinen an, die eine immer schon strukturierte Wirklichkeit mir unmerklich und unaufhörlich aufdrängt. Vor allem *so* erreiche ich, erreicht ein jeder, eine jede, was er, sie oder es will.

Diese soziale Konstruktion des allgemeinen Willens ist die Sinnbedingung jedesmaligen Handelns, das (a) mein Verhalten in die allgemeine Ordnung aufhebt/integriert, d. h. unter ihre Obhut und Kontrolle bringt, wie (b) ständig neue Spielräume zur Interpretation und Modifikation der Rollen und Routinen eröffnet – was, wie selbstverständlich, wegen der Widersprüche und der rasanten Dynamik der neuen Welt, auch dazu führt, einen genüsslichen Sinn aus der Distanzierung, der Verletzung und Überwindung jeglicher Rollen und Routinen, Narrative und Iterative zu ziehen.

Wichtig ist die Beachtung dieses Gedankens – auf Seiten des *Selbst* immer *etwas Bestimmtes wollen* zu müssen – deshalb, weil Hegels Verständnis von Ethik, Ethos, substanzieller Sittlichkeit und Allgemeinheit in der Alltäglichkeit (Selbstverständlichkeit) dieses Verhaltens gründet, sie hat darin eine, wenn nicht die unerlässliche Startbedingung für ein zuverlässiges (realistisches) Verständnis seiner selbst und der Welt. Wir erfahren uns in eine *Ethik* sozial geregelten Verhaltens eingespielt, besser noch, eingewöhnt, lange bevor uns die *Moral* – als Satz persönlicher, uns selbst herausfordernder und verpflichtender Adressen – zum Problem wird.

Anders gesagt, in der tätigen Verwirklichung eines Handlungszwecks gliedert mich meine Handlung zuverlässig in die je bestimmte, milieuspezifische *Umwelt* ein, um mir zugleich den Weg in die unbestimmte oder offene (differenzlose) *Welt* zu zeigen. Sie bindet mich mit allen Fasern an das, was *üblicherweise* in dieser oder jener Situation getan werden muss. Als radikal weltoffenes

Wesen kann ich mich gleichwohl von ihr distanzieren. Der Universalismus des Denkens und Wollens (der Moral) hat hier, in der Negativität (des Absehenkönnens von Allem) eine überaus starke Stütze und argumentativen Halt, um sogleich zu zeigen, wie schnell und weit man sich in der Offenheit der Welt verlieren und verirren kann.

Hegel sieht in diesem spekulativen – Satz und Gegensatz bedenkenden – Verständnis von Handlung eine interessante Möglichkeit, die »abstrakten« kantischen Dualismen von Naturgesetz und Sittengesetz, von Zivilität und Moralität, von phänomenaler (sinnlicher) und noumenaler (übersinnlicher) Welt aufzuheben. Nach der auf den Gegenstand bezogenen Seite ist die Handlung also das, was einem Zweck als ihrem Motiv zu einem äußeren Dasein verhilft. »Durch dies Setzen seiner selbst als eines *Bestimmten* tritt das Ich in das *Dasein* überhaupt; – das absolute Moment der *Endlichkeit* oder der *Besonderung* des Ich.« (7, 52)

Hegel fasst die Konsequenzen einer bloß einseitig bleibenden Auffassung des Willens wie folgt zusammen: »Ein Wille, der [...] nur das Allgemeine will, will *nichts* und ist deswegen kein Wille. Das Besondere, was der Wille will, ist eine Beschränkung, denn der Wille muß, um Wille zu sein, sich überhaupt beschränken. Daß der Wille *etwas* will, ist die Schranke, die Negation.« (7, 54)

Wille ist nicht Wunsch, dieser bleibt in einem unbestimmten Jenseits fantastischer Möglichkeiten befangen. Aus dem Wunsch muss Wille werden. Aus dem Wunsch wird Wille. Er drängt darauf, das, was er im Sinn hat, wirklich werden zu lassen – in einer Welt, die die anderen immer schon fest im Griff haben. Das erfordert in jedem Fall Mut, sich auf das immer schon von vielen Zwecken und Interessen, Begehrlich- und Widrigkeiten bestellte Feld (der Welt) einzulassen; auch dann, wenn man relativ sicher sein kann, dass das, was der *eigene* Wille vorhat zu tun – trotz aller Anpassung und Anspannung – zum Scheitern verdammt ist: Der Wille selbst als bestimmter beschränkt sich, er muss sich beschränken – Hegel spricht auch von »entfremden« –, um sich und das, was er will, ins Ziel zu bringen. Er muss sich in den Formen äußern, die andere (vor ihm) etabliert haben. Nur so kann er sich allen verständlich machen. Er selbst kann nicht bleiben, was er (an sich) ist – eine reine, unbestimmte, richtungslose Kraft: Er will das, was er auch ist – nämlich allgemeiner Wille – bestimmterweise zur Sprache bringen.[9] In seiner paradoxen Natur kann ein Selbst überhaupt nur von sich wissen, *was* es ist, wenn es bereit ist, sich auf das *Wie*, auf eine bestimmte Art und Weise zu sein und zu handeln, einzulassen, was eben auch heißt, sich zu *besondern.*

Zwar bricht mit dem Eigensinn eines je besonderen Willens und seiner Geschichte eine jederzeit neue Welt an – sie bleibt, was dessen Initiativcharakter betrifft, auch erhalten. Ungeachtet dessen muss der besondere Wille lernen, dass der Prozess seines Wirklich-Werdens jedesmalig durch die Niederungen seiner Selbstentfremdung verläuft. *Unterwegs zu sich führt der Weg stets über die anderen* – und die sind, wie wir nicht erst seit Jean-Paul Sartre wissen, »die Hölle«, wenn auch nicht ausschließlich. Im Fall von Glaube, Liebe und Hoffnung kann auch der Himmel auf uns warten. Nur indem der Wille seinem Geltungs- und Gestaltungswillen Ausdruck verleiht, ist der Wille überhaupt Wille, damit aber kein allgemeiner mehr, sondern ein besonderer. Nur in besonderer Gestalt hat er als allgemeiner seinen *großen Auftritt.* So ist »die Natur des Willens«, d. h. sein Wesen, »die Freiheit, ein Bestimmtes zu wollen, aber in dieser Bestimmtheit bei sich zu sein und wieder in das Allgemeine zurückzukehren.« (7, 57) Er ist »erst Wille, als diese sich in sich vermittelnde Tätigkeit und Rückkehr in sich« (7, 56).

Wie das zweite Moment im ersten enthalten ist, so zeigt sich implizit auch das *dritte* – die Einheit, der Zusammenhang beider – schon im zweiten. »Der Wille ist […] die in sich reflektierte und dadurch zur *Allgemeinheit* zurückgeführte *Besonderheit;* – *Einzelheit*« (7, 54). ›*Reflexion in sich*‹ bedeutet, dass der Mensch nicht dem Zwang unterliegt – auch nicht in der tätigen Verwirklichung seines Handlungszwecks –, sich vollständig an diesen, an sein äußeres (oder gegenständliches) Dasein in der Welt zu verlieren (verkaufen). Und nicht nur das. Die Reflexionsform besagt auch, der Selbstkonfrontation *nicht* dadurch ausweichen zu können, dass man *über* sich (= metareflexiv, von einer höheren Warte aus) spricht oder so tut, als hätte man es (nur) mit einem üblichen, von außen beobachtbaren Wesen (Gegenstand) zu tun, zu dem man in keiner besonderen Beziehung stünde, für dessen Verhalten man keine Verantwortung trüge; bei dem uns seine Freiheit nicht vor das große Rätsel von der konstitutiven Vollendetheit in einem Unvollendeten stellte.

Der Mensch hat in jedem Augenblick die Macht, von seinem Handlungsziel Abstand zu nehmen, er kann von ihm – wie von sich – *zurückzutreten.* Die räumliche und die zeitliche, die geistige wie körperliche, die moralische und die politische Bedeutung fallen in dieser sprachlichen Wendung zusammen, sie heben gleichzeitig ihre Differenzen hervor. *Man tritt zurück*, um die Situation, in die man sich verwickelt findet, besser beurteilen zu können. Dabei steht man selbst auf dem Spiel.

Eine weitere Note könnte daher im Zusammenhang von Hegels eher ungebräuchlicher Rede einer »Reflexion in sich« hilfreich sein. Es ist, als ob Hegel es geahnt hätte, dass alle »wissenschaftliche« Welt sich heute darin großtut, Reflexion als Denken und Sprechen *»über* sich« oder »andere(s)« im Sinn der »Freiheit des Verstandes« als eine objektiv bestimmte Metareflexion (miss)zuverstehen, um sich (a) auf diese Weise in den Höherstufungsorgien eines infiniten Regresses zu verlieren oder (b) um sich als Fluchtmechanismus gegen alle Zumutungen zu wappnen, die der Selbstbezug oder die Selbsterkenntnis für den modernen Menschen und seine Welt bereithält: Sie sich mit dem Hinweis auf den infiniten Regress aus der Verantwortung für die mögliche Schließung dieses Gedankens herausstiehlt, um sich genau darin – maßlos stolz – in der Entwertung der Reflexion (des Nachdenkens) Wissenschaft zu nennen. – Die ›Reflexion in sich‹ als Denkform sucht dem absoluten Unterschied als dem Selbst-Sein und Welt-Werden geistiger Mächte gleich welcher Stufe Rechnung zu tragen – im Durchstieg eines Begriffsmassivs, das seit Beginn der Neuzeit »freier Wille« heißt. »Ich bestimmt sich, insofern es die Beziehung der Negativität auf sich selbst ist; als diese *Beziehung auf sich* ist es ebenso gleichgültig gegen diese Bestimmtheit, weiß sie als die seinige und *ideelle*, als eine bloße *Möglichkeit*, durch die es nicht gebunden ist, sondern in der es nur ist, weil es sich in derselben setzt.« (7, 54)

Wollen, ohne etwas (Bestimmtes) zu wollen, ist bloß fantastisch und innerlich; etwas zu wollen, ohne »Reflexion in sich« oder zu begreifen, dass ein in seiner Bestimmtheit symbolisch vorgestellter Willensakt im Feld intersubjektiver Bedeutungen unterwegs ist,

ist blinde oder fanatische Aktion, kein Handeln. Die Realität des menschlichen Willens sieht Hegel dadurch bestimmt, dass, auch wenn ein Handlungszweck unnachgiebig verfolgt wird, der Mensch sich selbst, die anderen Subjekte, die besonderen Umstände wie überhaupt den konventionellen Horizont eines von Normen unterschiedlichster Art durchzogenen Lebens nicht außer Acht lassen kann. Die Vorsicht gemahnt, auch mögliche Konsequenzen unserer Handlungen – soweit in unserer Macht – mit ins Kalkül zu ziehen. Das allein rechtfertigt den Gebrauch des Prädikats »frei«. Die *unbedingte* sittliche Motivation der Handlung muss jederzeit mit der *Bedingtheit* sozialer und politischer Umstände rechnen, mit denen sie konfrontiert, d. i. in ein in sich reflektiertes Verhältnis gesetzt wird.

»Reflexion in sich« beinhaltet einen Gedanken in zwei Schritten. Sie achtet auf sich in der Form, wie der Verstand seine Unterscheidungen trifft; nämlich in der üblichen Weise, wie er sich in diesem Tun über die Dinge erhebt, über die er urteilt: sie gleichsam von außen oder in gleichgültig distanzierter Manier betrachtet, ohne freilich den Denkinhalt, die exzellente Natur seiner selbst, die *Achtung* (und nicht nur Beobachtung) verlangt, in Rechnung zu stellen. »Reflexion in sich« erinnert sich dieser Differenz von Beobachtung und Achtung. Sie lenkt die Aufmerksamkeit auf die Nivellierung, die passiert, wenn man glaubt, die in diesen Augenblicken sich einstellende Vernunft übergehen zu können. Sie erinnert an die Verantwortlichkeit, die in diesem Bezug auf sich selbst zur Sprache kommt.

Anders gesagt, die Rede von einem Selbst meint auch das stets zu aktualisierende Verhältnis zu sich selbst, z. B. zu der Rolle, die man spielt: aus der eben auch die Verantwortlichkeit erwächst, die sich für den Einzelnen jedes Mal aus diesem freien oder offenen Verhältnis zu sich ergibt. Erst dieses moralisch und politisch reflektierte Moment schließt den Kreis dessen, was negative Selbstbezüglichkeit oder »Reflexion in sich« heißt. Form und Inhalt stoßen hier in einer zum Wahnsinn offenen Weise zusammen.

Die Freiheit des Menschen liegt weder im noumenalen Wesen der Subjektivität allein – in der unterschiedslosen oder leeren Unbestimmtheit des Selbst, das sich in der Lage weiß, von allem zu abstrahieren –, noch in seinen pragmatischen, den Umständen angepassten oder geschuldeten Fähigkeiten: vorgestellte Handlungszwecke in die Tat umzusetzen, was besagt, sie in bestehende wie sich verändernde Verhältnisse einzubetten. Sie liegt einzig in der Bewegung des dialektischen Begriffs: in der zur Allgemeinheit zurückgeführten Besonderheit, welches, wie Hegel sagt, die *Einzelheit* ist, um an ihr gleichsam in Kontakt mit der Realität zu treten. Der, die, das Einzelne ist die Schnittstelle, an der sich alles entscheidet: in bzw. an der alle Gesichtspunkte geschmiedet, gebündelt und geprüft werden. »Diese Einzelheit ist eigentlich nichts anderes als der Begriff selbst.« (7, 55)

Nur im methodischen Prozess negativer Selbstvergewisserung ist die Beschreibung der Freiheit als ›Bei-sich-selbst-sein-in-seinem-Anderssein‹ gerechtfertigt. Die Beziehung der Momente aufeinander ist nicht eine nach Maßgabe formallogischer Subsumtion, wie sie dem verständigen Räsonnement der Reflexionsphilosophie eigen ist. In ihr wird das Einzelne bloßes Exemplar eines Gattungs-Allgemeinen. Allgemeinheit im Sinne der Dialektik bewahrt das Moment des wirklich Einzelnen in sich auf. Die Verwirklichung des Einzelnen gelingt nur in der Vermittlung mit einem Allgemeinen, in dem sein Besonderes nicht untergeht, sondern erinnert wird: In einem Begriff des Allgemeinen, in dem ohne den Verlust ihres Unterschieds die Unterschiedenen einander anerkennen können.[10] Der Andere ist, mit dem schönen, mehrfach in sich gebrochenen Wort des Nikolaus von Kues, der »Nicht-Andere«. Ob das Resultat, das sich in der *Phänomenologie des Geistes* ergeben hatte, auch in den *Grundlinien der Philosophie des Rechts* durchgängig Beachtung findet, ist fraglich.

Im Zusatz zum § 7 erläutert Hegel den Begriff der Freiheit nochmal auf eine fassliche Weise:

> »Das Dritte ist nun, daß es in seiner Beschränkung, in diesem Anderen bei sich selbst sei, daß, indem es sich bestimmt, es dennoch bei sich bleibe und nicht aufhöre, das Allgemeine festzuhalten: dieses ist dann der konkrete Begriff der Freiheit, während die beiden vorigen Momente durchaus abstrakt und einseitig befunden worden sind. Diese Freiheit haben wir aber schon in der Form der Empfindung, z. B. in der Freundschaft und Liebe. Hier ist man nicht einseitig in sich, sondern man beschränkt sich gern in Beziehung auf ein Anderes, weiß sich aber in dieser Beschränkung als sich selbst. In der Bestimmtheit soll sich der Mensch nicht bestimmt fühlen, sondern indem man das Andere als Anderes betrachtet, hat man darin erst sein Selbstgefühl. Die Freiheit liegt

> also weder in der Unbestimmtheit noch in der Bestimmtheit, sondern sie ist beides« (7, 57) – *unbestimmte Bestimmtheit.*

Man sieht gleich, dass das Leben in den Konkurrenzsituationen der bürgerlichen Gesellschaft und den Kooperationen staatlicher Gewalt die Hegel'sche Konstruktion des Freiheitsbegriffs als Bei-sich-sein-in-seinem-Anderssein vor ganz eigene Herausforderungen stellt. Sie vergrößern sich nochmals, wenn man Hegels Rede vom »freieren Recht der Subjektivität« ernst nimmt. Wie es keine definitive Lebens- oder Denkform gibt, die dem Sinn menschlicher Unbestimmtheit angemessen ist, so gibt es womöglich auch keine Regierungsform oder staatliche Verfassung, die ihm maßgeschneidert auf den Leib passen könnte.

(2) *Denken und Wille. Vom Trieb, sich Dasein zu geben.* Bevor Hegel, wie dargelegt, die grundlegenden Bedingungen des freien Willens entwickelt, bringt er das Verhältnis von Wille und Denken zur Sprache. Er thematisiert es, weil unsere Rede vom Willen auf Kräfte rekurriert, die aufgrund eines unbestimmten Drängens und Strebens nicht unbedingt im lichten Umkreis des (reinen) Denkens liegen. Eine mit seinen körperlichen Stärken und Schwächen verbundene Natur kann man in diesem Zusammenhang nicht außer Acht lassen. Auf die Frage des Doktors: »Muss er denn an die Wand pinkeln?«, kontert Büchners Woyzeck: »Aber Herr Doktor, wenn einem die Natur kommt.« Im Willen findet sich landläufig eine erste, unmittelbar triebhaft drängende Natur mit einer zweiten, dem Geist entsprungenen Naturkraft verbunden, letztere steht unvergleichlich höher: Ein Willen, der frei ist, dessen Substanz und Bestimmung im Rechtssystem – dem »Reich der verwirklichten Freiheit« besteht.

Hegel kann aus ersichtlichen Gründen an dieser Stelle nicht umfänglich erläutern, wie es zu dieser das Selbst(bewusstsein) und die moderne Welt bestimmenden Liaison gekommen ist, schon gar nicht zu Beginn seiner Rechtsphilosophie, von der heute auch als Sozialphilosophie (oder Gesellschaftstheorie) gesprochen wird. Er verweist summarisch auf zwei Argumentationslinien, (a) auf seine Lehre vom subjektiven Geist (Anthropologie, Phänomenologie und Psychologie), in der sich Stufe um Stufe die Seele, das Bewusstsein und der Geist qua Wille aus seiner Naturbefangenheit herausarbeitet und befreit – bis eine jedesmalige Sozialisation des Menschen (b) das historische, gesellschaftliche und politische Niveau erreicht, bis zu dem die Weltgeschichte im Großen und Ganzen gediehen ist und der Geist begreift, »daß der Mensch *an sich* zur höchsten Freiheit bestimmt ist« (10, 302) und ihre Erarbeitung *für sich* (= Bildung) ansteht.

> »Wenn in der Religion als solcher der Mensch das Verhältnis zum absoluten Geiste als sein Wesen weiß, so hat er weiterhin den göttlichen Geist auch als in die Sphäre der *weltlichen Existenz* tretend gegenwärtig, als die Substanz des Staats, der Familie usf. Diese Verhältnisse werden durch jenen Geist ebenso ausgebildet und ihm angemessen konstituiert, als dem Einzelnen durch solche Existenz die Gesinnung der Sittlichkeit inwohnend wird und er dann in dieser Sphäre der besonderen Existenz, des gegenwärtigen Empfindens und Wollens *wirklich frei* ist.
> Wenn das Wissen von der Idee, d. i. von dem Wissen der Menschen, daß ihr Wesen, Zweck und Gegenstand die Freiheit ist, spekulativ ist, so ist diese Idee selbst als solche die Wirklichkeit der Menschen, nicht die sie darum *haben*, sondern [die] sie *sind*. […] Aber diese Freiheit, die den Inhalt und Zweck der Freiheit hat, ist selbst zunächst nur Begriff, Prinzip des Geistes und Herzens und sich zur Gegenständlichkeit zu entwickeln bestimmt, zur rechtlichen, sittlichen und religiösen wie wissenschaftlichen Wirklichkeit.« (Ebd.)

Im Recht *haben* die Menschen die Freiheit(en), in ihrer Wirklichkeit *sind* sie frei. Das Recht deckt die Wirklichkeit ihrer Freiheit nur zu einem Teil ab. Moral, Ethos, Politik, Verwaltung, Wissenschaft und Kunst sind weitere Kandidaten mit ganz eigenen Freiheitsansprüchen, sie müssen in der modernen Welt auf ihre Kooperations- und Konkurrenzfähigkeit mit den anderen Handlungsmächten untersucht werden. Eine jede muss ihre Eigenwilligkeit plausibel machen, aber auch zeigen, ob und wie sie gewillt ist, sich im Anschluss an das Freiheits- und Gleichheitsversprechen der Moderne zu engagieren.

Man muss die Systematik des philosophischen Gedankens vom subjektiven und objektiven, aber auch die Weltgeschichte bedenkenden Geist in Rechnung stellen, wenn Hegel in § 4 das Verhältnis von *Wollen* und *Denken* (scheinbar voreilig) dadurch charakterisiert, den Willen nur als *freien* und *reflektierten*, nicht aber als blinden und unbewussten, zu denken, wie es unserem durch Schopenhauer und

Marx, Nietzsche und Freud geprägten Verständnis vielleicht näher liegt. Für Hegel sind – im Gegenstandsbereich der Rechtsphilosophie – Wille und Freiheit Synonyme. Sie müssen sich in den Handlungs- wie Systemzusammenhängen zeigen und bewähren.

> »Wille ohne Freiheit ist ein leeres Wort […]. Was […] den Zusammenhang des Willens mit dem Denken betrifft, so ist […] Folgendes zu bemerken: Der Geist ist das Denken überhaupt, und der Mensch unterscheidet sich vom Tier durch das Denken. Aber man muß sich nicht vorstellen, daß der Mensch […] in der einen Tasche das Denken, in der anderen das Wollen habe, denn dies wäre eine leere Vorstellung. Der Unterschied zwischen Denken und Willen ist nur der zwischen dem theoretischen und praktischen Verhalten, aber es sind nicht etwa zwei Vermögen, sondern der Wille ist eine besondere Weise des Denkens: das Denken als sich übersetzend ins Dasein, als Trieb, sich Dasein zu geben.« (7, 46 f.)

Hegels Interesse gilt – wie in Allem – der Frage, wie Denken und Wollen trotz ihrer Unterschiede zusammenhängen. Im Zusatz zu § 4 führt er uns das, was deren Einheit und Unterschied ausmacht, lebhaft vor Augen.

> »Dieser Unterschied […] kann so ausgedrückt werden. Indem ich einen Gegenstand denke, mache ich ihn zum Gedanken und nehme ihm das Sinnliche; ich mache ihn zu etwas, das wesentlich und unmittelbar das Meinige ist: denn erst im Denken bin ich bei mir, erst das Begreifen ist das Durchbohren des Gegenstandes, der nicht mehr mir gegenübersteht und dem ich das Eigene genommen habe, das er für sich gegen mich hatte. Wie Adam zu Eva sagt, du bist Fleisch von meinem Fleisch und Bein von meinem Bein, so sagt der Geist, dies ist Geist von meinem Geist, und die Fremdheit ist verschwunden. Jede Vorstellung ist eine Verallgemeinerung, und diese gehört dem Denken an. Etwas allgemein machen heißt, es denken. [Mit dem Ich ergeht es uns genauso, G. G.] Wenn ich Ich sage, so lasse ich darin jede Besonderheit fallen, den Charakter, das Naturell, die Kenntnisse, das Alter. Ich ist ganz leer, punktuell, einfach, aber tätig in dieser Einfachheit. [»Ich« trifft auf alle zu, die dieses Wort im Bezug auf sich gebrauchen, G. G.] Das bunte Gemälde der Welt ist vor mir: ich stehe ihm gegenüber und hebe bei diesem Verhalten den Gegensatz auf, mache diesen Inhalt zu dem meinigen. Ich ist in der Welt zu Hause, wenn es sie kennt, noch mehr, wenn es sie begriffen hat. Soweit das theoretische Verhalten.

> Das praktische […] fängt dagegen beim Denken, beim Ich selbst an und [ist dem theoretischen, G. G.] entgegengesetzt, weil es […] gleich eine Trennung aufstellt. Indem ich praktisch, tätig bin, das heißt handele, bestimme ich mich, und mich bestimmen heißt, eben einen Unterschied setzen. Aber diese Unterschiede, die ich setze, sind dann wieder die meinigen, die Bestimmungen kommen mir zu, und die Zwecke, wozu ich getrieben bin, gehören mir an. Wenn ich nun auch diese Bestimmungen und Unterschiede […] in die sogenannte Außenwelt setze, so bleiben sie doch die meinigen: sie sind das, was ich getan, gemacht habe, sie tragen die Spur meines Geistes.
> Wenn dieses nun der Unterschied des theoretischen und praktischen Verhaltens ist, so ist nunmehr das Verhältnis beider anzugeben.
> Das Theoretische ist wesentlich im Praktischen enthalten: es geht gegen die Vorstellung, daß beide getrennt sind, denn man kann keinen Willen haben ohne Intelligenz [nicht, wenn vom Willen gesagt wird, dass er etwas (Bestimmtes) will, G. G.]. Im Gegenteil, der Wille hält das Theoretische in sich: der Wille bestimmt sich; diese Bestimmung ist zunächst ein Inneres: was ich will, stelle ich mir vor, ist Gegenstand für mich. Das Tier handelt nach Instinkt, wird durch ein Inneres getrieben und ist so auch praktisch, aber es hat keinen Willen, weil es sich das nicht vorstellt, was es begehrt [und auch keine Möglichkeit sieht, es zu verwerfen, es kann nicht wirklich Stellung nehmen zu dem, was es will oder nicht will, um sich vor dem Hintergrund dieser Differenzierung ermöglichenden Distanz so oder anders zu entscheiden, G. G.]. Ebensowenig kann man sich […] ohne Willen theoretisch verhalten oder denken, denn indem wir denken, sind wir eben tätig. Der Inhalt des Gedachten erhält wohl die Form des Seienden, aber dies Seiende ist ein Vermitteltes, durch unsere Tätigkeit Gesetztes. Diese Unterschiede sind also untrennbar: sie sind eines und dasselbe, und in jeder Tätigkeit, sowohl des Denkens als Wollens, finden sich beide Momente.« (7, 47)

Wer denkt, will in der Regel auch etwas, er oder sie denkt nicht einfach ins Blaue. Beide können zwar ihre Gedanken schweifen lassen, sie kommen im freien Lauf der Assoziationen aber nicht an das heran, worum es den Menschen und Gedanken (die frei sind) immer auch zu tun ist: Sie zu ergreifen, um sich mittels ihrer in sich selbst und der Welt zurechtzufinden und sich gegenüber anderen verständlich zu machen. Ein Handeln ganz ohne zu denken, ist da ebenso schwer vorstellbar wie ein Denken, das nichts will. Dass es Grenzfälle gibt, wird damit nicht bestritten, aber sie sind nicht das allgemeine Maß, an das man sich halten kann. Von einem Handeln lässt sich nur sprechen, wenn jemand die Situation versteht, in die er einzugreifen sich genötigt sieht. Oder, nur wer ein Konzept von Schuld hat, kann verzeihen. Nur wer weiß, was Feindschaft ist, kann sich versöhnlich zeigen. »Das Denken [...] als der freie Begriff [...] ist *Wille.*« (10, 287)

Nicht nur ist Denken ein Handeln – insofern man laufend Unterscheidungen trifft; auch ein Wollen ganz ohne zu denken, gliche eher einer blindwütigen Aktion als einem Tun, das zwar, wie die landläufige Rede glaubt, kopflos, ja unüberlegt oder vorschnell sein kann, aber als völlig desorientiert dann doch nicht zu ihm passte. Zerschlägt ein Wüterich wahllos Porzellan, spricht man in der Regel nicht von Handeln oder freiem Tun, sondern davon, dass er sich infolge einer höchst unerwünschten Begebenheit »abreagiert«. Wollen äußert sich in überlegtem Streben, als einer durch Wissen: durch das Verständnis der Situation angeleiteten Aktion. Denken erschließt dem Willen eine gewisse Klarheit in der Selbstverständigung darüber, worauf der oder die Willensinhaber/in hinaus will.

Ein anderer, anspruchvoller Terminus für Denken heißt in Hegels Sprachregister: »bestimmen«. Dieses Tun hält nicht nur eine enge Verbindung zum Sprechen als Handeln, sondern auch zum Begreifen. Der willentliche Aspekt tritt in beidem deutlich hervor. *Bestimmen* heißt, zu allem zu sagen, »was (es) ist«. Es zielt darauf, es zu begreifen – im wortwörtlichen wie übertragenen Sinn: definitive Macht zu erlangen über das, woran man ein erklärtes Interesse hat. Das Denken als das Bestimmen eines Dinges erklärt dieses, es exemplifiziert, evaluiert und exponiert die Sache, um die es geht.[11]

Ein Aphorismus aus Hegels *Wastebook* bringt die aktive, wenn nicht besitzergreifende Einstellung des Denkens nachdrücklich zur Sprache: »Sei keine Schlafmütze, sondern immer wach! Denn wenn du eine Schlafmütze bist, so bist du blind und stumm. Bist du aber wach, so siehst du alles und sagst zu allem, was es ist. Dieses aber ist die Vernunft und das Beherrschen der Welt.« (2, 544) Nietzsche könnte es in seinem Vergleich mit dem Ich als einer »gefräßigen Zelle« nicht drastischer formulieren: Nur was sie verdaut, beherrscht und stärkt sie.[12]

Nicht ganz so heftig, aber nicht weniger bestimmt, äußert sich Theodor W. Adorno in seinen *Marginalien zur Theorie und Praxis*. Ihm geht es gleich Hegel um das willentliche Moment, das gerade in einem Denken, das an der inneren und äußeren Freiheit das größte Interesse nimmt, nicht unterschlagen werden soll.

> »Betrifft Denken irgendetwas, worauf es ankommt, so setzt es allemal einen, wie sehr auch dem Denken verborgenen praktischen Impuls. Der allein denkt, welcher das je Gegebene nicht passiv hinnehmen will; von dem Primitiven, der sich überlegt, wie er sein Feuerchen vorm Regen beschützen oder wohin er vorm Gewitter sich verkriechen kann, bis zum Aufklärer, der konstruiert, wie die Menschheit aus Interesse an Selbsterhaltung aus ihrer selbst verschuldeten Unmündigkeit hinaus gelange. Derlei Motive wirken fort; erst recht vielleicht, wo keine praktischen Anlässe unmittelbar thematisch sind. Es gibt keinen Gedanken, wo fern er irgend mehr ist als Ordnung von Daten und ein Stück Technik, der nicht sein praktisches Telos hätte. Jede Meditation über die Freiheit verlängert sich in die Konzeption ihrer möglichen Herstellung, solange die Meditation nicht an die praktische Kandare genommen und auf ihr anbefohlene Ergebnisse zugeschnitten wird.«[13]

XIII. Über Liberalismus und Kollektivismus hinaus

Wie der Doppeltitel der *Philosophie des Rechts* bereits anzeigt, geht es in dieser Schrift um die Überwindung der modernen Antithese zwischen *Naturrecht* und *Staatsrecht* in Richtung einer *Theorie des objektiven Geistes*, die das Prinzip der modernen Welt, die *Subjektivität*, mit einer der antiken Welt entlehnten Idee des *sittlich Guten* in Einklang bringen möchte. Danach kann das Allgemeine der Vernunft nicht die bloße Summe der durch Natur- bzw. Vernunftrecht bestätigten Einzelwillen sein, wie der neuzeitliche Liberalismus (Locke, Hobbes, Kant) es zu begründen versucht hat; Hegels Konzept der substanziellen Sittlichkeit will auch entscheidende Elemente eines kommunalistischen Ethos in den Begriff der politischen Ordnung aufgenommen wissen.

> »Das Recht der *Besonderheit* des Subjekts, sich befriedigt zu finden, oder, was dasselbe ist, das Recht der *subjektiven Freiheit* macht den Wende- und Mittelpunkt in dem Unterschiede des *Altertums* und der *modernen* Zeit. Dies Recht in seiner Unendlichkeit ist im Christentum ausgesprochen und zum allgemeinen wirklichen Prinzip einer neuen Form der Welt gemacht worden. Zu dessen näheren Gestaltungen gehören die Liebe, das Romantische, der Zweck der ewigen Seligkeit des Individuums usf., – alsdann die Moralität und das Gewissen, ferner die anderen Formen, die teils [...] als Prinzip der bürgerlichen Gesellschaft und als Momente der politischen Verfassung sich hervortun werden, teils aber überhaupt in der Geschichte, insbesondere in der Geschichte der Kunst, der Wissenschaften und der Philosophie auftreten.« (7, 233)

Die Subjektivität übernimmt in den konfligierenden Realitätsbereichen der modernen Welt unterschiedliche Rollen. Im Rahmen formaler Rechtsbeziehungen wird sie als *abstrakte Rechtsperson* angesprochen, entscheidend ist die Gleichheit aller vor dem Gesetz. Unter dem Gesichtspunkt moralischer Fragen (der Vorsatz und die Schuld, die Absicht und das Wohl, das Gute und das Gewissen) erscheint sie als das nur sich selbst gegenüber *verantwortliche Individuum*. Die Sphäre der bürgerlichen Gesellschaft, die Arena der Privatinteressen und der arbeitsteiligen Produktion hält eine andere Funktion für sie bereit: Als Glied in der »Kette dieses Zusammenhangs« sieht sie sich gezwungen, als Privatperson, als *bourgeois* zu agieren, dem es einzig und allein darum geht, seine selbstsüchtigen Zwecke zu verfolgen – im Unterschied zum *citoyen*, dem in der Sphäre der Politik die staatsbürgerlichen Pflichten überschrieben sind. Gleichsam zwischen beiden – »auf dem Standpunkt der Bedürfnisse« – situiert Hegel »das Konkretum der *Vorstellung*, das man *Mensch* nennt« (7, 348).

> »Der Staat ist die Wirklichkeit der konkreten Freiheit; die *konkrete Freiheit* aber besteht darin, daß die persönliche Einzelheit und deren besondere Interessen sowohl ihre vollständige *Entwicklung* und die *Anerkennung ihres Rechts* für sich (im Systeme der Familie und der bürgerlichen Gesellschaft) haben, als sie durch sich selbst in das Interesse des Allgemeinen teils *übergehen*, teils mit Wissen und Willen dasselbe und zwar als ihren eigenen *substantiellen Geist* anerkennen und für dasselbe als ihren *Endzweck* tätig sind, so daß weder das Allgemeine ohne das besondere Interesse, Wissen und Wollen gelte und vollbracht werde, noch daß die Individuen bloß für das letztere als Privatpersonen leben und nicht zugleich in und für das Allgemeine wollen und eine dieses Zwecks bewußte Wirksamkeit haben.« (7, 406)

Hegel argumentiert auf zwei Ebenen, der philosophiegeschichtlichen und der politischen bzw. sozialphilosophischen. Auf der ersten übt er Kritik an Kants *Formalismus der Pflicht*. Die Subjektivität besitzt in sich keinen inhaltlichen Bestimmungsgrund, der sie über sie selbst hinauszuheben vermöchte. *Die Subjektivität kann sich nicht ausschließlich selbst bestimmen* – darin besteht der Kern der Hegel'schen Kantkritik. Die Anwendung des Moralprinzips reicht nach Hegel zur Beurteilung moralischen Verhaltens nicht aus, wenn nicht andere inhaltlichen Prinzipien oder kulturelle Normen über das, was getan werden soll, vorausgesetzt werden (z. B. »daß Eigentum und Menschenleben sein und respektiert werden sollen«). Das Moralprinzip allein reicht nicht aus, weil es weiterer Richtlinien zu seiner Anwendung bedarf. Die aber fordern, die soziale Realität ins Auge zu fassen, in der die Moralität des Verhaltens wirksam werden soll. Die Argumentation der *Rechtsphilosophie* zielt demzufolge darauf zu zeigen, wie die auf Autonomie/Subjektivität begründete Ethik des reinen (leeren) Sollens in den Institutionen der substanziellen Sittlichkeit (Familie, bürgerliche Gesellschaft, Staat) aufgehoben werden, ohne ihr relatives Recht zu bestreiten.

Im Blick auf die politischen Verhältnisse entwickeln die *Grundlinien* den Gedanken, dass ein allein auf liberalen Grundsätzen, auf Vertrag und individuellen Nutzen verpflichteter Begriff des Allgemeinen in Gefahr steht, sich selbst zugrunde zu richten. Zwar übernimmt der Staat auch die Aufgabe, die Konflikte der bürgerlichen Gesellschaft, die sie zu zerreißen drohen, zu moderieren; aber der Staat lässt sich nach Hegel nicht auf die Koordination der konkurrierenden Einzelinteressen der Bürger, auf ein System vertraglicher Rechte, reduzieren. Der Staat ist Hegel zufolge keine »Veranstaltung der Not«, wie die politische Theorie des Liberalismus auf der Grundlage des individualistischen Naturrechts der Neuzeit hin zu konstruieren versucht hat. Im Gegenteil, die *Rechtsphilosophie* gibt zu bedenken, dass die liberalistische Staatsauffassung, welche den Staat allein auf den Utilitarismus und Individualismus vertraglicher Interessenabstimmung verpflichtet (Nachtwächterfunktion), auf immanente Grenzen stößt; dass sie die in den verschiedenen Sphären der politischen Ordnung wirksamen Kräfte, die den Staat tragen, übersieht bzw. unterschätzt. Eine dem Staat gegenüber loyale Gesinnung, ein gleichsam in allen Staatsbürgern emotional und kognitiv verankerter Verfassungspatriotismus, eine allgemeine Rechtschaffenheit müssen hinzukommen, sonst hängt, wie Hegel sich ausdrückt, »der Staat in der Luft«. Es ist eine von Hegels entscheidenden Einsichten, den ethischen Impuls bestimmt zu haben, der als notwendige Bedingung das Funktionieren des Staates supplementiert. Wäre der Staat ausschließlich eine auf Eigennutz und Konkurrenz, durch Vertrag und Abkommen moderierte Gesellschaft des *bellum omnium contra omnes*, so hätte er keinen Bestand. Daher das Surplus an Identifikation mit dem Staat, das Hegel für erforderlich hält. Anders gesagt, Hegel ist der Auffassung, dass der moderne Staat nicht wirklich liberal sein kann – weder nach der Seite derer, die ihn durch ihre Loyalität und sittlich verbürgten Routinen unterstützen, noch nach der Seite der unlösbaren (Klassen-) Konflikte, die sich in der bürgerlichen Gesellschaft unvermeidlich einstellen und sie nach arm und reich auseinanderdividieren. Die Gesetzgebung des Staates rührt ständig an Fragen des guten Lebens der Gesellschaftsmitglieder, insbesondere an solche, die sich auf die gerechte Verteilung der Güter und der Gesundheit beziehen, ganz zu schweigen von denen, die, wie Erziehung und Bildung, über die Einstellung zum Staat mitbestimmen.

Der Staat kann nicht wirklich neutral und liberal sein, weil er Partei ergreift, gerade auch hinsichtlich der Probleme, die seine eigene Existenz betreffen. Was aber wiederum nicht bedeutet, wie ein heute gängiger Topos glauben machen will, Hegels Theorie des modernen Staates sei »politische Romantik«; die Metapher des Organismus sei das (geheime) Organisationszentrum ihrer Ideen, sie halte das Gesellschaftsmodell Hegels ebenso gefangen wie dasjenige Johann Gottfried Herders: Das organologische Gesellschaftsmodell verpflichte den Staat darauf, den tiefsten persönlichen Überzeugungen Ausdruck zu verleihen und im Begriff der substanziellen Sittlichkeit die Entzweiung der modernen Welt zu überwinden. Der Universalismus der Moral werde in eine umfassende Konzeption des sittlich Guten zurückgenommen, welche zuletzt im »ethischen Staat« kulminiere und die Sittlichkeit in einer Weise verkörpere, die uns in einem authentischen Verständnis unserer selbst gelangen lasse.

Man braucht nur konsequent dem Leitsatz des spekulativen Idealismus: die Substanz als Subjekt auffassen, folgen, um die tief verwurzelten Vorurteile gegenüber der *Rechtsphilosophie* in einem anderen Licht erscheinen zu lassen.

Substanziell ist die Sittlichkeit, weil sie die geschichtliche Substanz der modernen Welt, den Universalismus der Freiheit, in sich aufgerichtet hat; er verschafft sich in jeder Sphäre der politischen Ordnung die ihm angemessenen Realisierungschancen. Die Sittlichkeit umfasst entsprechend mehr als die durch Fürsorge, Respekt und Solidarität bestimmten Familienbeziehungen und die staatlich organisierte Wirklichkeit des substanziellen Willens – auch die bürgerliche Gesellschaft, »das System der in ihre Extreme verlorenen Sittlichkeit«, gehört dazu. »Das Prinzip der modernen Staaten hat diese ungeheure Stärke und Tiefe, das Prinzip der Subjektivität sich zum *selbständigen Extreme* der persönlichen Besonderheiten vollenden zu lassen und zugleich es in die *substantielle Einheit zurückzuführen* und so in ihm selbst diese zu erhalten.« (7, 407)

Die »ungeheure Stärke und Tiefe« besteht nicht nur in der Problembearbeitung durch Ausdifferenzierung von Sphären, in den Entlastungs- und Versachlichungsleistungen, die sich infolge der wechselseitigen Abhängigkeiten durch die arbeitsteilige Produktion einstellen; sie besteht im Lernprozess des politischen Systems, das sich auf ein Programm umgestellt hat, welches die Gegensätze der verschiedenen Realitätsbereiche, das System der Dezentrierungen (Entzweiungen) zu ertragen und als Produktivkraft innovativ zu nutzen weiß. Die *Rechtsphilosophie* kann diese Stärke sehen und ausbeuten, weil sie über einen Begriff der politischen Ordnung im Ganzen verfügt, der ihrem Begriff von Vernunft darin parallel läuft, dass beide den in die Extreme zerfallenen Realitätsbereichen (Moral, Ökonomie, Recht, Politik usf.) das Recht auf eigensinnige Problemlösungen zugestehen, welches von keinem Staat als Übersubjekt mehr übergriffen wird. Im Begriff beider ist ein Moment enthalten, dessen Zeichen auf »frei« stehen. Seine Struktur gestattet die Nichtkoinzidenz zu begreifen zwischen der Universalität der liberalen Freiheitsrechte von Privatpersonen und den kommunalistischen Motiven einer politischen Einheit, die nicht Ganzheit ist. Gegen die organologische Idee des Ganzen (»im Geist ist es anders«) spricht nicht nur die Idee der Ausdifferenzierung der Realitätsbereiche mit eingeschränkten, je sphäreneigenen Handlungsregeln, nachdrücklicher noch widerspricht Hegels Verständnis des *Begriffs* dieser Deutung. Vormoderne Staaten »konnten die Entzweiung und die unendliche Reflexion des Selbstbewußtseins in sich nicht aushalten [...], weil ihrem noch einfachen Prinzip die wahrhaft unendliche Kraft mangelte, die allein in derjenigen Einheit liegt, welche den Gegensatz der Vernunft *zu seiner ganzen Stärke auseinandergehen* läßt [...], in ihm somit sich erhält und *ihn in sich zusammenhält*« (7, 342 f.).

Das Ganze, nicht im Sinne des Verstandes vorgestellt, ist keine einheitliche Substanz zur lückenlosen Integration der Teile, sondern der »Fortschritt im Bewusstsein der Freiheit« (12, 32), d. i. der notwendigen Unbestimmtheit, Unvollendetheit und damit Ergänzungsbedürftigkeit der Praxis. Das Ganze stellt sich in Betrachtung eines jeden Teils aufs Neue ein. Es erinnert die Einzelheiten des sozialen Lebens an die Abhängigkeit von einem (provisorisch bleibenden) Insgesamt oder daran, dass es, wie ungreifbar auch immer, in allen sozialen Situationen appräsentiert (mitvergegenwärtigt wird). Stets müssen Wege der Befreiung erstritten und erprobt werden.

Die historische wie begriffliche Doppelung der Freiheit als Freiheit und Notwendigkeit und Befreiungsprozess und Freiheitsordnung, lässt sich nicht stillstellen, wenn jede *Institutionalisierung* der kritischen Masse, die die Freiheit darstellt, zwangsläufig auch deren Verfehlung in Betrachtung der ebenso ungleichen wie repressiven gesellschaftlichen Verhältnisse in Erwägung ziehen muss. Immer müssen Gesetze erlassen werden, die der Freiheit widerstreiten. Darüber diskutieren wir in den weiteren Kapiteln.

Hegels kritische Noten gegenüber der liberalistischen Tradition der Neuzeit bedeuten nun aber nicht, der Kommunitarismus könne sich auf ihn berufen. Hegel ist kein Kommunitarist. Für die Dialektik gibt es keinen Horizont gemeinsam geteilter substanzieller Werte, keine substanzielle Einheit, die sich gleichsam als Rahmenvernunft über die an ihre Extreme verlorene Sittlichkeit wölbt. Hegels Begriff einer Subjektivierung der Substanz verstellt jeden Weg einer subsumtionslogischen Deutung, durch die die Einheit sittlicher Lebensformen an vorkritische oder substanzialistische Traditionen angeschlossen werden könnte. Die *Rechtsphilosophie* spiegelt vielmehr den Widerstreit zweier mächtiger Tendenzen der modernen Welt, der *liberalen*, die sich am Kraftfeld der Neuzeit mit den je eigennützigen Interessen und irreduziblen Rechten des Einzelnen auflädt, und der *kommunalistischen*, die in der »Sittlichkeit« »mehr« als die durch Vertrag und Abkommen geregelte Zustimmung aller am Werk sieht. Die Moderne stiftet die Synthesis beider, aber so, dass *die Entzweiung die gegensätzlichen Pole eint* oder der Widerstreit zwischen Recht und Moral, Freiheit und Ordnung, Politik und Recht usf. eine Einheit garantiert, die (relativ) stabil ist oder nur existiert und ausbalanciert werden kann, wenn sie von den beteiligten kleinen und großen Akteuren umkämpft bleibt oder sich immer wieder in die Extreme selbst zersetzt.

Hegel ist – im Namen der Freiheit – der schärfste Kritiker des Liberalismus, aber auch der entschiedenste Anwalt, um für »das Recht der Besonderheit des Subjekts, sich befriedigt zu finden«, zu streiten. Diese Balance gelingt bei Weitem nicht immer, wie jeder andere auch ist unser Philosoph ein Sohn seiner Zeit.

Die *Rechtsphilosophie* hat im konkreten Fall (zeitbedingt) mehr als vernünftig ausgesprochen, als sie in der Sache einlösen konnte.

Um nur wenige Beispiele zu nennen: die »Deduktion« der Erbmonarchie bzw. das zwiespältige Verhältnis zur demokratischen Legitimation staatlicher Souveränität; die allzu glatte oder angepasste Aufhebung der Moral in die modernen Gestalten sittlichen Lebens; die mit manchen Vorurteilen behaftete Einstellung gegenüber der gesellschaftlichen Stellung der Frau; die Therapie der systembedingten Armut: die »Armen ihrem Schicksal überlassen und […] auf den öffentlichen Bettel auszuweisen«; den Export der Konflikte der bürgerlichen Gesellschaft nach außen, in die Kolonien. Aber Hegels Antwort auf die Frage, wie man Freiheit auf der Höhe der modernen Welt auszubuchstabieren habe: nämlich als Überschreitung von Individualismus und Kollektivismus, von Liberalismus und Kommunitarismus, bleibt – trotz aller Schwächen – bis heute unübertroffen. Nur so ist verständlich, dass im Umkreis der neueren französischen Philosophie der Verdacht aufkommen konnte, dass wir noch in der radikalsten Kritik an Hegel nicht sicher sein können, wie weit uns Hegel nachgeschlichen ist, was in unserem Denken gegen Hegel immer noch von Hegel stammt.

Dazu zählen auch die nachfolgend erwähnten Innovationen, die nicht nur, wie gezeigt, den Begriff des freien Willens betreffen, sowie die Art und Weise, wie über das menschliche Subjekt in den verschiedenen Sphären der gesellschaftlichen Realität befunden wird, sondern auch die bahnbrechende Unterscheidung von bürgerlicher Gesellschaft und Staat sowie die Bestimmung des Grundproblems der modernen Gesellschaft, das die Philosophie des Rechts in der wachsenden Kluft zwischen Armut und Reichtum sieht. Auch sollte der Hinweis nicht übergangen werden, dass das »Prinzip der neueren Welt überhaupt«, das in der »Freiheit der Subjektivität« seine alles herausfordernde Macht hat, von keiner Staatsverfassung – weder der Monarchie noch der Demokratie – erfüllt werden kann.

XIV. Die öffentliche Meinung

In den letzten Paragraphen seiner *Rechtsphilosophie* über das »innere Staatsrecht«, näher die »gesetzgebende Gewalt«, kommt Hegel auf das Thema zu sprechen, das im Verlauf der letzten 200 Jahre immer mehr Aufmerksamkeit auf sich gezogen hat – die Öffentlichkeit, den öffentlichen Vernunftgebrauch, die öffentliche Meinung, auf Erfahrung, Öffentlichkeit und Bildung, aber auch auf das seinerzeit (durch die Karlsbader Beschlüsse) bedrohte Recht: der *Pressefreiheit*. Beide Themen standen schon unmittelbar nach Erscheinen der Rechtsphilosophie zur Debatte.[14]

Meine weitere Überlegung steigt ohne Vorwarnung ein, sie verfährt im Stil dessen, was heute – im Wissenschaftsjargon der Philosophie – *close reading* heißt oder, um die Mitte des letzten Jahrhunderts, *Hermeneutik* oder die methodische Kunst der Auslegung von Texten genannt wurde. Absicht ist es, die Grundbegriffe der *Rechtsphilosophie* wie Freiheit und Wille, Recht und Unrecht, Vermittlung und Entzweiung, Bildung und Negativität, aber auch Bestimmtheit und Unbestimmtheit im Blick auf ein höchst delikates Thema – die öffentliche Meinung – bei der Arbeit zu beobachten.

Die erste Überlegung zielt darauf, ihre historischen und gesellschaftlichen Voraussetzungen ins Auge zu fassen, auf die sich Hegel im Vorfeld seiner Analyse bezieht, um anschließend seinen Begriff der »öffentlichen Meinung« selbst zu erläutern. Der *Pressefreiheit* gilt das Interesse des nächstfolgenden Kapitels. Von dieser Warte aus riskiere ich – unter Bezug auf die Gegenwart – einen näheren Blick: Ob und inwiefern sich im Verlauf der letzten zwei Jahrhunderte etwas grundlegend verändert hat.

Überlegungen zum Wandel und den Widersprüchen der (bürgerlichen) Öffentlichkeit bilden den Auftakt, sich mit der »heutigen Gegenwärtigkeit des Geistes« in einigen Aspekten zu befassen, mit ihnen startet der vierte Teil unseres Buches.

Das Wahre und das Trügerische der öffentlichen Meinung

Eine Voraussetzung, die für uns nicht (mehr) selbstverständlich ist, betrifft die Funktion, die den Ständeversammlungen (und Korporationen) sowie deren *Repräsentanten* im Verständnis der öffentlichen Meinung zukommt.

(1) Ausgehend von der bürgerlichen Gesellschaft sieht Hegel den Grund für deren Abordnung nicht in erster Linie darin, an »Stelle eines anderen« mitzuberaten und mitzubeschließen, sondern als *Kenner der Materie* dazu auserkoren zu sein. Der Repräsentant gehört selbst dem Berufsstand an, dem Zweig der gesellschaftlichen Produktion (dem Handels- oder Fabrikantenstand, dem Bauern- oder Handwerkerstand), für den er abgeordnet ist, zu sprechen. Er kennt deren spezielle Bedürfnisse, Hindernisse und Interessen aus eigener Erfahrung am besten. Repräsentant ist, wer (a) Sachkompetenz besitzt und (b) das vertritt, woran ihm – als Vertreter seines Standes oder seiner Korporation (seiner gesellschaftlichen Funktion) – am meisten gelegen ist, er wird nicht als Sachfremder, zufällig mit der Vertretung betraut. Sachkenntnis und eigenes Interesse – d. i. Hegels Überlegung dahinter – binden oder vermitteln das eigene Engagement entschieden stärker mit dem allgemeinen, gesellschaftlichen und staatlichen Gesamtinteresse als eine bloße Vertretung durch sachfremde Personen.[15] Sie zeigt überdies an einem kleinen politisch-praktischem Beispiel, was es heißt, Vernunft als Vermittlung zu denken.

Moderne Staaten beruhen infolge der gesellschaftlichen Arbeits*teilung* auf welt- und weitläufig nach gesellschaftlichen Aufgaben ausdifferenzierten Tätigkeiten, bei denen *ein* Aspekt der Teilung darin besteht, dass sich die Teile (Momente) planmäßig auseinander dividieren und entfremden, also eigene Programme, Profile und Praktiken ausbilden. Der *andere* Aspekt der Teilung – gleichsam die Rückseite des Ausdifferenzierungsprozesses – richtet das Augenmerk darauf, was denn – trotz allem – die auseinanderstrebenden Momente verbindet, sie verschränkt und zu kooperieren veranlasst, also das soziale Band durch das stiftet, was wir mit anderen teilen oder gemeinsam haben: welche Vermittlungstätigkeiten – im Denken wie in der Realität – die Integration – die Wiedereinbettung in eine unterdessen veränderte, zerstreute und zerrissene Lage befördern.

Hegel glaubt, dass vor allem die Zugehörigkeit zu einem Stand die einzelne Person an das Allgemeine kettet, denn durch die gesellschaftliche Position, die sie innehat, ist der Einzelne durch das Allgemeine bestimmt. Positionen und Rollen, Berufs- und Lebensgewohnheiten, Ämter und Milieus vermitteln das rein individuelle Dasein eines Menschen mit dem umfassenden Kontext, in dem er lebt – eben dadurch, dass er ein durch die gesellschaftlichen Aufgaben (in der Familie, der Arbeitsweilt, der Verwaltung, den Verbänden und Ständen) soziostrukturell vorgezeichnetes Leben führt, wie Hegel schreibt: »darunter, daß der Mensch *etwas* sein müsse, verstehen wir, daß er einem bestimmten Stande [einem Berufsstand zum Beispiel, G. G.] angehöre; denn dies *etwas* [Hervorheb. G. G.] will sagen, daß er erst dann etwas Substantielles ist«, er stellt in den Augen der anderen *etwas* dar – er ist *jemand.* »Ein Mensch ohne Stand ist eine bloße Privatperson und steht nicht in wirklicher Allgemeinheit.« (7, 360).

(2) Hegel geht es nicht darum, das alte System der Zünfte und Stände zu rehabilitieren, die Dialektik interessiert sich dafür, wie auf der Höhe der modernen, »auseinandergezogenen« Welt die beiden Seiten der Vermittlung: das Trennende *und* das Verbindende, das Gegenläufige *und* das Vereinende, die auseinanderstrebenden Momente (Kräfte, Elemente) *und* ihre Neuordnung im Blick auf das Verhältnis von Individuum und Allgemeinheit gesellschaftlich und politisch angemessen berücksichtigt werden können, ohne die produktive Kraft der *Negation* zu verspielen, die in den Freiheitsgewinnen – dem Befreiungsprozess – liegt, welche uns die Entfremdungs- und Entzweiungsprozesse der Gesellschaft beschert haben.[16]

Vermittlung im Kontext eines über Vernunft und Freiheit aufgeklärten Staates übersetzt man zunächst am besten mit *Bildung*: Mit der Heraus- und Weiterbildung der *allgemeinen*, durch das System der Arbeit und der Bedürfnisse, der Verwaltung und Regierung gesteuerten Institutionen sowie der Bildung des *Einzelnen* im Zugang und Umgang mit diesen. Es geht um Lernprozesse, die erst in der öffentlichen Auseinandersetzung mit ihnen (den Institutionen) zeigen, ob und inwieweit sie den Freiheits- und Gerechtigkeitssinn der beteiligten Gruppen zu fördern in der Lage sind. Das gestaltet sich naturgemäß in Zeiten des Umbruchs besonders schwierig.

Hegels Begriff der *öffentlichen Meinung* beruht nun wesentlich auf der »*allgemeinen* Kenntnis einer durch die *Öffentlichkeit* der Ständeverhandlungen« hergestellten Diskussion (7, 482). Sie räumt den »an der Regierung nicht [unmittelbar, G. G.] teilhabenden Glieder[n] der bürgerlichen Gesellschaft« (ebd.) das formelle Freiheitsrecht ein, im Vorfeld staatlicher Entscheidungen auf die Regelung der allgemeinen Angelegenheiten Einfluss zu nehmen. Hegel fährt fort: »die Eröffnung dieser Gelegenheit von Kenntnissen hat die allgemeinere Seite, daß so die *öffentliche Meinung* erst [...] zur *Einsicht* in den Zustand und den Begriff des Staates [...] kommt«, das heißt die Fähigkeit ausbildet, vernünftig über die Staatsangelegenheiten zu urteilen; unter anderem »auch die Geschäfte, die Talente, Tugenden und Geschicklichkeiten der Staatsbehörden und Beamten kennen und achten lernt« (ebd.).

Wie man den Einzelnen, der »Menge«, also dem Publikum und den Abgeordneten der gesellschaftlich relevanten Gruppen selbst Gelegenheit geben kann, Einsicht in die Schwierigkeiten der Regierungsgeschäfte zu nehmen bzw. sie indirekt über die öffentliche Meinung zu beteiligen – dafür bieten laut Hegel die Ständeversammlungen die beste Gelegenheit.

(3) Was heißt »öffentliche Meinung«? Wo genau liegt das Problem? Womit muss dieses Gespenst fertig werden, das bereits in der Antike die philosophischen und politischen Gemüter leidenschaftlich bewegt hat? Es liegt in den zwei Polen, die offensichtlich den Sprengsatz dieses Begriffs bilden: *Öffentlichkeit* und *Meinung*. Was würde man mit *Öffentlichkeit* assoziieren? Aufklärung, Transparenz, Diskussion, Publizität, den Austausch von Meinungen und Standpunkten *coram publico*, das dazugehörige Schauspiel, PR (*public relation*) in eigener Sache, mehr Schein als Sein, in ihr eine besondere Rolle zu spielen; aber auch die beste Gelegenheit, sich zu blamieren und die Fallhöhe zu erproben, die man aushält, wenn man »vor den Augen der Öffentlichkeit« wegen Misserfolg und Un(ge)schicklichkeit hart aufdotzt: die Öffentlichkeit als Präsentierteller eigenen Unvermögens. In der Regel aber gilt: Eine Meinung zu haben, heißt, sich groß ins Spiel zu bringen, *ohne* sich aufs Spiel setzen zu müssen. Diesen Vorteil haben ihr die Philosophen übel vermerkt.

Platon hat der Meinung – der *doxa* – eine ziemlich vernichtende Abfuhr erteilt. Eine Person, die bloß *meint*, verfügt für das, was sie meint, nicht über hinreichend gute Gründe. Meinung ist das, was die Vielen, d. h. jeder Einzelne als zufällige und beliebige Auffassung zum Besten gibt, sie ist der Rechtfertigung nicht bedürftig. Meinungen sind demnach rein subjektiv, privat, hemdsärmlig, sie sind schwankend und entsprechend leicht zu manipulieren. Seit ihren Anfängen ist die Philosophie bemüht, Meinen durch *Wissen* zu ersetzen, gerade dort, wo die Grenzen des Wissbaren deutlich werden und es darum geht, die Sicherheit des Wissens in den Grenzbereichen des Wissens zu thematisieren.

(4) Hegel sieht den Wert der öffentlichen Meinung in der Teilnahme und den Bildungschancen, die die Auseinandersetzung *coram publico* bietet: Sie ist »ein Bildungsmittel [...] und zwar eines der größten«, ein »Heilmittel gegen den Eigendünkel der Einzelnen und der Menge«.

> »Die Öffentlichkeit«, die Hegel in Anlehnung an die »Ständeversammlungen« beschreibt, »ist ein großes, die Bürger vorzüglich bildendes Schauspiel [...], das Volk lernt daran am meisten das Wahrhafte seiner Interessen kennen. Es herrscht in der Regel die Vorstellung, daß alle schon wissen, was dem Staate gut sei, und daß es in der Ständeversammlung nur zur Sprache komme, aber in der Tat findet gerade das Gegenteil statt: erst hier [...]entwickeln sich Tugenden, Talente, Geschicklichkeiten, die zu Mustern [...] dienen [...], die Öffentlichkeit [ist] das größte Bildungsmittel für die Staatsinteressen überhaupt.«[17]

Die Ständeversammlung hat den (Neben-)Effekt, dass durch die engagierte Beteiligung einer Pluralität von Personen und Fraktionen, Verbänden und Berufen nicht nur den Staatsinteressen am besten gedient ist, sie fördert auch die innere Zustimmung, die Loyalität und Gelassenheit, wenn nicht die Identifikationsbereitschaft mit den Zielen des Staates im Ganzen. Kurz, sie erhöht die Reißfestigkeit des sozialen Bandes durch *Partizipation* und *Kohabitation*, ohne die Rationalität in der öffentlichen Diskussion aus den Augen zu verlieren und so viel wie möglich sachliche Information zu vermitteln. Auch soll deutlich werden, in welchem Umfang die Debattanten selbst mit ihren Ansprüchen und Interessen, Erwartungen und Kenntnissen in das, worum es geht, involviert sind. Sie sind in den Augen Hegels die besseren Repräsentanten, weil in ihren Urteilen das öffentliche Interesse besser aufgehoben ist als bei denen, die kenntnis- und interessenlos zufällig, durch Wahl oder Los, wie Hegel schreibt, an »Stelle eines anderen« mitentscheiden. *Vernunft* qua *Vermittlung* zu denken, baut darauf, dass sie in der Sache geschieht. Und die, die von Rechts wegen in ihrem eigenen Namen etwas zu sagen haben, mit Sinn und Verstand »dabei sein müssen«. Denn die entscheidende Frage der Dialektik lautet, wo und wie die *Vernunft qua Vermittlung* (einer vernünftigen Freiheit) nicht nur im Begriff der öffentlichen Meinung, sondern in allen Instituten und Institutionen des öffentlichen Lebens Selbstwirksamkeit entfaltet; nicht nur einfach *da ist* oder pragmatisch gute Dienste leistet, sondern auch einsichtig (verallgemeinerungsfähig) begründet und von den Beteiligten getragen werden kann.

(5) Auf das Recht, eine eigene Meinung zu haben, legen die Menschen heute den größten Wert. Es ist nach Hegel nämlich das »Recht der Besonderheit des Subjekts, sich befriedigt zu finden, oder, was dasselbe ist, das Recht der subjektiven Freiheit macht den Wende- und Mittelpunkt in dem Unterschiede des Altertums und der modernen Zeit« (7, 233). Die Menschen kehren in dem Recht auf eine eigene Meinung den (vermeintlichen) Unterschied zu den anderen heraus: das Recht, zu sein wie kein anderer; auch, um über diesen (nur negativ bestimmbaren) Unterschied ihre unverwechselbare Identität: nämlich den Unterschied, der den Unterschied macht, zu betonen. Wie dieses Identitäts-Gehabe und Gemeine auf Außenstehende wirkt, steht hier nicht zur Debatte. Die Meinung verkörpert die Gleichheit aller Stimmen und Stimmungen auf eine erhebende wie erniedrigende Weise.

Kurz, die Spannung zwischen allgemeiner Öffentlichkeit und individueller Meinung lässt sich kaum größer, extremer denken. Hegel streicht in einem fort das Recht der Einzelnen auf ihr eigenes Urteilen, Meinen und Raten in dem, was die allgemeinen Angelegenheiten betrifft, heraus. Das »Zusammen« (§ 316, 483) beider Ansprüche, eine individuelle Meinung zu haben und öffentlich zu sein, d. h. gehört, gesehen und geachtet zu werden, diese verquere

Mischung heißt *öffentliche Meinung*, sie verbirgt sich in ihr. Sie zeigt eine, wenn nicht die Spielart, die wir zu Anfang unserer Vorstellung der *Phänomenologie des Geistes* beschrieben hatten: Wie man das zusammenhält, was man kaum zusammen aushält. Hegel bezeichnet sie, im Rückgriff auf die philosophische Terminologie der damaligen Zeit und seine *Wissenschaft der Logik*, als »Erscheinung« und trifft damit den Nagel auf den Kopf. Dadurch gelingt es ihm, auch an Bedeutungszusammenhänge zu erinnern, die aktueller denn je sind.

»Erscheinung« nimmt sowohl Bezug auf den allgemein und notwendig geordneten Phänomenzusammenhang in einer durch Zeit und Raum strukturierten Form (Erfahrung) wie bei Kant, als auch darauf, in einer *Scheinwelt* zu leben, in der das menschliche Denken und Handeln – wie »unter dem Schleier der Maya« – so Schopenhauer, verborgen liegt. Näher liegt natürlich Hegels in der *Wissenschaft der Logik* entwickelter Begriff von Erscheinung als dem unser Denken und Erkennen ordnenden Feld, das *zwischen* »Wesen« und »Schein« aufgespannt ist. Seine Kernsätze lauten u. a.: Das Wesen muss erscheinen, und: Der Schein ist dem Wesen wesentlich.

Die Welt, wie sie uns – als Ko-laborateuren und Ko-habitanten, Mitarbeiter- und Mitbewohner:innen – in der öffentlichen Meinung erscheint, trägt notwendig Züge des Scheinhaften *und* des Wesentlichen, des Illusorischen *und* des Repräsentativen, des Ideologischen *und* (Onto-)Logischen in jenem nicht leicht entzifferbaren »Zusammen« beider Seiten. Die öffentliche Meinung – als Erscheinung – ist also die das Wesen und den Schein vermittelnde *Reflexion*: bloßer Spiegel und endlos fragmentiertes Verspiegelt-Sein, dem Verständnis offen nach beiden Seiten. In ihr findet man notwendig das, was *substanziell* ist – ihre Marke, ihren Inbegriff, und das, was dem *Schein* (dem Para-logischen) verfallen ist: jenes endlose Herumirren im Spiegelkabinett der Meinungen, wie wir das aus den Talkshows oder anderen Echokammern zur Genüge kennen. »Das Substantielle und Wahre [ist] darin mit seinem Gegenteil, dem für sich Eigentümlichen und Besonderen des Meinens der Vielen verknüpft« (7, 483).

Hat es je eine bessere, den Gegensatz (be)treffende und vertiefende Definition der öffentlichen Meinung gegeben als die Hegel'sche: in ihrem »Wesen *Scheinen* in dem Entgegengesetzten« (8, 391) zu sein? Hegel sucht nicht nach der Wahrheit hinter den

Simulakren der öffentlichen Meinung, er will nicht – durch den Schein hindurchgreifend – die wirkliche Welt wiederfinden. Er weiß, bevor es Nietzsche in alle Welt hinausposaunt: Mit der wahren Welt haben wir auch die scheinbare abgeschafft. Die Dialektik sieht als einzige Möglichkeit den Weg, sich auf diese Bewegung des Denkens (und Handelns) zwischen Sein und Schein einzulassen und sich an den Widersprüchen abzuarbeiten, die diesen Weg kennzeichnen, die »Wahrheit« dieser Wirklichkeit an den Widersprüchen auszuloten, die sich an und in den Bestimmungen zeigen. Sie nennt das, sich dem *Schmerz des Negativen* auszusetzen, der aus dieser Vorläufigkeit des Wissens und Handelns erwächst und – genau darüber *nicht* zu verzweifeln.[18]

Dass Hegel die öffentliche Meinung als »Erscheinung« einstuft, zeigt, dass es sich, wie man sagen könnte, um eine *vermeintliche Welt* handelt, die auch oder gerade von dem Widerspruch lebt: als gäbe es sie tatsächlich, als sei sie ein hab- und haftbar zu machender Gegenstand, ein »Etwas«, das außerhalb der Einbildungskraft als *eine* und *einheitliche* Substanz unser Denken und Handeln verhaltenswirksam bestimme. Was sie einerseits aber tatsächlich tut, weil wir, ob wir wollen oder nicht, auf die öffentliche Meinung und die Erwartungen, die sie an uns heranträgt, bewusst oder unbewusst Rücksicht nehmen. Sie bestimmt uns »in der Tat«. Unser Existenzmodus ist, wie Rousseau treffend sagt, das In-der-Meinung-der-Anderen-Sein – auch wenn wir, weil wir glauben, etwas Besonderes zu sein, diesen Dauerzustand (in unserem Narzissmus) kaum zu ertragen wissen und uns darum nicht wenig hassen.

Andererseits ist die öffentliche Meinungsmacht ebenso offensichtlich das Produkt der individuellen und kollektiven Einbildungskraft – eine Erscheinung, ein Phantom, eine Einbildung, ein Halb- oder notwendiges Unding der Imagination, das äußerst schwer zu greifen, zu beobachten und zu beschreiben, zu bewerten und zu beurteilen ist. Es basiert auf intentionalen und nichtintentionalen Begriffsbildungs- und Schlussfolgerungsverfahren: auf der Verallgemeinerung ähnlich (nicht identisch) gelagerter *Stimmen* und *Stimmungen*, die aufgrund ihres Herausforderungscharakters (und einer Zug um Zug wachsenden Normativität aller Lebensbereiche) bis (tief) in unsere Gefühls- und Vorstellungsschichten vordringen.

(6) Um das Neue dieser Welt im Umbruch vollends deutlich zu machen, schreibt Hegel: Zu »allen Zeiten war die öffentliche Meinung eine große Macht und ist es besonders in unserer Zeit, wo das Prinzip der subjektiven Freiheit diese Wichtigkeit und Bedeutung hat. Was jetzt gelten soll, gilt nicht mehr durch Gewalt, wenig durch Gewohnheit und Sitte, wohl aber durch Einsicht und Gründe« (7, 483). In einer offenen, auf Vernunft, Freiheit und Subjektivität basierenden Gesellschaft muss alles, »was jetzt gelten soll«, durch die Mangel der öffentlichen Meinung gedreht werden. Das Mangeln gehört zur Demokratie als Regierungs- und Lebensform wie die Energie zur Masse.

Im Weiteren greift Hegel diese allgemeine Grammatik unseres Denkens auf, er bezieht sie auf die politischen Verhältnisse. Die öffentliche Meinung spiegelt die substanzielle Sittlichkeit, wie sie fest in der *Familie*, aber auch im *Recht* und in der *politischen Ordnung* verankert ist. In der öffentlichen Meinung wird diskutiert, was für alle substanziell von Interesse ist: wie wir regiert werden, nicht nur durch die staatlichen Gesetze, sondern auch durch das, was die bürgerliche Gesellschaft und ihr System der Arbeit und der Bedürfnisse uns vorschreibt. Die »öffentliche Meinung enthält [...] die ewigen substantiellen Prinzipien der Gerechtigkeit, den wahrhaften Inhalt und das Resultat der ganzen Verfassung, der Gesetzgebung und des allgemeinen Zustands überhaupt, in Form des *gesunden Menschenverstandes*« (7, 483).

Aber wie Wolken Wasser aufnehmen, so fasst und transportiert der gesunde Menschenverstand die *gesamte* Substanz seiner Zeit – auch die, die »in Gestalt von Vorurteilen durch sie hindurchgeht« (7, 484). In diesen Voreingenommenheiten bildet sich ab, was teils die Folge allzu »konkreten Räsonierens über Begebenheiten, Anordnungen und Verhältnissen des Staates«, teils die Folge bloß »gefühlter Bedürfnisse« ist. Durch sie tritt, wie Hegel weiter schreibt, »die ganze Zufälligkeit des Meinens, seine Unwissenheit und Verkehrung, falsche Kenntnis und Beurteilung [in die Herausbildung der öffentlichen Meinung, G. G.] ein.« Dieser Seite des Bewusstseins (und der öffentlichen Diskussion) ist es, wie er bemerkt, vor allem »um die Eigentümlichkeit der Ansicht und der Kenntnisse zu tun«: Je abgedrehter, desto besser. Da gilt, »eine Meinung, je schlechter ihr Inhalt ist, desto eigentümlicher; denn das Schlechte ist das in seinem Inhalte ganz Besondere und Eigentümliche, das Vernünftige dagegen, das an und für sich Allgemeine, und das *Eigentümliche* ist das, worauf das Meinen *sich etwas einbildet*« (7, 484).

Wir haben jetzt zwei Extreme. Die öffentliche Meinung als Ausdruck der substanziellen Prinzipien der Gerechtigkeit **und** als (eine) rein zufällige Meinung, die sich etwas darauf einbildet, eine *eigentümliche*, d. i. originelle wie absonderliche, eben idiosynkratische Ansicht ihr Eigentum zu nennen. Sie sehen, wie die Dialektik funktioniert. Sie bewegt sich durch ein an die Extreme verfallenes Sein: die öffentliche Meinung ist die Substanz des Sittlichen, die auf Gerechtigkeit beruht, sie ist aber auch ganz und gar flüchtig, zufällig, akzidentell, unerheblich. Es werden zwei Aussagen scharf gemacht und über ein und denselben Gegenstand getroffen. Da sie unmöglich beide gleichzeitig wahr (logisch kompatibel) und informativ (empirisch von Nutzen) sein können, fordern sie notwendig unsere Stellungnahme heraus: Wie denn das zusammenpasst? Wo und wie es denn zusammen seinen öffentlichen Auftritt hat?

(7) Hegel konkretisiert diese Dialektik einander widersprechender Behauptungen durch den Hinweis, er sage ohnehin nur das, was alle seit Langem wüssten: *vox populi, vox dei*, **und** (in der populistischen Version Ludwig Thoma's): *vox populi, vox Rindvieh.* Beides liege in der öffentlichen Meinung. Sie zeige die sittliche Substanz des Volkes, sie sei die Stimme Gottes *und*, Hegel vornehm, gleichwohl den deutlicheren Goethe zitierend, die Stimme der blindwütigen Menge: »Zuschlagen kann die Masse, / da ist sie respektabel: / Urteilen gelingt ihr miserabel« (7, 484).

Auch wir sind mit unserer Stimme unweigerlich mit der göttlichen und/oder der pöbelnden und prügelnden Masse verbunden. Als Teil der öffentlichen Meinung halten wir reichlich Anteile an beiden Stimmen, sowohl als Teilhaber als auch Beobachter, d. h. auch Zeugen, was viele (vermeintliche) Dokumentare und Archivare leicht übersehen. Wir sehen **uns** in ein unser Urteil herausforderndes Verhältnis gesetzt – ein mehrfach reflektiertes Werturteils-Verhältnis: »die öffentliche Meinung verdient […] ebenso *geachtet* als *verachtet* zu werden« (7, 485). *Verachtet*, weil es sich um eine zufällige Meinung handelt, die sich maßlos überschätzt, ihre Selbstverstiegenheit ist grenzenlos, aber auch ebenso schnell vergessen; *geachtet*, da sich darin trotz allem auch die Gesellschaft in ihrer sittlichen Substanz artikuliert. Ohne Reflexion auf unser politisches und moralisches Verhältnis zu ihr, d. h. unser Beteiligtsein als einer (ganzen) Person mit Überzeugungen unterschiedlichster Art und Tiefe, wäre ihr Begriff unvollständig.

Wer aber befindet nun über das, was an der öffentlichen Meinung wahr, was bloß Humbug ist? Wer entmischt ihre Ambiguität auf eine vernünftige, die Freiheit und Gleichheit aller Beteiligten fördernde Weise? Wer oder was kann dem Stimmengewirr eine weiterführende und prägende Form auferlegen? Ein glaubwürdiges Narrativ (er)finden, das ihre wesentlichen Kräfte abzubilden, zu bündeln, zu repräsentieren oder zu regulieren in der Lage ist? Geht das überhaupt? Sollte es das überhaupt geben? Auch wer Hegels dunkle Antwort – das sei die Sache »von etwas Großem und Vernünftigen (in der Wirklichkeit wie in der Wissenschaft)« mit Missfallen oder Unmut quittiert, wird eines Teils durch den recht unvermittelten Übergang zur »Preßfreiheit« überrascht; zum anderen muss er zugeben, dass Hegel nachdrücklich zeigt, wie dieser Meinungs-Kampf notwendig Deutungshoheiten entstehen lässt, die behaupten, ein Monopol auf die öffentliche Meinung zu haben, weil sie am ehesten die Stimme *des* Volkes zu Gehör brächten – was wiederum, der Witz zweiter Stufe, zum ausgedehnten und erhitzten Diskussionsgegenstand der öffentlichen Meinung über ihren Widerstreit wird. Der beliebteste Gegenstand der öffentlichen Meinung ist die öffentliche Meinung. Sie kreist womöglich in sich und setzt sich, nur anders gemischt, immer weiter fort. Vielleicht ist das Große und Vernünftige in der Welt wie in der Philosophie, von denen Hegel spricht, die »List der Vernunft«, die genau dies vollbringt, mindestens »geschickt« wäre, hier ihren richtigen Einsatz zu finden.

Die Pressefreiheit

(1) Die *Pressefreiheit* ist die Umsetzung, Hegel, die politisch-praktische Realisierung des Grundkonflikts der öffentlichen Meinung, genauer, die *Wahrnehmung* und *Wahrung* des Konflikts, der in der

öffentlichen Meinung liegt: gleichsam die Übernahme (die Übertragung) des politischen Mandats der in der öffentlichen Meinung liegenden Ansprüche und Rechte: eine Maßnahme, wie mit jener »Erscheinung«, diesem »Simulacrum« der bürgerlichen Öffentlichkeit umgegangen werden soll. Man könnte die Überlegung verschärfen. Hegel kann gar nicht mehr daran glauben, auf die durch die öffentliche Meinung aufgeworfenen Fragen, d. h. Konflikte, noch eine Antwort geben zu können; oder, er sieht es nicht (mehr) als eine Aufgabe der Philosophen an, die Doppeldeutigkeit der öffentlichen Meinung weiter zu klären. Seine Argumentation nimmt in jedem Fall einen unverhofften Verlauf, sie macht einen Sprung, in dem sie danach Ausschau hält, wie man die Zerwürfnisse der öffentlichen Meinung, jenen Trubel an Gescheitheiten und Gehässigkeiten, bei denen die eine die andere frisst, *pragmatisch* (im besten Sinn des Wortes), rechtlich und bildungspolitisch bewältigen könnte.

In jedem Fall sollte klar sein, dass mit diesem Titel der »Preßfreiheit«, also des Rechts der freien Meinungsäußerung, gesellschaftlich und politisch eine Höherqualifikation, ein Fortschritt im Bewusstsein der Freiheit verbucht werden kann. Die Freiheit eines jeden Presseorgans, seine Meinung unabhängig von den Vorgaben des politischen Regimes äußern zu können, ist aus dem Leben und Denken moderner Staaten (die Freiheit, Gleichheit und Solidarität in ihr Stammbuch geschrieben haben) nicht (mehr) wegzudenken. Die Meinungsfreiheit, so hatte schon kurz nach dem Zweiten Weltkrieg das Bundesverfassungsamt entschieden, ist »in einem gewissen Sinn die Grundlage jeder Freiheit überhaupt«.[19] Dieses Recht steht – mindestens im Selbst- und Weltverständnis moderner Staaten – nicht zur Disposition.

Obwohl die Presse- und Meinungsfreiheit nicht unmittelbar unser Thema ist, wirft sie doch ein überaus interessantes Licht auf die öffentliche Meinung und darauf, wie Hegel (und die Moderne) auf sie reagiert. Hegels Analyse der Pressefreiheit zeigt, dass die in der *öffentlichen Meinung* permanent schwelenden und verhandelten Konflikte in einer veränderten, aber deutlich komplexer gewordenen Form wiederkehren. Im *Medium* der Pressefreiheit und (mit) ihr als *Mittel*, aber auch als *Message* (Botschaft) und *Moral* (Botenstoff) werden die ungeheuren Spannungen bearbeitet, die darauf lasten, dass der öffentliche Vernunftgebrauch – »in ein und derselben Hinsicht« – die Stimme Gottes *und* die Stimme des zur Gewalt neigenden sozialen Rindviehs ist.

Wie wir wissen, vertragen sich beide Stimmen nicht immer gut. Das Geschrei, der Lärm, der Kamm schwillt unendlich an, wenn wer oder was behauptet, (die) *vox populi* zu sein. Und die Vernunft sagt – mindestens eine durch Kant und Hegel belehrte –, das sei auch gar nicht so schlecht in einer Welt, in der jede, auch die viehische Stimme, ein Gott, ein Abgott, ein Götze, ein Idol, ein Held, ein Trump oder Troll, eine Autorität, ein Mega- und Superstar, eine millionenfach angeklickte Influenca usf. – sein kann und jeder Gott instantan von seiner teuflischen Natur heimgesucht wird, zumal, wenn er behauptet, *die* Stimme des Volkes oder eines Kollektivs und eines seiner (unwiderleglichen, von Natur aus gegebenen) Grundbedürfnisse zu sein.

(2) Sie sehen, die Aufhebung (Auflösung) der Widersprüche der öffentlichen Meinung (in die Pressefreiheit) ist weniger eine *Synthese* denn eine Transformation der Konflikte in eine neue, einheitliche Form der politischen, sozialen und rechtlichen *Konfliktbearbeitung*, wobei das Synthetische allein durch die Spannung der divergierenden Kräfte zustandekommt, die zwischen den unterschiedlichen, um Macht und Herrschaft ringenden Interessen besteht. Das Einende liegt für die Dialektik in dem, worüber man sich streitet. Das, was sie trennt, eint sie. Ihr Konflikt bindet sie aneinander, sie interessieren sich für »dasselbe«, aber aus unterschiedlichen Gründen, nicht selten auch unter Einsatz grob verschiedener Mittel. Dieser Widerstreit zeigt das für unser politisches Denken und Handeln Allerwichtigste: Dass das, worum es geht, uns *nicht gleichgültig* ist oder wird. Keiner kann das Trennende – also das, was zwischen uns steht, auf seine Seite ziehen, obwohl jeder alles, seiner Selbstachtung und -steigerung wegen, daransetzt, die Deutungshoheit über die Situation zu gewinnen. Gelänge das auf eine endgültige Weise, es würde die Spannung und ihre Produktivität aufheben, um die es öffentlich allezeit zu tun ist. Die Wahrheit liegt *zwischen* ihnen, aber *nicht* in einer Mitte, in die sich die heutigen Parteien so gerne

reflektieren. Man kann sie nicht in Besitz nehmen. Sollte es einer auch nur versuchen, sie würde sich augenblicklich zersetzen. Das Wahre ist nämlich, wie Hegel weiß, keine »ausgeprägte Münze […], die fertig gegeben und so eingestrichen werden kann« (3, 40). Was die Kontrahenten betrifft, rühren wir an ein wirkliches Problem, das Motivationsproblem moderner Gesellschaften, da geht es nicht nur um das Wahre, sondern darum, den Kampfgeist um dasselbe nicht zu ersticken und ihn gleichzeitig zu zügeln zu wissen.

Von einer »Verteidigung des Pluralismus« zu sprechen, wie der Politikwissenschaftler Shlomo Avineri in seiner mittlerweile klassischen Studie über Hegels *Theorie des modernen Staates*, ist daher nicht falsch, auch wenn es nach der Rede der 60er-Jahre des letzten Jahrhunderts klingt. Hegel ist sich der Notwendigkeit wie der Schwierigkeit einer pluralistischen Auffassung der öffentlichen Meinung bewusst. Denn es gibt Grenzen der Meinungsfreiheit, die Hegel kaum anders beschreibt als das heute in liberalen westlichen Rechtssystemen üblich ist. Als Beispiele für das, was die Grenzen der öffentlichen Meinungsfreiheit überschreitet oder sie verletzt, nennt er die »Verletzung der Ehre von Individuen überhaupt, Verleumdung, Schmähung, Verächtlichmachung der Regierung, ihrer Behörden und Beamten, der Person des Fürsten insbesondere, Verhöhnung der Gesetze, Aufforderung zum Aufruhr usf.« (7, 488).[20]

(3) Hier zeigt sich der *workload* der Dialektik. Es geht nicht darum, die Konflikte, die die öffentliche Meinung ständig hervorbringt und die Politik wie die Gesellschaft zu zerreißen drohen, einfach zu schlichten: der autoritären Versuchung nachzugeben und sie in *eine* Einhelligkeit und Einmütigkeit schaffende Stimme »aufzuheben« oder, wie es beschönigend heißt, sie mit einer Stimme sprechen zu lassen. Das Gegenteil ist der Fall. Die nächst höhere Stufe zur öffentlichen Meinung ist die Pressefreiheit, sie garantiert, positiviert den Schutz des Wirrwarrs der vielen, gegeneinander aufgebrachten Stimmen. Sie zeigt die *Positivierung des Unbestimmten als Ausgang der Moderne* in einem überaus interessanten wie charakteristischen, die Praxis betreffenden Fall. Ihre Synthesis schaffende Aufgabe räumt (der) *vox populi* das Recht ein, weiterhin in und an den Grenzen des Erlaubten *viehisch* sein zu dürfen.[21]

Man könnte sagen, der Aufgabe, der sich Hegel am Ende seiner Überlegungen zur öffentlichen Meinung stellt, ist die, mit ihren Schwierigkeiten, mit ihrem an die Extreme zerfallenen Sein fertig zu werden: einem totalitären, auf Identität (Einheit und Gleichheit) getrimmten Schiedsgericht, d. h. einer alle Widersprüche im Keim erstickenden Macht auf der *einen* Seite und dem an Irrsinn grenzenden Chaos beliebiger Meinungen auf der anderen. Was dann für die Pressefreiheit bedeutet, dieses hochexplosive Gemisch einerseits zu *ermöglichen*, d. h. ihr Recht zu behaupten und es zugleich zu *begrenzen*, nämlich da, wo es um die Freiheit derjenigen geht, die durch die Presse, die veröffentlichte Meinung oder wen auch immer unzulässig angegriffen oder verunglimpft werden.

Bevor wir damit fortfahren, lohnt es sich, die öffentliche Meinung – diese Büchse der Pandora – noch genauer zu studieren.

Die öffentliche Meinung als imaginäre Institution

(1) Wenn Hegel von öffentlicher Meinung als einem Schauspiel spricht, dann bezieht er sich (mehr implizit als explizit) sowohl auf die Bühne als *Aufführungsmöglichkeit* als auch auf das *Stück*, das auf dem Theater gespielt wird (das viele Stücke zu spielen erlaubt); aber auch auf die Bühne in einem gegenständlichen wie intelligiblen Sinn. Allgemein gesagt, es geht um den Rahmen und das, was *durch* den Rahmen bestimmt: *erschlossen* und *begrenzt*, d. i. *in* ihm gespielt wird. Für diese Verhältnisse verwendet Hegel bisweilen auch den Begriff des *Mediums*, ohne explizit seine Syntax, Semantik und Pragmatik zum Gegenstand der Analyse zu machen.

Dass die öffentliche Meinung als Medium betrachtet wird, steht nach dem Gesagten außer Frage. Sie ist Medium (im materiellen wie symbolischen, subjektiven wie transsubjektiven Sinn) als sich in ihm alle Meinungen »tummeln«, formieren und transformieren. Im Fahrwasser dieses unstofflichen Stoffs müssen sich alle mögliche Stimmen bewegen, die sich im Strom (Strudel) des öffentlichen Meinungsflusses Aufmerksamkeit und Anerkennung, Bedeutung und Geltung erhoffen oder verschaffen wollen. Medium ist, wie erwähnt, der intelligible Rahmen, »worin« sich alles abspielt, ein Resonanzraum, der, je nach Gebrauch, bestimmt oder unbestimmt – wie eine äußere Grenze – alles mengenmäßig *umfasst*, als auch »durch alles hindurchgeht«, zu übersetzen. Es handelt sich um Rahmen, die in das, was sie rahmen, diffundieren (z. B. die Grenze von Theaterstück und Publikum einreißen, d. h. unbestimmbar machen). Die Welle, die durch Wellentäler und -kämme hindurchläuft, ist dafür ein anschauliches Beispiel. »Sprache« und »Geld« sind von vergleichbarer Natur.[22] Sie bewegen sich – fast mühelos – durch ihre jeweiligen Problemmaterien hindurch, um gleichwohl zu registrieren, *dass* und *wie* dennoch etwas von ihnen bzw. ihm, dem Medium, dem (scheinbar) bloß Vermittelnden, hängenbleibt. Ohne es groß zu vermelden, finden sie sich in einen Transformationsprozess hineingezogen wieder. Etwas zu vermitteln heißt auch, das Vermittelnde und seine transformierende Kraft mitzuerzeugen.

Das Medium, die öffentliche Meinung – vor allem in offenen Gesellschaften – ist eben auch ein *Transformationsraum*, in den das, was hineingeht, bis zur Unkenntlichkeit entstellt, wieder herauskommen kann. Denn jeder kann sich – wonach ihm der Sinn steht – *ihrer* auch als *Mittel* bedienen. Entsprechend muss man die öffentliche Meinung stets in einem beide Aspekte verschränkenden Verhältnis betrachten. Sie bietet als allgemeiner Verständniszusammenhang unzählige Möglichkeiten, seine Meinung zu präsentieren. Welcher Gebrauch indes davon gemacht, welcher Nutzen daraus gezogen, welche Rezeption gefördert oder unterdrückt wird, bleibt im hohen Maße offen und unbestimmt; relativ bestimmt nur durch die jeweilige Öffentlichkeit, die sich ihrer annimmt.

Hegel indes streicht zwei Verwendungsweisen besonders heraus. Die öffentliche Meinung ist *Heil-* und *Bildungs*mittel, wobei ihr therapeutischer Gebrauchssinn, das Heilen- und Heilsamseinkönnen, regelmäßig unterbelichtet bleibt, für Hegel freilich eine bedeutende, kathartische, Vernunft und Gefühle läuternde Rolle spielt. Denn in seiner Heilmittelverordnung *gegen* die Auswüchse, das Gift, die Toxine der öffentlichen Meinung steht *sie selbst* ganz oben. Sie unterstützt die Entwicklung von Gemeinsinn, sie hilft die Wunde zu heilen, die sie selbst andauernd schlägt. Sie ist in ein und derselben Hinsicht der Schau- und Kampfplatz unzähliger mehr oder minder nachhaltiger *(Mikro-)Aggressionen* **und** *Therapeutikum*: Balsam auf die durch die Öffentlichkeit waidwund geschossene Seele, *pharmakon*. Es spielen da im Ganzen Prozesse eines unbestimmt gerechten und gerächten Ausgleichs eine mehr oder minder durchsichtige Rolle.

(2) Dass die öffentliche Meinung immer *auch* Schauspiel ist, so verstanden und kommentiert werden muss, ist ebenso *wichtig* zu beachten wie zu unterschlagen *gefährlich*: zu glauben, aus der öffentlichen Meinung bzw. ihrer Rhetorik spreche unvermittelt der Ernst der Lage, das wäre fatal. Immer ist es ratsam, den doppelt und dreifachen Boden jeder Öffentlichkeit in Rechnung zu stellen. Ihr Zahlungsmittel ist nicht die bare Münze, sondern ein auf Kredit gegebenes *Versprechen*, sich im Umfang seiner (politischen, wirtschaftlichen, journalistischen, dokumentarischen) Möglichkeiten um seine Einlösung zu bemühen. Nähme man »Öffentlichkeit« *sans phrase* – die soziale Realität verwandelte sich augenblicklich in ein offenes Desaster.

Eine Hochsäkularzivilisation kann nicht (mehr) hinter einen Begriff der öffentlichen Meinungsmacht in ihrer Ambiguität: bestehend aus Ernst und Spiel, Buchstäblichem und Ironischem, Schwachsinn und »macht Sinn«, Realität und Zitat, vor allem, wie Hegel bemerkt, aus *Bildung* und *Einbildung*, *Niedertracht* und *Edelmut*, *Bestimmtheit* und *Unbestimmtheit* zurück. Es sei denn, man schöbe Kants ›Dialektik der Aufklärung‹ beiseite, mit der er allen treuherzigen Maklern der Aufklärung eines voraus hat: »Die Menschen sind insgesamt«, so seine Beobachtung, »je civilisierter, desto mehr Schauspieler«[23].

Ohne zu schauspielern, ist das Zivilisationsniveau moderner Gesellschaften nicht zu halten. Von Natur aus künstlich (J. G. Herder) kann der Mensch sich seiner Maske nicht entledigen: »außer dieser hat er kein Gesicht«, heißt es bei Gombrowicz. Was nicht bedeutet, mit zivilen Umgangsformen die Höchstformation sozialen Miteinanders erreicht zu haben. Das i-Tüpfelchen muss der Einzelne durch Ergreifen seiner selbst (Spontaneität, Autonomie) selbst erbringen, wobei Kant in Richtung einer *freiwilligen Selbstverpflichtung* zielt. Hegel scheint da ein wenig konzilianter. Er stellt den Bildungsprozess, die zeitlichen und sozialen Umstände, in denen das Motiv der freiwilligen Selbstverpflichtung eingefädelt wird, stärker heraus. Aber in beiden Fällen gehört Moral mit zur Kultur. Da zeigt sich, *Authentizität* ist gedankenloses Gerede, was mit den Lern- und Bildungsprozessen zusammenhängt, die – als zeitlich gestreckte und sozial eingeübte Vermittlungsprozesse – gegen jede Rückkehr zur Unmittelbarkeit der Selbsterfahrung sprechen. Der sozialisierte, erst recht der in der Öffentlichkeit stehende Mensch ist seinem *Wesen* nach unauthentisch. In der Öffentlichkeit sollte man sich benehmen *wie* ein Mensch, aber beileibe *keiner sein*. Je höher der Zivilisationsgrad, desto mehr sehen sich die Menschen gezwungen, zu schauspielern. Öffentlichkeit ist das Format, in dem man seine Attraktivität, Popularität, Seriosität, Integrität und Monströsität erhöht, wenn man seine Authentizität mühelos, d. h. habitualisiert zu spielen versteht.

(3) Eine weitere Einsicht schweren Herzens, die sich an der öffentlichen Meinung studieren lässt, liegt darin, dass nahezu alles, was wir »wahr« und »wirklich« nennen, durch die Filter der jeweiligen Öffentlichkeit hindurch muss. Man kommt nicht umhin, sie wegen ihres Seins zwischen Bildung und Einbildung eine »imaginäre Institution« zu nennen. Sie als »Simulakrum« – als Bild, als Kopie, als *bloßes* Schauspiel – zu verstehen, wie Jean Baudrillard, zäumt ihren Begriff gleich anfangs von der falschen Seite auf. Er betont die irrealen, trügerischen Momente über die Maßen, er entfernt sie so weit von einer adäquaten Abbildung, dass jeder Weg einer Vermittlung abgeschnitten wird. Baudrillard macht überdies die Rechnung ohne den Wirt: die ungeheure Suggestibilität der menschlichen Natur und den Stachel der herausgeforderten Intelligenz, an ihrer Beurteilung zu arbeiten.[24]

Besser, man sieht in der öffentlichen Meinung eine »imaginäre Institution«, um Cornelius Castoriadis aufzugreifen (der ihn auf die moderne Gesellschaft insgesamt bezieht), – schon deshalb, weil diese Institution mehr noch als andere aus einem schwer ausrechenbaren *mixtum compositum* von Verheißungszauber und Bedrohungsszenario, Kontrollwunsch und Ohnmacht, Schuldgefühl und Entlastung resultiert, um gleichzeitig die Stabilität und Legitimität einer objektiven Einrichtung zu besitzen, die sich wechselnden Zeitläufen geschickt zu adaptieren weiß. Sie ist Klagemauer und Pranger zugleich. Man braucht überdies nur darauf zu achten, über welche Begriffe und Handlungsagenturen (*agencies*) unsere Vorstellung von öffentlicher Meinung verläuft, die Hegel *en passant* erwähnt: obenan Bildung und Einbildung, Arbeit und Schau(-Spiel), Reflexion und Imagination, Kooperation und Konkurrenz.

Kants »aufgeklärtem Publikum« wie Habermasens »autonomen« oder »höher aggregierten Öffentlichkeiten« mangelt es an Bewusstsein dieser prekären wie hybriden, auf Zeitdauer und Zeitpunkte, auf aggressive und friedliche Koexistenz berechneten Natur. Auf alles, was Beachtung verdient und, Hegel: *jetzt gelten soll*, ist der Preis gesetzt, in der Zone eines hart umkämpften Zwiespalts (namens Wirklichkeit) zu gründen, der zwischen Willens- und Einbildungskraft, zwischen Fakten und Fetischen (»Faitiche«, Bruno Latour), Tugend und Tamtam und einer entsprechenden Reflexivität aller Bestimmungen des Wissens und Handelns sich auftut. »Reflexivität« wird weithin als tragendes Kennzeichen hypermoderner Gesellschaften betrachtet, bei der man nicht einmal (mehr) merkt, ob, wann und wo ein Spiegel zerbricht, weil unzählige andere sekundenschnell zur Stelle sind, den Scherbenhaufen mittels neuer Glanz- und Glaubenslichter aufzukehren. Keine höchste Stelle findet sich, *einen* Spiegel *für alle* verbindlich zu machen.

Diese Situation hat sich auch deshalb ergeben, weil das, was Marx noch als das Große der Hegel'schen *Phänomenologie des Geistes* (in der »Selbsterzeugung des Menschen« durch seine eigene *Arbeit*, d. h. als Bildungsgeschichte von Vergegenständlichung und Entgegenständlichung) gesehen hat, nicht mehr als Grundlage und Garant für die unterstellte Realitätstüchtigkeit im Erkennen und Handeln gelten kann. Spätestens mit der zweiten technologischen Revolution unserer Tage hat die »zwecktätige Vernunft«, die *Arbeit* und ihre Organisation, das Gemeinwesen und seine staatliche Verfassung, auf die Hegel und Marx in ihrer Bildungsfunktion vertraut haben, zurückgedrängt.[25] Was jetzt gelten soll, ist, was die jeweils dominierende öffentliche Meinung inklusive der *Community*, die sich zeitweilig und unzuverlässig hinter ihr versammelt, dazu sagt.

(4) Bleibt die zuletzt im Blick auf die öffentliche Meinung gleichfalls angesprochene Dimension des *Ethos*, der Moral und der Politik: Ein öffentliches Feld nicht nur der Beachtung und Beobachtung zu sein, sondern eines, das es, wie erinnert, verdient, »ebenso *geachtet* als *verachtet* zu werden«. Der Ausbau dieses Feldes, auf dem – vor allem im Industriezeitalter – die Medien im engeren Sinn von Presse, Radio, TV immense Macht- und Einflussgewinne verbucht haben, hat unter anderem dazu geführt, sie als »vierte Gewalt« zu bezeichnen. Er hat auch daran mitgewirkt, »Öffentlichkeit« als eine Resonanz bildende und verstärkende Meinungsmacht (Medium) zu etablieren; zumal, wenn, wie im Schauspiel, ihre »achsendrehende Bewegung« (Hegel) Verrat und Vertrauen, Edelmut und Niedertracht heißt. Sie rufen *in* der Öffentlichkeit und *durch* sie potenziert zu Recht Achtung und Verachtung hervor. Wie könnte ansonsten von ihr als sittlicher Substanz – als im Habitus aller verkörperter Überzeugungen – die Rede sein?

Auffällig ist hier die Allergie, die Wissenschaft und Philosophie zeigen, sich auf dieses Feld der öffentlich präsentierten Achtung und Verachtung zu begeben.[26] Vermutlich auch deshalb, weil sie beim Betreten dieses hochgradig normativ verminten Feldes auf die eigene Politik und Moral sowie die narzisstischen Grabenkämpfe, die sie entfesseln, gestoßen würden. Sie selbst müssten sich politisch und moralisch auf ein Feld begeben, auf dem jede Überlegenheit schwindet, weil dort, wie Hegel sehr genau registriert, eine Gescheitheit flugs die andere frisst.

Dass die Medien des Industriezeitalters, wie die heute digital neu dazugekommenen *Neuen Medien* – in Folge des Neoliberalismus – ohne Ausnahme als Wirtschaftsunternehmen geführt werden (müssen), hat selbst die (seriösen) Öffentlichkeits-Unternehmen, die sich in besonderem Maße ihrer staatspolitischen Verantwortung rühmen, in einer Weise abhängig gemacht (und in Verruf gebracht), dass sie fortan aus einer *Verlegenheit*: dem Grundkonflikt zwischen unabhängiger Meinungsbildung und ökonomischem Selbsterhaltungsinteresse heraus agieren müssen. Ihre Öffentlichkeit repräsentierenden Botschaften und Ansprüche bleiben in ein anhaltendes Zwielicht getaucht. Die Zweideutigkeit ihrer Rede und Schrift, ihrer Bilder und Ikonographien wird zum Herzstück der veröffentlichen Meinung.[27]

Kurz, wir reichen an einen Begriff der öffentlichen Meinung erst heran, wenn wir seinen Mindeststandard anzugeben wissen, d. h. lernen, ihn über die vier entscheidenden Dimensionen seines Begriffs: *Medium*, *Mittel*, *Message* und *Moral* auszudifferenzieren; dabei die Heilsamkeit des Irrsinns der öffentlichen Meinung ebenso verstehen lernen wie die des Schauspiels, das sie uns als Beteiligten alltäglich bietet.

Das Recht und die Unbestimmtheit sprachlicher Repräsentation

Höchste Zeit, an dieser Stelle den Faden der Diskussion um die Pressefreiheit wieder aufzunehmen. Ihre vertiefte Analyse zeigt, dass das Recht womöglich nicht ausreicht, den Irrsinn der öffentlichen Meinung, der Methode hat, in Schach zu halten. Hegel selbst demonstriert das auf eindringliche Weise. Zwei Probleme interessieren ihn besonders, (a) die gemeine Auffassung von Freiheit, nach der jeder tun und lassen kann, was man will, und (b) die konstitutive Mehrdeutigkeit (Unbestimmtheit) aller Reden und Gesten, Texte und Kontexte im öffentlichen Raum, zumal einer über die Grenzen der bürgerlichen Gesellschaft und des Nationalstaats hinausgetriebenen Welt. Hegel spielt u. a. auf zwei exemplarische Fälle der Unbestimmtheit und Unbestimmbarkeit an, die helfen können, unser Verständnis von Hegels Begriff der Freiheit zu vertiefen.

Dieser allgemeine Begriff besagt, die Freiheit liege weder in der Unbestimmtheit, noch in der Bestimmtheit, sondern sie sei beides (7, 57). Freiheit sei beiden Momenten verpflichtet, dem Akt der Befreiung: dem radikalen Sich-losmachen-Können von allem, was uns determiniert (»Freiheit von«, negative Freiheit), sowie dem Moment einer durch Überlegung und Verallgemeinerung gesteuerten Handlung, die auf etwas *Bestimmtes* zielt und dazu rät, dies und nicht jenes zu tun oder zu lassen (»Freiheit zu«, positive Freiheit).

(1) Die Frage nach dem allgemeinen Begriff der Freiheit hier beiseite lassend, geht es in dem einen Fall um Äußerungen, die für sich ganz allgemein und unbestimmt erscheinen, dennoch (eine) bestimmte Bedeutung verstecken und mit Konsequenzen in Verbindung stehen,

die nicht wirklich ausgedrückt sind: es sowohl unbestimmbar ist, ob sie richtig, d. h. wirklich folgen, als auch, ob sie in jener Äußerung tatsächlich enthalten sind.

Diese irreduzible Unbestimmtheit »des Stoffes«, wie Hegel sagt, entmachtet die Gesetze, die Rechtsprechung, die darüber befinden sollen, ob mit den verhandelten Äußerungen strafwürdig gegen bestimmte Gesetze verstoßen wird. »Diese Unbestimmbarkeit des Stoffes und der Form lässt die Gesetze darüber diejenige Bestimmtheit nicht erreichen, welche vom Gesetz gefordert wird, und macht das Urteil, in dem Vergehen, Unrecht, Verletzung hier die besonderste *subjektivste* Gestalt haben, gleichfalls zu einer ganz *subjektiven* Entscheidung« (7, 487).

Ebendies ist ein Skandal, wenn das Höchste dessen, was Recht ist und in seiner Objektivität und Gültigkeit allen zusteht, zu einer ganz subjektiven, zufälligen, also beliebigen Veranstaltung herabgewürdigt wird. Delegitimation des Rechts. Für Hegels Begriff der Freiheit ist entscheidend, mit dieser immer wieder aufbrechenden Unbestimmbarkeit leben und handeln zu müssen. Sie verkörpert ein konstitutives Moment eines jeden Handelns, das »frei« genannt zu werden verdient. Es positiviert, es bejaht das Unbestimmte im Ausgang der Moderne. Kein Gesetz kann aufgrund seiner Allgemeinheit jemals die Konkretionsstufe erreichen, die man notwendig braucht, um der einzelnen Rede, dem einzelnen Fall, der einzelnen Situation, der einzelnen Person in der Besonderheit ihrer Lebensgeschichte gerecht zu werden.

Kant hatte an dieser Problemstelle die Urteilskraft, die bestimmende und reflektierende, vorgesehen. Aber sie ist seiner Auffassung zufolge eine *Naturanlage* des Menschen (Talent, Begabung), die durch nichts erlernt werden kann. Hegel kann auf dieses Wert und Wissen verbindende Überbrückungsvermögen nicht rekurrieren, ihm bleiben nur die Arbeit als »gehemmter Begierde«, d. i.: der mühselige Weg der *Bildung* des Einzelnen wie des Kollektivs.

(2) Bleibt noch der zweite Problemkreis, er ist noch bedrückender, vielleicht aber auch ermutigender, je nach Warte, auf der man steht: Ob und in welchem Maße wir durch unsere Äußerung die anderen, ihre Gedanken, Überzeugungen, Meinungen, überhaupt ihren

Willen verletzen –, auch darüber verfügen *wir nicht*, das können *wir* nicht bestimmen. Die Gedanken sind frei – wie der Sinn und die Gefühle der anderen und unserer selbst. Hegel: »Dieses Element gehört […] der Freiheit der anderen an, und es hängt daher von diesen ab, ob jene verletzende Handlung eine wirkliche Tat ist« (7, 487). Naturgemäß steht sie auch dem Missbrauch durch die eigene Person – als Anlass für überzogene (ungerechtfertigte) Erwartungen und Forderungen – offen. Es gibt keine Normallinie in der Bestimmung des Menschen – seiner Erfahrung und seines Verstandes; in nichts ist er fixier- oder repräsentierbar. Seine Subjektivität ist unbestimmbar, in eben dem Maße wie seine Äußerungen unausdeutbar sind, und – aller Kontextualisierung zum Trotz – zum Zwecke einer halbwegs gelingenden Kommunikation durch das Recht oder andere Strategien sozialer Exklusion aber eingeschränkt werden können.

Wie die anderen mit unseren Äußerungen verfahren, liegt grundsätzlich nicht in unserer Hand, wie weit sie sich von ihnen bis ins Mark getroffen fühlen und sich wahrheitsgetreu (wahrhaftig) dazu äußern, schon gar nicht. Den Groll oder Hass, den diese Situation ob der Ohnmacht schürt, ist ebenso wichtig zu beachten wie zu sehen, wie wenig wir in der Regel bereit sind, uns auf das einzulassen, was die *Égaliberté*, die gleiche Freiheit aller, uns beschert *und* zumutet.

Es bleibt selbst für die Rechtsphilosophie auf der Höhe ihrer Diskussion unerfindlich, aus welchem Grund man lange Zeit geglaubt hat, der *Negativität* der Freiheit, dem *unbestimmbaren* Moment der radikalen »Abstraktion von allem«, also dem Element der »Befreiung von« in seiner prozessual wiederkehrenden Form so wenig Aufmerksamkeit schenken zu müssen und es, in Folge davon, geringschätzig zu behandeln. Man hat so getan, als könne man es problemlos in eine unveränderliche Freiheitsordnung und ihre Gesetze und Rechte »aufheben«, es gleichsam ein- und zur Ruhe betten. Nicht nur spiegelt der prozesshafte und aufs Offene zielende Akt der Befreiung die intelligible und unbezwingbare Natur der Freiheit besser als jede gesetzmäßige, auf Recht und Ordnung bedachte Institution (die moderne Gesellschaften und Staaten zum Schutz aller eingerichtet haben). Dass jede in Recht und Ordnung manifestierte *Form* Anlass bietet, gegen sie (wegen des unzulässigen Zwangs, den sie ausübt) zu rebellieren, ist auch das weiter schwelende Problem jeder Freiheit. Nicht mal die reine Form, wie Hegel in der *Wissenschaft der Logik* zeigt, trägt die Farbe der Unschuld.

In offenen Gesellschaften muss man offenbar lernen, dauerhaft mit der durch das Recht gesicherten *Entfremdung*, d. i. der *Entwertung*, wenn nicht *Enteignung* der eigenen Überzeugungen fertig zu werden, ohne – die erste und übelste Folge – die eigenen wie die fremden Weltanschauungen zu *ent-* oder zu *indifferenzieren* (Unterschiede fallen lassen, gleichgültig werden) bzw. die anderen mit dem Hass zu behelligen, der aus dieser unwürdigen Situation (einer auf Freiheit und Gleichheit gestellten Welt) entspringt. Die Entwertung einer jeden Meinung ist in einem (realisierten) System gleicher Freiheit vorprogrammiert. Wo jede geäußerte Meinung auf eine gleich-gültige, z. B. konträre Gegenmeinung trifft, depotenzieren sich beide. Zwar kann infolge der Neuen Medien sich jede Meinung Gehör verschaffen, aber dem Unbehagen, der Kränkung oder Empörung, eine unter unzähligen und beliebigen sein, keine Abhilfe leisten. Das allzeit öffentlich kommunizierte *Versprechen*: aus der Gleichheit folge Gerechtigkeit, die jedem gibt, was ihm zustehe, ist reine Ideologie. Die *realisierte* Gleichheit aller Meinungen entwertet jede einzelne bis in ihre letzte Fiber. Sie wirft sie auf sich selbst zurück.

Hegel hat es mindestens geahnt, welche Tollheit eine im Namen der Gleichheit und Freiheit bestimmte Welt im Gepäck hat. »Was nun der Mensch wahrhaft zu fürchten hat, ist nicht die äußere Gewalt und deren Unterdrückung, sondern die sittliche Macht, die eine Bestimmung seiner eigenen freien Vernunft und zugleich das Ewige und Unverletzliche ist, das er, wenn er sich dagegen kehrt, gegen sich selber aufruft.« (15, 525)

Der Staat und die Unbestimmtheit souveräner Repräsentation

Wie schwierig es ist, für diese Fragen auch nur eine leidlich befriedigende Antwort zu finden, darüber werden wir täglich aufs Neue belehrt. Denn diese Fragen zielen unmittelbar ins Zentrum des nächsten Paragraphen, der nochmal die gesamte Spannweite der *Subjektivität* (des menschlichen Lebens) vor Augen führt. Sie reicht von dem besinnungslosen Versteifen auf sich und die eigene Meinung bis hin zu ihrem Gegenteile: dem Glauben »der *Subjektivität* als identisch mit dem substantiellen Willen« (7, 489).

(1) Die öffentliche Meinung ist also gerade in ihrem an die Extreme (z. B. Exzesse) verfallenen Sein (oder der Mitte, die sich in ihre Extreme zersetzt) die höchstplatzierte Adresse: das Selbstbewusstsein einer *socièta civile* und ihrer, Hegel: »gesetzgebenden Gewalt«, die niemandem gehört. Mit ihr und der durch das Recht gesicherten Presse- und Meinungsfreiheit endet Hegels Analyse des modernen Staates. Über die Form dieser Schließung muss der Aktualität wegen nochmals gesprochen werden. Es folgen ja nur noch das »äußere Staatsrecht«, das die Beziehung der Nationalstaaten untereinander (z. B. Kriege) betrifft, sowie ein rascher Blick auf die Weltgeschichte als »dem Weltgerichte«, die welthistorischen Reiche und die Staatenbildung.

Man hat sich immer wieder darüber gewundert (und mehr noch – und zu Recht – lustig gemacht), wie schlecht die Ableitung der Subjektivität des Monarchen, der Souveränität (und seiner Repräsentation der Macht) nach innen und »gegen außen« (7, 490) zu dem passt, was in den Paragraphen zuvor über die öffentliche Meinung und ihre konstitutive Zerrissenheit und das an die Extreme verfallene Sein des Volkes, aber auch über die Pressefreiheit und die »Subjektivität als identisch mit dem substantiellen Willen« (7, 489) gesagt worden ist.

Vor diesem Hintergrund kann man ohne Umschweife die Frage stellen, wie oder durch welche zum Souverän erklärte Macht denn die perennierende Uneinigkeit des Volkes (und seine Reflexion im Spiegel des Zwiespalts der öffentlichen Meinung) so *repräsentiert* werden könnte, dass sie allen gleichermaßen in freier wie vernünftiger Form zugutekommt. Zwar sieht Hegel sehr genau, dass keine Staatsform, weder Demokratie noch Monarchie, dem »Prinzip der freien Subjektivität« gerecht werden kann. »Man darf nur sagen, die Formen aller Staatsverfassungen sind einseitige, die das Prinzip der freien Subjektivität nicht in sich zu ertragen vermögen und einer ausgebildeten Vernunft nicht entsprechen.« (7, 440) Was partout nicht dagegen spräche, der prinzipiellen Unbestimmbarkeit der souveränen Macht, dem Demos, der freien Subjektivität des Volkes, eine (nur) zeitweilige Repräsentation einzuräumen. Damit wäre immerhin der Demokratie, der Herrschaft einer auf dem Widerstreit der Vielen gegründeten Allgemeinheit am besten gedient. Was Hegel bekanntermaßen nicht tut.

(2) Unter Rückgriff auf Claude Lefort (1924–2010) hat der kürzlich verstorbene und mit politischer Theorie befasste Philosoph Miguel Abensour (1939–2017) eine interessante Lösung präsentiert:

> »Die Demokratie ist zunächst wild durch die notwendige Verbindung, die diese Form mit den Menschenrechten unterhält. Indem die Demokratie so an das Subjekt-Mensch gekoppelt ist, das von Rousseau bis Fichte als nicht bestimmt, als ein Nicht-Sein von Bestimmungen verstanden wird, ist ihr spontan eine Bewegung der Unbestimmtheit zu eigen, denn durch diesen Bezug wird sie durch keine vorgängige Bestimmung *a priori* in ihrer Entfaltung behindert. Unter dem Einfluss der Anerkennung eines Wesens, das die Unbestimmtheit schlechthin ist, ist die Demokratie jene Gesellschaftsform, in der das Recht in seiner Außenstellung gegenüber der Macht immer eine Überschreitung des Bestehenden sein wird. So als würde das instituierende, kaum dass es gesetzt wurde, wieder auftauchen, um die bestehenden Rechte erneut zu bestätigen und neue Rechte zu schaffen. Eine politische Bühne eröffnet sich, auf der ein Kampf entbrennt zwischen der Domestizierung des Rechts und seiner permanenten Destabilisierung-Rekreation durch die Einbindung neuer Rechte, neuer Forderungen, die man nunmehr als legitim erachtet.«[28]

Wenn man Hegels »Prinzip der freien Subjektivität« in des Wortes und der Hinsichten mehrfacher Bedeutung ernst nimmt, muss die letzte Stelle der Souveränität leer, unbesetzt, unbestimmt bleiben. Für sie, den allgemeinen Willen, kann es keinen angemessenen Repräsentanten geben. Schon die unmögliche Balance zwischen dem *volonté générale* und dem *volonté de tous* legt das nahe. Warum nicht? Weil es *das* Volk nicht gibt, auch nicht *das* Gemeinwohlinteresse, das zu sein und zu repräsentieren es vorgibt. Es ist und bleibt als Subjekt immer ein virtuelles oder besser, ein *(ein)gebildetes*. Es herrscht keine Einheit und Gleichheit, weil es stets, wie dargelegt, von Interessengegensätzen und dem Dissens der öffentlichen Meinung getragen wird, allenfalls zeitweilig auf Kooperation und Selbstverzicht umgestellt, d. h. entsprechend motiviert und legitimiert werden kann. Wenn überhaupt, müsste es einer dauerhaft freien »Selbstverpflichtung« (P. Rosanvallon) entspringen. Was über Gebühr paradox wäre. – Wer sich gleichwohl auf die Besetzung der höchsten, seit der Abdankung Gottes verwaisten Macht- und Funktionsstelle bewirbt, muss der Unbestimmbarkeit, d. i. der prinzipiellen Uneinnehmbarkeit dieser politisch-praktisch höchstplatzierten Qualifikationsstelle Rechnung tragen, z. B. im Bewusstsein, sie nur treuhänderisch auf Zeit verwalten zu können. Es ist das perennierende Elend dieser Stelle, es systematisch immer mit Fehlbesetzungen zu tun zu haben. Jede Qualifikation für diese Stelle der Herrschaft und der staatlichen Gewalt hat unweigerlich ihre Disqualifikation zur Folge.[29] Was mit eben den Grundsatz- und Gebrauchsartikeln höchsten Ranges, der Freiheit und Gleichheit, zu tun hat, über dessen Bestimmtheit und Unbestimmtheit, wie Hegel schreibt, es uns hier schwer wird, »die Einheit zu setzen« (18, 45). Dies Schwerwerden ist für uns Anlass, sich im Ganzen mit seiner Philosophie und ihren Grenzen zu beschäftigen.

Vierter Teil
Die heutige Gegenwärtigkeit des Geistes. Ausblick

Was die spekulative Idee selbst anbetrifft […], *ist sie nicht ein Bestimmtes; sondern hat das absolut Negative an ihr selbst* […]*: sie ist in sich rund, enthält dies Bestimmte und sein Entgegengesetztes.*

G. W. F. Hegel

Die neue Form des Denkens – Zum Einstieg

Fast programmgemäß haben sich die Leser und Leserinnen im Hinterkopf festgesetzt. Sie begleiten als große Unbekannte und Subunternehmer den, der schreibt, auf Schritt und Tritt. Noch in jedem Einstieg kamen sie zur Sprache, wenn auch nicht zu Wort. Es ist, als ob sie jetzt – da das Ende naht – noch eine Idee darüber bräuchten oder forderten, wie denn die neue Form des Denkens aussehen könnte. Vor allem aber, ob die *praeceptio* (die Vorankündigung, der Vorbegriff, die Lehre) nicht doch zu viel versprochen, sich womöglich darin verrannt hätte, von einer neuen Form des Denkens (und der Welt) zu sprechen.

Das folgende Kapitel nimmt zunächst den Faden der Diskussion über die öffentliche Meinung aus dem letzten, die *Rechtsphilosophie* betreffenden Kapitel nochmal auf. Es versucht ihn – im Blick auf den Wandel und die Widersprüche der Öffentlichkeit – in zwölf Stichworten bis in der Gegenwart weiter zu spinnen (XV.).

Das geschieht in doppelter Absicht, *einmal* um von der komplexen Anlage des Begriffs der öffentlichen Meinung einen Blick in Hegels *Wissenschaft der Logik* zu werfen; und nicht nur, wie gewöhnlich, die *Rechtsphilosophie* als eine mehr oder weniger gelungene Betrachtung des modernen Staates mit den in der *Wissenschaft der Logik* entwickelten Kategorien zu sehen. Das ist sicher ungewohnt, aber Hegels Analyse der öffentlichen Meinung, ihre Charakterisierung als »Erscheinung« bietet sich an, samt weiterer Begriffe, die, wie »Sein« und »Schein« oder auch »Wesen« mit zur Grundausstattung einer Logik wirklichen Wissens gehören. Mit ihnen lässt sich weit besser verstehen, um welchen Gegenstand es in diesem Werk eigentlich geht, wovon »die logische

Wissenschaft« handelt. Denn schon äußerlich betrachtet, geht es auch um solche für die Wissenschaft der Logik höchst befremdliche Denkbestimmungen wie »Leben« oder die »Idee des Guten« – was haben Gegenstände der Biologie und der Ethik in den hehren Gefilden der Logik zu suchen, ließe sich fragen. In jedem Fall machen Begriffe wie »Wesen« und »Erscheinung«, »Sein« und »Schein«, »Wirklichkeit« und »Wechselwirkung« einen nicht geringen und reizvollen Teil der wissenschaftlichen Expertise aus, auch wenn sie heute in kaum einer diesbezüglichen Untersuchung mehr vorkommen.

Dieser Blickwinkel scheint in verschiedener Hinsicht aussichtsreicher zu sein als das Nachkäuen des Anfangs der *Wissenschaft der Logik*, das Hegels Reflexion über »Sein« und »Nichts« zum Anlass nimmt, ein Vorverständnis dieses anspruchsvollen Buchs über die Grammatik unseres Denkens zu vermitteln: dieses Schattenreich des Denkens, das wesentlich hilft, auch die Irrtumsanfälligkeit unseres Denkens für Kategorien- und Urteilsfehler durchsichtig zu machen.

Kurz, wir stoßen zum Schluss auf die gleich zu Anfang unseres Buchs erwähnte Klemme, in der die Philosophie nach Kant sitzt: Es ist nichts, wie es an sich ist, sondern allenfalls, wie es erscheint. Die Erscheinung hat Anteil an Sein und Wesen (Reflexion), aber auch am Schein (oder dem notwendig falschen Bewusstsein der Reflexion über/in das gesellschaftliche Sein, wie Marx diese Überlegung in seiner Analyse des Kapitals hat produktiv werden lassen). Erst der reflektierte Unterschied von Wesen, Erscheinung und Schein lässt uns verstehen, was »Wirklichkeit« ist. – Hegels Bestimmung der öffentliche Meinung als »Erscheinung« scheint so ein guter Anlass zu sein, einen genauen Einblick in das innere Räderwerk unseres Denkens oder die Grammatik der wirklichen Welt zu gewinnen und dabei *en passant* einen ebenso komplexen wie soliden Begriff über diese – nach heutigen Maßstäben – so ungewöhnliche *Wissenschaft der Logik* zu bilden (XVI.). Dass es so wenige, wenn überhaupt, produktive Anschlüsse an dieses ungemein ambitionierte Werk – Bertolt Brecht spricht in den »Flüchtlingsgesprächen« von »einem der größten humoristischen Werke der Weltliteratur« – gibt, lässt uns freilich auch stutzig werden.

Um die Reihe der Gründe abzuschließen – das letzte Kapitel übernimmt die Aufgabe, aus der Diskussion über die Maße, die Maßgaben und Maßnahmen, aber auch das Maßhalten vernünftigen Denkens eine bescheidene Lehre zu ziehen, wie denn eine Metaphysik heute, eine innerweltliche, möglich sein könnte, die den Bezug auf Erfahrung und Wissenschaft so wenig ausschließen sollte wie eine über die Praxis und die Zeit in ihrer (historischen) Ungleichzeitigkeit, welche die Parallelität von Philosophie und Welt ständig durchkreuzt (XVII.).

Wie man ohne weitschweifige Begründung sieht, sind es die beherzt aufgegriffenen Ideen, diese genialen Grundlagen- und Gebrauchsartikel modernen Lebens, die diesen Spagat zwischen Metaphysik und Erfahrungswissenschaft (a) problemlos zu überbrücken wissen, um (b) gleichzeitig nicht dadurch überrascht zu werden, dass ihre angestrengte Verwirklichung erst der Einstieg in all die Schlamassel ist, die Philosophie und Welt heute wie am Fließband liefern. Das – vor allem – macht sie interessant. Überhaupt scheint uns diese (Problem-)Materie die liebste zu sein. Sie macht das moderne Leben erst lebenswert, da die Probleme auf ungewohnte Weise zu stellen als einzige Möglichkeit verbleibt, sie zu lösen. Oder ihre Unlösbarkeit bildet – vielleicht wider alles Erwarten – den größten Reiz, um am Leben festzuhalten. Hinsichtlich dieses Bewusstseins ist die Moderne allen voraus. Die Modernen setzen auf die *Problemmaterie* als *conditio sine qua non* ihrer Denk- und Lebensweise. Immer stärker erregt sie das Bewusstsein unlösbarer Probleme.

Diese Materie – ihre Programme, Projekte und Produkte – ist in des Wortes gleich mehrfacher Weise die *reiz*-vollste von allen, weil sie vor An- und Über-Reizen nur so strotzt. Sie lockt uns mit einer schier unerschöpflichen Kraft, die in dieser Welt die beliebteste und begehrteste, die sinnlichste und sinnreichste ist, und, was gleichsam den Reiz oder Witz ins Unendliche steigert – sie bezieht sich auf das, was regelmäßig *nicht* in unserer (auf Kontrolle und Sicherheit fixierten) Hand liegt. Witz ist der mit Sinn und Bedeutung maßgeschneiderte Reiz.

Im Weltmittelpunkt der Modernen steht das Interesse und das Inter-Esse oder das, was an Interessantem aus ihnen entspringt: der Reiz, der Stimulus. Die Welt ist voller Stimuli – aber *ohne* nachhaltigen Respons. Den müssen wir erst dazu (er)finden. Ihn erwarten wir im Guten wie im Schlechten von den Menschen oder besser, von den geistigen Mächten und ihren Machenschaften selbst. Und zwar so, dass sie uns wie die meisten in dem, was wir erwarten, überrascht. Paul Valérys »Überraschung durch das Erwartete« steht bei ihnen ganz oben. Stehen doch die Materien, die intelligiblen, wie *frei* und *kreativ*, initiativ, innovativ und produktiv ganz hoch im Kurs; wie zuletzt alle, über die man *nicht* – weil *der*, *die*, *das andere* ins Spiel kommt – selbstherrlich verfügen kann, obwohl man es doch nur allzu gern möchte. Die »heutige Gegenwärtigkeit des Geistes« sieht sich in hohem Maße durch die unbestimmte Bestimmtheit dieser Problemmaterie bestimmt. Mehr denn je steht auf der Agenda des 21. Jahrhunderts die insgeheime Korrespondenz zwischen der individuellen und systematischen Seite des Welt-Geistes. Ihr Begriff expliziert sich über das, was alle wissen und aus verständlichen Gründen nicht wahrhaben wollen: nämlich das zu begehren, was die Gesellschaft – ihre Ökonomie und Ökologie – von uns erwartet, aber partout nicht widerspruchsfrei zu erfüllen weiß.

XV. Wandel und Widersprüche der öffentlichen Meinung

Mit Hegels Überlegungen zur Interdependenz von öffentlicher Meinung und Pressefreiheit sowie der Schwierigkeit, der Unbestimmtheit der öffentlichen Meinung mit dem Recht beizukommen, hatte die Untersuchung über Recht, Politik und Gesellschaft geschlossen.

In einem Ausblick auf den Wandel und die Widersprüche der öffentlichen Meinung soll die Diskussion – wenngleich anhand weniger Stichworte – bis in die Gegenwart fortgesetzt werden. Es wäre fahrlässig, die philosophieinternen Auseinandersetzungen über Öffentlichkeit und öffentliche Meinung wie deren gesellschaftlich-geschichtliche Seite, die uns Hegel mit seinem Programm, die *Zeit in Gedanken zu erfassen*, aufgebürdet hat, nicht wenigstens zu streifen. Sie sollen in 12 knappen Thesen zusammengefasst werden, die allenfalls Bruchteile des Ganzen bieten.

1. *Die Vervielfachung der öffentlichen Meinung.* Konfrontiert mit Hegels Analyse der öffentlichen Meinung zu Beginn des 19. Jahrhunderts, sticht zunächst die immense Zunahme der Öffentlichkeiten – diesseits wie jenseits der staatlichen Ordnung – ins Auge. Die Vielzahl der Stimmen, der nach Macht und Anerkennung strebenden Selbst- und Weltbilder, ist überwältigend. Jedes Unternehmen, jeder Verband, jeder Radio- oder Fernsehsender, jede Partei, jede Universität, zuletzt jede Webseite hat oder sucht eine hauseigene Öffentlichkeit sowie die entsprechenden Medien, um ihre *Message* möglichst großflächig zu verbreiten. Sie wird unterstützt durch ein locker oder fester geknotetes Netz, die *Community*, die jede Öffentlichkeit im Zeichen einer *corporate identity* hinter sich zu versammeln sucht. Zuletzt muss jede Stimme, die etwas auf sich hält, auf dem Markt der Meinungen – sei es in den sozialen Medien (wie Facebook, Twitter oder Instagram), Zeitschriften, in Spots oder Hotspots – Flagge zeigen. Sich öffentlich an- und auszupreisen ist Pflicht, sich ihr begeistert zu unterwerfen, die Pflicht der Pflicht. Präsentsein ist alles, weithin sichtbar, »ein Leuchtturm« zu sein, das Größte. Nichts von Belang und Belanglosem soll passieren, ohne die Öffentlichkeit zur Bildung einer Meinung, davon in Kenntnis zu setzen. *Die* öffentliche Meinung gibt es, und sie gibt es nicht – stattdessen

eine Vielzahl ungleicher Stimmen, die sich in einem fort überlagern und gleichzeitig um ihre Vorherrschaft und Verbreitung ringen.

2. *Weltmarkt und Weltmacht, Ungleichzeitigkeiten.* Der Vervielfachung der Öffentlichkeiten im Innern der Staaten und Gesellschaften entspricht eine *Weltöffentlichkeit,* die man schnell in eine, von (den) *Großmächten* dominierte zerfallen sieht. Wegen der wirtschaftlichen und religiösen, militärischen und politischen Abhängigkeiten ist man verpflichtet, sich ständig um sie zu kümmern. Man muss sie pflegen, um bei sich und den anderen immer auf dem neuesten Stand zu sein. Was nach innen wie »gegen außen« die Schwierigkeit, eindeutige und richtige, d. i. richtungsweisende Entscheidungen zu treffen, rasch erhöht. Man muss mit einer *Ungleichzeitigkeit* rechnen, die, wegen der ungleich sozialen, der ungleich industrialisierten und ungleich politischen Verhältnisse der verschiedenen Länder zwar eine technische Infrastruktur, ein *World Wide Web*, hat entstehen lassen, aber darum noch kein *global village* (M. McLuhan) aus den Staaten der Ersten, Zweiten, Dritten und Vierten Welt gemacht hat. »Modernität« im globalen Sinn heißt, keine gemeinsame Welt (mehr) zu haben. Eben das lässt die Gelegenheiten, das schlicht Richtige zu tun, gegen Null schrumpfen – das kleine Körnchen Wahrheit im allseits missbrauchten Topos: ›Man könne es ja nicht allen recht machen‹. Deutlich wird hingegen der Euphemismus in der Rede von Komplexität – statt Perplexität, die dieses scheinheilige Spiel sehr bald hintertreibt. Sie täuscht darüber hinweg, womöglich überhaupt keine »durchdringenden« Entscheidungen mehr treffen zu können, so nötig sie wären. »Das Differenzierungsprinzip der modernen Gesellschaft«, konnte man schon vor fast 40 Jahren bei Luhmann lesen, »macht die Rationalitätsfrage dringlicher und zugleich unlösbarer.«[1]

Im Rahmen der Großmächte sind die staatlich organisierten Mächte von den global ökonomischen zu unterscheiden. Angesichts von Weltöffentlichkeiten wie Facebook, Google, Twitter usf. ist der Verdacht nicht von der Hand zu weisen, dass, wer die Öffentlichkeit(en) kontrolliert, auch die Zukunft kontrolliert, er mindestens Macht über Deutungshoheiten erwirbt.

3. *Weltöffentlichkeit, kontrafaktisch.* Dennoch und unabhängig davon scheint »die Öffentlichkeit« eine allgemeine und letzte,

d. h. unabhängige (ideale, kontrafaktische) Appellations- und Rechtfertigungsinstanz demokratischer Gemeinwesen zu sein, sollte etwas, das sie im Kern betrifft, z. B. die Totalüberwachung ihrer Bürgerinnen und Bürger, vor ihr geheim gehalten werden. Edward Snowden adressiert in seinem Buch *Permanent Record* seinen autobiographischen Bericht, genauer seine Message und Moral, an eine *Weltöffentlichkeit* jenseits des durch die Weltmächte und Märkte okkupierten Meinungsraums. Er zielt auf eine radikal unbestimmte Weltöffentlichkeit des schlechthin oder ideal Rechtmäßigen, dessen wie auch immer strategisch missbrauchte Macht nicht gering zu veranlagen ist. Ein Ort der Anrufung und Kritik zu sein, bleibt bestehen, auch wenn sie selbst beim Versuch, sich in allen Teilen zu rechtfertigen, nicht aus dem Schlamassel der Weltpolitik herauskommt. Der gesellschaftlich-geschichtliche Ort, an dem Snowden die mangelnde Öffentlichkeit (der ubiquitären staatlichen Überwachungsoperation) der freien Welt und offenen Gesellschaften des Westens anruft und anklagt, ist selbst in hohem Maße ein unfreier und extrem öffentlichkeitsfeindlicher. Auch »gibt« es die erwähnte (unbestimmbare) Öffentlichkeit nur so lange, wie nicht bestimmtermaßen nach ihrer »Existenz« oder »Realität« (in einem selbst unbestimmten Sinn) gefragt wird. Nur ist dies gerade kein Argument gegen die »schwache Kraft« (Wirksamkeit) dieser Adresse, sondern nur eines gegen den Positivismus und Naturalismus eines Glaubens, dass das, was »es gibt« (im Koordinatensystem verständigen und empirisch gesättigten Denkens), eindeutig zu identifizieren sei.

4. *Zwischen Institution und Imagination.* Von Hegels Begriff der öffentlichen Meinung aus sieht man, woran Habermasens Konzept der Öffentlichkeit zu einem Teil krankt, insofern es in seiner Kontrafaktizität als ideale Anrufungs- und Berufungsinstanz verstanden wird. Das Konzept verschwebt nur dann nicht in der Idealität jenseitiger oder überweltlicher Sphären, wenn es weiter an die öffentliche Meinung und ihre (durch Hegel konzipierte) *doppelte Bestimmtheit* andockt: konstitutiver Teil (qua Teilhabe) der substanziellen Sittlichkeit sowie des trügerischen Scheins, des Spiegelkabinetts unzähliger Meinungen zu sein. Ein Denken in einer »kontrafaktischen« Öffentlichkeit fällt leicht in alte theologische oder neue kantianische

Denkmuster (von Ding an sich und Erscheinung) zurück, wenn man es nicht an das zurückbindet, was für die *neue Zeit*, d. i. die moderne Welt und ihre Selbst- und Weltverhältnisse konstitutiv ist: Freiheit, Gleichheit und Solidarität. Wenn man sie nicht am Goldstandard dieser sozio-physischen wie meta-physischen *Ideen* orientiert, fällt es schwer zu sehen, was diese Zeit, die *tat-sächlich* »da ist« (Hegel), uns gebracht hat. Dass wir an ihnen als *Institution* und *Imagination*, als *Faktum* und *Fetisch*, durch moralischen *Damm* und *Verdammung* teilhaben, in ihrem *Medium* und *mittels* ihrer leben und urteilen, ist die Basis unseres Realitätsglaubens. Auf der Höhe der modernen Welt kann man endlich begreifen, was es heißt, dass die Idee »in der Wirklichkeit enthalten« ist. Wir haben sie (mit allem, was dazu gehört) in die Wirklichkeit unserer Institutionen und Intuitionen hineingearbeitet. Und genau das ist es, was Marx an Hegel gesehen und – weit über seine Zeit hinausweisend – verstanden hat, wenn er *seine* und *unsere* Zeit durch »das Philosophisch-Werden der Welt«, das »zugleich ein Weltlich-Werden der Philosophie […] ist«,[2] begriffen hat. Und wir darauf verpflichtet sind, zu verstehen, was das – in seinen Voraussetzungen und Folgen für eine intramundane Metaphysik heute, die als Erfahrungswissenschaft will auftreten können – bedeutet. Dazu rückblickend auf Hegel noch ein Stich, den man machen muss.

5. *Die List der Vernunft*. In Hegels Begriff der öffentlichen Meinung liegt das Geniale, dass er das Öffentliche ernst nimmt, um alles Meinungshafte zu korrigieren; und die Meinung darin schätzt, ja nicht aufzuhören, mit ihrem seichten Irrwitz die Öffentlichkeit zu behelligen – eine Meinung, die, wie zu Beginn des Buches gezeigt, das schlechthin Andere und Unwahre gegenüber der Philosophie ist.

Es ist, als ob »die List der Vernunft«, d. i. die »Begriffsperson« Hegel dem Autor selbstkritisch mitspielt, ihm geradezu eins auswischt, einem Philosophie-Lehrer, der gegen Ende seiner von Erfolg gekrönten akademischen Laufbahn seine Vorlesungen wiederholt und der Gesellschaft, z. B. beim Kartenspiel, zugetan ist und im Grunde nicht bemerkt, wie das Philosophisch-Werden der Welt und das Weltlich-Werden der Philosophie die Einschätzung der Meinung im Aufstieg der (bürgerlichen) Öffentlichkeit in der Substanz (Relevanz) verändert. Als Lehrherr der Philosophie ein Kind seiner Zeit, als verkörperter Begriff sie auf verschlungenen Pfaden überschreitend.

6. *Der Markt der Meinungen* hat eine geradezu unheimliche Expansion erfahren. Im Prinzip könnten sich alle beteiligen, weshalb man in den Anfängen des Internets (der frühen 90er-Jahre) geglaubt hat, der Ausbau der Netze und Plattformen käme – zumal nach dem Ende des Kalten Krieges – einer weitergehenden *Demokratisierung*, der Erweiterung von *Wissen* und *Bildung* sowie der *Völkerverständigung* entgegen. Auch wenn dieser Traum nicht in Erfüllung ging – zu einem veränderten Blick auf die marktkonforme Demokratie und das, was es heißt, die Vielen ungebremst zu Wort und die Mächtigen unbeschränkt zum Zug kommen zu lassen, hat es allemal gereicht: Ein Lehrstück über die, wie Hegel sagt, gemeine Auffassung von »frei« in ihrer »noch ganz ungebildeten Rohheit und Oberflächlichkeit«, nach der ein jeder tun und lassen könne, was er wolle, der Global Player wie der Egoshooter, die Scientologin wie die Querdenkerin. An allen Ecken und Kanten der Gesellschaft hat das private Interesse (die Privatautonomie und das Privatleben) das öffentliche an den Rand gedrängt, auch dadurch, dass das Private sich eine im großen Stil eigene Öffentlichkeit verschafft hat – daher das Unschöne, ja Peinliche und Unverschämte dieser ganzen Unternehmung.

7. Ein Ergebnis ist *die Tyrannei der Öffentlichkeit*, in der jeder Maßstab verloren ist. Sie steht ihrer Zwillingsschwester, der *Tyrannei der Intimität* (R. Sennett), in nichts nach, sie steht ihr zur Seite. Was öffentlich ist bzw. öffentlich gemacht werden muss, darüber gibt es kaum mehr allgemeine Verbindlichkeiten. Ursache sind weniger (jedenfalls nicht in erster Linie) die neuen Technologien zum Austausch von Information und Kommunikation – eher fordert und findet das »Recht der Besonderheit des Subjekts«, sich in ihnen konsumtiv und kommunikativ, psychologisch und ideologisch in Szene zu setzen und »befriedigt zu finden«, seinen umfassenden Ausdruck. Wer dieses *friendly fire* ausschlägt, erregt sogleich den Verdacht, etwas verbergen zu müssen. Das alles unter dem (profitablen) Beifall der Nutzer von Privatinteresse und Privatautonomie, die die entsprechenden Technologien zur Verfügung stellen. Sie können gar nicht aufhören, das Lob der digital kapitalisierten Öffentlichkeit qua

Aufklärung (der anderen) zu singen. »Man muss, wenn von Freiheit gesprochen wird, immer wohl achtgeben, ob es nicht eigentlich Privatinteressen sind, von denen gesprochen wird.« (12, 511)

Von der Tyrannei der Öffentlichkeit berichten aber auch die (fast zwei Drittel der Bevölkerung), die glauben, es sei heute nicht mehr möglich, öffentlich, frank und frei seine Meinung zu sagen. Stets habe man mit öffentlichem Druck oder den Repressalien einer *cancel culture* zu rechnen, da schweige man lieber. Die Öffentlichkeit sei kein Schutz, sondern ein Pranger. Wie ein Rudel hungriger Wölfe zerfetze die (z. B. linksliberale) öffentliche Meinung jede andere konservative oder alternative Auffassung als rechtslastiges und populistisches Gedankengut in der Luft. Jede nicht floskular geäußerte Meinung im Spektrum der Themen (= Haupt(ab)wertungsachsen) Geschlecht, Religion, Flüchtlinge, Hautfarbe, Herkunft, Alter, Arme und Reiche, Homos und Heteros, Gebildete und Ungebildete, in jedem Fall, Abgehängte und Gehandicapte, falle der Stigmatisierungspraxis der öffentlichen Meinung zum Opfer.[3] Das führt unmittelbar zum nächsten Stichwort.

8. Das *Reflexivwerden des öffentlichen Vernunftgebrauchs*, d. i. die Erhöhung ihres Stimmaufkommens ins schlecht Unendliche spiegelt den Zustand der Gesellschaft und der Politik. Sie reflektiert ihn auf doppelte Weise, sie ist ihr Temperament- und Temperaturanzeiger, aber derart, dass sie über die Zustände im Spiegel der öffentlichen Meinung nachdenkt und berichtet. Und die sind so zahlreich wie Sand am Meer. Für sie hat sich der Begriff der *Reflexivität* eingebürgert. Denn nahezu alles, was sich ereignet, muss öffentlich bequatscht und betatscht, bezahlt und berechnet, bekrittelt und beurteilt werden. Hegel hatte von »der Reflexionsbildung unseres heutigen Lebens« (13, 24 f.) gesprochen.

Kurz, in der öffentlichen Meinung hat der Irrsinn Methode, sie gleicht einem *autopoietischen* System, das sich, indem es sich äußert, gleichzeitig *herstellt*, *darstellt*, vor allem aber *ausstellt* und sich in dieser frohen Aussicht – mit oder ohne Absicht – *entstellt*, um sich über eben *diese* Prozesse zu *regenerieren.* Jede Referat- wie Referenzfunktion ist der erregte Anlass für weitere Kommunikationen.[4] Entgegen dem ersten Anschein ist, wie Hegel zeigt, der sich regenerierende Irrsinn konstitutiv für die Selbsterhaltung und Stabilisierung moderner Gesellschaften. Zuständig dafür ist freilich weniger der Kampf »aller gegen alle«, wie Thomas Hobbes ihn beschreibt, sondern der durch Handel und Geschäftssinn *zivilisierte* Wandel, der, wie Georg Simmel (1858–1918, dt. Kultursoziologe und Philosoph) in seiner *Philosophie des Geldes* hervorhebt, ein öffentlicher Kampf »aller um alles« ist.

9. *Demokratie als verlegene Vernunft.* Die folgende Überlegung betrifft die wiederholt erwähnte Zufälligkeit und Wechselwendigkeit der öffentlichen Meinung, das gleichsam Gesetzmäßige ihrer Kontingenz: *Die öffentliche Meinung ist nichts, worauf man sich verlassen kann, aber ohne sie ist man auch verlassen.* Oder: *Es ist nichts mit der öffentlichen Meinung, aber – in demokratischen Gemeinwesen – wäre ohne sie alles nichts.*

Diese schräge Anlage (oder seltsame Schleife) des modernen Denkens zeigt nicht nur die öffentliche Meinung als imaginäre Institution, sie sieht alle bedeutsamen Phänomene der modernen Welt den *strange loop* einer *verlegenen Vernunft* durchlaufen. Sie führt zu einem weitläufigen Wechsel im (onto)logischen Register. Statt eines Denkens in Gelegenheiten ist der Ausgang von einem *Denken in Verlegenheit(en)* zu nehmen; er besteht darin, nicht mehr das schlicht Richtige tun zu können. Kant und Hegel haben nicht ohne Grund in ihrem Konzept von Vernunft den Ausgang von einer modernen, d. i. verlegenen Vernunft genommen. Die öffentliche Meinung ist ein Paradebeispiel für die zwangsläufigen Schräglagen der aporetischen Vernunft heute. Sie erinnert aber – was ihre Praxis betrifft – auch daran, sie, trotz Flüchtigkeit und chronischer Selbstverstiegenheit, nicht auf die leichte Schulter zu nehmen. Sie ist, wie erwähnt, Medium, und damit, wie Simmel sagt, »Zentrum«, in dem die entgegengesetztesten Dinge ihr Gemeinsames finden. Umso mehr gilt es, wachsam zu sein, dem Eskapismus und Zynismus, der Paranoia und Blasiertheit zu widerstehen, die unmittelbar aus dieser Situation entspringen: die reaktiven Kräfte nicht als den besten Ausweg verstehen zu lernen.

10. *Einsicht in die Notwendigkeit.* Wir geben Hegels Auffassung von Freiheit als »Einsicht in die Notwendigkeit« eine vielleicht unübliche, darum nicht falsche Wendung. Sie hat danach zwei Teile und besagt in ihrem ersten, Freiheit als »Einsicht in die Notwendigkeit«

zu begreifen, was nicht heißt, zu resignieren: Erkenntnisgewinn durch reflexionslose Anpassung an die vorgegebenen gesellschaftlichen und staatlichen Verhältnisse zu erzielen, sich den Notwendigkeiten und Sachzwängen widerstandslos zu ergeben, sondern – auf der Höhe der ungleichzeitigen Moderne – *Freiheit als Notwendigkeit* der neuen Zeit verstehen zu müssen. Was *jetzt* gelten soll, gilt nicht durch Gewalt, wenig durch Sitte und Gewohnheit, zuletzt nur durch Einsicht und Gründe, also *Vernunft*: freilich einer, die ihren ersten Hauptsatz darin hat, eine durch Freiheit und Gleichheit *nobilitierte* zu sein. Freiheit ist das A und O vernünftigen Denkens. Was aber – der These zweiter Teil – auch heißt, zu begreifen, dass auf dem Hochplateau einer historisch durch Freiheit und Vernunft gesellschaftlich und politisch gerahmten Ordnung (= einer Wirklichkeit, die *da* ist) der Impuls, der Impetus, der *Prozess,* sich *befreien* zu wollen, nicht aufhört, seine Wirksamkeit in Form einer stoß- und stichwortartigen Kraft zu entfalten: Sich gegenüber allen einengenden und unfreien Verhältnissen, auch einer rechtsstaatlichen gesicherten (Un-)Freiheitsverwaltung, zur Wehr zu setzen. Was den *rebellischen* Geist erklärt, der erst auf der Höhe der modernen Welt zu seinem durch Realitäten gesättigten, stimm- und stimmungsgewaltigen Bewusstsein kommt – ungewiss mit welchen Folgen.

11. *Die Notwendigkeit der Bildung – zwischen Ausbruch und Schließung*. Öffentlichkeit, öffentlicher Vernunftgebrauch, die Wechselseitigkeit von Erfahrung und Öffentlichkeit funktionieren in nicht-autoritären Gemeinwesen allein unter Voraussetzung umfassender Bildung, der Beteiligung und Zustimmung derer, die im Irrsinn der Öffentlichkeit ein tragendes Element eben jenes Gemeinwesens sehen, das Marx qua Demokratie das »aufgelöste Rätsel aller Verfassungen« genannt hat, mit allen Zumutungen, die dieser entropischen Unternehmung damit ins Haus stehen. Je offener die Öffentlichkeit wird, desto größer der Druck und rigider die Maßnahmen, im Innern wie nach außen, die Schotten zu schließen. Je offener sie wird, desto höher auch die Zahl der geschlossenen Zirkel.

Naiv von Erfahrung zu reden, hieße, sich vor der entscheidenden Frage ihrer Bildung, ihrer pfadabhängigen Genese und Geltung sowie der entsprechenden Formatierung zu drücken. Demokratie lässt sich nicht mit Gewehrläufen erzwingen, ihr kann man allenfalls durch weit- und weltläufige Bildung auf die Sprünge helfen. Bildung wäre dann das reflektierte wie habitualisierte Format von Erfahrung. Aber so, dass sich, wie bei Hegel, die Bildung an der Stärke bemisst, mit der sich die Drift der Gegensätze zu übertragen und zu überbrücken weiß. An Bildung oder kollektiven Lernprozessen führt kein Weg vorbei, gesetzt, man will an der liberalen Demokratie als Höchstform politischer Zivilisation festhalten, die wiederum, wie es aussieht, der Freiheit und Unbestimmtheit der Subjektivität auf das Genaueste entspricht. Bildung ist mit andere Worten eine, wenn nicht die einzige Möglichkeit demokratischer Schließung; aber nur dann, wenn ihre zwielichtigen Bildungsziele Freiheit, Gleichheit und Gemeinsamkeit lauten, d. h. den Zumutungskatalog massiv erweitern, der mit diesen quasi schicksalhaften Zielen prozessualer Neuverhandlungen verbunden ist. Die Bildung, wie Hegel zeigt, erlöst uns nicht von den Übeln, sie hilft uns allenfalls, sie besser zu verstehen. Sie verspricht bestenfalls sozialen Aufstieg, aber nur, wenn man auch mit der Entfremdung fertig wird, die sie ständig verlangt. Frei und gleich sein zu wollen, ist nicht gleichbedeutend mit Glück. Man muss sich womöglich darauf verlegen, es als eine *Kunst* zu sehen, eine hohe, vielleicht die höchste, etwas mehr demokratischen Geist in sein Handeln zu legen, ohne dem fast unvermeidlich faulen Kompromiss in Gestalt des Machtmissbrauchs den Weg zu ebnen.

12. *Die Schwäche staatlicher Souveränität stärken* – gegen die Staatlichkeit des Denkens. Die Frage ist, ob es heute nicht darum geht, Hegels Denken *in toto* zu verwerfen oder es tatsächlich auf die »Gestalt des Lebens« zu beschränken, die es nur noch – ihr »Grau in Grau« malend – versteht, die Welt zu erkennen, wie sie ist, nicht aber zu verjüngen. So betrachtet kommt »die Philosophie immer zu spät. Als der Gedanke der Welt erscheint sie erst in der Zeit, nachdem die Wirklichkeit ihren Bildungsprozess vollendet und sich fertig gemacht hat« (7, 28).

Wäre es angesichts dieser Konsequenz, die Hegel zieht, nicht womöglich besser, auf einen radikalen Denk- und Systemwechsel zu setzen, um vom *Staat*, als dem das Ganze unseres Lebens organisierenden Denken *weg* und zur *Demokratie* als der neuen Form eines gleich, frei und vernünftig angelegten Miteinanders *hin* zu kommen? Zu einer fragmentierten oder zivilen Form des Lebens, die fordert, die Staatlichkeit des Denkens selbst aufzugeben – z. B. in der Form, die Ananya Roy unter dem Titel »Radikale Demokratie« und »Freiheitsträume« präsentiert, wenn sie aus den gegenwärtigen Konflikten, in denen es um *Umverteilung* und *Dekommodifizierung* geht, den Schluss zieht, auf die Wiederbelebung einer *Demokratie von unten* zu setzen und *nicht* auf elitäre Institutionen und staatliche Macht. Es gelte, die Idee der Freiheit aufzugreifen, die durch »Kollektivhandlungen« entstünde, »die aus dem Umstand gemeinsamer Prekarität hervorgehen.«

> »Der demos der radikalen Demokratie ist nicht die Wählerschaft, sind nicht die politischen Parteien, Denkfabriken, Stiftungen oder Universitäten. Der demos der radikalen Demokratie besteht aus Mietervereinen, Schuldnerverbänden, schwarzen Zukunftsbewegungen, Bündnissen für Tagelöhner und Hausangestellte, Organisationen für die Rechte von Immigranten und Asylsuchenden, Koalitionen aus Ausquartierten und Landlosen, Netzwerken des indigenen Widerstands. Demokratie ist keine Garantie. Freiheit ist ein Geschenk. Gerechtigkeit ist keine Erbschaft. Radikale Demokratie muss in jedem historischen Moment, inklusive dem unseren, aufs Neue gefordert und geschaffen werden.«[5]

Diese knappe Skizze einer radikalen Demokratie von Roy zeigt *in nuce*, wie dringend geboten es ist, die Staatlichkeit eines Denkens aufzugeben. Sie macht auch darauf aufmerksam, dass ein Denken, wie das Hegel'sche, auf den Staat zuläuft und in allen Teilen von hierarchisch gestuften Ordnungsverhältnissen durchdrungen ist, auch wenn es beginnt, dem »Auseinandergezogen-Sein« seiner Verhältnisse mehr und mehr Rechnung zu tragen. – In jedem Fall oder dennoch stellt sich die Frage, ob man angesichts der Konkurrenz des Protests oder der abgründigen Verschiedenheit rebellierender Kräfte von rechts oder links auf jede Staatlichkeit oder vergleichbare Ordnungsrahmen verzichten kann; ob die »Freiheitsträume«, von denen Roy spricht, nicht freiheits(auf)schäumende Gedanken sind, die nachdrücklich zeigen, wie dringlich es ist, sich der Frage nach einem wie provisorisch institutionalisierten vernünftigen Allgemeinen – und sei es der langsam absterbenden Nationalstaaten – nicht zu verschließen.

Zwei Argumente können eine radikal-demokratische Kritik an einer liberal verfassten Staatlichkeit des Denkens ins Wanken bringen. Das eine erinnert an die paradoxen (sich behend ins Unrecht setzenden) Konsequenzen, die mit jeglicher *Identitätspolitik* verbunden sind. Um den öffentlichen Meinungsstreit, d. i. die Frage nach der legitimen Verallgemeinerbarkeit höchst individueller Ansprüche und Interessen, kommt – auch in radikal-demokratischen Gemeinwesen – niemand herum. Die andere Überlegung sieht zum gegenwärtigen Zeitpunkt einer national- wie globalgeschichtlich unübersichtlichen Lage keine andere Adresse als den absterbenden (National-)Staat, um gegenüber dem ungehemmten Zuwachs an Macht und Einfluss von *Wirtschaft* und *Finanzen* sowie einer ego- und soziomanisch organisierten *Kultur* auf die eine oder andere Regulation im Ausgleich der unterschiedlichen Interessen zu drängen.

XVI. Wesen und Erscheinung, ein Blick in die Logik

Die öffentliche Meinung ist, wie gesehen, ein Gegenstand, den vernünftig zu denken einen ziemlich aufwendigen Apparat von Begriffen notwendig macht. Sie als Erscheinung zu definieren, bildet nur den Einstieg in ein Kategoriensystem unterschiedlicher Ebenen und Untersuchungstiefen, die sich – wie im Fall der großen Drei bzw. Vier des 2. Buchs der *Wissenschaft der Logik* – wechselseitig voraussetzen und erklären. Es sind *Wesen, Erscheinung* und *Schein*, die, wenn sie sich – unter weiteren Begriffen – anteilig reflektiert in ihrer wechselseitigen Bezogenheit zusammenfinden, das ausmachen, was *Wirklichkeit* heißt. Eine Wirklichkeit haben zu wollen, die nicht durch eine in sich widersprüchliche Doppelung von Wesen und Erscheinung bestimmt ist, ist keine. Wirklich ist ein Wesen, das mit seiner Erscheinung eins ist (6, 16), aber auch den Schein wird niemals endgültig abstreifen können.

(1) *Wesen, Erscheinung und Wirklichkeit. In den Netzen des Denkens.* Nicht alles, was (uns) wirklich ist, liegt an der Oberfläche seiner Erscheinung. Die öffentliche Meinung, insofern es überhaupt gelingt, ihre Aussage und Stimmung zu einem bestimmten Zeitpunkt als diese oder jene zu qualifizieren, muss stets mit einer der Erscheinungsseite abgewandten Verrechnungsstelle einhergehen, die sie zentral auf ein *Wesen* bezieht, das, über die Orientierung hinaus, auch die Kraft besitzt, *eine* gewisse Kohärenz oder Strukturgleichheit der Erscheinungen deutlich zu machen. Was an der Oberfläche – dem Gemeine und Gewese, dem Gekränke und Gerede, dem Geklingel und Gekäse – der öffentlichen Meinung zutage tritt, ist nicht eindeutig, es liegt, ob und wie wahr bzw. wirklich es ist, nicht *clare et distincte* ausgearbeitet vor. Man muss es, will man es verstehen, auf eine (vage) Einheit, einen verständlichen Zusammenhang hin beziehen. Wir sind ständig dabei, gewisse Kohärenzen oder Überblicke zu stiften, ohne genau zu wissen, woraufhin das eigentlich geschieht.

Wesenserkenntnis ist schwer zu erlangen. Aber der heimliche Regent, der bestimmte Artikel »die« (öffentliche Meinung) ist unerbittlich, er verlangt Aufklärung, welche Zentraltendenz denn gerade oder zu diesem oder jenem Anlass – die öffentliche Meinung durchquert. Die Erscheinung, der bunte Strauß der veröffentlichten Meinungen, muss geordnet und das heißt *gedeutet* werden; ein *Rahmen* muss her, der deutungsmächtig genug ist, die Heterogenität der Aussagen und Botschaften im Zusammenhang zu verstehen, das ist zu synthetisieren, wenn nicht zu integrieren. Gleichzeitig darf die entgegengesetzte Bewegung der Gedanken, der »Gegenstoß« nicht außer Acht gelassen werden. Der Deutungsrahmen verlangt – zu seinem Beleg oder seiner Verifikation –, den Inhalt auszuschöpfen; oder, weniger metaphorisch, dessen Idee muss, wie Hegel sagt, »entwickelt«, d. i. expliziert, evaluiert und exponiert werden. Im Bestreben, eine »abgemessene Deutlichkeit« zu schaffen, führt – neben der *Deutung* – kein Weg an den Mühen der *Vereindeutigung*, der Analyse und ihren Unterscheidungen vorbei, auch wegen des Scheins, der dem Wesen auf dem Wege der Notwendigkeit seiner Erscheinung anhaftet, er ist dem Wesen wesentlich.

Der Schein legt Zeugnis davon ab, wie er sich unter das Wesen zu schalten weiß und zum notwendigen Wahrheitsmoment oder dem Widerschein des Wesens wird. Nie ist ganz deutlich, was sich in der Wundertüte der öffentlichen Meinung verbirgt, sie ist kaum weniger wetterwendisch als der April, der sich in Zeiten des Klimawandels womöglich bis in den Mai hinein verlängert. In der Erscheinung dieser Form des öffentlichen Vernunftgebrauchs spiegelt sich das Chamäleonartige dieser Agentur in den leuchtendsten Farben, sie ist unendlich viel reicher und ausgedehnter als das, was sie im Wesentlichen oder ihren Kernaussagen an Information über Inhalt und Stimmung, aufschlussreiche Auslassungen und notorische Übersteigerungen verbreitet. Zahllos sind die Faktoren, die, kontingent und übermächtig, in ihrer Herausbildung wie Abbildung eine bedeutende Rolle spielen. Zu welcher Zeit und an welchem Ort wird mittels welcher Medien und von wem eine *Probe aufs Exempel* gemacht, worin denn die öffentliche Meinung besteht?

Man sieht, durch die Unterscheidung nach Wesen und Erscheinung, Wesen und Schein kommt Tiefe, Tiefenwahrnehmung und Tiefenschärfe in unsere Urteile wie unsere Selbst- und Weltbilder hinein. Wir leben und agieren nicht gleichsam als Flachländer, als flache Wesen in Scheibenform. Oberfläche und Tiefenstruktur,

Innen- und Außenseite, Vorder- und Rückseite, Interieur und Exterieur gehören ganz entschieden zu einem objektiven Denken, das die Vorderseite der Existenz (der Erscheinung) von seiner Rückseite (in einem wesentlichen Verhältnis) zu unterscheiden weiß. Im weiteren Sinn, wir sind Wesen, die unmöglich von der Ex-klusivität einer Erfahrung absehen können, die einiges von dem, was wir wissen oder wollen oder für außerordentlich interessant halten, *nicht* an die Öffentlichkeit übergibt, um dort, sicht- und ruchbar, Gefahr zu laufen, zum Anlass publikumswirksamen Ärgernisses zu werden. Genaueren Einblick in diese Tiefenstruktur erhält man erst durch die Analyse weiterer Voraussetzungen, da spielt dann das, was Hegel »Ich«, »Subjektivität« oder auch »die Selbstbestimmung des Begriffs« nennt, eine wichtige Rolle.

Entscheidend im Kontext unserer Überlegungen: die Erscheinung kann nicht vollständig mit dem Wesen zusammenfallen – so wenig wie der sichtbare Ahorn vor dem Fenster mit den Gesetzmäßigkeiten seines Wachstums oder der Reihenfolge seiner Blattverfärbung. Zwischen beiden liegen Welten (Anschaulichkeit/Sinnlichkeit vs. Geistigkeit[6]) und dennoch muss das Wesen die Struktur oder den Wahrheitsgehalt der Erscheinungen zu vergewissern, d. i. zu erläutern und zu beurteilen, herauszustellen und sicherzustellen wissen. Die öffentliche Meinung hat so besehen ebenso ein Wesen wie du und ich, wir oder sie und alle notwendigen Undinge, die uns wichtig sind. Das Wesen reflektiert die den Dingen abgewandte Seite der Erscheinung, die wir gleichwohl brauchen, um eine vernünftige, mit Sinn und Verstand begabte Ordnung in die Mannigfaltigkeit, Zufälligkeit und Täuschungsanfälligkeit von dem, was (bloß) erscheint, zu bringen. An der Erscheinung haften unzählige Dinge, die nicht im Eins-zu-eins-Modus durch das Wesen bestimmt oder abgedeckt sind. Die öffentliche Meinung verbirgt zu einem Gutteil, was ihr an Wesentlichkeit zukommt – im Rahmen der »gesetzgebenden Gewalt« aber eine ganz hervorragende Rolle spielt, weil sich in ihr die Souveränität des Volkes auf eine doppelt aufdringliche wie widersprüchliche Weise zu artikulieren versteht: eine *vox populi/vox dei* **und** eine *vox populi/vox Rindvieh* zu sein – eine sich selbst zersetzende Mitte, auf die wiederum eine Pressefreiheit antwortet, die den in Erscheinung tretenden Konflikten, ihren zahllosen Ein- und

Widersprüchen einen breiten Raum gibt, um gleichzeitig über die Grenzen des Freiraums, die darin notwendig und sichtbar werden, umfänglich zu beraten.

Es leuchtet unmittelbar ein, dass Hegel eine ebenso vielschichtige wie streitsüchtige Gemengelage, wie die öffentliche Meinung sie darstellt, nicht allein mit Wesen, Erscheinung und assoziierten Konzepten bearbeiten kann. Es braucht weit mehr, die Spezifika dieser Meinungsform – einer vielstimmigen Hydra – zu begreifen, als da sind Mittel und Zwecke (Bildungsmittel, Heilmittel), Vernunft und Verstand (gebildete Vernunft und (un)gesunder Menschenverstand), Einzelner und Menge, Substanz und Akzidenz (Wesentlichkeit und Unwesentlichkeit), wahrhafter Ernst und Einbildung, Notwendiges und Zufälliges; aber auch Hinsichten, die weit über die Logik im engeren Sinn hinaus zu denken geben: soziale Schichten wie Stände und Regierungsbeamte, allgemeines Leben und Schauspiel, das Gute und das Schlechte, zum Beispiel in Gestalt dessen, was Achtung und Verachtung verdient usf.

Langer Rede kurzer Sinn, es ist nicht schwer, sich an dieser Stelle einen Vorbegriff zu bilden, worauf die Wissenschaft der Logik hinaus will, wenn sie Begriffe wie Wesen und Erscheinung zum Inhalt eines ganzen Buches, des *zweiten* der *Wissenschaft der Logik*, macht. Es zeigt vor allem eine Eigenart (unseres) logischen Denkens, die eine strikte Trennung nach Form und Inhalt notwendig macht. Denkformen wie Wesen und Erscheinung sind nicht rein formal, sie sind nicht inhaltsleer, ihnen haften Inhalte an, die wir benötigen, um komplexe Gegenstände wie die öffentliche Meinung wirklich zu begreifen. Obwohl selbst äußerst abstrakt, erzeugt der Gebrauch von Begriffen diesen Typs einen Eigensinn an Bedeutung und Gewicht, der im Blick auf ihre Relation zu den ihnen nahe- oder fernstehenden Verwandten (Familienähnlichkeit, Verweisungszusammenhang) noch verstärkt wird. So erregt die Rede vom Wirklichen sofort den Verdacht, es sei eben das, was es gibt: mit allem Drum und Dran; um bei Nachfrage sehr schnell zu bemerken, doch eigentlich nur das, was anschaulich oder sinnlich erfahrbar ist. So gehörte dann aber das, was an Gesetzmäßigkeiten über die sinnliche Erfahrung herrscht, nicht mehr zum Wirklichen. »Mit allem Drum und Dran« wäre so leider wieder hinfällig.

Der Begriff selbst hat eine im allgemeinen Gebrauch bekannte, höchst eigene Infrastruktur, die, wie Hegel sagt, all unser Wissen und Vorstellungen »durchwebt und regiert« (18, 77). Ohne sein »Gewebe und dessen Knoten« freizulegen, wäre es unmöglich, diesen Begriff ernsthaft für eine die Realität erschließende Analyse zu nutzen. Für Denkbestimmungen wie Schein und Erscheinung gilt das um ein Vielfaches mehr. Sie bilden ein Netz mit zahlreichen Umschaltstationen, die dem »Stoff«: den Themen, den Geschichten und Bildern, »den letzten Halt« (18,76) geben. Sie selbst werden im engen Zusammenhang mit anderen zum Gegenstand der Reflexion.

Um die verschiedenen Ebenen dieses auf drei Bücher verteilten Buchs der Logik einmal im Ganzen sinnfällig zu machen, hier eine stark vereinfachte Übersicht, die, allein im Blick auf den Schein, das Wesentliche und Unwesentliche sowie unterschiedliche Formen der Reflexion ausblendet.

Erstes Buch *Die Lehre vom Sein*
- 1. Abschnitt: Bestimmtheit (Qualität)
    - 1. Kapitel: Sein
    - 2. Kapitel: Das Dasein
    - 3. Kapitel: Das Fürsichsein
- 2. Abschnitt: Größe (Quantität)
    - 1. Kapitel: Die Quantität
    - 2. Kapitel: Quantum
    - 3. Kapitel: Das quantitative Verhältniß
- 3. Abschnitt: Das Maß
    - 1. Kapitel: Die spezifische Quantität
    - 2. Kapitel: Verhältnis selbständiger Maße
    - 3. Kapitel: Das Werden des Wesens

Zweites Buch *Die Lehre vom Wesen*
- 1. Abschnitt: Das Wesen als Reflexion in ihm selbst
    - 1. Kapitel: Der Schein
    - 2. Kapitel: Die Wesenheiten oder die Reflexionsbestimmungen
    - 3. Kapitel: Der Grund

2. Abschnitt: Die Erscheinung
    1. Kapitel: Die Existenz
    2. Kapitel: Die Erscheinung
    3. Kapitel: Das wesentliche Verhältniß
3. Abschnitt: Die Wirklichkeit
    1. Kapitel: Das Absolute
    2. Kapitel: Die Wirklichkeit
    3. Kapitel: Das absolute Verhältniß

Drittes Buch *Die Lehre vom Begriff*
1. Abschnitt: Die Subjectivität
    1. Kapitel: Der Begriff
    2. Kapitel: Das Urtheil
    3. Kapitel: Der Schluß
2. Abschnitt: Die Objectivität
    1. Kapitel: Der Mechanismus
    2. Kapitel: Der Chemismus
    3. Kapitel: Teleologie
3. Abschnitt: Die Idee
    1. Kapitel: Das Leben
    2. Kapitel: Die Idee des Erkennens
    3. Kapitel: Die absolute Idee

Diese *Denkformen* sind die eigentlich bestimmenden geistigen Mächte, die sich nicht nur »durch alle Vorstellungen [...] hindurch ziehen« (5, 25), nach ihnen muss sich unser Denken auch »richten« oder, wie Hegel zudem schreibt, »beschränken«. Sie sind Medium und Thema zugleich dieser außergewöhnlichen Wissenschaft, die Hegel auch *Metaphysik* nennt, da es in ihr um die letztbegründenden Bestimmungen unseres Denkens geht, das sich mit sich selbst beschäftigt – und daher mit dem Schwierigsten überhaupt.

Anders gesagt, diese logischen Richtlinien unseres Denkens sind dem Geist ein Anliegen. So könnte man Seele übersetzen, wenn es heißt: »diese logische Natur, die den Geist beseelt, in ihm treibt und wirkt, zu Bewußtsein zu bringen, dies ist die Aufgabe« (5, 27). Im Logischen liegt die Natur des Geistes, es bildet »die eigentümliche Natur des Menschen« (5, 20). Und die ist eine in allem treibende und wirkende Kraft. Sie äußert sich im bestimmenden Tun oder den Denkformen, das ist in ihrer determinierenden wie inspirierenden Kraft, die wiederum nur wirklich verstanden werden kann unter der grundsätzlichen Annahme einer Freiheit, die das vernünftige Denken von innen her erhellt wie von außen die historischen Voraussetzungen schafft, das Werk zu vollenden. Hegel spricht zu Recht von der *Selbstbestimmung des Begriffs*, um auf die Voraussetzungen zu verweisen, die sein Gebrauch jedesmalig macht – sowohl nach der Seite der *User* (der Sub-jekte, die dem Begriff in seinem Gebrauch unterworfen sind) als auch der *Themen* (der Ob-jekte, die dem [verständigen] Denken entgegenstehen und es ihm schwer machen, Markenartikel *der Form* wie Freiheit und Gleichheit, Selbstbewusstsein oder Handeln, die sie sind, zu begreifen).

Wir stoßen auf die Strippen, an denen wir hängen, aber auch auf den bzw. die Strippenzieher, von dem/denen bereits im Einführungsteil über »Das Leben des Geistes« die Rede war. Sie haben jeweils das letzte Wort. Wen wundert es da, dass sich Hegel, gesegnet mit dem kernigen Humor eines Dialektikers, in seiner *Wissenschaft der Logik* (qua Metaphysik) wie für nichts anderes auf der Welt für das ausgeklügelte Zugsystem, die Strippenzieher, interessiert, das die abendländische Metaphysik in Ermangelung eines besseren Terminus einfach »Gott« genannt hat. Hochgemut notiert er, »die Logik sonach« sei »als das System der reinen Vernunft, als das Reich der reinen Gedanken zu fassen. *Dieses Reich ist die Wahrheit, wie sie ohne Hülle an und für sich selbst ist.* Man kann sich deswegen ausdrücken, daß dieser Inhalt *die Darstellung Gottes* ist, *wie er in seinem ewigen Wesen vor der Erschaffung der Natur und eines endlichen Geistes ist.*« (5, 44)

Statt Hegel schmunzelnd Größenwahnsinn zu attestieren, könnte man auch sagen: Das Logische ist der Gott unter denen, die denken, die inspiriert durch die Idee zum lebendigen Verständnis von sich und der Welt erwachen. Es ist ein der Welt immanenter Gott, das Logische, das ganz gleich, ob die geistigen Mächte es wollen oder lieben, die Strippen zu ziehen weiß, und sich darin eine »List der Vernunft« versteckt oder entwickelt, welche die geistigen Mächte – das Plenum der versammelten und verteilten Intelligenz – immer aufs Neue aufrüttelt, in eine Gesamt-Verantwortung zu treten, die aber, so bestimmt sie gefordert ist, unbestimmt bleibt und bleiben muss. »Gott« ist eine geniale Lösung, weil diese Richtlinienkompetenz des Begriffs (= vernünftiges Denken) die Welt und damit uns selbst ständig aufs Neue erschließt, um andererseits, wie provisorisch auch immer, hilft, zu einem definitiven oder abschließenden Urteil zu gelangen: sich die radikale Kontingenz der Zeit einzugestehen, um sie doch mit guten Gründen ständig als eine Wahrheit und Wirklichkeit vernichtende zu bekämpfen – nicht nur als theoretisches Problem, sondern auch und vor allem als *praktisches*, das mit der Freiheit, Gleichheit und Solidarität im Bunde steht. Das »tote Gebein der Logik« wird (erst) lebendig, wenn der Geist (der Zeit), sein »Inhalt und Gehalt« ins Mark seiner Gedanken gelangt (5, 48). – Das nachfolgende Kapitel *Metaphysik als Erfahrungswissenschaft* wird diesen Gedanken bis in seine Konsequenzen entfalten. Es gibt Auskunft über das Logische (in Gestalt der Praxis) als einen der Welt 2.0 immanenten Gott.

Es versteht sich bei der Unruhe der versammelten und verteilten Intelligenz des Geistes von selbst, dass dieser nicht gewillt ist, der Strippenzieherei der logischen Formen vollständig die Macht über sich zu belassen. Sie »regieren«, wie Hegel sagt. Ihre Intelligenz »weiß« eine gute von einer schlechten Regentschaft zu unterscheiden. Die auf Freiheit angelegte Ambition des Geistes ist so auch eine dauernde Kampfansage an diese Form der grammatischen Regentschaft. Souverän ist nur, wer stark genug ist, an der Souveränität das notwendig Scheinhafte – qua vielfach Abhängigem – wahrzunehmen und sich einzugestehen. Kein Geständniszwang, kein Tribunal, sondern eine durch die überlegen(d)e Heiterkeit und Wohlgemutheit (der Komödie) belebte Einsicht in das, was ein Denken als freies ermöglicht.

Metaphysik, hatten wir gesagt, ist das, was an der Grenze sicheren Wissens passiert oder dort die Forschungsarbeit verrichtet; und Philosophie der Versuch, an dieser Grenze gleichwohl Überlegungen mit hoher Sicherheitsleistung vorzulegen. Metaphysik als kritische Wissenschaft der Logik ist die Aufklärung der präreflexiven Strippenzieherei inklusive des Filzes, der sich bildet, weil wir ihn tagtäglich durch das Rauschen der Kommunikation und Information entstehen lassen. Wesen, Schein, Erscheinung und Wirklichkeit sind solche Bestimmungen oder Formen des Denkens, »von denen wir allenthalben Gebrauch machen, die uns in jedem Satze, den wir sprechen, zum Munde herausgehen« (5, 22). Sich Kommunikation ohne den Filz vorverständigten Geredes vorzustellen, wäre weltfremd.

»Im *Leben* geht es um den Gebrauch der Kategorien«, in der *Philosophie* namens *Wissenschaft der Logik* geht es vor allem um »ihre Betrachtung«, das heißt, sie werden von dieser Wissenschaft zu gemeinen Gegenständen »herabgesetzt«. Es wird ihr Betriebssystem, Hegel: ihr »geistiger Betrieb« (5, 24) untersucht, auf dem all unser Wissen und Vorstellen sich abspielt. Wesen und Erscheinung sind solche Denkformen, die wir brauchen, um so ein relativ komplexes Gebilde wie die öffentliche Meinung gründlich zu analysieren. Eine Schwierigkeit in der Analyse des Gebrauchs besteht darin, dass Begriffe diesen Formats ebenmerkliche Inhalte transportieren, die man in ihrer Rekapitulation schwerlich außer Acht lassen kann.

(2) Um *eine Logik neuartigen Typs* handelt es sich insofern, als die logische Wissenschaft, auf die Hegel abzielt, die in den klassischen Logikdeutungen kanonisierte Trennung zwischen Form und Inhalt nicht respektiert.[7] Der Gegenstand der Logik ist nämlich die Darstellung und Analyse *sprachlich* bedingter Denkformen, wie sie in der Geschichte des okzidentalen Denkens leitend gewesen sind. Sprache, das lebendige Sprechen, ist Hegel dabei nicht bloß Mittel, kein Instrument der Bezeichnung oder der Kommunikation; sie ist vielmehr die »absolute Form«, das »Selbst«, das »sich zeigt«, »sich manifestiert«, und nur im Medium dieses »Sich-Zeigens« die bestimmten Hinsichten/Unterscheidungen unserer Welt- und Selbstverhältnisse als Momente seiner selbst setzt.

> »Die Denkformen sind zunächst in der *Sprache* des Menschen herausgesetzt und niedergelegt; es kann in unseren Tagen nicht oft genug daran erinnert werden, daß das, wodurch sich der Mensch vom Tiere unterscheidet, das Denken ist. In alles, was ihm zu einem innerlichen, zur Vorstellung überhaupt wird, was er zu dem Seinigen macht, hat sich die Sprache eingedrängt, und was er zur Sprache macht und in ihr äußert, enthält eingehüllter, vermischter oder herausgearbeitet eine Kategorie; so sehr natürlich ist ihm das Logische, oder vielmehr: dasselbige ist seine eigentümliche *Natur* selbst. Stellt man aber die Natur überhaupt,

> als das Physikalische, dem Geistigen gegenüber, so müßte man sagen, daß das Logische vielmehr das Übernatürliche ist, welches sich in alles Naturverhalten des Menschen, in sein Empfinden, Anschauen, Begehren, Bedürfnis, Trieb eindrängt und es dadurch überhaupt zu einem menschlichen, wenn auch nur formell, zu Vorstellungen und Zwecken macht.« (5, 20)

Der sprachliche Horizont der Denkbestimmungen ist das allgemeine Medium unserer Selbst- und Weltverhältnisse, über ihn kommen wir nicht hinaus. Das Denken, seine grundlegenden Begriffe und Regeln finden sich immer schon *verkörpert* in einem Geflecht von syntaktischen, semantischen und pragmatischen Verweisungszusammenhängen sprachlicher Zeichen, die sich als »geistige«, wie Hegel schreibt, in die »geistige« Dialektik von Substanz und Subjekt verwickeln. Auch für das Logische gilt mithin die spekulative Einsicht, wonach es keine ideale Metasprache (etwa nach dem Modell der mathematischen Konstruktion definitiv bestimmter Bedeutungen) gibt; man kann es gewissermaßen nur aus der *Innenperspektive* seines »Sich-Zeigens«, aus der *Medialität* seiner sprachlichen Manifestationen rekonstruieren.

Das Logische in dieser Weise am Leitfaden der Sprache zu explizieren, bedeutet zugleich, die Formen des Denkens als *Inhalte* zu lesen, als Strukturbestimmungen mithin, die gerade weil sie keineswegs stumm, sondern (von sich und dadurch über anderes) sprechend sind, daraufhin befragt werden können, *was* sie denn nun eigentlich sagen. Der Hauptunterschied zu den gewöhnlichen Logikdeutungen liegt also in Hegels Behauptung, dass die *Denkformen selbst Inhalte bilden*; nicht (nur) im Sinn einer Fokussierung, die durch den Bezug auf irgendetwas notwendig den Inhalt eines Gedankens entstehen lässt, vielmehr: die Denkformen selbst bergen Inhalte oder besser, sie transportieren aufgrund ihrer sprachlichen Präformation bestimmte sachliche Gehalte, die Aufschluss vermitteln über unsere Selbst- und Weltverhältnisse. Das haben wir ansatzweise im Rekurs auf die höherstufigen Konzepte des 2. Buchs der Logik, die »objektive Logik«, mit den Begriffen wie Wesen, Erscheinung usf. anzudeuten versucht. Es steht nicht in unserer Macht, die Denkbestimmungen gleichsam als ›Form pur‹ zu fassen, sie zu isolieren; wir sollten sie uns nicht wie einen Behälter vorstellen, dem es gleichgültig ist, ob er Wasser oder Öl, Flüssiggas oder Wein transportiert. Denkbestimmungen gehen nicht in ihrem Formsein auf. Den Kategorien unseres Denkens gelingt es nicht, alle unsere Selbst- und Weltverhältnisse formenden Inhalte in sich aufzuzehren. Es ist eine tiefverwurzelte Fiktion, Denkformen als »leere, tote Gedankenformen« (6, 469) zu betrachten, die wir gleich Netzen über eine außerhalb ihrer verbleibende Realität werfen, dass sie als logische Strukturierungsprinzipien ein alle rationalen Wesen umfassendes geistiges Universum darstellen, welches über oder in den Köpfen der Menschen befestigt ist. Hegel ist der Auffassung, dass auch (reine) Denkbestimmungen oder Begriffe nicht ohne Vorurteil gegenüber der Realität sind. Das in seiner Sprachlichkeit produktiv befangene Denken impliziert immer auch sachliche Vorentscheidungen, die wir freilich in einer Analyse und Darstellung von Denkformen aufklären können. Aber wir können die Inhalte niemals so weit distanzieren, so radikal ausdünnen, dass reine Formen oder Denkgesetze übrigbleiben.

Die Denkbestimmungen werden von Hegel nicht nur hinsichtlich der *semantischen* Gehalte analysiert und dargestellt, bedeutsam sind auch, wie man sagen könnte, ihre *illokutionären* Momente, in denen das Gemeinte ausgesprochen oder niedergeschrieben werden muss.[8] Hegel wäre nicht Hegel, die Dialektik nicht die Dialektik, wenn dieses ungewöhnliche Interpretationsformular einer sprachlichen Verkörperung des Logischen (dessen Bedeutung erst heute, nach Wittgenstein und Heidegger, wirklich zu ermessen ist) nicht eine unangenehme Reversibilität besäße. Sie besteht, wie immer im dialektischen Geschäft, darin, dass aus Einheit Differenz resultiert. Die Zeichenabhängigkeit logischer Bestimmungen verhält Form und Inhalt in einer unüberbrückbaren Trennung; die intendierte Bedeutung und die äußere Darstellung, der angezielte Gedanke und die sprachliche Artikulation, die eigentliche »Bestimmung« und faktische »Bestimmtheit« kommen nicht zur Deckung, das »Ansich« der Kategorien findet sich immer schon von der sprachlichen Form ihres Gesetztseins (durch uns) betrogen/unterminiert/aufgeschoben. Hegels *Wissenschaft der Logik* entfaltet auf diese Weise eine Logik der *Verfehlungen*: Kein Begriff scheint auf Anhieb in der Lage zu sein, die Ansprüche, die er mit seinen Bedeutungsintentionen notwendig verbinden muss, aus sich heraus einzulösen. Das Sein, die erste und zugleich abstrakteste logische Bestimmung, erweist sich, gefragt nach dem, was sie eigentlich meint, als reine Unbestimmtheit, als ihr blankes Gegenteil, als Nichts; und auch die Reflexionskategorie der Identität muss am Ende ihrer Selbstprüfung eingestehen, dass sie für die Explikation ihres Bedeutungsgehalts auf die gegenteilige Bestimmung der Verschiedenheit rekurrieren muss. Im Grundsatz a = a sind es formal immer schon *zwei* Relata, die in die Beziehung einer Identität des Inhalts gesetzt werden. Sich ein Wesen vorzustellen ohne seine Erscheinung, die in der Lage ist, etwas von ihm ans Licht des Sicht- und Erfahrbaren zu befördern, ist kaum möglich. Und auch das, was die formale Logik glaubt als reine Denkgesetze aufstellen zu können, muss dargestellt, aufgeschrieben oder ausgesprochen werden, um zu sehen, ob nicht das Intendierte, die sogenannte geistige Bedeutung, mit dem kollidiert, was im sprachlichen Zeichensystem tatsächlich notiert ist. Hegel hegt ein berechtigtes Misstrauen gegenüber der Annahme eines von allen Sprechern einer Sprachgemeinschaft geteilten Universums geistiger Bedeutungen, auf das man glaubt fraglos rechnen zu können.

Die *Wissenschaft der Logik* protokolliert jedoch mehr als die reflexiven Verfehlungen der einzelnen logischen Bestimmungen, in diesem Sinne wäre sie ja nichts anderes als eine weitere raffinierte Version des Skeptizismus. Hegel glaubt demgegenüber, der »Kette der Verfehlungen« eine Strukturdynamik oder Entwicklungslogik entnehmen zu können, die er als »Selbstbewegung des Begriffs« bezeichnet. Diese Bewegung ist paradox genug, das Resultat des unbedingten Willens, die Bestimmtheit der logischen Bestimmungen stillzustelllen – gemäß der Auskunft des Aristoteles –, nach welcher der Begriff »in sich verharren soll«. Hegels Methode zufolge gehen die einzelnen logischen Gestalten in dem Sinne auseinander hervor, dass die jeweilig nachfolgende ›höhere‹ Kategorie dem Widerspruch, an dem die vorausgegangene ›niedrigere‹ zerbrochen war, sprachlichen Ausdruck verleiht, ihn nicht als Widerspruch, sondern als Einheit setzt.

Die Weltzugänge, die von den Denkbestimmungen beschrieben werden, sind ungleich komplexer und vielschichtiger, als die klassische Logik sie aufgefasst hat. Sie können beispielsweise nicht nur auf die Modi theoretischer Welterschließung beschränkt werden, sondern müssen auch die praktischen Weisen des menschlichen In-der-Welt-Seins (»Leben«, »Idee des Guten« u. a.) mit umfassen. Als im Vergleich zu den theoretischen höherstufige belegen sie zudem den von Hegel auf unterschiedliche Weise interpretierten Primat der praktischen Vernunft, der einen für die klassische deutsche Philosophie insgesamt bezeichnenden Gedanken herausstellt.

(3) Die *Wissenschaft der Logik* beginnt mit der Untersuchung der inhaltsärmsten und umfangreichsten Denkbestimmung, dem Sein, um im »Übergehen« zu Nichts, Werden, Dasein die einfachsten Begriffsverhältnisse zu erläutern, die »unseren Geist instinktartig und bewußtlos durchziehen« (5, 30). Die Dialektik oder die »Selbstbewegung des Inhalts« kann hier nicht auch nur ansatzweise dargestellt werden, wohl aber soll auf einen gewichtigen, wenngleich selten reflektierten Umstand der Methode aufmerksam gemacht werden, demzufolge Hegel für die Seins-, Wesens- und Begriffslogik unterschiedliche Darstellungsfiguren entwickelt, ohne deren Verständnis man nur schwerlich in das Labyrinth der Logik eindringen kann.

Auf Ebene der *Seinslogik*, der Stufe sehr einfacher, begrifflicher Strukturen, ist das »Übergehen« charakteristisch. Die logischen Verhältnisse werden in gleichsam eindimensionalen Begriffen beschrieben; ihre Relationalität wird vergessen, ignoriert, sie entgeht der sprachlichen Markierung. Begriffe auf dieser Stufe gehen, wie Sein und Nichts, Etwas und Anderes, Quantität und Qualität, ineinander über. Etwas verweist augenblicklich auf Anderes; es ist in unserer Sprache so niedergelegt, dass Etwas und Anderes zusammengehören. Wir wissen, dass es nicht nur Etwas, sondern immer auch Anderes gibt, aber nicht nur so, als sei das Andere strikt vom Etwas geschieden (das auch); das Andere ist gleichfalls Etwas – wie wir sagen – etwas anderes. Etwas ist an sich, so Hegel, das Andere seiner selbst; in Identität und Unterschied gehen beide wechselseitig ineinander über: Etwas ist Etwas und Anderes.

Ein ungleich höheres Komplexitätsniveau kennzeichnet die Denkformen der *Wesenslogik*. Im Vergleich zu den einfachen oder einsinnigen Seinsbestimmungen erhalten die »Reflexionsbestimmungen«, wie Hegel die Begriffsverhältnisse der Wesenslogik auch nennt, eine *Tiefendimension* oder *Doppelschichtigkeit.* Das hatten wir zu Anfang der Ausführungen zur *Logik* bereits angedeutet. Es ändert sich entsprechend auch der Modus methodischer Reflexion. Bewegten sich die einschichtigen Begriffe wie Sein, Nichts, Dasein im Modus des »Übergehens« von einer Denkbestimmung zur anderen, so verweist die Methodenfigur der Wesenslogik auf ein »Setzen« oder »Gesetztsein«, mit denen ein höherer Freiheitsgrad des Wissens: der des reflektierenden Denkens, einhergeht. »Sie [diese Denkbestimmungen; G. G.] sind statt *Seiender* wie in der ganzen Sphäre des Seins nunmehr schlechthin nur als *Gesetzte*, schlechthin mit der Bestimmung und Bedeutung, auf ihre Einheit, somit jede auf ihre andere und Negation *bezogen* zu sein, – bezeichnet mit dieser ihrer Relativität.« (5, 457)

Als kategoriale Verhältnisse der Wesenslogik lassen sich Wesen und Erscheinung, Erscheinung und Wirklichkeit, Ding und Eigenschaft usf. nur mittels einer höherstufigen Logik beschreiben. Sie setzen eine Zwei-Ebenen-Differenzierung voraus, die es ermöglicht, dass die mit dem »Scheinen im Entgegengesetzten« sich teils überlagernden, teils verdeckenden und eröffnenden Verhältnisse verstanden werden können. Nochmal, stark vereinfacht: die Prätention des Wesens, das Wesen (der Dinge) zu sein, kann sich nicht zeigen, nicht darstellen, von seiner Macht und Wirklichkeit keinen Beweis ablegen, ohne sich zu äußern, das heißt, in oder an etwas gesetzt zu sein, was es nicht ist: die Erscheinung. In Hegels Worten: Das Wesen muss erscheinen. Die Erscheinung aber ist mit dem Moment des Scheins behaftet – dem gleichsam ärgsten Feind des Wesens, denn nach der ›Selbstauffassung‹ des Wesens ist der Schein das ihm Entgegengesetzte, er sollte vom Wesen ausgeschlossen sein. Das Wesen scheint das Ideelle zu sein, was der Erscheinung zugrunde liegt, in der Erscheinung hingegen partizipiert es am Reellen, aber nur um den Preis, den Schein in sich aufzunehmen, sodass Hegel in aller Mehrdeutigkeit schreiben kann, der Schein sei dem Wesen wesentlich.

Mit anderen Worten, die Wesenslogik sucht die Natur der Reflexionsbestimmungen zu klären, die syntaktisch-semantischen Interdependenzen der Begriffe, aber so, dass die Vermittlung der Reflexionsbestimmungen von den Begriffen dieser Stufe selbst noch nicht dargestellt und begriffen werden kann. Schein und Wesen bedürfen einer äußeren Reflexion, die sie in Beziehung zueinander setzt. Ihre verwickelten Verhältnisbestimmungen können von ihnen selbst, von den Begriffen dieser Stufe, nicht selbst vollzogen werden. Der Versuch einer Selbstvalidierung muss zwangsläufig scheitern. Ein Begriff gilt danach für umso konkreter, je mehr er seine »Relativität« an ihm selbst darzustellen vermag.

Um diesem Anspruch zu genügen, bedarf es der *Logik des Begriffs*, das heißt eines logischen Mediums, das so allgemein und differenzierungsmächtig, so schematisch und schöpferisch und vor allem: selbstbezüglich ist wie jenes Wesen, das sich in die Substanz der Welt eingeschrieben hat: die *Subjektivität*. Was dann Hegel so zusammenfasst: »Ich ist der reine Begriff selbst, der als Begriff zum *Dasein* gekommen ist« (6, 253). *Den Begriff zeichnet dieselbe Struktur und Dynamik aus wie das Ich.* Die logische Entwicklung vom Wesen zum Begriff zeigt die Subjektivität als die wahre Grundlage von Sein und Wesen. Sie ist zugleich ein Rückgang dieser scheinbar selbstständigen Denkbestimmungen in den Grund, durch den sie gesetzt und aufgehoben sind. Anders gesagt: Dieser Übergang befreit Sein und Wesen zur *Selbstbestimmung des Begriffs*. Was auf der höchsten Stufe der Konkretion oder Vermittlung genetisch zuletzt erscheint, ist der Geltung (der Wichtigkeit, Bedeutsamkeit, Grundsätzlichkeit) nach das erste. Der Modus der Darstellungsform des Begriffs ist das *Unterscheiden*. Hegel fasst die unterschiedlichen Methodenfiguren, welche die *Wissenschaft der Logik* kennzeichnen, in der *Enzyklopädie der philosophischen Wissenschaften* wie folgt zusammen. »Die abstrakte Form des Fortgangs ist im Sein ein *Anderes* und *Übergehen* in ein Anderes, im Wesen *Scheinen in dem Entgegengesetzten*, im *Begriffe* die Unterschiedenheit des *Einzelnen* von der *Allgemeinheit*, welche sich als solche in das von ihr Unterschiedene *kontinuiert* und *als Identität* mit ihm ist.« (8, 391)

Noch jede Denkbestimmung tritt mit dem Bewusstsein auf, der Selbstexplikation mächtig zu sein, selbst sagen zu können, welche Bedeutungsintention mit ihr zu verbinden sei. Allein dies Geltungsbewusstsein ist pure Prätention; einzig der Rückgriff auf andere, ja entgegengesetzte Begriffe, versetzt sie in die Lage, zum Verständnis ihrer selbst zu gelangen. Jeder Ansatz einer Selbstvalidierung nötigt zum Eingeständnis, sie nur um den Preis der Abhängigkeit oder Selbstentfremdung/-relativierung durchführen zu können.

Hegels *Wissenschaft der Logik*, so lässt sich abschließend formulieren, inszeniert eine Komödie des Begriffs. Sie lässt Denkbestimmungen auf eine imaginäre Bühne treten, fordert sie auf, Rechenschaft von sich abzulegen, ihre Bedeutungsintentionen darzustellen, und sieht dann lächelnd zu, wie sie sich bei diesem Unterfangen notwendig blamieren. Alles Geltende verkehrt sich auf dieser Bühne zunächst in ein Nichtiges, um dann als sein konträres Gegenteil wiederaufzuerstehen. Der Logos (auf der Höhe der Moderne) ist die begriffene Komödie oder das ausbuchstabierte Bewusstsein von der Komödie als Lebensform der Begriffe – und damit auch unserer selbst.[9]

XVII. Metaphysik als Erfahrungswissenschaft

Und nach Zeichen soll es fast mich dünken.
Wir stehen am Eingang einer neuen Zeit.
Franz Grillparzer

Ist es nicht ein Widerspruch in sich, ein hölzernes Eisen, von Metaphysik als Erfahrungswissenschaft zu sprechen? Verhalten sich beide nicht wie Feuer und Wasser? Was wie die metaphysischen Ideen – Gott, Freiheit, Seele und Unsterblichkeit – an den Grenzen des Wissbaren spielt, lässt sich schwerlich mit den Methoden der Erfahrungswissenschaften untersuchen. Es bietet bei Weitem nicht die Sicherheit wie das, was wir mit Beobachtung und Experiment, Logik und Informatik, Definition und Diskussion sowie den unterschiedlichsten Kulturtechniken (vom Rechnen, Schreiben und Lesen bis zur Gen- und Raumfahrttechnologie) zu erforschen in der Lage sind. Der Grad an Verlässlichkeit des Erfahrungswissens (= Realitätsangemessenheit) ist dem aus metaphysischer Spekulation in Vielem überlegen. Das Physische, das *in* der Welt passiert, ist von ganz anderer Art als das Metaphysische oder das, was *über* die Welt hinausgeht und das gebiert, was Nietzsche am Ende dieser grandiosen Tradition spöttisch »Hinterwelt« getauft hat.

Meine Überlegungen gehen in die gegenläufige Richtung. Sie nehmen Hegels Satz aus den *Vorlesungen über die Philosophie der Geschichte* beim Wort: »die *Erfahrung*« sei »die Wissenschaft der Welt geworden« (12, 521), sowohl was (die) Natur als auch was »Recht und Sittlichkeit« als den »präsenten Boden des Willens des Menschen« (12, 522) betreffe. Was liegt da näher, als Philosophie oder Metaphysik als Erfahrungswissenschaft zu begreifen. Mit dem Weltlich-Werden der Welt und dem Philosophisch-Werden der Philosophie sowie ihrer wechselseitigen Durchdringung haben sich die Parameter (Metaphysik und Empirie, Idee und Erfahrung, jenseitige und diesseitige Welt usf.) so gründlich wie ins Grundlose gehend verändert.

Schon die Erwähnung von Freiheit lässt diesbezüglich aufhorchen. Dieses sonderbare *Sein* und *Werden*, aber auch *Haben*, seine weltgeschichtliche Einrichtung im großen, Freiheit(en) im Plural schaffenden Stil, scheint von Anfang an mit Elementen durchsetzt zu sein, die weit über die in allem kausal determinierten Verhältnisse hinausreichen. Das gilt für das Selbstverständnis des Einzelnen wie für die Lebensgewohnheiten ganzer Gesellschaften. Freiheit ist unter allen Gütern das erste, hatte schon J.-J. Rousseau (1712–1778) gesagt.

(1) *Freiheit(en) im Plural. Von Handgreiflichkeiten.* Hegel befindet sich im Gleichschritt mit der modernen Welt, diese Errungenschaften auch als außerordentliche Guthaben unter den für uns verfassungsmäßig verbrieften Rechten zu verbuchen. »Freiheit« ist »die letzte Spitze, die sich durch nichts imponieren läßt«, sie ist die höchstplatzierte Bestimmung des Geistes (13, 134), bei deren Einarbeitung in die Welt wir zwar Konzessionen machen müssen: Man muss lernen, sich mit politisch und ökonomisch, juristisch und moralisch kleingearbeiteten, »handgreiflichen« *Freiheiten* zu bescheiden. Sie stellen gleichwohl die einzigartige Möglichkeit dar, Idee und Wirklichkeit, Philosophie und Welt, Begriff und Sache auf eine vernünftige Weise zu verklammern. Anders gesagt, das unumstrittene Gutsein der Freiheit stellt sich – im *Prozess* wie im *Prospekt* der neuen Zeit – auf ein Gutwerden ein, es wandelt sich indes in ein *Guthaben* um. Dabei erleidet es empfindliche Einbußen, die man, wie jedes Gutachten zeigt, bei einem solchen Gut nicht vermutet hätte. Wie es der ständig scheiternden Übersetzung von Gerechtigkeit in handhabbares (praktikables) Recht ergeht, das bleibt auch dem Freisein und Freiwerden im Übergang zum Haben von Freiheiten nicht erspart. Seine Handgreiflichkeit, die des Verstandes (7, 50), bringt es dermaßen in Gefahr. Der Verstand übersetzt Freiheit mit »Kontrolle haben über«.

»Freiheit« lässt sich immer nur *partikular* in Form aufgabenspezifischer (besonderer) Institutionen (Funktionen, Rechte) verwirklichen. Besonders bedeutsam sind die auf die Lebensadern moderner Gesellschaften zugeschnittenen Freiheiten – »Gewerbefreiheit« und »Pressefreiheit«, »Versammlungsfreiheit« und »Religionsfreiheit«, »Wissenschaftsfreiheit« und »Kunstfreiheit«, die Freizügigkeit des Reisens und der Berufswahl usf. Immer bleibt das Freisein und Freiwerden an ihr Anderes oder Fremdes gebunden, dessen Aufklärung,

Aufwertung und Aufarbeitung entscheidend hilft, mehr über es selbst und seine zwielichtige Realität in Erfahrung zu bringen.

Partikularisierungs- und *Pluralisierungsprozesse* haben den unendlichen Vorteil, die darin notwendige Kontaktnahme mit der Welt produktiv nutzen zu können, um zu sehen, wie im Akt der Befreiung und der Notwendigkeit, diese Errungenschaften zu sichern – also die (Idee der) Freiheit in solche durch Recht und Gesetz beglaubigte und befestigte Freiheiten (= Institutionen) zu gießen –, sich unweigerlich neue Zwänge, Ungleichheiten und Unfreiheiten einstellen, die auch weiterhin auf Überwindung und Ausbruch drängen. Die Übertragung der Freiheit in marktplatztaugliche Markenartikel raubt ihr einen Gutteil ihrer Macht und Größe, um sie gleichzeitig in kleiner Münze zurückzuzahlen. Mit ihr lässt sich leben, gerade auch, weil deren Zumutung bleibt.

Dieser Zwischenschritt einer notwendigen Übersetzung der (einen) metaphysischen Idee der Freiheit in die (vielfache) empirische oder »handgreifliche« Form von Freiheit(en) im Plural zeigt, wie das Transmundane der Metaphysik als *In*-der-Welt-Sein aufgearbeitet; und das Intramundane der Erfahrung qua Welt in ihren irdischen (soziokulturellen und planetarischen) Ausmaßen überschritten wird. Sie müssen sich wechselseitig erläutern: Sich in Schach halten, ohne aufzuhören, an der Überwindung des anderen zu arbeiten. In genau diesem Denken einer wechselseitigen Erklärung können sie nicht umhin, *sich* zu *erklären*. Denken in diesem (starken) Sinn heißt, sich in der Erläuterung, in der Explikation, Exposition und Evaluation *läutern* zu müssen. Das Denken muss *klar*stellend und *klar*machend verfahren, es muss zuletzt *reinigend* wirken. Es ist kein Denken, ein vernünftiges schon gar nicht, wenn es sich nicht darauf versteht, die politischen wie gesellschaftlichen, wissenschaftlichen wie künstlerischen Dinge auf ihre Freiheitsspielräume und Gefährdungslagen hin durchsichtig zu machen.

Die Verwirklichung der Freiheit, ihre Transformation in das Recht und Gesetz der unterschiedlichen Sphären der Gesellschaft (Politik, Wirtschaft, Wissenschaft usf.) erweckt, der »einseitigen Abstraktionen« wegen, den Geist der Rebellion stets auf Neue. Seine Zeichen stehen auf Sturm, ihr Sinn schöpft sich aus der Möglichkeit einer unmittelbar bevorstehenden Befreiung. *Totalitär* wird die Geschichte dann, wenn das Ganze oder die wahre Totalität der Freiheit *nicht* über Partikularisierungs- und Flexibilisierungsbrücken – der Besonderung und Vereinzelung, der Verzeitlichung und Verzettelung, der Instrumentalisierung als Verdinglichung und Entfremdung – verstanden und erhandelt werden kann. In der Analyse des Hegel'schen Freiheitsbegriffs (Kap. XII) haben wir das näher betrachtet. Hegel bekräftigt das durch eine seiner zentralen Botschaften.

> »[D]ie Größe und Kraft mißt sich wahrhaft erst an der Größe und Kraft des Gegensatzes, aus welchem der Geist sich zur Einheit in sich wieder zusammenbringt; die Intensität und Tiefe der Subjektivität tut sich um so mehr hervor, je unendlicher und ungeheurer die Umstände auseinandergezogen und je zerreißender die Widersprüche sind, unter denen sie dennoch fest in sich selber zu bleiben hat. In dieser Entfaltung allein bewährt sich die Macht der Idee und des Idealen, denn Macht besteht nur darin, sich im Negativen seiner zu erhalten.« (13, 234)

Die sozial, sachlich und zeitlich »auseinandergezogenen« demokratischen Umstände *nicht* zu wahren, heißt, dem Totalitären Tür und Tor zu öffnen. Nicht zu sehen, dass (und wie) Entfremdung ein notwendiger Bestandteil zivilisierten Lebens ist, wäre ebenso fatal wie zu glauben, diese Einsicht erlöste uns von der sich alltäglich neu einstellenden Frage, worin sie denn genau besteht: In welchem Umfang sie tolerabel, in welch anderen Hinsichten sie zu überwinden ist.

Entfremdung heißt, sich stets in einem *doppelten* Sinn auf sie einzustellen. Sie aufheben und beseitigen zu müssen, um gleichzeitig zu sehen, wie wichtig es ist, ein Leben in und mit ihr zu führen – nicht nur um angesichts dieser Erfahrung des Negativen ständig auf Wege zu ihrer Überwindung zu sinnen, sondern auch um in Form von Rückzug und Auszeit einen gewöhnlichen Ort der *Entlastung* zu bieten. Die Übernahme einer Rolle z. B. schützt vor Überforderung: Nicht immer man selbst oder authentisch oder für alles verantwortlich sein zu müssen.

Zu dem Klarstellen und Klarmachen, Klären und Reinigen noch eine kurze Nachbemerkung. – Als entscheidendes Moment des Denkens hatten wir im einführenden Teil unserer Untersuchung neben der *Deutung* das *Vereindeutigen* der Sache als zentrales Moment des Denkens herausgestellt. Vereindeutigen ist Reinigen, ist Beseitigen von dem, was den Sach- und Sozialsinn verdreckt, was an der Sache subjektiv wie objektiv, räumlich wie zeitlich, methodisch wie thematisch nicht zur Sache gehört: wovon abgesehen werden muss, will man das, was Sache und sozial ist, der Form nach begreifen. Kurz und knapp, *Begriffe* sind erstklassische Tatortreiniger. *Reines Denken* ist – obgleich verpönt – nicht ohne Grund das Schmuckstück eines jeden wahr und wirklich verstandenen idealistischen, d. h. demokratischen Denkens. Seine Begriffe erfüllen die denk- und lebenswichtigen Aufgaben wie nichts Vergleichbares auf der Welt – Spitzenfabrikate der verteilten Intelligenz des Geistes; auch und gerade deshalb, weil sie die Tatorte auf eine Weise zu reinigen verstehen, die einesteils den Raum und die Zeit des Verbrechens ›porentief‹ zu säubern wissen und es in Tilgung seiner Spuren gleichsam ungeschehen machen, um andernteils im Wissen um die (Un)möglichkeit eines solchen Tuns, es in der kollektiven Erinnerung erneut durcharbeiten und darstellen zu müssen.[10]

Der bevorzugte Ort des Tatortreinigers auf Seiten des Subjekts ist »die Reinigung der Triebe« (7, 70). Sie ist unabdingbare Voraussetzung für das, wie Hegel sich ausdrückt, »Heraustreiben der Allgemeinheit des Denkens«. Die Reinigung der Passionen und Affekte – im Absehen von allen Willkür- und Absonderlichkeiten eines rein auf sich selbst bezogenen Lebens – liegt »der absolute Wert der Bildung« (7, 71). – Auch der Staatskörper kennt Orte, die mit höchster Dringlichkeitsstufe Reinigungsarbeiten erforderlich machen. In unsere politische Arena übertragen sind es z. B. Untersuchungsausschüsse des Bundestags, in dem die politischen Verantwortlichen über das normale Prozedere hinaus Rede und Antwort stehen müssen. – Im Blick auf das Denken – auf Begriff, Urteil und Schluss – ist die Logik der Ort, um in diesem weitverzweigten Kanalsystem die Richtigkeit im Gebrauch ihrer Formen zu prüfen. Die Dinge zu klären heißt, sie deuten und vereindeutigen zu müssen. So besehen ist die *Wissenschaft der Logik* ein riesiges Klärwerk unserer Gedanken.

(2) *Über das Handgreifliche hinaus. Der »freie Begriff«.* Es ist schön und gut zu behaupten, das substanziell Neue der modernen Welt sei die Freiheit, Gleichheit und Solidarität aller Menschen. Es bestehe

darin, diesen Emanzipationsprozess als sozial geordnete und stets rebellische Macht im gesellschaftlichen Sein und Bewusstsein zu etablieren. Die Losung *Égaliberté* regiere nicht allein unser Verständnis der gesellschaftlichen und politischen Rahmenbedingungen unseres Zusammenlebens. Sie revolutioniere auch unsere *Denkungsart* oder das Verständnis von dem, was ein Begriff ist und wie er funktioniert: das sich zuletzt daran entscheide, wie jene *Schließung* erfolgt, die uns sinnvoll und legitim von »einem« Gegenstand, »einem« Ereignis, »einer« vernünftigen Begründung oder gar »einer« Freiheit sichernden (Meta-)Institution zu sprechen berechtigt.

Wie also organisiert der »freie Begriff« die Schließung? Im Horizont welchen Bewusstseins? Das begriffliche Denken soll ja kein Gefängnis sein, ein Gitter- und Gatterwerk der Begriffe, durch das – subsumierend und klassifizierend – die Dinge über ihr Ein- und Weggesperrtsein verstanden und entsprechend kontrolliert werden sollen – wie die versammelte Denkfaulheit seit zwei Jahrhunderten behauptet. Im Gegenteil. Es soll, es muss die Sachen und Sätze, die Sitze und Sitzungen, die Stimmen und Stimmungen auf ihre *befreienden* Potenziale hin absuchen. Allein dazu ist es verpflichtet. Es soll uns aber auch nicht nur für weitere, andere, d. i. beliebige Anschlüsse offenhalten – die Schließung muss mit einer die Menschen, ihre Intuitionen und Institutionen *befreienden* (mündig und verbindlich, autonom und obligatorisch machenden) Aussicht verbunden sein. Die Schließung *muss* notwendig ein *offenes Ende* haben, aber einen durch das Prädikat »frei« normativ höherstufig qualifizierten Reflexionsstopp. »Frei« ist ein »Prädikat über allen Prädikaten«, das sowohl unser Denken und Handeln trägt, also ihre Basis bildet. Es stellt auch die Maß- und Vergleichsmöglichkeiten bereit, an dem die Sätze und Satzungen gemessen werden müssen. Daher unsere Rede von Sinnbedingung und Korrektiv, Grundlegung und Selbstkritik, Aufgabe und Maßgabe.

Das, was die definitive Grenze markiert oder den Ausschluss nach sich zieht, muss gleichzeitig das sein, was ein radikal immer wieder neu Anfangen-Können ermöglicht. Und dieses Kunststück gelingt nach allgemeinem Dafürhalten nur, wenn die Freiheit – in ihrer unauflöslichen Verbindung mit Vernunft – der letzte Horizont: das Wahre und Ganze einer Welt ist, innerhalb der wir an

Existenz wie Exzellenz interessierte Wesen uns bewegen. Was (uns) aber keineswegs von jener wiederkehrenden und quälenden Aufgabe befreit, wie die jeweils notwendige Unterscheidung zwischen einer sozial und politisch qualifizierten Freiheit und der Willkürfreiheit, zwischen *Égaliberté* und *Egoliberté* im konkreten Fall zu treffen ist. Offen heißt nicht, offen für alles; tolerant nicht, unterschiedslos tolerant gegenüber allem zu sein; und Wahrheit als Differenz zu betrachten, schon gar nicht, der Indifferenz das letzte Wort zu erteilen. Lange Zeit glaubte man – womöglich allzu selbstgewiss –, auf diese (moralisch-politische) Differenz als eine selbstverständliche und gesicherte zurückgreifen zu können.

Die Besonderheit dieses Rahmens – des Freiheits- und Gleichheitsrahmens der modernen Welt – wirft Probleme auf, die, wie man sagen muss, an die Substanz gehen. Denn sie betreffen unmittelbar den ›gedoppelten Doppelsinn‹ der Freiheit als Prozess und Resultat, als Emanzipation und Institution, als untermauernde wie unterminierende Kraft: als Grund und Abgrund bildende Potenziale des Denkens und Handelns. Freiheit ist nicht nur Freiheit und Notwendigkeit, sondern auch Freiheit (qua Ordnungsrahmen) und Befreiungsprozess (ständiger Unruheherd): Rebellentum gegen sich selbst (in Gestalt eines sozio-historisch geronnenen Zustands), zuletzt gegen jegliche Form. Nur auf dieser Weise kann es einer auf Freiheit, Gleichheit und Solidarität gegründeten Denk- und Lebensform gelingen, die Form zu erneuern, ohne sie erneut und dauerhaft in Zwangsverhältnisse zu verstricken. Sie muss das Prinzip ihres Untergangs (»der Befreiung von«, »des Zugrundegehens von«, »des Negativen« oder des »Verwirkens« usf.) in sich tragen *und* austragen – inner- und außerordentlich, grenzziehend und überschreitend, inner- und außerparlamentarisch. Die Überlegungen dazu führen entlang des »freien Begriffs« in seinen permanent errichteten Spannungsbögen. Sie bieten Aufschluss über die Quintessenz des Hegel'schen Denkens oder das (spezifisch) Neue der neuen Zeit, das, der Freiheit wegen, auf seine *Wiederholung* oder das »Von Neuem« drängt.

(3) *Das Neue der neuen Zeit.* Das Neue dieser Zeit liegt in der Freiheit – in Verbindung mit der Gleichheit sowie einer diesem Kampf

(Konkurrenz und Kooperation) entspringenden Solidarität oder dem Bewusstsein, nur gemeinsam frei sein zu können. Dieses Neue kommt, wie Hegel sagt, einer »zweiten Weltschöpfung« gleich und betrifft eine gleichermaßen historische und systematische wie metaphysisch und erfahrungsabhängige Formation. Sie ist das in die moderne Welt substanziell eingearbeitete wie eingeschriebene Neue. Sie prägt die »heutige Gegenwärtigkeit des Geistes« – in der Philosophie wie in der Welt – auch dort, wo sie nicht unmittelbar Realität geworden, sondern in Gestalt von Protest und Aufruhr gegen Unterdrückung und Ungleichheit am Werk ist.

In den einleitenden Kapiteln zur *Phänomenologie des Geistes* hatten wir, dem Buch vorgreifend, das Neue dieser exorbitanten Zeit über das *Unverständliche* einer »Kausalität durch Freiheit«, wie Kant es ausgedrückt hatte, bestimmt und davon gesprochen, dass das Neue selbst in sich unverständlich, so unabdingbar wie unverfügbar sei: unmöglich, sich seiner zu entledigen, wollte man nicht überhaupt aufhören, zu urteilen und zu handeln. Der letzte, abgründige Grund (im Verständnis) der Freiheit ist nicht von der Machart einer »Freiheit des Verstandes« (7, 50), die auf eine kontrollierte Hinsicht- und Inbesitznahme zielt. Das Neue, was sie ins Spiel bringt, lässt sich so nicht begreifen. Ein Anfang in Freiheit ist einer in Unverständlichkeit. Nichts Neues, das nicht in einem Unverständigen seine *Causa*, seinen Grund: seine Ur-sache oder Ur-heberschaft hat.

Zieht man für einen Moment die heutigen Auffassungen über das Neue zurate, so zeigt sich, wie relativ beliebig es ist, das Neue über das »Disparate«, das »Fremde« oder auch das »Disruptive« oder die »Neukombination des Alten« zu definieren. Das Unverständliche ist der allen gemeinsame Nenner. Es verwundert daher nicht, dass der große Soziologe der zweiten Hälfte des 20. Jahrhunderts zu dem gleichen Ergebnis kommt, wenn er das Neue der modernen Gesellschaft *ex negativo* durch das »Abstempeln des Alten« beschreibt. Die Rede von Neuheit verdecke, so Niklas Luhmann (1927–1998), vor allem die »Verlegenheit«, nicht zu wissen, was »eigentlich geschieht«.[11] Hegels Rede von der »modernen Verlegenheit um den Anfang« hatte zu Beginn seiner *Wissenschaft der Logik* knapp 200 Jahre zuvor in die gleiche Kerbe geschlagen. Eigentlich weiß man nicht, ob und wie man den Anfang machen und denken kann, obwohl auch und gerade in der Neuzeit alle Philosophen – zu Recht – ein lebhaftes Interesse an ihm zeigen. Und das dauert bis in die Gegenwart fort.

Das Unverständliche – auch darauf hatten wir in den Eingangspassagen über den *Anfang des neuen Geistes* hingewiesen – ist einerseits, wie Friedrich Schlegel in seinem berühmten Fragment schreibt, »das Köstlichste«, was die Menschen haben, wovon nur ein Gran, ein Bruchteil genügt, um sich Zufriedenheit zu verschaffen; andererseits ist es aber auch – um an dieser Gelenkstelle des Denkens inne zu halten – der »Durchgang einer Gefahr«, wie Jacques Derrida (1930–2004), ein französischer, hegelnaher wie -kritischer Philosoph sich ausdrückt. Kein Neues ohne Unwissen; kein Neues ohne ein Moment des Unverständnisses, worum es sich handelt: wohin die Reise geht, in welche Abenteuer sie uns verstrickt. Eine »Leere« tut sich auf, die jeden Sinn, jedes Vorhaben, jeden zielgerichteten Willen zur Verbesserung der Lage zu untergraben droht – der negativ bleibende Freiheitswille, der einzig im Akt des Befreiens und Loswerdens seine Zielgröße kennt, ein, wie Hegel eindrucksvoll schreibt, »im Politischen wie im Religiösen [entspringender, G. G.] Fanatismus der Zertrümmerung aller gesellschaftlichen Ordnung« (7, 50).

Für Literaten (der Frühromantik) wie Friedrich Schlegel und Soziologen (einer reflexionsphilosophischen Spätaufklärung) wie Niklas Luhmann endet an dieser Stelle, wie sie glauben, ihre Auskunftspflicht. Mit Fragen der Vernunft haben sie – aus unterschiedlichen Gründen – nichts zu schaffen. Vor allem wollen sie mit Dingen, die um die *Logik der Form* unter der Ägide der *Vernunft* ringen, nichts zu tun haben. Spöttischer Hohn über die alteuropäische Metaphysik auf der einen Seite sowie der rhetorisch beschworene *Bruch* mit den Kontinuitäten eines (bürgerlich) geregelten Lebens und einer gesellschaftlich approbierten Kunst auf der anderen. Die eine gibt sich damit zufrieden, eine witzige, ironische oder, besser noch, geheimnisvolle Metapher als den Ort einer begrifflich entfesselten und poetisch wiederverzauberten (»himmlischen«) Welt gefunden zu haben. Für die andere bleibt der wissenschaftliche, Unterscheidungen auf Unterscheidungen schichtende Verstand das Äußerste, was ein als Soziologe getarnter Reflexionsphilosoph sich zutraut, über die Welt zu sagen. Für Philosophen wie Hegel wird es hier überhaupt erst interessant, wenn, in Reflexion auf Einheit und Unterschied beider, das Neue der neuen Zeit, die neue Form des Denkens wie der Welt auf dem Hochplateau einer durch *Égaliberté* begründeten gesellschaftlichen und politischen Ordnung liegt.

1. *Anfangen können – Motiv und Dispositiv der heutigen Gegenwärtigkeit des Geistes.* In einer Welt, die Freiheit im Verbund mit Gleichheit und Solidarität zu ihren Markenartikeln, zum höchsten Grundsatz und beliebigen Allgemeinplatz erkoren hat, liegt die Antwort auf die Frage, womit in der Philosophie (als Wissenschaft) der Anfang gemacht werden muss, offen zutage: im Anfangen selbst. Denn dieses durch Einsicht motivierte Tun und Wollen ist eine treffliche Übersetzung von »frei«; auch, weil sie sich auf den Welt abbildenden wie Welt erschließenden Charakter der neuen Zeit stützen kann. Sie weiß den auf Auf- und Umbruch programmierten Geist am besten zu nutzen. Was also liegt näher, als die Definition der Freiheit aufzugreifen, die Kant so treffsicher wie möglich als *Anfangen-Können* beschrieben hat. Hegel übernimmt, ergänzt und präzisiert diesen Gedanken. Er besteht darauf, stärker noch auf das zu achten, was man eigentlich *tut* oder *nicht tun* kann, wenn man in dieser oder jener Hinsicht einen Anfang macht: von welchem Wunsch und Willen er getragen (beseelt) und von welchen Instanzen und Institutionen er genutzt wird, um sich ihrer selbst zu vergewissern. Das Interesse richtet sich auf das, was in Folge seiner Ausführung weiter geschieht – getreu der pragmatischen wie bibelfesten Maxime, sie an den Früchten ihres Tuns zu erkennen.

Kurz, die neue Zeit steht im Zeichen, wenn nicht im »Bann« einer Freiheit, die über die Möglichkeit, Wirklichkeit und Notwendigkeit des Anfänge-Machens begriffen werden muss. Durch die historische Auflage, das Gleiche und Gemeinsame zu stärken, wird sie näher bestimmt. Freiheiten im Plural, insbesondere die um das Privateigentum zentrierten Interessen, wirken dabei wie *Zentrifugen*, die den Sinn für das Gemeinsame empfindlich schwächen, um andererseits den für das Ungerechte unendlich zu schärfen. Anfangen-Können wird zum Medium und Mittel, zur Message und Moral eines ganzen Zeitalters. Dieses ebenso imaginäre wie reale Dispositiv schaltet sich unter das, was ohnehin im Gang ist: *Anfänge immer wieder von Neuem zu machen.* Sie machen zu können, weil man sie machen muss. Sie machen zu müssen, weil man es kann.

»Nichts ist verspielt«, sagt die neue Zeit, »wir können alles von vorn beginnen« – hier in der repräsentativen Stimme von Claude Lévi-Strauss (1908–2009), dem großen Ethnologen des 20. Jahrhunderts. In dieser Quintessenz liegt ihr imperatives Mandat, Wollen und Wünschen fallen in ihr zusammen, um doch – immer wieder von Neuem – durch die Erfahrung überwältigt zu werden, einer nah- wie weitläufig *mühseligen* Ausdifferenzierung nicht entkommen zu können.

Anfangen-Können ist *Medium*, in ihm bewegt sich das Wollen und Wünschen der sozialen und psychischen Systeme. Es ist *Mittel*, das zu handhaben gelernt sein will, um sich – auch und gerade in der Erfahrung von Widerständen – in der Freiheit des Handelns bestätigt zu sehen. Seine begeisternde *Moral* und *Message* zu übersehen, wäre sträflich. Sie allein verspricht dem altehrwürdigen Pindar'schen »Werde, der du bist«, eine ihm heute überzeugende Realität zu verschaffen: ein weltoffenes, zur Selbstüberschreitung in Neuanfängen hin disponiertes Lebewesen zu sein.

Im Anfangen-Können erhält das alles und nichts sagende Prädikat »neu« einen neuen, ja verheißungsvollen Posten. In ihm soll und muss sich die moderne Welt aus sich selbst bewegen und rechtfertigen, um glaubwürdig zu sein. Neu heißt nicht alt – im Sinne von gestrig oder passé. In ihm will die Gegenwart über das Vergangene, der Geist des Auf- und des Umbruchs über den Status quo triumphieren. Neu ist, was dem Gewohnten und Eingefleischten misstraut, das Althergebrachte überholt und allem, was ineffektiv ist, den Kampf ansagt. Dabei ist die Betrachtung der Zeitachse nicht mal das Entscheidende. Aufschlussreicher ist sein Sach- und Sozialsinn: Neu heißt auch, was ungebraucht und unverbraucht ist. Es stellt neben dem Grundsatz-, den *Gebrauchsartikel* der Freiheit qua Anfangen-Können besonders heraus. Neu ist dieser Artikel des *Handels* (der Ware, des Konsums) und der *Verhandlungen* (in Form von Texten wie dem *Grundgesetz* oder der politischen Verfassung), weil er dem allgemeinen und gleichen Gebrauch lange Zeit nicht offen gestanden hatte: heute aber die *Freiheit durch ihren Gebrauch sich als unverbrauchte fortlaufend zu erneuern versteht.* Das Resultat ist wieder der Anfang (8, 63). Wenn das Neue alt wird, taugt es nicht. Freiheit in ihrem Gebrauch ist – wie das Denken oder die Liebe im Gebrauch – eine aus sich selbst heraus erneuernde Ressource.

Ein neues Level ist erreicht, wenn sich das Neue der neuen Zeit selbstbewusst als ein aus ihm selbst Geschöpftes herausstellt und in genau diesem »Tun und Treiben« die »neue Form der Welt« gesehen wird. Sie sollte, wie Hegel schreibt, in »der Arbeit des Geistes« bestehen: das »Jenseits« der göttlichen Welt »zurück zur Wirklichkeit ins Selbstbewusstsein [der weltlichen Welt] zu führen« (20, 458). *Freiheit im Gebrauch* und *Freiheit im Grundsatz* stellen die Ein- und Ausgangsbedingungen bereit, die neue Welt auf ihren Wahr- und Wirklichkeitsgehalt hin zu überprüfen. Anders gesagt, der Rekurs auf den *Anfang aller Dinge* ist nicht mehr einer, der sein Prinzip in Wasser oder Feuer, im Einen oder in Gott, in der Substanz, dem »Urknall« oder dem Subjekt: dem »Ich denke« als höchsten Punkt der Philosophie hat. Wahre und wirkliche Anfänge machen zu können, liegt schon gar nicht (mehr) in der unumschränkten Handlungsmacht gekrönter Häupter – er liegt für Hegel, vereinfacht gesagt, in der »kommunikativen Freiheit«. Dieses Stichwort hat der vor wenigen Jahren verstorbene Berliner Philosoph Michael Theunissen (1932–2015) benutzt, um den Grundzug des Hegel'schen Denkens in der *Wissenschaft der Logik* zu charakterisieren. Es trifft ins Schwarze: *Initiativ* und *regulativ* ist eine »Freiheit, die in der Kommunikation des Miteinander-Sprechens und Miteinander-Handelns sich bildet und bewährt«[12]. Ihr Handlungsraum wird durch die Marke *Offenheit* auf der einen und *Verbindlichkeit* auf der anderen Seite bestimmt.

Kurz, Anfangen-Können als Synonym für »frei« lässt sich nicht gegenständlich (wie für den aufrechten Gang, die Schrift oder das Rad, die Landwirtschaft, das Geld oder die Gabel), sondern nur geistig; nicht statisch, sondern dynamisch; nicht subjektiv, sondern intersubjektiv; nicht monologisch, sondern sozialkommunikativ auffassen: in ihm wird das Subjektive wie das Objektive in die Handlungsmacht eines Transsubjektiven, dem Tun und Treiben der verteilten und versammelten Intelligenz des Geistes notwendig überschritten. Es geht nicht um den Anfang von etwas, von allen Dingen, sondern um ihn selbst: Den Anfang von allem, der philosophisch *nicht* der Anfang von Gegenständen ist, sondern der

Anfang (des Denkens) der Welt und des Denkens des Denkens. Er hilft gleichwohl die Anfänge vieler Gegenstände zu erhellen. Man muss überdies nicht nur daran glauben, dass das, was der Anfang verspricht, in Erfüllung geht, man muss auch an seine Möglichkeit glauben, um seine Wirklichkeit in Abrede stellen zu können. Nichts versteht sich von selbst. Wir müssen ihm, er muss uns entgegenkommen trotz aller Unheimlichkeit, die uns angesichts seiner An- und Aussichtslosigkeit anweht und wegen seiner An- und Aufsässigkeit überfällt.

Heute ist das Bewusstsein allgemein, dass es nicht einen Anfang gibt, sondern viele, dass es nicht in der Hand mächtiger Einzelner liegt, einen Anfang zu machen. Heute erklären lokale, regionale und globale Akteure ihn sich gegenseitig. Ein Anfang kommt oder steht selten allein, seine Organisationsform gleicht seit Längerem einer GmbH, man muss ihn unter Vorbehalt seiner Risiken organisieren. Anfangen-Können wird ein anderes Wort für Moderne, für das Selbstbewusstsein und das Lebensgefühl der transatlantischen Gesellschaften des Westens, für ihre großen Institutionen von der Politik bis zur Wirtschaft, welche die Möglichkeiten des Neuanfangens – vom Regierungswechsel und der Erfindung neuer Bedürfnisse bis zu technischen Innovationen, künstlerischen Avantgarden und ökologischen Welterneuerungsprojekten – zur Grundlage ihrer Praxis gemacht haben. Anders als ein jedesmaliges *Start-Up* zu sein, lässt sich auch keine auf Selbsterhaltung bedachte Existenz und auf Sich-Voraussein programmierte Exzellenz mehr verstehen. – Doch wie immer hat die Sache einen Haken. Auch der Anfang wirft einen Schatten, er bleibt in ein Dunkel gehüllt, mindestens in der Hegel'schen Sicht, die wir zuletzt zurückgestellt hatten. Das Dunkel liegt im »Unbegreiflichen« des Anfangs (5, 110), in ihm spiegelt sich »die moderne Verlegenheit um den Anfang« (5, 65).

2. *Das Unbegreifliche des Anfangens.* Die Aufbruchsstimmung, die der Anfang verbreitet, erhält einen empfindlichen Dämpfer, wenn wir bemerken, dass wir *im* Anfang, den wir machen, unterstellen, einen festen, unverrückbaren wie unverbrüchlichen Ausgangspunkt zu besitzen, um ihn sogleich zu dekonstruieren, obgleich dessen – gleichsam in einem Punkt – konzentrierte Macht »die in allen folgenden Entwicklungen gegenwärtige und sich erhaltende

Grundlage, das seinen weiteren Bestimmungen durchaus immanent Bleibende« ist (5, 71). Um am Ende dieses Gedankengangs sogleich darauf zu stoßen, dass, um einen wirklichen Neuanfang zu machen, dieser ein radikal Unbestimmtes (»Inhaltsleeres«) sein muss, der, wie Hegel sagt, sich von allen Bestimmungen oder Inhalten ›loszumachen‹ versteht.

Der Anfang wird durch das, was (am Anfang) gedacht, gewollt und getan wird, bestimmt, er ist auf seinen »Fortgang« programmiert. Er ist eine schiere Demonstration seiner Macht, eine bedeutungsvolle Referenz, die für unser argumentatives wie sozialkommunikatives Leben ein notwendig Null und Nichtiges, d. h. Unbestimmtes darstellt, ohne das kein Bestimmtes je den Mehrwert hätte, den es ständig einzuheimsen verspricht. Der Anfang in seinem Nichts (an Bedeutung) ist gleichwohl das, ohne das nichts geht. Ohne den Anfang wäre alles nichts: von ihm aus wächst allem überhaupt erst die Bedeutung zu, die es hat.

Man kann dabei als Beispiel ebenso an die Bedeutung des archimedischen Punktes denken wie an die »Null«, die Paul de Man in Anlehnung an Blaise Pascal (1623–1662, französischer Philosoph, Mathematiker, religiöser Schriftsteller) und die Logik von Port-Royal wie folgt analysiert hat: Radikal heterogen gegenüber der Ordnung der Zahlen und zugleich entscheidend, wenn es überhaupt eine Ordnung der Zahlen geben soll. Man muss sich auf eine Zahl ohne Wert beziehen – also im strikten Sinn auf ein Symbol, das streng genommen keine Zahl ist: auf die Null oder ein Nichts (an Wert) –, um mit den Werten der eigentlichen Zahlen rechnen zu können. Die Null ist auch ohne Zahlenwert nicht wertlos, im Gegenteil. Ohne sie als verdeckten, gleichwohl (im Sinn und Gebrauch) erinnerten, aber verschwindenden Ermittler (Bezugspunkt) ließe sich mit den übrigen Zahlen nicht rechnen. Der Gebrauch der Zahlenwerte wird immer über den Abstand bemessen, den sie auf die Null – oder ein Nichts an Wert – hat. Man muss sich auf das Nichtige der Null beziehen. Sie ist nicht nur nicht wertlos, sondern von allergrößtem Wert, weil ihre unterstellte Existenz das Rechnen mit Zahlen überhaupt erst ermöglicht. Das Wichtige der Null oder des Nichts zeigt und erneuert sich in jedem Gebrauch, auch und gerade in Bezug auf die Stabilität, die sie über die Zeit des Rechnens hinweg verschafft. Das Unbestimmte hilft, den Zeitfraß zu verlangsamen und, wenn es theoretisch wie praktisch zur Höchstform aufläuft, zu stoppen.

3. *Die Logik der Praxis. Kommunikative Freiheit und Versprechen.* Die Startbedingung des Hegel'schen Denkens war Kants abschließende Feststellung über den Anfang: Es ist zugleich *notwendig* und *unmöglich*, einen Anfang der Welt und des (kausalen) Denkens zu machen. Hegel bringt die Ironie des Anfangs und der Anfänge auf den Begriff, wenn er, wie gesagt, auf die Frage »Womit der Anfang der Wissenschaft gemacht werden muss« die »moderne Verlegenheit um den Anfang« als Antwort präsentiert: Jede Setzung eines Anfangs kann nicht übersehen, dass immer schon angefangen wurde. »Der Anfang der Philosophie muss entweder ein *Vermitteltes* oder *Unmittelbares* sein«, er kann »weder das eine, noch das andere sein [...], somit findet die eine oder die andere Weise des Anfangens ihre Widerlegung.« (5, 65) Das Ergebnis ist das Unbegreifliche oder Unverständige des Anfangs (5, 109–111), das ausgerechnet in dem, was wir »frei« nennen, liegt. Für Hegel ist die Freiheit des Denkens die notwendige Bedingung des Anfangs, sowohl *systematisch* im Denken als auch *historisch* in der realen wie der begriffenen, d. i. der dargestellten bzw. erzählten Geschichte. Das »Element der praktischen Freiheit«, schreibt Hegel abschließend, ist die »politische Freiheit«. Als *Wille* bildet sie das politisch-praktische Entsprechungsstück eines Denkens, das als Denken des Denkens beansprucht, ein *freies* zu sein (18, 116).

Was diesen ungewöhnlichen Bezugspunkt des Anfangs betrifft, für Hegel ist er das Alpha und Omega einer Freiheit des Denkens und Handelns, das in diesem Tun eine *Schwäche* vergegenwärtigt, die für uns, *les modernes*, seine einzigartige *Stärke* darstellt. Nicht Anfänge wie Feuer oder Wasser, Gott oder fensterlose Monaden bilden die tragenden Säulen der Macht eines planetarisch ausgelegten Lebens und Denkens – Anfänge zeigen sich als sozialkommunikativ eröffnete Formen einer Praxis, deren Markenartikel Freiheit und Gleichheit sind. Sie müssen unter Beteiligung oder Mitsprache weltweit tätiger Akteure und einem zeitlich ungleichzeitigen Verlauf mit einem Kampf um ständig neu auszuhandelnde Prioritäten rechnen. Anfänge inmitten einer turbulenten Zeit, in der gleichwohl ihre

Ausnahmestellung gewahrt und gewährleistet ist. Kein Anfang ohne sein (Üblichkeit sprengendes) Alleinstellungsmerkmal, seinen USP (*unique sales proposition*) – trotz des gegenteiligen Bewusstseins, dass und wie in jedem Anfang das Vermittelnde des Denkens und Handelns in Langeweile und Wiederholung zu versinken droht.

Die »moderne Verlegenheit um den Anfang« ist eine, die dessen radikale Unbestimmtheit oder Offenheit (alles ist möglich) nicht mit seiner offensichtlichen Bestimmtheit (alle Ein- und Ausgänge sind besetzt) zusammenbringt; die aber das nicht erreicht, weil sie, wie Hegel sieht, sich im Denken allein auf den Verstand verlässt. Die im wirklichen Denken liegende Produktivität und Versöhnung wird hingegen erst durch eine der *Logik der Praxis* inhärente *Verbindung* gestiftet, die in der kommunikativen Freiheit als höchster Erfahrungsform der Vernunft ihr Recht wie ihren Ausdruck findet.

Die *Phänomenologie des Geistes* hatte diesen Gedanken in die Forderung gekleidet, »das Wahre nicht [nur] als *Substanz*, sondern ebenso sehr als *Subjekt* aufzufassen und auszudrücken« (3, 23). Im Miteinander-Sprechen und Miteinander-Handeln der Subjekte (als geistigen Mächten) wird die Substanz der Welt unter Leitung einer zwecktätigen Vernunft durchdrungen. Dabei gibt die Arbeit den Ton an, sie ist das Modell. Entsprechend gehen in der Werkmeisterei des Geistes »die Arbeit des Begriffs« und die der werktätigen Menschen (Massen) Hand in Hand. Sie verweisen auf eine in der Kritik der Welt des entfremdeten Geistes liegende Notwendigkeit, die rechtlichen, gesellschaftlichen und politischen Grundlagen neu organisieren zu müssen.

Entscheidend ist: Wenn die kommunikative Freiheit im Denken und Handeln der letzte Bezugspunkt der neuen Zeit ist, dann ist das Anfänge-Machen im Miteinander-Sprechen und -Handeln – von A wie Absprachen und Abkommen über V wie Verträge und Versicherungen bis Z wie Zivilisation, Zahlung und Zusammenarbeit – auf solche der Kommunikation immanente Regularien angewiesen. In allem ist und muss eine wie auch immer schwache Kraft an *Verbindlichkeit* (ein »geistiger Mechanismus«) am Werk sein, die dem *Miteinander* zugrunde liegt und ihm den entsprechenden Aus- wie Nachdruck verleiht. Sie muss das im Geist der neuen Zeit entwickelte Programm: die Forderung nach »frei«, »gleich« und »gemeinsam«

auf eine Sinn, Verstand und Erregung stimulierende Weise abzubilden wissen. Eine »beständig erregte Erwartung« (3, 20) muss zudem mit diesem Erfahrungs- und Grundlegungsprozess einhergehen.

Die gesuchte *Form*, die das auf einem listigen Wege zustande bringt, ist das *Versprechen*. Diese Denk- und Lebensform bildet die Seele und den Begriff des Inhalts: das *Offenheit* **und** *Verbindlichkeit* stiftende Ethos der neuen Zeit – ein Differenzial, das zum Universal unseres Denkens und Handelns wird. Es durchdringt bestimmt wie unbestimmt das Leben des Geistes. Jederzeit ist man frei, das Versprechen zu brechen, um dennoch, wenn man »es gibt«, verstehen zu geben, sich daran halten zu wollen. Es ist, wie man auch sagen könnte, die gleichermaßen umfassende wie grundlegende Meta-Institution des Geistes, die ebenso latent wie präsent seine Macht und Größe heute bestimmt. Sie stiftet Frieden freilich nur um den Preis, die Sinne der Rebellion stets aufs Neue zu wecken und zu schärfen. Der kommunikationstheoretische Grundsatz, »man kann nicht nicht kommunizieren«, muss präzisiert werden: Man kann nicht nicht versprechen; nicht, wenn man sich in einem sozialen Raum befindet, der durch einen in der Sache »frei« und »gleich« bestimmten Horizont bewegt wird, um dort, in diesem gleichermaßen bestimmten wie unbestimmten Milieu zu denken und zu handeln. Man kann sich nicht aus dem Feld der Verantwortung für das Versprechen, das man frei- oder unfreiwillig tut, herausstehlen wollen. Es ist der Alb, der Wahnsinn in der Vernunft, der (unmerklich) auf allem lastet; aber auch das stille Glück des Gelingens, das es allem und jedem verheißt. Der Geist der neuen Zeit besitzt im Versprechen seine alle Kommunikation grundlegende Relation. Hinter sie können wir nicht zurück; es sei denn um den Preis »einseitiger Abstraktionen«, die der »gesunde Menschenverstand«, der die »Unmöglichkeit des Anfangs« behauptet (4, 166), zum Selbstschutz vor sich herträgt. Wie Kain nach Abel gefragt, können auch wir *nicht* entrüstet antworten: »Bin ich denn der Hüter meines Bruders?«

Es versteht sich in der schiefen Rede von Meta-Institution von selbst, dass es dabei nicht nur oder in erster Linie um die Empirie eines millionenfach getätigten Sprechakts geht, sondern darum, dass seine den Gebrauch und Grundsatz kommunikativer Freiheit prägende (strukturierende) Struktur, Verbindlichkeit (freiwillige

Selbstverpflichtung) und Offenheit (schrankenlose Freiheit, Tun und Lassen können, was man will) in *einem* Miteinander-Sprechen und Handeln zu verbinden weiß. Es geht um (das) Versprechen als (den) *Inbegriff* einer mächtigen Realität, die in ihrer doppelten Form einer Institution/Intuition alle Bereiche unseres Lebens durchdringt. Sie bildet sie ab und erschließt sie zugleich. Sie versteht es, sich im Schaffen ganzer Welten (Situationen) – wie in einem Fegefeuer der Gefühle und Gedanken, Geschichten und Geschäfte – laufend zu *erneuern*.

Im Anfang ist nicht »das Wort« (»und Gott war das Wort«) oder »die Tat« (J. W. v. Goethe), »der Vertrag« (Th. Hobbes) oder »der Tausch« (D. Hume); auch nicht »das Staunen« (Aristoteles) oder »das Befremden« (P. Valéry). *Im* Anfang ist das *Versprechen*, das die Macht und Größe des Geistes auf unendlich viele Schultern verteilt. Der Geist als offenes Geheimnis der Welt 2.0. Das Versprechen verkörpert *in praxi* oder im wirklichen Leben das, was für den »freien Begriff« Schließung bedeutet, es tut es auf exemplarische, gleichwohl rechtlich, moralisch, politisch und finanziell je eigensinnige Weise. Es taugt nicht, wenn es veraltet. Es zeigt oder erschafft sich oder seine Realität in seinem Gebrauch der Freiheit in den alltäglichen wie höchsten Formen des Handelns stets neu. Alltag und Sonntag des Lebens. Es besteht in einer vermittelten und paradoxen Einheit, die sowohl Offenheit als auch Verbindlichkeit in *einem* Akt zu realisieren versteht. Das Versprechen ist nichts ohne seine ständige Heimsuchung durch den Verrat. – Deutlich wird auch, wie in diesem Zusammenhang »die moderne Verlegenheit um den Anfang« ins Spiel kommt, wenn – wie im Versprechen – der *Glaube* an die Macht und Größe des Geistes, das nötige *Vertrauen* zu sich und die Vernunft der anderen das Denken und Handeln der sozialen Akteure bestimmen muss. In jedem Offenheit *wie* Verbindlichkeit signalisierenden Versprechen sieht sich der Mut der Wahrheit in der Zumutung der Freiheit, die in jedem Versprechen liegt, herausgefordert – sachlich (in der Freiheit), sozial (den Anderen) und zeitlich (in der Zukunft).

Das »gegenseitige Anerkennen«, das Hegel zufolge »den absoluten Geist« charakterisiert, ist die Basis für (das) Versprechen und vergleichbare Verhaltensweisen. Es bindet – gleichgültig, ob reflexiv oder präreflexiv getätigt – ein in jeder Richtung offenes wie verbindliches Wesen in *einer Einheit* zusammen, die jeden Augenblick auseinander zu fliegen droht. Jedes Versprechen kann gebrochen werden. Ohne die Möglichkeit, es jederzeit brechen bzw. halten zu können, wäre es keins – eine dynamische, sich selbst zersetzende Mitte. Der »freie Begriff« findet nach der Seite des Handelns in diesem Entgegengesetzten eines verbindlich kommunizierten Anspruchs **und** eines offenbleibenden Resultats (oder Inhalts) sein *fundamentum inconcussum veritatis*. Die unerschütterliche Wahrheit kann man gleichwohl – wegen ihrer flüchtigen (geistigen) Natur – nicht mittels Zwecken und Stiften an die Wand pinnen. Sie zeigt sich erst im jedesmaligen Vollzug.

Versprechen und vergleichbares (»geistiges«) Handeln ist das Lebenselixier (Medium, Mittel, Message und Moral) des sozialen Verkehrs heute. Selbst- und Sozialsinn erhellen sich wechselseitig im Sachsinn einer von Freiheit, Gleichheit und Solidarität bewegten Welt. Die »hohe Natur des Geistes«, die nach Hegel im »Verzeihen und Versprechen« liegt (15, 569), ist deshalb die höchstplatzierte, weil sie die wahrhaft unheimliche, das ist unendliche Spannung eines *freien* Seins und Werdens aushält, die zwischen den beiden Antipoden Verbindlichkeit und Offenheit eine äußerst fragile Einheit stiftet. Nur die dauernd tätige Entgegensetzung schafft eine spekulative Einheit, die Motivation und Legitimation aus dieser Situation eines unvermeidlichen Widerstreits zu schöpfen weiß. Als sich zersetzende Mitte ist sie für ein Leben im Gebrauch und Grundsatz von Égaliberté unabdingbar. Sie sichert den sozialen Zusammenhalt weitaus zuverlässiger als die moralischen Appelle, die die besorgten Theoretiker des Sozialen zum Besten geben. – Im inneren Widerstreit des Versprechens eine die Welt 2.0 begründende »List der Vernunft« am Werk zu wissen, läge so wenig daneben wie in diesem *spezifisch Negativen* der modernen Welt die *Substanz* zu sehen, die, wie Hegel schreibt, »wesentlich Subjekt« ist – eine Welt der Verweisungs- und Verwertungsketten, die dadurch Form oder Halt gewinnt, dass das *Timing* – das Herrwerden über die Zeit – im Großen und Ganzen auf der Basis von Absprachen gelingt.

4. *Die tiefere Vernünftigkeit des Anfängemachens.* Im glänzenden Licht des Anfangen-Könnens zeigt das Neue der neuen Zeit nicht

nur deshalb eine so große *Attraktivität*, weil es das Alte »abzustempeln« weiß, es zeigt auch einen Weg, es in eine produktive Aussicht umzumünzen. Dazu trägt sein sprichwörtlicher Zauber ebenso bei wie sein buchstäblich Schweres. Es ist diese schwer greifbare Lage des Ungewissen und Ungesicherten, des Ungefähren und Prekären, das die Philosophie begrifflich über das Unbestimmte und Bestimmte, das Offene und Verbindliche, das Teilen und Unteilbare durch- und aufzuarbeiten versucht: eine wiederkehrend unbestimmte Bestimmtheit des Anfangen-Könnens – das Faszinosum schlechthin der modernen Welt, das die Menschen ängstigen, ebenso entmutigen wie ermutigen kann. In der kommunikativ begriffenen Freiheit erhellen sich die Metaphysik und die Erfahrung der Anfänge wechselseitig. Aus der verbindlichen Offenheit der Anfänge spricht gleichsam eine moderierte Angstlust, die man unter Mühen vor- oder unbewusst zu schätzen lernt. Das Bewusstsein *wiederkehrender Chancen* ist eine andere aktuelle Beschreibung dieser Situation, ihr steht das notwendige Scheitern zur Seite, das dennoch der Möglichkeit, Wirklichkeit und Notwendigkeit, die Chance ergreifen zu können, wenig Abbruch tut. Die Aussicht auf Erfüllung (einer grenzenlosen Freiheit oder eines überschäumenden Glücks) stellt im Augenblick des Ergreifens der Chance alles andere in den Schatten.

Dieses paradoxe Bewusstsein erfüllt das Lebensgefühl von Personen und Institutionen heute zur Gänze. Einem unvergleichlichen Freiheitsgefühl im Anfangen-Können und dem Gestalten zukünftiger Lebenslagen (»alles ist möglich«) steht ein ebenso deutliches Bewusstsein, zuletzt doch nicht wirklich, d. h. in entscheidenden Dingen, über sie verfügen zu können (»nichts geht mehr«), gegenüber. Es ist, als ob die Zeit in der Steigerung ihrer Gestaltungspotenzen immer deutlicher und näher auf uns zu käme, um sich gleichzeitig – im Versuch, sie zu bewältigen oder »handgreiflich« zu machen – immer weiter von uns zu entfernen. Daraus (wie die Posthistoire u. a.) den Schluss eines »rasenden Stillstands«, einer stagnierenden Gegenwart zu ziehen, ist ebenso bedenklich wie das Fällen der Diagnose: über einen im Weltmaßstab demokratisch gezügelten Kapitalismus, d. i. eine marktkonforme Demokratie, führe kein Weg hinaus, jenseits dieser Errungenschaften der modernen Welt gäbe es keinen Fortschritt. Dem steht neben einer Reihe anderer gewichtiger Gründe das Bewusstsein des Anfangen-Könnens, das im Schoß dieser ungeheuer produktiven, alle lokalen und nationalen Eigentümlichkeiten fortreißenden Dynamik miterzeugt wird, entgegen – im Großen wie im Kleinen, für den Einzelnen wie für Kollektive und ganze Gesellschaften. Selbst wenn der Einzelne als Gewohnheitstier sich wenig bis gar nicht zu verändern wüsste, Gesellschaften im Ganzen können das sehr wohl. Auch innerhalb demokratisch gezogener Grenzen. Sie stehen – trotz des permanenten Sogs in Richtung Regression – einer Veränderung auch zum Besseren offen.

Anfänge beleben und begeistern. Wodurch? Durch ihre Unbestimmtheit, durch ihre begreifliche Unbegreiflichkeit, und darin steckt das Geheimnis ihrer Größe: nicht in allem zu wissen, was uns durch sie erwartet; durch ihr Versprechen, mit etwas beginnen zu können, was es (so) noch nicht gegeben hat oder womöglich auch nicht geben kann. Sein Gedanke ist der des Religionsphilosophen Thomas Mann, der in seinem großartigen Roman *Joseph und seine Brüder* schreibt: »Aber wie soll leben ein Mensch, wenn er sich nicht mehr darauf verlassen kann, daß es anders kommt, als er denkt.«[13]

Der *Schein also trügt nicht*, der Hauptantrieb im Anfangen-Können liegt darin, sich mehr oder weniger bewusst an einer Unmöglichkeit zu versuchen. Anzufangen ist nur möglich, weil es aufs Neue stets Probleme zu lösen gilt, die (mindestens im Blick auf den Verstand) nicht zu lösen sind. Aus ihm spricht eine unstillbare Sehnsucht, die den Menschen angesichts des Anfangen-Könnens befällt – eine Sehnsucht wohl auch nach dem Ergriffen-, wenn nicht Überwältigtwerden durch ein Größeres, durch etwas, das (noch) nicht verstanden werden kann. Der Anfang hört nicht auf, ein Anfang zu sein. Und, es gibt kein Ende. Alles auf Anfang, das ist der Schluss. Er beherbergt das Geniale der modernen Welt, im »von Neuem« den formal wie inhaltlich wahren Anfang von allem gefunden zu haben. Erfahrung und Metaphysik schaffen ihm eine laufende wie dauerhafte Übereinkunft.

Die moderne Verlegenheit um den Anfang besteht in der Freiheit des Anfangen-Könnens, alles versprechen, wenig bis nichts garantieren zu können: Ihm eine starke, fast blendende Strahlkraft zu attestieren, der aber – aus guten Gründen – nur eine schwache Kraft zur Bestimmung (Determination) aller Dinge zur Verfügung steht.

In diesen asymmetrischen Verhältnissen besteht, wie man sagen könnte, die »List der Vernunft«, die im Machen von neuen Anfängen greifbar wird. Im Unbegreiflichen des Neuanfangen-Könnens verdichten sich überdies alle Versprechen einer Welt im Geist 2.0. In ihm lagert nicht nur alles, was man zum Leben braucht – das Schaffen von Tat-sachen, das Eingehen von Verpflichtungen und das Verbreiten von Hoffnung –, sein stimulierender Witz: Mit dem Anfang kann man nichts anfangen. Aber er kann aus und mit uns etwas Besonderes machen, besonders dann, wenn er, wie Schelling gesehen hat, um seiner selbst willen – seines Wesens wegen – geschieht. »Der Anfang darf sich selbst nicht kennen; welches soviel heißt: er darf sich selbst nicht kennen als Anfang. Was Anfang ist, muß sich nicht als Anfang, sondern als Wesen (um seiner selbst willen Seyendes) ansehen, um wahrer Anfang zu seyn.«[14]

(4) *Das Können-können.* Ich komme mit einer Anschlussüberlegung zum (offenen) Ende mit zwei Thesen und kehre damit zur Philosophie, zu ihren Kerndisziplinen: zur Ontologie und zur Metaphysik, zurück, aber auch zur *philosophia practica universalis*, inklusive einer Vorverständigung über die neue Zeit, ihre Selbst- und Weltverhältnisse.

Zählt man nämlich das, was bisher über die neue Zeit und das Anfänge-machen, über Praxis, Freiheit und Vernunft gesagt wurde, zusammen, lässt sich »die neue Form der Welt« hinsichtlich ihrer objektiven Macht und Größe wie folgt bestimmen: Sie ist das in jede Praxis eingefädelte *Versprechen, (es) zu können.* Nicht (mehr) ein *Sein-Können,* wie Nikolaus von Kues im 15. Jahrhundert glaubte, ist eine angemessene Definition von dem, »was es gibt«, sondern ein *Können-Können.* Es ist das, was man mit »Praxis« meint, es ist der Inbegriff der Praxis. Können-Können ist substratloses Sein, es spiegelt, es reflektiert sich im Prinzip nur an und in sich selbst. Weithin richtungslos verlässt es sich auf die Tendenzen, die alles Übrige ebenfalls hat. Auf »Praxis« ist alles Sinnen und Trachten einer kapitalistisch innervierten Radikal-Moderne gerichtet. Praxis – im Singular wie im Plural – ist ein einziges Versprechen. Sie zeigt sich *allgemein* im Können-Können (dem allgemeinen Altar, vor dem wir die Knie beugen oder in die Knie gehen) wie *im Besonderen* darin, dass und wie es sich z. B. in Form von Innovationen operationalisieren und optimieren lässt.

Das *Können* liegt gleichsam *unter* und *über* Dingen und Ereignissen, Personen und Institutionen, es ist in ein und derselben Hinsicht Basis und Überbau, (abgründiger) Grund und Überschuss, Erd- und Dachgeschoss, Sinnbedingung und Korrektiv, *hypokeimenon* und *hybris*. Es ist, um einen Begriff Heideggers qua Subjekt/Substanz aufzunehmen, ein »Unter-Stehendes«, anspielend auf seine doppelte und dreifache Bedeutung, welche einerseits das Versprechen jeder Praxis: jedes *Machen-Könnens*, *Tun-Könnens*, *Aushandeln-Könnens* fundiert und also an ein allem Zugrundeliegendes erinnert, an den Boden, auf dem wir stehen; andererseits aber auch Schutz durch den »Unterstand« zu bieten verspricht, um dem, was »von oben« kommt, den Unbilden der sozialen, politischen und natürlichen Witterung, zu trotzen. Offenlassend, inwieweit und -fern, das, was über uns ist/steht, auch das ist, dem wir (qua Geschick) ausgesetzt sind, d. h. unterstehen. Das Versprechen, seine Möglichkeit und Wirklichkeit wäre nichts; es könnte seine weltengenerierende Kraft gar nicht entfalten, würde es nicht vom Parallelunternehmen einer Welt unterstützt, die mit ihren technisch wie politisch und rechtlich praktischen Errungenschaften der kommunikativen Freiheit diese die Exzellenz ermöglichenden Spielräume des Verhaltens schafft.

Im Verweis auf die Praxis steckt immer die Behauptung (oder das Versprechen), *das, worum es geht*, auch *zu können*, es tun, es machen, es aushandeln, es wollen und wahrnehmen zu können – mindestens auf dem Weg dorthin zu sein. Es geht um das in der Praxis implizierte, besser, imprägnierte Versprechen, das einerseits darin liegt, auf der Höhe der radikal modernen Welt – der neuen Zeit – auf das Können zu verweisen, auf das Können-Können: als der einzigen Adresse, die von uns akzeptiert wird, um etwas, das als wahr und wirklich gelten soll, auch als wahr und wirklich anzuerkennen. Wenn überhaupt ist die »Praxis und das Begreifen dieser Praxis« (Marx, 8. Feuerbachthese) das Maß, das uns anerkanntermaßen Aufschluss über das *gewährt*, woran wir uns – zuletzt – halten können. Es liegt genauer in der Frage, ob sich etwas *bewährt*. Die höchste und entscheidende Bewährungsprobe liegt freilich nicht in technisch-instrumentellen Bewahrheitungen (Praktikabilitäten, Plausibilitäten,

Opportunitäten), sondern darin, sich selbst unter hypermodernen Freiheits- und Gleichheitsbedingungen bewähren zu müssen. Praktisch ist nicht faktisch, praktisch ist das »Factum der Vernunft«[15] oder, im Blick auf seine Höchstplatzierung, das Springen über den eigenen Schatten. Das heißt, die Hypermodernität von Freiheit und Gleichheit lenkt unsere Aufmerksamkeit (zurück) auf die Solidarität als einer Praxis aus dem Bewusstsein, nur gemeinsam frei sein zu können.

Nur unter allgemeinen Freiheitsbedingungen, im Kontext von Versprechen und Verantwortung – als höchster Form einer kommunikativen Freiheit – kann sich etwas, können wir uns selbst im Ver-ein und Ver-gleich mit anderen bewähren. Nach der gesellschaftlichen, politischen, kulturellen Seite ist das Versprechen der Praxis eben dies: dass jeder Einzelne seine Chance(n) bekommt. Im »Können« als der der heutigen Zeit angemessenen konjunktivischen Existenzform öffnet sich das Leben eines jeden Einzelnen durch das Gegeben- und Aufgegebensein einer endlosen Abfolge von »Chancen«, die er oder sie unter Kooperations- und Konkurrenzbedingungen gelernt haben muss, zu ergreifen.

Auf die Praxis verpflichtet zu sein, heißt, ihre Grundierung, ihre Fundierung mit dem ihr immanenten Versprechen zu untersuchen, um zu sehen, wie »das, was es gibt« in eine weitere, für die Moderne bedeutsame Differenz gestellt erscheint: in die zwischen einem *Realen* und einem *Imaginären*, einem Ausgebildeten bzw. Gemachten und einem Eingebildeten bzw. Gedachten. Das Versprechen, das in jeder Praxis steckt, verschmilzt das Reale mit dem Imaginären.[16] Die besondere Form der neuen Zeit, das in alle Lebens- und Verkehrsverhältnisse infizierte Versprechen, ist dann weiter das, was im Augenblick der Reflexion, das ist seines Zählens auf Wirksamkeit, auch schnell zu einem *Vielversprechen* wird, als dem, was wir im Augenblick mit dem Auf- und Ausbau potemkinscher Dörfer in Wirtschaft und Wissenschaft, Bildung und Politik in verschärfter Form erleben.

Die durch Wissenschaft und Technik, Gesellschaft und Politik aufgebrachte Problemmaterie, *in* und *mit* der heute über Leben und Denken gehandelt wird, ist das *Vielversprechende*, das sowohl als universelles Medium und als Maß wie Anschein von Orientierung, aber auch als Manifest einzigartiger Überschreitung den techno- und sozioökonomischen Spekulationsraum bildet, in dem Dinge und Ereignisse, Personen und Institutionen ihre gleichsam transzendental temperierte Vorprägung erhalten. No risk, no fun. Die Einbildungskraft erscheint als das eigentliche Vermögen der Moderne – von Vernunft, Verstand und Gefühl nur mühsam im Zaum gehalten, auch und gerade wegen des ungeheuren Schubs, den sie mit den neuen Technologien erfährt.

Ontologie heute heißt: die Grundierung verstehen zu lernen, mit der das Können-Können qua Versprechen alle Seins-, Denk- und Lebensbereiche durchdringt. Nicht, »was ist« oder »was es gibt«, lautet die Grundfrage, sondern, welchen Umgang mit einer Wirklichkeit wir unterhalten sollen, »die alles, was es gibt« über die universelle Währung des Versprechens (zu wissen, »wie es geht« und zu erhandeln, »wie es weitergeht«) zu realisieren sucht. Es ist nicht nur ein Sprachspiel, es scheint notwendig zu sein, *Ontologie* als *Fund-* und als *Fun-raising* zu beschreiben. »Wichtiger als der Gedanke«, schreibt Gilles Deleuze, »ist das, was zu denken gibt.«

Es geht weniger um real vs. fiktiv, das ist zu sehr aufs Erkennen abgestellt, näher kommt man mit *real* und *ideal* auf der einen und, in unserem Zusammenhang der Praxis, mit *real* und *imaginär* auf der anderen Seite. Im Imaginären spielt das Klebrige, das Lauernde, das Verdächtige und wahllos Vernetzende der Einbildungskraft (Phantasie) eine größere Rolle. Was Kant intellektualistisch der Einbildungskraft, dem Vermögen, das »viel zu denken veranlasst«, vorbehalten hatte, ist heute praktisch unter der Form eines Reflexiv- und Konjunktivischwerdens aller Verhältnisse: das »viel zu versprechen veranlasst«, der Beweggrund totaler Mobilmachung in einer ausufernden Welt.[17]

Ein Letztes, um endlich zum Schluss zu kommen: Liegt die Ontologie der neuen Zeit in der Praxis und damit im *Versprechen*, es im Allgemeinen wie Besonderen *zu können*, zieht das auch (so schwer zu akzeptieren es fällt) die *Währung*, über die das abgewickelt werden muss, in Mitleidenschaft. Und die ist nicht nur (das) *Wissen*, sondern (das) *Glauben*, das unter diesen Bedingungen einer radikalen, durch Ungleichzeitigkeiten getriggerten Moderne von ausschlaggebender Bedeutung ist. Denn nicht in allen Teilen dieser Welt (nicht mal den meisten) wird diese auf unsere, euro- und anglozentristisch verweltlichte Welt verpflichtete Praxis als Höchstplatzierte angesehen.

Gilles Deleuze (1925–1995, origineller französischer, an Philosophie und Psychoanalyse, Kapitalismus und Schizophrenie, Differenz und Wiederholung interessierter hegelkritischer Denker der Postmoderne) hat (unter dem Einfluss Nietzsches) unser Problem im »Glauben« gesehen: im Glauben an diese Welt, zumal das, woran wir glauben – Kapitalismus, Demokratie, Wissenschaft und Technik, Individualität und Glück sowie andere Errungenschaften der Hochsäkulärzivilisation – nicht die größten Glaubwürdigkeitsraten aufweist, er schreibt: »Das wesentliche Merkmal der modernen Zeit besteht darin, dass wir nicht mehr an diese Welt glauben.« Das politisch-ethische Band zwischen Mensch und Natur, Mensch und Welt, zwischen den einzelnen Menschen und den anderen Menschen sei zerrissen.[18] »Folglich muss dieses Band […] zur Sache des Glaubens werden: Es ist das Unmögliche, das nicht anders als in einer Glaubenshaltung zurückkehren kann. Der Glaube richtet sich nicht an eine andere oder verwandelte Welt. Wir brauchen Gründe, um an diese Welt zu glauben«, an eine Welt, wie sie ist und aus ihren Handlungs- und Lebensmöglichkeiten heraus begriffen werden muss. Zumal aus solchen, die Versprechen und vergleichbare Verhaltensweisen als Lebenselexiere zum materiellen Unter- wie intellektuellen Überbau haben.

Dieser schwächelnde Glaube erinnert nicht wenig an den, den auch Hegel anspricht, wenn er mehr Glauben an die Macht des Geistes, sein Wirklich- und Vernünftigwerden anmahnt: »Vertrauen und Glauben an sich selbst« wie »an die Welt« zu zeigen, die sich in ihrem schnell größer werdenden Nomadentum (der Vereinzelung) im Miteinander des Verschiedenen schwertut. »Das Auge des Geistes mußte mit Zwang auf das Irdische gerichtet und bei ihm festgehalten werden; und es hat einer langen Zeit bedurft, jene Klarheit, die nur das Überirdische hatte, in die Dumpfheit und Verworrenheit, worin der Sinn der Diesseitigen lag, *hineinzuarbeiten* [Hervorh. G. G.] und die Aufmerksamkeit auf das Gegenwärtige als solches, welche *Erfahrung* genannt wurde, interessant und geltend zu machen.« (3, 16 f.) Unter den historischen Bedingungen einer verweltlichten, einer verzeitlichten und verzettelten Welt an diese Welt zu glauben, ist nicht eben einfach. Es ist dennoch Aufgabe und Maßgabe für die »heutige Gegenwärtigkeit des Geistes«, die zuletzt in dem, was Hegel »Erfahrung« nennt, begründet liegt.

Das könnte auch bedeuten, sich über die Tätigkeit des Philosophierens erneut Gedanken zu machen. – Wenn Philosophen nur das zu sagen wissen, was alle wissen, letztere nur nicht wissen, dass sie es wissen, müsste es jetzt heißen, dass sie nur das zu sagen wissen, was alle glauben, aber im Unterschied zu den Philosophen nicht glauben, dass sie es glauben.[19]

(5) *Die Vollendung der abendländischen Metaphysik.* In den letzten zwei Jahrhunderten machte das Stichwort von der Vollendung der abendländischen Metaphysik – auch und gerade in Bezug auf Hegels Philosophie – die Runde. Dieser Formel schließe ich mich an – *nicht* aber im Sinn der klassisch oder kanonisch gewordenen Interpretation: Diese Welt und diese Philosophie einer von den Griechen überkommenen ontologischen Metaphysik läge hinter uns, sie hätte uns nichts mehr zu sagen. Unsere Zeit hätte mit einer solchen Unternehmung der Antike und des Mittelalters gebrochen. In Hegels Philosophie (wahlweise Schellings)[20] hätte diese Form des Denkens ihren unüberschreitbaren Höhepunkt erreicht – und damit ihr Ende. Als Repräsentanten einer theologisch-metaphysisch gestützten Weltsicht hätten sie das Vertrauen in die Vernunft noch nicht verloren. Sie könnten selbst der furchtbarsten Realität die göttlichen Weihen der Vernunft nicht versagen. In ihrem Idealismus suche diese Philosophie – wohl zum letzten Mal in der Geschichte – ihre Abstammung von Göttern und ihre Einheit mit dem absoluten Geist zu beweisen.

Karl Löwiths (1897–1973) epochenmachende Deutung des »revolutionären Bruchs« im Denken des 19. Jahrhunderts (»Von Hegel zu Nietzsche«) folgt getreulich dem Selbstverständnis der Postidealisten, die sich unter dem Stichwort der »Aufhebung der Philosophie« versammelt haben. Praxis (Marx), Existenz (Kierkegaard), Kunst und Leben (Nietzsche), Therapeutik (Freud, Wittgenstein) lauten die neuen Projektnamen eines am »wirklichen Menschen« oder »wirklichen Leben« orientierten Unternehmens, die sich im

19. Jahrhundert anschicken, Philosophie zu substituieren.

Unser Dialog mit Hegel am Leitfaden einer wechselseitigen Durchdringung von Idee und Wirklichkeit, Vernunft und Geschichte, zeigt ein anderes Bild. Die Vollendung der abendländischen Metaphysik liegt im Philosophisch-Werden der Welt und im Weltlich-Werden der Philosophie. Und jede der beiden Seiten nutzt die historisch einmalige Gelegenheit, die eigene Sache in Reflexion auf sich sowie seinen Mit- und Wettbewerber weiter voranzutreiben. Die Philosophie wird philosophischer, die Welt weltlicher. Das tut beiden gut. Sie lernen, wie die Forderung und Förderung ihres Eigensinns, das heißt ihre Ent-fernung voneinander, sie nicht nur aufgeschlossener und stärker, sondern auch auf einander angewiesener macht.

Vollendung der (onto)logischen Metaphysik heißt im Fall Hegels nicht, sie liege hinter uns, sie steht uns – jedesmalig von Neuem – bevor. Sie öffnet das Tor zur (neuen) Welt immer wieder. Die Welt wird mit den Begriffen durchdrungen, die sie selbst zu den Grund- und Markenartikeln des modernen Lebens, der Freiheit, Gleichheit und Solidarität erklärt hat. Näher noch sehen sie sich mit der Aufgabe konfrontiert, dem Drehbuch »kommunikativer Freiheit« zu folgen, das verlangt, in einer ebenso flüchtigen wie chancen- und risikoreichen Materie unterwegs zu sein. Und in genau dieser Materie einen wie auch immer vorläufigen Halt zu gewinnen. Mit einer *Reontologisierung* der Verhältnisse hat diese Weltenbaumeisterei wenig zu tun. Sie schneidet substanziell verkörpert, verzeitlicht und verzettelt tief ins Fleisch einer Natur und Kultur vermittelnden Zivilisation, die hochsäkular die Welt des Geistes 2.0 zum Thema hat.

Man muss sich überdies daran erinnern, dass jede Verwirklichung der Freiheit an ein Unvollendetes, ein Provisorium gebunden bleibt, dessen *Form* sich allein in entfremdeten, d. i. zeitlichen wie sachlichen und sozial bestimmten Institutionen zu verkörpern hat. Diese tragen von Anfang an die Keime ihres Verstrickt- und Verwirktseins, d. i. des Unrechten und Unfairen in sich. Jedes Mal mündet die mit »Spießen und Stangen« (zum Beispiel in der Moral, dem Recht, der bürgerlichen Gesellschaft und dem politischen System) befestigte Freiheit in Zwangs- oder Unterdrückungsverhältnisse, die den

»Gegenstoß«, wie Hegel sagt, sich aus ihnen zu befreien, nach sich ziehen. Das Vollendetsein der Freiheit endet stets im unvollendeten Stückwerk, zu dessen ausgedehnter Entfremdung und Tragfähigkeit die Menschen dennoch Zutrauen fassen müssen. Diese Zumutung der Freiheit stellt jeden Mut der Wahrheit auf eine harte Probe. Der »Mut der Wahrheit«, seine Objektivität und Subjektivität, seine Sein und Zeit aufklärende Adresse besteht zuletzt darin, sich der Zumutung der Freiheit zu stellen. Dieses Kunststück – könnte man fortfahren – kann nur gelingen, wenn die Kohabitanten dieser Welt lernen, sich im *freimütigen* Austausch zu üben.

Metaphysik im Sinne Hegels beschäftigt sich nicht mit den onto-theologischen Aus- und Aufbauten einer religiösen oder mythologischen Welt – weit jenseits aller Erfahrung. Sein Denken lehnt es ab, Luftschlösser zu bauen oder sich die Realität durch bloßes Wunschdenken oder Utopien zu verstellen. Es ist im Auftrag der Erfahrungsanalyse unterwegs. Es will weder Urzustände rekonstruieren, noch Ideale staatlichen Zusammenlebens entwerfen. Metaphysik ist die *Disziplin*, welche die »allgemeinen Fäden«, entlang derer wir denken, aus dem Stoff der Erfahrung herauszuziehen weiß und sie für sich – im Zusammenhang – zum Gegenstand der philosophischen Betrachtung macht.

Es lohnt sich, den diesbezüglichen Passus nochmal in Erinnerung zu rufen: »All sein Wissen und Vorstellen [des Bewusstseins, G. G.] ist von solcher Metaphysik durchwebt und regiert; sie ist das Netz, in welches all der konkrete Stoff gefaßt ist, der den Menschen in seinem Tun und Treiben beschäftigt. Aber dieses Gewebe und dessen Knoten sind in unserem gewöhnlichen Bewußtsein in den vielschichtigen Stoff versenkt; dieser [Stoff] enthält unsere gewußten Interessen und Gegenstände, die wir vor uns haben; jene allgemeinen Fäden werden [üblicherweise, G. G.] nicht herausgehoben und für sich zu den Gegenständen unserer Reflexion gemacht.« (18, 77) Das macht die *Wissenschaft der Logik*.

Diese Arbeit nennt Hegel *Metaphysik*, sie ist nicht nur in der *onto-* oder seinslogischen Analyse einfacher Gedankenverhältnisse zuhause, sie präsentiert eine um *wesens-* oder reflexions- und, noch wichtiger, um *begriffs*logische Bestimmungen erweiterte Analyse des Logischen, um der kommunikativen Freiheit im

Miteinander-Sprechen und -Handeln als Grundlage und Markenzeichen der neuen Zeit überhaupt gerecht werden zu können. Das erklärt auch, warum in der *Wissenschaft der Logik* eine *Logik* und *Ethik* umfassende Wissenschaft in Arbeit ist. Im Grunde ist sie ein im großen Stil ethisches Unternehmen, nämlich darin, dass sie in ihren drei Büchern die schuldlose Schuld oder Verlegenheit abzutragen hilft, in die uns die Grammatik unseres Denkens verstrickt.[21] Was unmittelbar an die Anschlüsse erinnert, die die Metaphysik seit jeher mit den vielfach so apostrophierten Kinderfragen – nach dem Überhaupt der Welt, ihrem Sinn oder Zweck: Was das alles soll – unterhält.[22]

Alles und nichts ist versprochen in einer Welt der Freiheit des Nicht-Anderen, die sich ebenso wie die eigene vom wechselseitigem Selbst- und Weltvertrauen abhängig, aber auch von der Angst vor dessen Verlust getragen weiß. Wo das Vertrauen fehlt, kriecht die Weltangst hervor mit ihren für Existenz und Exzellenz gleich ungünstigen Prognosen. Ein Sein und Bewusstsein ohne Daseinsgrund tritt hervor. Nach dem Tod Gottes scheint einzig die soziale Welt – im Nah- wie Fernverkehr – die Instanz zu sein, welche die Macht hat, das »Recht der *Besonderheit* des Subjekts, sich befriedigt zu finden« (7, 233) einlösen zu können. »Was nun der Mensch wahrhaft zu fürchten hat, ist nicht die äußere Gewalt und deren Unterdrückung, sondern die sittliche Macht, die eine Bestimmung seiner eigenen freien Vernunft und zugleich das Ewige und Unverletzliche ist, das er, wenn er sich dagegen kehrt, gegen sich selber aufruft« (15, 525).

Die zwei Körper des Philosophen

Ernst H. Kantorowicz (1895–1963, deutsch-amerikanischer Historiker) hat in seiner ›politischen Theologie‹ des Mittelalters zwei Körper des Königs unterschieden; einen, den natürlichen Körper des Königs und einen anderen, den übernatürlichen. Der übernatürliche sichert dem König sein Weiterleben, seine Unsterblichkeit im Gedächtnis der nachfolgenden Generationen. In ihm wird die öffentliche Funktion von der sterblichen Person, die sie ausübt, unterschieden. Der natürliche Körper verfault, er stirbt, der andere lebt weiter, weil er eine Bedeutung transportiert, die für das politische und soziale Leben im Ganzen von großem Interesse ist. Ein öffentlicher Resonanzkörper wird entdeckt oder wiedergefunden, der einem Bedürfnis der eigenen Zeit entgegenkommt.

Diese Vorstellung leuchtet unmittelbar ein; auch, den Körper des Philosophen in eine sterbliche und eine die Zeit überdauernde Hülle zu stecken. Klassiker wird, wer seine Zeit überlebt oder uns heute noch etwas zu sagen hat. Sehr bald melden sich Bedenken zu Wort, nicht nur, was die Übertragbarkeit der theologisch-politischen Metapher auf das Feld der Philosophie betrifft, auch die einfache Differenzierung nach Natur und Kultur will nicht recht überzeugen. Überdies sind die äußeren Lebensdaten das eine, der Reichtum intellektuellen Lebens etwas anderes. Um Letzteres ist es in diesem Buch zu tun. Trotz großer Plausibilität hilft da die obige Unterscheidung nicht weiter. Sie legt einen für die Philosophie im Allgemeinen und Hegel im Besonderen falschen Schnitt. Auch spaltet sich der intellektuelle Korpus des Philosophen schnell weiter. Wie bei jedem Philosophen, jeder Philosophin von Rang entstehen im Verlauf der Zeit jede Menge

Porträts eines Denkens, von denen ein jedes beansprucht, das wahre und wirkliche zu sein.

Unsere Aufmerksamkeit – und Philosophie ist »Aufmerksamkeit auf den Begriff« (3,56) – richtet sich auf den zweiten Körper, den K2 des Philosophen: seine *Corporate Identity.* Sie liegt in der begrifflichen Durchdringung von Philosophie und Welt nach Maßgabe der Ideen und Konzepte, die Hegel für diese Unternehmung in Anschlag bringt. In ihrer Konsequenz tritt auch das zutage, was über sein Denken hinaus-, besser noch, in es hineinführt; nämlich dorthin, wo uns nicht nur die spekulativ gelungene »Überraschung durch das Erwartete« erwartet, sondern auch Brüche, Sprünge und andere Merkwürdigkeiten, die darauf drängen, aufgeklärt zu werden.

Aufschlussreich erscheint daher ein anderes Sortiment, das die zwei Körper nach hegelintern gültigen Maßstäben unterscheidet: »konventionell« auf der einen, »differenziell« auf der anderen Seite. Bei letzterem führt der Begriff – der leitende Angestellte der Philosophie – Regie. Und nicht, wie beim ersten das, was üblicherweise alle erwarten. Es kann nicht darum gehen, Hegel in seiner Sprache, kurzgefasst und referierend, zu wiederholen oder die Grammatik seines Denkens großzügig, d. i. schulterzuckend zu übergehen. Ob die Abenteuer des Geistes bestanden werden, der Gang durch seine Gedanken gelingt, entscheidet sich daran, ob es unsere auf Symbol und Begriff reflektierende Sprache versteht, seine Gedanken – in ihren Stärken und Schwächen – zu *erneuern.* Nur dann erfüllen sie das Anliegen seiner Philosophie. Der Philosoph und Mathematiker Alfred North Whitehead kommt dem sehr nahe, wenn er den »Nutzen der Philosophie […] in der Aufrechterhaltung einer aktiven Neuheit fundamentaler Ideen« liegen sieht, »die das soziale System erhellen«.[1] Sie machen es möglich, die soziale Welt zu durchleuchten, weil, so unser Ein- und Ausgangsgedanke, die Welt philosophischer und die Philosophie weltlicher geworden ist.

Der zweite Körper folgt diesem Narrativ, er wertet die Potenziale und Protokolle, die im Wirklich-Werden der Idee und dem Idee-Werden des Wirklichen liegen, umfänglich aus. Auf dem Hochplateau der modernen Welt können die wirklich interessanten Abenteuer des Geistes immer aufs Neue von vorne beginnen. Das größte Abenteuer indes erfährt der Geist oder jede *agency*

(Handlungsmacht) dort, wo seine über die Personalpronomen verteilte und versammelte Intelligenz den Mut aufbringt, »sich dem absoluten Unterschied anzuvertrauen«. In der Einrichtung dieser Plattform liegt die Weltmeisterschaft des Geistes, auf ihr wird der frühere Werkmeister zum Weltmeister, gerade darin, als verschwindender Vermittler im Hintergrund seine Arbeit zu verrichten. Die Geschicke einer radikal modern gewordenen Welt liegen im Umgang mit *den* Unterschieden, die einen Unterschied machen. Und das ist einer, der frei *und* vernünftig ist.

Der zweite Körper des (vom Philosophen gelösten) Werks, der Korpus seiner Schriften (Skriptum, Schriftwerk), enthält auch das, mit dem der Philosoph zu seiner Zeit nicht rechnen konnte. Wenig an ihm »gibt« es, was man bloß zu konstatieren oder zu wiederholen brauchte, es liegt nicht da oder dort geschrieben herum. Geist ist nötig, um dem Buchstaben, dem Wort und dem Satz sein Leben einzuhauchen. Seine Abenteuer erstrecken sich darauf, auch das zu sagen, was seine Philosophie stillschweigend mit einbezogen hat und in dem gegenwärtig ist, was da gesagt und geschrieben steht. Der zweite Körper des Philosophen spricht das an oder aus, was der erste an Implikationen, Themen oder Ungereimtheiten hat liegen gelassen oder nicht wahrhaben will – das Genie des Geistes, das auch das Verdrängte, das Verfemte und Beängstigende aufspürt und – kraft seiner Methode – selbst die Verlegenheit einer selbstkritischen Vernunft zu erinnern weiß. Es geht dabei nicht nur um Sprache und Schrift und ihre Spannungsbögen zum Begriff. Mehr noch ist es die *Zeit*, die der Philosophie (dem Ich/Wir und der Welt) so ungemein zusetzt. Über deren Ambivalenzen, Differenzen und Kontingenzen hinweg muss der zweite Körper des Philosophen seine Wiedergeburt organisieren. Der Hegel'sche hat das Geniale in der *Passform* eines Anzugs, durch den er *mit der Zeit* aus ihm herauswächst. Was nur in des Wortes doppelter, d. i. gegensinniger Behauptung gelingt: dem Mithalten mit der Zeit, die sich wandelt und darin Fantasie, Augenmaß und Anpassungsbereitschaft verlangt, um sich gleichzeitig im Umgang mit ihr zu erschöpfen. Fordert die erste ein ständiges *In-Form-Bringen* (Informieren, Formatieren, Formulieren), legt die zweite den Finger in die Wunde des schleichenden Verlusts, den die Zeit *in Form* des *Alterns* und *Veraltens* mit sich bringt.[2]

Die Karriere des zweiten Körpers ist in jeder Hinsicht atemberaubend. Er macht Karriere nach *außen* – Rechts- und Linkshegelianer hören nicht auf, sich über 200 Jahre hinweg das Leben (unnötig) schwer zu machen. Sie fetzen sich nur deshalb, weil sie dieselbe kantische Voraussetzung einer strikten Trennung von Norm und Wirklichkeit teilen, um sich wechselseitig den Vorwurf zu machen, *entweder* das Bestehende – die Angst und Schrecken verbreitende Realität aus Gewalt und Herrschaft, Unfreiheit und Ungleichheit – kritiklos als das Vernünftige zu akzeptieren *oder* nicht einzusehen, wie gegen alles Erwarten die durch die Geschichte und den Einfluss des Christentums in die neue Zeit verlängerte Idee der Freiheit aller Menschen die Welt längst zu einer besseren gemacht hat. Die Menschheit hat einen großen Schritt nach vorn gemacht. Nicht nur die Abschaffung der Sklaverei, die erste Bewegung der Menschenrechte macht ausgehend von Großbritannien (1787) weltweit Schule. Der Mensch macht sich zum »neuen Heiligen«, was umgekehrt proportional seine Scheinheiligkeit wachsen lässt. – Die für die spekulative Kritik bezeichnende Denkform, die das Entweder/Oder mit dem Sowohl/Als auch durch kritische Begründung und begründete Kritik zu verbinden weiß, kommt beiden, zur Weltanschauung verfeindeten Lagern nicht in den Sinn.

Der zweite Körper macht Karriere nach *innen*, weil der Korpus seiner Schriften in ein streng philosophisches Denken – es zeigt sich in der *Phänomenologie des Geistes* und der *Wissenschaft der Logik* – und ein sonstiges, Ordnung und System präferierendes Denken zerfällt, wobei das Letztere, das enzyklopädisch angehäufte Material, beansprucht, das eigentliche System der Vernunft zu sein. Nicht wenige Interpreten Hegels glauben – sowohl bei seinen Verteidigern wie seinen Kritikern –, das Entscheidende seiner Philosophie liege im Charakter eines umfassenden Systems, in dem das Denken die Philosophie und die Welt in einem in sich geschlossenen System zu erfassen in der Lage sei. – Dass Hegel selbst diese enzyklopädische Ordnung eher als Handreichung und Hilfestellung zum Studium seiner Schriften empfohlen hat, bleibt wenig beachtet. Wie kann eine dreibüchrig nach Paragraphen gegliederte Welt (und Philosophie) überhaupt Ausdruck lebendigen, freien und vernünftigen Denkens sein? Das Wahre ist das Ganze, nicht das System. Das

Wahre ist keine Münze, kein Besitz, keine mit Stecken und Stangen, Paragraphen und Zusätzen befestigte Ordnung, deren Geschicke in einem geschlossenen System ein für allemal besiegelt sind. Das Wahre zeigt sich, wenn man die Abenteuer des Geistes besteht: Wie sich der Zumutung stellen, die uns die Freiheit beschert.

Der zweite Körper des Philosophen wird von uns im Licht der von der *Phänomenologie des Geistes* und der *Wissenschaft der Logik* erbrachten Überlegungen gelesen – ihr Stichwort lautet »lebendiges Denken«, es steht nicht in einem äußeren, eindimensionalen Ordnungsrahmen namens System. In dessen morschem Gebälk kracht es an allen Ecken und Enden bedenklich. Wenn überhaupt, dann geht es um das »Wie« oder die Modi der Fort- und Durchsetzung eines *offenen* Systems. Und diese Frage stellt sich unter Verweis auf die herausfordernden Grundsatz- und Gebrauchsartikel von Freiheit, Gleichheit und Solidarität auf jeder Ebene des Denkens stets neu. Das spekulative Denken weiß um die Notwendigkeit und das Recht der (begründeten) *Schließung*, das es zuletzt an den »freien Begriff« und/oder eine praktische Vernunft verweist. Deren höchstplatzierte Form basiert auf einem offenen wie verbindlichen Handeln, das ein »gegenseitiges Anerkennen« ist. In ihm hat der absolute Geist sein wirkliches Dasein. Ansonsten würde *der* Anspruch der Vernunft, ihr Zielkorridor: die Sache jedesmalig »rund« zu kriegen, nicht erreicht.

Kurz, der Korpus von Interesse ist der, der in seiner »Aufmerksamkeit auf das Gegenwärtige als solches« (3,16) seiner Historisierung und Musealisierung entgegenwirkt. Die Vergegenwärtigung seiner Gedanken kann nicht allein durch Texttreue und editorische Sorgfalt, Paraphrase und Rückblick gewonnen werden. Der zweite Körper des Philosophen muss aussprechen, was dem ersten verwehrt war oder ist, zu sagen. Das »Dunkel des gelebten Augenblicks« (Ernst Bloch) mag da eine Rolle spielen wie das, was ein Philosoph als »Sohn seiner Zeit« nicht sehen konnte oder wollte. In jeder Epoche muss, wie Walter Benjamin (1892–1940, Philosoph, Literatur- und Kulturkritiker) schreibt, versucht werden, »die Überlieferung von Neuem dem Konformismus abzugewinnen, der im Begriff steht, sie zu überwältigen«[3].

Der zweite Körper lebendigen Denkens ist die durch die »Arbeit des Begriffs« entspannte Begriffsperson namens Hegel, von ihr war im Vorwort die Rede. Ihr Ansinnen richtet sich darauf, am Leitfaden der Ideen – dem Belebenden des Gemüts – den Grundsatz- und Gebrauchsartikeln des modernen Lebens Recht und Ausdruck zu verschaffen. Sie stellt sich der Aufgabe, zu begreifen, was ist, oder genauer, das, was an der Zeit ist, mit dem zu vernetzen, was der »freie Begriff« an Erfahrungs- und Handlungswissen hochzuhalten verspricht. Die Begriffsperson sieht sich zuletzt auf unzählige Agenturen (*agencies*), auf deren Macht und Machenschaften verteilt. Sie vernetzen jedes Sein des Menschen mit dem Werden seiner *Person* in der Welt: die Maske mit dem Gesicht, ihr Jemand mit dem Niemand, ihr Anonymsein mit dem Intimsein, jede Rolle mit der stets notwendigen Überschreitung. Selbst das Gesetz bleibt gebunden an den bloß meinungsfähigen Satz.

Entscheidend, der zweite Körper ist der, der so *nah* wie möglich an Hegels Philosophie dran ist, kein Blatt sollte dazwischen passen. Und, der zweite Körper ist der, der sich so *weit* wie nur denkbar von ihr entfernt. Beide Ansprüche müssen erfüllt sein, alles andere wäre grob fahrlässige Täuschung. Der K2 ist nur zu bezwingen, wenn wir uns – in Erläuterung seiner *Corporate Identity* – von dem höchst eigenwilligen Grundsatz seiner ›Dialektik‹ genannten Philosophie leiten lassen und sie über *Einheit* und *Unterschied* (zu sich) zu vergegenwärtigen versuchen. Der Widerstreit von Satz und Gegensatz bestimmt das Bewusstsein oder das, was in den Augen des Geistes zählt. – Man bemerkt zuletzt, dass es gar nicht darum geht, ein möglichst gutes Repro (Nachbild) zu liefern, sondern zu sehen, wie stark die *Idee* ist, mit der sie es vermag – über Form und Inhalt, Thema und Methode, Medium, Mittel und Message – Philosophie und Welt zu erschließen.

Anders gesagt, der zweite Körper des Philosophen ist im Auftrag seiner Majestät, der endlichen, aber vernünftigen Natur des *Menschen* unterwegs, ihm verleiht er Stimme und Recht. Seine Stimme ist nicht eine, sie spricht – wie der Geist – mit vielen Zungen, er liegt ihr ständig auf der Zunge und umfasst – von der ersten bis zur dritten Person Singular/Plural – mit Blick auf Macht und Größe ganz unterschiedliche Korpora. Seine *Corporate Identity* trägt nicht nur Sorge um seine *Existenz*, mehr noch elektrisiert ihn seine *Exzellenz*: der »Mut der Wahrheit«, der sich zuletzt nur in der

Aufgeschlossenheit gegenüber der Zumutung der Freiheit – einer Gemengelage aus Weltangst und Weltvertrauen – zu erkennen gibt. Wollte man das Programm und seine Durchführung, d. h. die Idee des zweiten Körpers des Philosophen und der Wirklichkeit auf den Begriff bringen –, man könnte es nicht besser sagen als Hegel selbst: Er liege »im Erheben der Vernunft über die Beschränkungen des Verstandes« (5, 39).

Um das konventionelle Narrativ des Kammerdieners (er hat sich in der Zwischenzeit in einen Kammerjäger verwandelt) nicht außer Acht zu lassen, einige Lebensumstände und »höchste Wünsche« betreffende Notizen, geboren 1770 in Stuttgart, gestorben 1831 in Berlin. – Hegel entstammt der württembergischen Oberschicht von Pastoren und Scholaren, die das kulturelle Leben Schwabens wesentlich geprägt haben, sein Vater ist herzoglicher Beamter in gehobener Stellung; der Sohn, Georg Wilhelm, immatrikuliert sich nach elfjähriger Schulzeit (»Musterschüler«) 1788 im Tübinger Stift für Theologie und Philosophie. Mit seinen Zimmergenossen, dem gleichaltrigen Hölderlin und dem um fünf Jahre jüngeren Schelling, verbindet ihn eine enge Freundschaft; er hält vor Freunden politische Reden, die Losungen in seinem Stammbuch lauten: »Vive la liberté« (»Es lebe die Freiheit«), »In tyrannos« (»Tod den Tyrannen«).

Hegel will nicht Pfarrer werden, nach Abschluss seiner Examina (1793) wird er Hauslehrer in Bern und Frankfurt am Main, studiert schon früh Bücher der politischen Ökonomie und hat starke politische Interessen. (»In meiner wissenschaftlichen Bildung, die von untergeordneten Bedürfnissen der Menschen anfing, mußte ich zur Wissenschaft vorgetrieben werden, und das Ideal des Jünglingsalters mußte sich zur Reflexionsform, in ein System verwandeln; ich frage mich jetzt, während ich noch damit beschäftigt bin, welche Rückkehr zum Ergreifen in das Leben der Menschen zu finden ist.«)

Hegel übersiedelt 1801 nach Jena, wo er sich sogleich habilitiert und als Privatdozent lehrt. Nach dem Tod des Vaters sichert ihm die Aufteilung des Familienerbes vorläufig die nötige finanzielle Unabhängigkeit. Er arbeitet in Jena eng mit Schelling zusammen, mit dem er gemeinsam das *Kritische Journal der Philosophie* herausgibt; in Jena sieht er Napoleon, die »Weltseele […] auf einem

Pferde sitzend«, wie er in einem Brief schreibt, beendet am Vorabend der Schlacht von Jena (1806) die *Phänomenologie des Geistes*, die ein Jahr später erscheint. Er übernimmt 1807 die Stellung eines Redakteurs der *Bamberger Zeitung* und kurze Zeit danach (1808) auf Vermittlung seines lebenslangen Freundes Immanuel Niethammer die Stelle eines Gymnasialdirektors in Nürnberg. 1811 heiratet er die zwanzigjährige Marie von Tucher. 1812 erscheint der erste Band der *Wissenschaft der Logik*. (»Es ist keine Kleinigkeit, im ersten Semester seiner Verheuratung ein Buch des abstrusesten Inhalts von 30 Bogen zu schreiben.«)

Hegel leidet unter der intellektuellen Isolation in der Provinz. Ein »lebender Wirkungskreis«, schreibt er, »ist der höchste Wunsch meines Lebens«. Dieser wird ihm beschieden, als er 1816 Professor in Heidelberg und 1818 Nachfolger auf Fichtes Lehrstuhl an der jungen Berliner Universität wird, wo er eine außerordentliche Wirksamkeit entfaltet. Während seiner Berliner Zeit unternimmt er zahlreiche (Bildungs-)Reisen, die ihn u. a. nach Paris, Wien, Prag und Dresden führen. Hegel stirbt 1831, vermutlich an der Cholera. – Nach seinem Tod wird einige Jahre später der Jugendfreund Schelling auf seinen Lehrstuhl berufen, er soll, wie hätte es auch anders kommen können, die »Drachensaat des Hegel'schen Pantheismus« ausrotten, um sie, mit der »List der Vernunft« im Bunde, hilfreich zu erneuern und weiterzutragen.[4]

Anmerkungen

Einleitung

1 J. Butler, DIE ZEIT, 13.03.2020.
2 S. Žižek, Weniger als nichts, Frankfurt am Main, 2014.
3 M. Foucault, Die Ordnung des Diskurses, München, 1974.
4 K. Marx, Frühe Schriften, Bd. 1, Hg. H. J. Lieber, P. Furth, Darmstadt 1971.
5 Hegel wird mit Bandnummer und Seitenzahl nach folgender Ausgabe zitiert: G. W. F. Hegel, Werke in zwanzig Bänden. Auf der Grundlage der Werke von 1832–1845 neu editierte Ausgabe. Redaktion Eva Moldenhauer und Karl Markus Michel, Frankfurt am Main 1970.
6 A. N. Whitehead, Abenteuer der Ideen, Frankfurt am Main 2000.
7 *Handlungsmacht* ist die Übersetzung von dem heute in der Philosophie vielfach gebrauchten Begriff der *agency* (Tätigkeit, Wirkung, Vermittlung, Büro, Agentur, Dienststelle). Er besetzt regelmäßig die Stelle des Subjekts, das von Hegel (als letztes Bezugssystem unseres Denkens) verabschiedet wird. Hegel spricht durchgängig von den »allgemeinen Mächten des Handelns«.
8 Die Vierte Welt ist die der »Lager«, der Flüchtlinge, der Rechtlosen, der vogelfrei Internierten; Menschen wie lästige Fliegen, die keiner haben will, die auf Monate und Jahre auf Rückkehr oder Weiterreise warten.
9 Die Texte sind in verschiedener Hinsicht lehrreich, auch in der, sich ab und an mit der teils holprigen Lektüre Zeit lassen zu müssen. Sie bietet eine gute Gelegenheit zu sehen, wie Hegel »tickt«, wie er jeden Gedanken und seinen sprachlichen Ausdruck abwägt; um dabei als Leser selbst die Erfahrung zu machen, wie sich die Zeit spürbar verlangsamt. – Aber dass der Zeitverbrauch steigt – das können wir gar nicht leiden. Es ist, als seien wir in einem falschen Film geraten, so langatmig und schier unerträglich zieht es sich zuweilen hin. Nachgerade körperlich spürt man den Zeitdruck: doch bitte endlich zum Schluss zu kommen und »knackig« (komprimiert) zu sagen, was der Fall ist. – Was aber, wenn sich dadurch die Abstraktionshöhe entweder ins Unverständliche oder ins Nichtssagende steigert?

Erster Teil: Das Leben des Geistes, Macht und Größe

1 Fichtes Werke, hg. v. I. H. Fichte, Bd. 4: J.G. Fichte, Das System der Sittenlehre nach Prinzipien der Wissenschaftslehre, Jena u. Leipzig 1798, 388 f.
2 Genaueres vgl. G. Gamm, Die Form der Philosophie. Zur Morphogenese neueren Denkens, in: Allgemeine Zeitschrift für Philosophie, Heft 45.1, 2020.
3 Über den Begriff des Bestimmens und der Bestimmung vgl. G. Gamm, Bestimmung, in: Neues Handbuch philosophischer Grundbegriffe, hg. v. P. Kolmer, A. G. Wildfeuer, Bd. 1, Freiburg, München 2011, S. 361–386.
4 Auf dieser Ebene der Betrachtung ist das Geist/Körper-Problem gelöst. Die Gedanken haben ihren Niederschlag in den Gesetzen einer staatlichen und rechtlichen Wirklichkeit gefunden, die in den Handlungen der Staatsbürger als wahr und wirklich anerkannt werden.
5 Wer sich auf Fakten stützt, ist kein Wissenschaftler. Es sei denn, es handelte sich dabei um durch Theorie und Beobachtung ermittelte und durch die *scientific community* bestens beleumundete Korrelationen (Hypothesen).

6 R. Brandom, Making it explicit, Cambridge, MA 1994, dt. Ausgabe *Expressive Vernunft*, Frankfurt am Main 2000.
7 Wenn heute in diesem Kontext von Selbst- und Fremdbezug die Rede ist, so gilt für sie dasselbe.
8 Man erhält vielleicht eine erste Vorstellung von ihrer Brisanz, wenn man an ihre gesellschaftlich und politisch instrumentierte Übernahme durch Marx denkt: Wie gelangt das allgemeine Bewusstsein der in unterschiedlichen gesellschaftlichen Verhältnissen gefesselten Menschen zur Einsicht in seine wirkliche – d. i. unfreie und entfremdete – Lage? Wie überhaupt ist Aufklärung möglich?
9 Siehe Register.
10 In diesem Fall könnte man ernsthaft von einem Alleinstellungsmerkmal, ihrem USP – *unique sales proposition* – sprechen. Freilich nur mit einem »Augenzwinkern«, das Bertolt Brecht in den *Flüchtlingsgesprächen* Hegel, dem »größten Humoristen unter den Philosophen«, attestiert: Er habe »immerfort mit den Augen gezwinkert, wie ein anderer einen ununterdrückbaren Veitstanz hat«.
11 Weil die abendländische Metaphysik gegenüber dem *Sein* seit über 2000 Jahren grandios versagt hat: Wir nicht (mehr) die richtige Einstellung, d. i. Ehrfurcht bei der Thematisierung und Behandlung von dem, »was ist«, aufzubringen wissen, sind wir in eine alle Welt in Mitleidenschaft ziehende Abwärtsspirale gerutscht, die den »Sinn von Sein« allein im Machbaren oder der Vergötzung von dem sucht, das wir uns vorstellen können und über das wir Verfügungsmacht haben (»Seiendes«). Eine ganze Welt, besonders die moderne, verübt Verrat am »Sein«.
12 An solchen Stellen sieht man die Probleme der philosophischen Terminologie, wenn man den in der allgemeinen philosophischen Rede üblichen Begriff des Gegenstands sowohl für die Gegenstände im gegenständlichen Sinn von Baum, Planetensystem, von Sitten und Gebräuchen benutzt, aber auch für die natur- wie sozial- und geisteswissenschaftlichen Erklärungsbegriffe (Ursache/Wirkung, Grund/Folge usf.).
13 E. Holenstein, Philosophie-Atlas. Orte und Wege des Denkens, Zürich ²2004, 18 f.

Zweiter Teil: Der Anfang des neuen Geistes

1 Brief Hegels an Niethammer vom 13. Oktober 1806, in: *Briefe von und an Hegel*, Bd. I: 1785–1812, hg. V. Johannes Hoffmeister, Hamburg 1952, S. 120.
2 Handelt es sich bei dem Verschiedenen um ein tatsächlich in der Sache begründetes (substanzielles) Verschiedenes oder ein bloß zufälliges (akzidentielles)? Ob eine(r) graue oder gelbgrüne oder gar keine Haare hat, ist hinsichtlich der Frage, was für die *Bestimmung des Menschen* ein wesentlicher Grundzug ist, also einer, ohne den man sich »den Menschen« im Vergleich zu einem Alien, Roboter oder Tier schwerlich vorstellen kann, ohne Belang. Nur, in welchen Fällen ist der Unterschied einer im Prinzip?
Die Antwort der Dialektik kommt überraschend: Der substanzielle Unterschied muss sich *in ein und derselben Hinsicht* auf die Sache zeigen, besser, auftun oder irgendwie aufgetan werden. Die *eine* Hinsichtnahme muss notwendig den in der Substanz liegenden Unterschied auftun. Dies Kriterium ist ebenso formal wie inhaltlich, methodisch wie thematisch angelegt. Nur die enge Verschränkung beider Momente begründet, das ist motiviert und legitimiert das Denken der Dialektik. Es speist die Denkform des *absoluten Unterschieds*. Mehr und genaueres dazu in Kapitel X und XIV.
3 Das Problem wie seine Größe zeichnet sich schon früh ab. Es gilt, dies und jenes genau *auseinanderzuhalten* – was man freilich auch *aushalten* muss; sowohl *kognitiv*, was die Komplexität betrifft, mehr noch *affektiv* und *sozial*, was die Verarbeitung der schleichenden Entfremdung und den Trennungsschmerz betrifft, der damit einher-

geht. Zuletzt aber stellt sich auch die Frage, welche Seite der Differenz der anderen übergeordnet gedacht bzw. aus welchen Gründen vorgezogen werden soll. Was hier im Stakkato bloßer Behauptung vorgestellt wird, erfährt im weiteren Verlauf eine nähere Begründung. Es wird ein Rahmen aufgespannt, der vielleicht hilft, die Stationen der Erfahrungsgeschichte des Bewusstseins besser zu verstehen. Angesichts des »Teilens«, dem Zusammensein und Auseinandersetzens, der Abstraktion und Repulsion jener Kräfte wäre auch der »Igel« (neben dem Maulwurf) in die Tiersymbolik des Geistes zu beordern, (a) wegen der geselligen Ungeselligkeitsmechanik, mit dem er seine Stacheln je nach Bedrohung ein- und ausfährt; aber auch (b) wegen seines hinterlistigen Spiels mit dem Hasen, dem der Igel (wie der Geist) sein »ich bin all hier« vor Augen führt.

4 K. Marx, Ökonomisch-politische Manuskripte, in: Schriften, a. a. O., Bd. 1, S. 602.

5 J. G. Fichte, Grundlage des Naturrechts nach Prinzipien der Wissenschaftslehre von 1796, in: Fichtes Werke, hg. v. J. H. Fichte, Bd. III, Zur Rechts- und Sittenlehre I, Berlin 1971, 39.

6 Ausführlicher, G. Gamm, Der Deutsche Idealismus. Eine Einführung in die Philosophie von Fichte, Hegel und Schelling, Stuttgart 2016, 128–134.

7 Der Andere spiegelt zurück, was ich bin. In der *Philosophischen Propädeutik für Schüler der Gymnasialstufe* schreibt Hegel: »Ein Selbstbewußtsein, das für ein anderes ist, ist nicht als bloßes Objekt für dasselbe, sondern als ein anderes Selbst. Ich ist keine abstrakte Allgemeinheit, in der als solcher kein Unterschied [...] ist. In dem Ich also dem Ich Gegenstand ist, ist es ihm nach dieser Seite als dasselbe, was es ist. Es schaut im Anderen sich selbst an.« (4, 119) Es nimmt die Beobachterhaltung, die andere ihm gegenüber einnehmen, sich selbst gegenüber ein, um sich gespiegelt der/des anderen *als* ein anderer, *als* ein Nicht-Selbst wahrzunehmen.

8 Die Rede von transsubjektiv zielt genau darauf ab. Die Wahrheit (die Erfahrung) ist *eine* im Blick auf die (formal) Beteiligten, aber so, dass jede(r) Einzelne als Betroffener auf sie reagiert, um sich selbst seinen Reim darauf zu machen.

9 Valide ist ein Test, wenn er (tatsächlich) misst und abbildet, was er messen soll, z.B. inwieweit ein Kind *selbstständig* ist: es sich (richtig) anziehen kann, seinen Stuhlgang zeitlich, räumlich und sozial angemessen in die Wege zu leiten versteht usf.

10 Mehr und Genaueres über Freiheit siehe Teil III und IV.

11 Das, was das Bewusstsein, wenn es denkt, tut und das, was ihm (gleichsam wider Willen) widerfährt.

12 Es gibt keine Wahrheit nur für sich, gleichsam als Domäne (dominum) eigenen Besitzes/Rechts. Wahrheit ist im Unterschied zur Gewissheit ein allgemeines, über das einzelne Subjekt hinausgehendes (transsubjektives) Unterfangen. »Wahrheit beruht auf Anerkennung«, heißt es bei Ludwig Wittgenstein (1889–1951), aber nur, wie Hegel spöttisch ergänzt, wenn die, die auf sie zählen, sie wechselseitig als freie und gleiche anerkennen, das heißt, wenn sie durch die harte Schule langwieriger Bildungsprozesse – Freiheitsgebrauch und Gleichheitsansinnen will gelernt sein – hindurchgegangen sind; wenn wechselseitig umkämpfte Anerkennungsprozesse der Beteiligten die *conditio sine qua non* der Beweisführung sind.

13 Die genaue Bestimmung dieser Struktur wird in der *Wissenschaft der Logik* geleistet; sie ist die systematische Bedeutungsanalyse aller Grundbegriffe des Wissens unter der Leitidee möglicher Selbstbegründung.

14 Wie konsequent sich die Hegelsche Dialektik als (wenngleich kritisches und insofern nicht postmodernes) Bekenntnis zur Irreduzibilität der drei großen Gegner des Projekts der Moderne: Ambivalenz, Differenz und Kontingenz, verstehen lässt, zeigen die Arbeiten von Slavoj Žižek.

15 »Verzeihen« ist dabei so wenig wie »Anerkennen« ein Verzeihen von etwas gegenständlich Gedachtem; es ist das wechselseitige Eingeständnis einer Schuld in dem einen Wort »Ja« (3, 494) oder »ich bin's« (3, 490), nämlich böse.

16 Hegel, G. W. F., *Wissenschaft der Logik*. Die ›Logik‹ ist »das System der reinen Vernunft« und ihr Inhalt »die Darstellung Gottes [...], wie er in seinem ewigen Wesen vor der Erschaffung der Natur und eines endlichen Geistes ist« (5, 44).

17 Das Schalten und Walten der neuen Welt dreht sich um das wirkliche Selbstbewusstsein. Was bedeutet das für die Philosophie?

18 Hegels Verhältnis zu den (hehren) *Prinzipien* ist durchaus zwiespältig, auch zu dem der Subjektivität und ihrer Höchstplatzierung. Die Dialektik macht auch vor den höchsten Grundsätzen nicht Halt. Man braucht Prinzipien, aber man muss sie richtig oder mit großer Vorsicht zu handhaben wissen. Sie bedeuten nicht viel. Ihre Allgemeinheit taugt nichts, wenn sie nicht durch das *Besondere* ihre Höchstplatzierung: eine in der Sache demonstrierte Preiswürdigkeit erfährt (2, 549). Denn man kann mit ihnen auch Schindluder treiben – aus haarklein demselben Grund, der auch zu ihrem Ausgezeichnet-Sein führt: der Kraft, ein weitläufig ausdifferenziertes Ganzes zu bilden. »Nur was sich abgesondert in seinem Prinzip vollkommen macht, wird ein konsequentes Ganzes, d. h. es wird *etwas*; es gewinnt Tiefe und die kräftige Möglichkeit der Vielseitigkeit.« (4, 317)

19 R. Haym, Hegel und seine Zeit, Berlin 1857, Reprogr. Nachdr. Hildesheim 1962.

20 Diente die Reflexion in der Antike und dem Mittelalter eher der Sicherung axiomatischer Hintergrundgewissheiten (über den Ursprung, den Kosmos, über Gott und die Natur), so wandelt sich ihre Funktion im Übergang zur Neuzeit. Sie wird zur Quelle laufender Verunsicherung.

21 Immanuel Kant, »Muthmaßlicher Anfang der Menschengeschichte«, in: Kants Werke, Akademie Textausgabe Bd. VIII, Abhandlungen nach 1781, Berlin 1968, 110.

22 Nach Kant, Hegel und einer langen Tradition ist die *Seele* die Kraft, die den Körper lebendig macht. Im Fall des menschlichen Körpers sprechen wir dann häufig vom Leib als beseeltem Körper. – Noch wichtiger ist es, dass Seele als Übersetzung von *animus* auch die Bedeutung von *Mut* hat.

23 Das »Sein« der modernen Welt besteht darin, im notwendigen Angewiesen-Sein (auf Andere und Anderes) das eigene Herausgefordert-Sein sehen zu lernen. Das ist das Lern- und Bildungsprogramm, das Hegel glaubt, in den entscheidenden Facetten entwickeln zu müssen.

24 Die Vernunft muss, dem Abgerundeten der Sache wegen, dem in Tabellen, Spalten und Zeilen rechnenden Verstand seine Grenzen zeigen, um zugleich auf eine Égaliberté zu verweisen, die auf der *freiwilligen Teilnahme* eines *Wir*, das Ich, eines Ich, das Wir ist, beruht. Sie muss – paradox genug – sich in ihrer Kritik durchsichtig machen, im Kampf »steter Versöhnung« nicht nachlassen zu können (dürfen). Es bedarf des *guten Willens* in doppelter Bedeutung, in seiner subjektiven wie objektiven (kantischen) sich wechselseitig begrenzenden wie befeuernden Anlage.

25 Der Diskurs verschiebt sich – vom *Fähig-Sein* auf *(Be)Fähig(t)-Werden*, ohne bereits ein fertiges Narrativ, wie denn die neue Ordnung aussehen könnte, zu besitzen. Es wäre ohnehin nur eines, dass in den Rahmen des alten, mit seinen höchstplatzierten Ideen von Freiheit und Gleichheit, eingerichtet werden könnte.

26 I. Kant, Idee zu einer allgemeinen Geschichte in weltbürgerlicher Absicht, Bd. VIII, 19–22.

27 Denken heißt, sie ein- und auszuräumen, während wir sie auf- und zumachen.
28 Ob man ernsthaft hinter ihn zurückfallen können will, ist, trotz aller berechtigten Einwände, die heute gegen ihn erhoben werden, stark zweifelhaft.
29 Eine *Geschichte*, die Hegel wiederum über eine dreifache Unterscheidung entfaltet – als zusammenhängende Darstellung (Erzählung) von Ereignissen (lat. *historia rerum gestarum*), dem Geschehen selbst (*res gestae*) sowie den üblichen wissenschaftlichen Kunst-, Religions-, Wissenschafts- usf. Geschichten.
30 Vgl. G. Gamm, Komödie und Tragödie, in: Ders., Nicht nichts. Studien zu einer Semantik des Unbestimmten, Frankfurt am Main 2000, 15–40.
31 Johann Wolfgang von Goethe, Fast, Der Tragödie erster Teil, München 1982, 26.
32 K. R. Popper, Logik der Forschung, Tübingen 1971, 31.
33 J. Dewey, Erfahrung und Natur [1925], Frankfurt am Main 1995, 167.
34 H. Arendt, Vita Activa oder vom tätigen Leben, München ²1981, 231.

Dritter Teil: Recht, Politik und Gesellschaft. Die neue Form der Welt

1 Vgl. zur Kurzcharakterisierung des politischen und philosophischen Hintergrunds dieser Zeit: Gareth S. Jones, Karl Marx. Eine Biographie, Frankfurt am Main 2017, 89–92.
2 »Wenn sie wirklich dieses Stück Papier, das sie meinen, *sagen* wollten, und sie *wollten sagen*, so ist dies unmöglich, weil das sinnliche Diese [dieses Blatt Papier, G. G.], das gemeint wird, der Sprache, die dem Bewußtsein, dem an sich Allgemeinen angehört, *unerreichbar* ist. Unter dem wirklichen Versuche, es zu sagen, würde es vermodern.« (3, 92 f.)
3 »Der sprechende Mund, die arbeitende Hand, wenn man will auch noch die Beine dazu, sind die verwirklichenden und vollbringenden Organe, welche das Tun als Tun oder das Innere als solches an ihnen haben; die Äußerlichkeit aber, welche es durch sie gewinnt, ist die Tat als eine von dem Individuum abgetrennte Wirklichkeit. *Sprache* und *Arbeit* [Hervorheb., G. G.] sind Äußerungen, worin das Individuum nicht mehr an ihm selbst sich behält und besitzt, sondern das Innere ganz außer sich kommen läßt und dasselbe Anderem preisgibt.« (3, 235) Bei allem, was auch nur im Entferntesten mit (dem) Geist in Berührung kommt, stellt sich der absolute Unterschied wie von selbst ein.
4 G. W. F. Hegel, Grundlinien der Philosophie des Rechts, a. a. O., Bd. 7, S. 26. Stets sollte man beide Hauptbedeutungen im Blick behalten; die eine, die bei einer jeden Philosophie das Augenmerk darauf lenkt, wie sehr sie auch auf die zeitgeschichtlichen Umstände, in denen sie entstanden ist, antwortet; die andere, die jede Philosophie vor die Aufgabe stellt, nicht nur die Zeit, in der sie entsteht, zu berücksichtigen, sondern sie auch in ihren Grundlinien zu präsentieren und zu reflektieren.
5 F. W. J. Schelling,
6 Jede Rede von *einer* Sache, *einer* Geschichte, *einem* Thema oder *einer* Straftat setzt eine Schließung voraus, vermittels der man die *eine* Sache oder Straftat von anderen trennt. Das Wirkliche muss auf der Höhe der Zeit durch die Begriffe, die wir gebrauchen, je neu erarbeitet werden. An sie ergeht die Forderung, sie auszubuchstabieren und zu erproben, vor allem hinsichtlich der Frage, ob und inwiefern die Schließung, die das oder ein Resultat jedesmalig erfordert, zugleich eine Öffnung zeigt, durch die man dem Unfreien und Entfremdeten, welches das Resultat mit sich bringt, entkommen kann. Die Wirklichkeit, von der das Vernünftige behauptet wird, muss eine freie und befreiende sein. Sie muss sich in den Einrichtungen des öffentlichen und politischen Lebens als frei zu beweisen und zu bewahren wissen.

7 G.-A. Goldschmidt, Als Freud das Meer sah. Freud und die deutsche Sprache, Frankfurt am Main 2005, S. 17 f. »Im Deutschen geht alles vom Körper aus, kehrt zu ihm zurück, geht durch ihn hindurch: *Der Leib* (der das Leben selber ist) hat denselben Ursprung wie *das Leben* (*la vie*, *life*). Der Leib ist das Lebendige selbst, das Leben, *wie es leibt und lebt*; der Leib (*le corps*) ist etwas ganz anderes als der Körper (*le corps*), der dem lateinischen corpus entsprungen ist, der organische Körper und auch der Lehrkörper, *le corps de métier*, die Körperschaft. *Der Leib* dagegen ist der Körper, der ich bin, mein Leib und Leben.
Die Sprache ist ihm eingepflanzt, unaustilgbar. Es gibt wirklich keine größere Dummheit, als vom abstrakten Charakter des Deutschen zu reden: Keine andere Sprache ist so konkret, so räumlich; das Deutsche ist, genaugenommen, unfähig zu jeder Abstraktion. […] Bewahrt nicht das Deutsche in der physischen Präsenz des Körpers eine vage Erinnerung an die verlorene Einheit von *Leben* (*Leib*) und *Erkenntnis*? Und die Räumlichkeit trägt noch zum konkreten Charakter der Sprache bei« (ebd., S. 17). Was natürlich nicht ausschließt, dass sich unter Hegels Grundbegriffen wie positiv, negativ, Subjekt, Objekt, Reflexion, Substanz auch solche finden, die durch andere, griechische, lateinische oder französische Herkunft geprägt sind.

8 Vgl. G. Gamm, Verlegene Vernunft, 193–199, insbes. 196.

9 Für Nietzsche stellt es ein ungeheures Ärgernis dar, dass er zum Ausdruck seiner selbst, seiner »außergewöhnlichen« Persönlichkeit und seines unorthodoxen Denkens auch die Sprache derer benutzen muss, vor denen ihn ekelt, die Sprache des »Herdenmenschen«.

10 Das unbestimmte Selbstverhältnis verweist auf ein weiteres Moment, das von der modernen Welt philosophisch wie gesellschaftlich-geschichtlich schwer errungen werden musste und der Antike, z. B. Platon, fremd gewesen ist: Die Idee eines Selbst als eines in seiner Natur einzigen Wesens, das, wenn sich in ihm die Idee der Gerechtigkeit konkretisiert oder in einer bestimmten Handlung Ausdruck gewinnt, nicht nur (wie bei Platon) die Idee der Gerechtigkeit verkörpert (um hinter/in ihr zu verschwinden), sondern noch über dem Allgemeinen steht, das als Idee zu einer bloßen Abstraktion herabsinkt. Hegel hat genau hierfür den Begriff des Einzelnen reserviert, der in der Dialektik von Besonderem und Allgemeinem beide übersteigt, eben für den Fall, dass ein Einzelnes in seinem Handeln das Allgemeine (in gleichsam paradigmatischer Weise) realisiert oder zum Ausdruck bringt. Ein solches Einzelnes ist, könnte man sagen, ein *Überallgemeines*. Es schert in diesem Fall aus der Logik von Gattung und Art, von Menge und Teilmenge aus; es ist nicht einzigartig, sondern einzig, nicht artig. Es ist nicht Teil einer übergreifenden Ganzheit, sondern im Einzelnen konzentrierte Totalität. Seine Würde und Souveränität besteht gerade darin, diesen Zwangszusammenhang einer der Biologie abgeschauten Logik, die Definitionen nach Art des *animale rationale* gibt, selbst noch zu überschreiten, ohne sich in einem leer Unbestimmten zu verlieren.

11 Über die Geschichte und Gegenwart dieses philosophischen Grundbegriffs vgl. G. Gamm, Bestimmung, in: Neues Handbuch philosophischer Grundbegriffe. Neu herausgegeben von P. Kolmer, A. G. Wildfeuer, Freiburg/München 2011, Bd. 1, 361–386.

12 »›Ich‹ unterjocht und tötet: es arbeitet wie eine organische Zelle: es raubt und ist gewalttätig.«

13 Th. W. Adorno, Marginalien zur Theorie und Praxis, in: ders., Stichworte, Kritische Modelle 2, Frankfurt am Main 1969, 175.

14 Ein kurzer Auszug dieser Debatten findet sich im »Anhang« der *Grundlinien der Philosophie des Rechts* (7, 515–531).

15 Daher auch Hegels begründete Skepsis gegenüber der Wahl von Repräsentanten, die sich weder auf Sachkenntnis noch auf gemeinsame soziale Lebenslagen berufen können. Deren Wahl öffne, so seine Auffassung, der Zufälligkeit Tür und Tor.

16 Mindestens auf fünffache Weise erscheint »die Zerrissenheit des Lebens« in Hegels Frühschriften.

17 Hegel fährt fort: »In einem Volke, wo diese stattfindet, zeigt sich eine ganz andere Lebendigkeit in Beziehung auf den Staat als da, wo die [...] fehlt oder nicht öffentlich ist. Erst durch diese Bekanntwerdung [die Transparenz] eines jeden ihrer Schritte hängen die Kammern mit dem Weiteren der *öffentlichen Meinung* zusammen [...], es [ist] ein anderes [...], was sich jemand zu Hause bei seiner Frau oder seinen Freunden einbildet, und wieder ein anderes, was in einer großen Versammlung geschieht, wo eine Gescheitheit die andere auffrißt.« (7, 482 f)

18 Der Paragraph über die Pressefreiheit macht das gleichsam als unendliche Aufgabe deutlich – eine vorzügliche Demonstration der *Positivierung des Unbestimmten als Ausgang der Moderne.*

19 Zit. nach SZ, 27.09.2019, S. 11, Gefährliche Rede.

20 In den USA liegen sie weit jenseits der in Deutschland üblichen, durch das Strafrecht geregelten Grenzen. Für die USA gilt bis heute der mittlerweile 50 Jahre alte Brandenburg-Test. Er regelt, bis wohin Hetze und Hass ungestraft möglich sind, er besteht aus drei Teilen (Kriterien): Gewalt muss beabsichtigt werden, wahrscheinlich sein und unmittelbar bevorstehen. Vgl. SZ, 27.09.2019.

21 Es ist ja ein, wenn nicht *der* Grundsatz der Dialektik, dass Freiheit nur erhalten werden kann, wenn sie sich laufend über Akte der *Befreiung* (von Recht und Ordnung) zu erneuern versteht. In der Analyse der Pressefreiheit fliegt Hegel die öffentliche Meinung gleichsam um die Ohren. Keine »aus sonst was« abgeleistete Bestimmung kann den der öffentlichen Meinung eingelagerten Disput mehr bändigen, was mit ihrem Ungreifbaren und Unbestimmbaren zusammenhängt, auf das Hegel unmittelbar danach zu sprechen kommt.

22 Einen Vorbegriff vermittelt Georg Simmel. Medium ist das, wie er schreibt, was einstmals, wie im *Gottes*gedanken, »alle Mannigfaltigkeiten und Gegensätze der Welt in ihm zur Einheit gelangen [lässt, G. G.], [...] alle Fremdheiten und Unversöhntheiten des Seins in ihm ihre Ausgleichung finden.« Auf vergleichbare Weise wird in der Moderne das Geld immer mehr »zum absolut zureichenden Ausdruck und Äquivalente aller Werte [...] es wird zu dem Zentrum, in dem die entgegengesetztesten, fremdesten, entferntesten Dinge ihr Gemeinsames finden und sich berühren.« (G. Simmel, Philosophie des Geldes, GSG 6, 305)

23 I. Kant, Anthropologie, Bd. VII, 151.

24 Vgl. J. Baudrillard, Der symbolische Tausch und der Tod, München 1982, S. 101.

25 Das Industriezeitalter hatte in der menschlichen *Arbeit* seine zentrale Referenz (insbesondere bei Hegel und Marx) – sowohl im Blick auf unsere Erkenntnistätigkeit als auch unsere Handlungssicherheit. Sie ist der Referenzwert, der auch das Verständnis unserer Innenwelt – die Arbeit des Unbewussten (Freud) – zu befördern weiß.

26 Das große Schauspiel, das die gebildete (»aufgeklärte«) Öffentlichkeit gerade aufführt: die (bloße) Meinung durch (medizinische, politische, juristische, physiologische und mathematische Simulationen gestützte) Fakten zu bekämpfen. Aber Meinungen durch Fakten bekämpfen zu wollen, ist wie den Teufel mit Belzebub auszutreiben.

27 Das Körnchen Wahrheit in der rechtsöffentlichen Beschimpfung als »Lügenpresse«.

28 M. Abensour, Demokratie gegen den Staat, Frankfurt am Main 2014, 238.

29 Vgl. dazu die Auseinandersetzung des Autors mit Pierre Rosanvallon: »Die Unbestimmtheit der demokratischen Idee« (im Druck).

Vierter Teil: Die heutige Gegenwärtigkeit des Geistes. Ausblick

1 N. Luhmann, Soziale Systeme, Frankfurt am Main 1984, 645.
2 K. Marx, Anmerkungen zur Dissertation, in: Marx Werke, Schriften. Sechs Bände, hg. v. H.-J. Lieber, Bd. 1, Darmstadt 21962, 71 f.
3 Die mit den besten (»emanzipatorischen«) Absichten betriebene Identitätspolitik im Auftrag tatsächlich (heraus)gebildeter und eingebildeter Minderheiten verkehrt sich in ihr Gegenteil, auch deshalb, weil sich die Anrufung der unbestimmten (freien, interessen- und identitätsunabhängigen) Öffentlichkeit im Augenblick ihrer Indienstnahme (ihrer Instrumentalisierung) qua Öffentlichkeitspolitik das bloß Aufrüttelnde, Andeutende, Zwielichtige ihrer Unbestimmtheit verliert: jede interessierte Indienstnahme das höhere Recht, ein allgemeines zu sein, verwirkt, das sie im Moment ihres Aufgreifens mit vollem Recht vergegenwärtigt und in Anspruch nimmt.
4 So erfüllt sie die Aufgabe der Motivation und Legitimation gleichermaßen, also das, was wir, bevor wir sie kantianisch getrennt, in der *Glaubwürdigkeit* zusammen gedacht haben.
5 A. Roy, Radikale Demokratie, in: SZ, 27.11.2019, S. 11, Radikale Demokratie. Ein Plädoyer für ein Zeitalter der wiedererwachenden Freiheitsträume. Richtigerweise muss der Satz lauten: Freiheit ist *kein* Geschenk. Eine aufschlussreiche Fehlleistung ist es allemal, auch, weil sie (die) bürgerkriegsähnlichen Verhältnisse heraufbeschwört, die in letzter Instanz mit jeder Identitätspolitik verbunden sind.
6 Man müsste das weiter differenzieren: Sensitivität, Sensibilität, Sentimentalität vs. Intellektualität, Intelligenz, Intelligibilität.
7 Die nachfolgenden Seiten zur Logik sind leicht überarbeitet dem Reclam-Band von G. Gamm: *Der Deutsche Idealismus.* Eine Einführung in die Philosophie von Fichte, Hegel und Schelling entnommen. Seine Lektüre kann helfen, die Einsichten in diese große Epoche der Philosophie und das Denken Hegels weiter zu vertiefen.
8 *Illokutionär* ist ein Ausdruck des Linguisten und Sprachphilosophen John Austin (1911–1960), der ihn benutzt, um eine bestimmte Sorte sprachlicher Äußerungen, mit denen man etwas tut, zu charakterisieren. Illokutionär bedeutet, mit seinen Äußerungen zu handeln und die Handlung als durchgeführt gilt, wenn sie unter entsprechenden Umständen vorgebracht wurde. Verben, mit denen sich illokutionäre Akte kennzeichnen lassen, sind solche, mit denen man vor etwas *warnt* oder etwas *verspricht*, sich für etwas *bedankt* oder jemanden *bedauert*, *ersucht* oder *beglückwünscht*, gegen etwas *protestiert* usf.
9 Darüber hat der Autor verschiedentlich geschrieben, vgl. u. a. G. Gamm, Komödie oder Tragödie. Die Aporien der Moderne im Lichte Hegels und Nietzsches, in: Ders., Nicht nichts. Studien zu einer Semantik des Unbestimmten, Frankfurt am Main 2000, 15–42.
10 Adjektive wie »rein« mit dem Denken zu verbinden, ist uns fremd geworden, ›reines Denken‹ wird regelmäßig ins Lächerliche gezogen, nicht immer zu Recht. Seine in allem *notwendige* Arbeit der Abstraktion von sich und allen zufälligen Umständen wird leichthin übersehen; und das nur, weil das stets penetrant seine Unschuld beteuernde Reine mit seinem – in der Tat – schwer verdaulichen Ätzstoff »Moralin« in unseren Breiten jede offene Situation in ein stickiges Zimmer verwandelt.
11 N. Luhmann, Beobachtung der Moderne, Opladen 1992, 14.
12 M. Theunissen, Sein und Schein. Die kritische Funktion der Hegel'schen Logik, Frankfurt am Main 1980, 472.
13 Th. Mann, Joseph und seine Brüder (1948), Frankfurt am Main 2011, 465 f.

14 F. W. J. Schelling, Die Weltalter. Erstes Buch (1813), Frankfurt am Main 1983, 120.
15 Vgl. G. Gamm, Verlegene Vernunft, 281–302.
16 Vgl. Ebd., 114 ff.
17 Vgl. dazu: Ebd., 165 ff., insbes. 175.
18 Das war schon Hegels Ausgangspunkt: die vielfache »Zerrissenheit des Lebens«.
19 G. Gamm, Die neue Zeit – Vortrag RVL WS 17/18, TU Darmstadt.
20 So Walter Schulz (einer meiner Lehrer) in: Die Vollendung des Deutschen Idealismus in der Spätphilosophie Schellings, Pfullingen 21975.
21 Man kann sich das am Verhältnis von Verstand und Vernunft kurz verdeutlichen. Der Verstand, schreibt Hegel, ist eine Verfälschung der endlichen wie unendlichen Dinge. Man kann auch so sagen, die Vernunft als negativ oder dialektisch muss auf die Selbstverfehlung des Verstandes zurückkommen; oder vielmehr, sie besteht vor allem darin, sich jener (gewaltsamen) Ausschließung des Anderen zu erinnern. Sie entwickelt darin einen gleichsam versöhnenden Impuls, dass sie über das Abschneidende oder Subsumierende eines Denkens und Sprechens aufklärt, das seine Bestimmungen (wider besseres Wissen) festhält: Man könnte sagen, im vernünftigen Denken und Sprechen wird die im Verstandesdenken präsente Gewalt auf dieses zurückgespiegelt. Die Dialektik kehrt die Gewalt des Verstandes gegen diesen selbst, eine Versöhnung, die gewiss komödiantische Züge trägt, weil sie das verstandesmäßige Denken nur daran erinnert, was dieses, ohne es zu wissen, selbst praktiziert. Der große Mangel des Verstandes – trotz seiner göttlichen Kraft zur Differenzierung – ist seine fehlende Konsequenz oder, wie Hegel auch sagt, seine Selbstvergessenheit. Das Vergessen jener Bewegung des Denkens, die ihn selbst schon in der Explikation der Antinomien über diese hinausgeführt hat.
22 Sie wollen nicht verstummen: »Mama, warum gibt's die Welt? Was wäre, wenn es sie nicht gäbe?« Die Eltern antworten so ausweichend und latent aggressiv wie die Philosophen (heute): »Dann gäb's dich auch nicht, sie ist einfach da!«

Die zwei Körper des Philosophen

1 A. N. Whitehead, Denkweisen, Frankfurt am Main 2001, 201.
2 Allein in ihrer gedanklichen Entgegensetzung bringen beide Bedeutungen die Wahrheit und Wirklichkeit ans Licht, d. h. auf den Begriff oder zur Geltung. Ausgerechnet der durch den ständigen Gebrauch glaubwürdig gemachten Floskel fällt das Licht der Erkenntnis zu. Die Grammatik des Denkens findet *Aufschluss* und *Halt* an der unscheinbar sprachlichen Wendung. In alles, sagt Hegel, was der Mensch denkt und zum Thema macht, hat sich »die Sprache eingedrängt« (5, 20).
3 W. Benjamin, Über den Begriff der Geschichte, in: W. Benjamin, Gesammelte Schriften, Bd. 1, 2, Frankfurt am Main 1974, 695, 701.
4 Regie bei den »Abenteuern des Geistes« führte: Gerhard Gamm, Darmstadt, der auch das Drehbuch schrieb und von 1996 bis 2015 Professor für Philosophie an der Technischen Universität war, er lehrt dort weiterhin mit wachsender Begeisterung, weil ihm dämmert, was Nietzsche meinte, als er über sich schrieb, einst warst du jung, jetzt bist du besser jung. – Unterstützt hat ihn Laura Grosser. Bei ihr bedanke ich mich ganz herzlich für ihre engagierte Mitarbeit bei der Erstellung des druckreifen Manuskripts sowie für die hartnäckigen Fragen, die sie nicht müde wurde, dem Autor in Diskussionen über Hegel zu stellen. Schließlich danke ich dem Lektor Stefan Gücklhorn, der den ersten Anstoß zu diesem Buch gegeben hat und ihm durch alle Verzögerungen und Veränderungen die Treue gehalten hat.

Register

Genannt sind nur zentrale Stellen

Bibliografische Information der Deutschen Nationalbibliothek
Die Deutsche Nationalbibliothek verzeichnet diese Publikation in der Deutschen Nationalbibliografie; detaillierte bibliografische Daten sind im Internet über http://dnb.d-nb.de abrufbar.

Lektorat: Stefan Gücklhorn, Wiesbaden
Covergestaltung, Layout und Satz: Anja Carrà, Weimar
Der Titel wurde in der Adobe Garamond Pro gesetzt.
Gesamtherstellung: CPI books GmbH – Germany

ISBN: 978-3-7374-1132-5

Mehr über Ideen, Autoren und Programm des Verlags finden Sie auf www.verlagshausroemerweg.de und in Ihrer Buchhandlung.